Glossaire du pays Blaisois

Adrien Thibault

Adrien THIBAULT

GLOSSAIRE

DU

PAYS BLAISOIS

BLOIS
Chez tous les Libraires

ORLÉANS
HERLUISON, libraire, rue Jeanne-d'Arc

ET CHEZ L'AUTEUR
à la Chaussée-St-Victor (près Blois)

GLOSSAIRE DU PAYS BLAISOIS

N° 279

———————

———————

Adrien THIBAULT

GLOSSAIRE

DU

PAYS BLAISOIS

| BLOIS | ORLÉANS |
| Chez tous les Libraires | HERLUISON, libraire, rue Jeanne-d'Arc |

ET CHEZ L'AUTEUR

à la Chaussée-St-Victor (près Blois)

A

La Maîtresse THIBAULT

Née Françoise-Chantal FLUMAS

Ma Mère

A vous, ma bonne et chère Mère, à vous qui êtes issue des plus anciennes familles paysannes de ce sol blaisois, je dédie ce livre consacré à l'étude de l'idiome dans lequel vous nous avez élevés, mes frères et moi,

Votre fils très respectueux,
Adrien THIBAULT.

PRÉFACE

Dans la Préface de son Dictionnaire Littré dit (p XXVII)

« Il s'introduit dans la langue littéraire des mots venus des
« patois, particulierement des patois qui avoisinant le centre
« ont avec lui moins de dissemblance pour le parler Cela n'est
« point à regretter car ce sont toujours des mots tres-français
« et souvent des mots tres-heureux »

Et plus loin (p XVLI)

« Le patois est un dialecte qui n'ayant plus de culture litté-
« raire, sert seulement aux usages de la vie commune   Le
« fond qu'ils (les patois) tiennent des dialectes (de l'ancienne
« France) est excellent, et aussi français que ce qui est dans la
« langue littéraire on peut donc en user en securite car ils sont
« une part reelle et saine de notre idiome »

C'est la lecture de ces lignes qui m'a engage a mettre au jour
cette modeste étude et m'a fait esperer qu'elle pourrait être
utile

On devait, en effet s'etonner de voir que personne n'avait
encore songe à faire pour Blois, ce qui a ete fait pour plusieurs
provinces, c'est-a-dire à recueillir les mots. les locutions du
parler blaisois (1) S'il existe un pays ou cette étude dut être
interessante c'est assurement celui-ci « La purete mème de la
« langue et la douceur d'accent que le berceau et la Cour des
« Princes y ont apporte » (2) la rendaient même je crois nécessaire. a notre epoque d'investigations philologiques. Mais pour
mener à bien cette entreprise, il ne suffisait pas de posséder les
qualités qui font le philologue et le lexicographe il fallait avoir

___

(1) M Talbert professeur au Prytanee de La Fleche a fait imprimer en
1874 une these intitulee Du dialecte blaisois et de sa conformite avec l'ancienne langue et l'ancienne prononciation françaises C'est une dissertation
d'erudit avec laquelle le present ouvrage n'a d'autre rapport que le chapitre
preliminaire ou je traite de la prononciation et, encore là nous differons
sensiblement M Talbert ayant specialement etudie le dialecte du canton de
Mer

(2) BERNIER, *Hist de Blois* p 9.

la qualité d'autochtone Si je n'ai pas les premières je puis
hautement me recommander de la seconde   jamais *paisan*
blaisois ne fut plus blaisois que moi

.

Dans son acception vulgaire le mot *Patois* pour la plupart
des gens signifie langage corrompu jargon C'est là un jugement à réformer et la définition de Littré doit être regardée
comme souveraine Un parler qui s'affranchit de toute règle. de
toute logique dans la formation des mots et dans leur syntaxe
et ne peut avoir de grammaire c'est là un jargon Quand j'étais
enfant une vieille parente fatiguée de m'entendre faire des
gammes sur le piano s'écriait « Tu m'abages avec ton piano ! »
Abager est patois *piano* est jargon

S'il est un parler qui puisse s'appliquer de point en point la définition que Littré donne du patois c'est assurément le parler du
pays blaisois La conviction où je suis qu'il constitue un appoint
précieux pour la langue et l'espoir que d'autres partageront
cette conviction sont les mobiles qui m'ont déterminé

Il est bien vrai comme le dit Moncrif (1). « qu'on ne peut ni
« ne doit fixer une langue vivante » Mais si la nôtre a besoin
de s'étendre pourquoi aller chez des étrangers chercher des
vocables hétéroclites et aussi opposés par l'origine que par
l'accent au génie français quand nous pourrions user de notre
propre patrimoine en puisant dans nos vieux auteurs et dans
les divers dialectes ou patois? Tous les bons esprits sont d'accord pour s'opposer à ces tendances anti-nationales que ces
vieux auteurs eux-mêmes signalaient et déploraient déjà de leur
temps Noël du Fail (2) se demande « si cela est bien fait chan-
    ger et invertir les noms de nostre pays pour en aller emprun-
• ter ailleurs et estre notable signe d'estre mauvais mesnager.
• querir du feu chez ses voisins » Ronsard à qui Boileau a
reproché avec trop de sévérité peut-être de parler grec et latin
en français (qu'eût-il dit de Rabelais !) Ronsard parle ainsi dans
la Préface de sa Franciade « Je t'adverti de ne faire conscience
• de remettre en usage les antiques vocables   et choisir les
• mots les plus pregnants et significatifs »

1 *Œuvres melées* 1743
2 *Contes d'Eutrapel*, tome II, p, 2.0 et suiv

Le pays blaisois, tel qu'il faut l'entendre ici, ne comprend
qu'un territoire restreint, borné à peu près, du midi au nord,
par Chouzy, la forêt de Blois, Fossé, Marolles, Tarday, Villerbon,
Menars avec une pointe qu'on pourrait mener jusqu'à Mer en
longeant la Loire. Au delà de cette limite c'est la Beauce avec
son langage qui varie d'autant plus qu'on s'éloigne davantage.
Du levant au sud je ne puis prendre que le bord de la Loire
depuis Saint-Dyé jusqu'à Candé. Passé Monthault, Saint-Claude,
Vineuil, Cellettes et Chailles on commence à sentir l'influence
de la langue solognote, deux lieues plus loin, on est en pleine
Sologne (1). Ce cercle comprend donc, à peu près, les deux can-
tons est et ouest de Blois. Et cette délimitation ne doit point
être considérée comme arbitraire, si l'on veut bien admettre
comme juste le principe qui m'a guidé, savoir : que toutes les
expressions contenues dans ce recueil doivent être communes
à toutes les localités du territoire désigné, et que tel mot, par
exemple, entendu à Menars, est employé, et avec le même sens,
à Marolles et à Chailles. Certes si j'avais voulu être moins exclu-
sif j'aurais singulièrement grossi mon volume en poussant une
pointe, d'un côté jusqu'à Herbault et Marchenoir, de l'autre jusqu'à Bracieux et Contres ; et j'avoue que j'ai dû souvent me faire
violence pour repousser des vocables gracieux, pittoresques,
énergiques. Mais les introduire ici c'eût été détruire dans mon
œuvre la seule qualité peut-être qui puisse lui donner une valeur philologique : l'unité. Je crois avoir réalisé de cette manière le vœu que M. le comte Jaubert dans son *Glossaire du
centre de la France*, formulait en ces termes (2) : « Un jour
« peut-être, pourvu qu'on ne tarde pas trop, il sera possible de
« caractériser plus nettement les dialectes de ces diverses

(1) Pour la Beauce et la Sologne, la différence du langage provient avant tout
de la différence de la culture et par suite, des mœurs. Pour les limites en
aval et en amont de la Loire, il est raisonnable de les arrêter d'une
part, à Chouzy, car Onzain (à 4 kilomètres), suivait la coutume de Touraine
aujourd'hui encore son arpent n'est que de 10 boisselées au lieu de 12, en Blaisois ; et d'autre part, à Mer, car Avaray (à 6 kilomètres), était régi par la coutume d'Orléans. la fabrique de cette paroisse fut même plusieurs années (1763) à
ne déposer ses registres dans aucun greffe, hésitant entre celui de Blois et celui
de Beaugency.
(2) Introd., p 15

« contrées et d'assigner à chacune d'elles à l'exemple des
flores locales une certaine quantité de mots de locutions
« qui en effet leur sont particulières ».

Mais en restant même dans ce cercle si restreint on rencontre
des expressions qui sont loin d'être d'un usage universel
Greudes qui est très usité à Menars, à Saint-Denis à la
Chaussée est complètement inconnu dans les villages voisins
Quant à la prononciation on pourrait dire qu'elle varie pour
certains mots de village à village Si o ne se prononce *ou* que
dans un nombre limite de mots (*Voyez* O) s *PRONONCIATION*
qui suit aux Granges faubourg de Blois cette substitution de
son est presque générale « *Mon bounoume, donnez-moi des
poumes è sont bonnes* » Chose étrange on retrouve ce même
parler à quatre heues de la a Mer à Saint-Dye et aux environs.
La transformation du *é* initial en *a* (*acouter, aborgner*, etc), si
fréquente depuis Saint-Sulpice jusqu'à Saint-Denis ne se retrouve plus à Menars Elle disparaît tout-à-fait en Beauce où
l'on a même une tendance à transformer au contraire, le *a* en *e*
(*etraper* pour *attraper*) ce qu'on appelle ici *parler pointu* On
rencontre assez souvent surtout à Villeflanzy et à Villebrême
des vieillards qui exagèrent l'habitude de substituer aux sons
e m le son *eu*, (*creume, eumer, Queune*, crème aimer Etienne)
et qui prononcent presque tous les *e, ai, é*, sourdement, en des-
serrant à peine les lèvres

Tous hommes et femmes et petits enfants ont le nez en figure d'ung
as de *treufile*
                                                    RABELAIS, IV, 9

Je ne parle pas d'Orchaise à trois heues de Blois, le langage
et surtout la prononciation de ce coin du Blaisois sont tellement
caractérisés qu'il faudrait en faire une étude à part

M Salomon Reinach dans son *Manuel de philologie* (1), pose
cette question surprenante « Si un français du seizième
« siècle revenait sur terre s'imagine-t-on qu'il comprendrait
« une page de Rabelais prononcée par ses descendants actuels? »
Je ne sais si ce français serait vraiment aussi dépaysé que le
pense M Reinach en entendant un professeur en Sorbonne
lire et commenter un chapitre de Pantagruel mais je suis
convaincu que Rabelais lui-même serait tout-à-fait à l'aise s'il

(1) Page 127

venait se mêler a la conversation de nos *paisans* de Villebarou
ou de Saint-Claude car leur langage est encore aujourd'hui
a tres peu de choses pres ce qu'il etait au XVI et même au
XVe siecle

> Ung demi quartier de terre.   assis dans le *clour* du pont chas-
> tré (aujourd'hui Ponts-Chartrains), joignant d une part devers le vent
> *d'abas* au Gue-des-Pauls et d'autre part devers le vent *d'amont*, aux
> pres des dicts bailleurs, un *fousse* entre deulx, et devers le vent de
> *soullerre* a la riviere de *Cousson*, et d'autre au chemin a aller de la
> porte des Champs a Court (-Cheverny)
>
> 1492 Arch dep Loir-et-Cher E 317

Le notaire qui redigerait aujourd'hui ce bail *ecrirait*, sans
doute ces vocables avec l orthographe actuelle mais le bailleur
et le preneur n en *parleraient* pas d autres que ceux du contrat
de 1492

.·.

Après avoir arrêté les limites géographiques de mon travail
le point le plus important etait d en fixer les limites lexicogra-
phiques. Que fallait-il prendre que fallait-il laisser ? Pour les
mots manifestement corrompus les mots de jargon (par ex
dérictement pour directement) je devais les exclure impitoya-
blement Mais dans le parler regulier n avais-je pas aussi des
eliminations à faire ? Devais-je, par exemple accepter la locution
asteure qu'on emploie ici universellement pour dire a cette
heure ? Je ne l ai point pense bien que Henry IV et Montaigne
en eussent use et que Brantôme eût ecrit *asthure*   ces illustres
exemples ne pouvaient me servir d autorites, d où qu'il vienne un
barbarisme est toujours un barbarisme D un autre côté devais-
je rejeter certains mots sous prétexte que ce sont des mots de
la langue officielle dont nous avons nous change transpose ou
enleve une ou plusieurs lettres ? Non parce que dans la plupart des cas leur forme nettement caracterisee en fait des mots
nouveaux des mots tout autres Je sais bien que « la question
« d'orthographe pour peu qu'on la discute doit être subor-
« donnee à la question d origine (1) », et que la forme la plus
pure est celle qui se rapproche le plus du radical On nous re-
prochera de dire *carcul*, qui vient du lat *calculus*, et *coridor*, qui

(1) Charles Rozan *Les petites Ignorances de la Conversation.*

qui vient de l'italien *comodore* Et pourtant, que faisons-nous
autre chose que d'user de la permutation si fréquente du *l* en *r*,
et, réciproquement du *r* en *l*, qui a fait de *ululare*, hurler et de
peregrinus, pelerin ?

.·.

J'ai aussi à m'expliquer sur l'admission de quelques mots
(ils sont très rares) qui se trouvent dans le Dictionnaire de
l'Académie et surtout dans celui de Littré Pour ceux qui ont
une acception différente leur place ici était naturellement
marquée Pour les autres j'ai été amené à les inscrire parce
qu'ils y sont qualifiés soit de bas, de populaires, soit de peu
usités qualifications qu'ils n'ont plus chez nous, ou de provinciaux tels que *canette* Littré disant « CANETTE . 4° Nom,
« dans quelques provinces de la bille dont les enfants se
« servent pour jouer » il est tout naturel que j'indique que le
Blaisois est une de ces provinces-là On m'a fait encore observer
que plusieurs mots se rencontrent aussi dans d'autres parlers
provinciaux et ne sont pas par conséquent spéciaux à notre
contrée je n'en disconviens pas Mais si, sous ce prétexte, je
dois les négliger un lexicographe tourangeau ou berrichon
devra les omettre aussi sous prétexte qu'ils font partie du
parler blaisois et alors, où les trouvera-t-on ? Il me suffit
qu'ils existent ici pour que je les adopte ; car il importe que ce
livre soit un recueil aussi complet que possible des mots du
dialecte Blaisois

J'ai pensé bien faire aussi en donnant quelques mots anciens
aujourd'hui disparus mais qui m'ont semblé appartenir
spécialement au parler blaisois d'autrefois ou, tout au moins,
y avoir été fort répandus Outre l'intérêt archéologique qu'ils
peuvent avoir ces mots sont évidemment du domaine que
j'avais à exploiter

.·.

J'ai cru devoir insérer de nombreux exemples non seulement
pour venir en aide aux définitions mais aussi pour donner une
idée de la tournure des phrases et de l'esprit de nos paysans,
et dans ce but pour les définitions comme pour les exemples,
je n'ai point hésité à employer les mots de mon propre Glossaire
quand je les ai trouvés plus vrais plus expressifs que ceux de

l'Académie Leur origine est celle même de la langue et j'ai fait ce que j'ai pu pour le prouver Sans doute ma demonstration eut ete plus complete si j'avais pu consacrer à mes recherches autant de temps que j'y avais de gout Néanmoins je crois avoir étaye de citations anciennes les definitions d'un assez grand nombre de mots pour qu'on puisse accorder quelque crédit à celles qui en manquent

.˙.

L'étymologie devait, à son tour être traitee avec le plus grand soin Pour les mots qui sont de la langue littéraire ou qui n'en different que par quelque leger changement de forme j'ai considere que leurs origines ayant ete supérieurement etudiées par les maîtres dans des ouvrages qui sont entre toutes les mains, il serait puéril de les relater Je n'ai parle de leur etymologie que lorsque j'ai vu que la forme dialectale s'en approchait davantage que la forme française Quant à ceux qui n'ont aucun rapport avec la langue académique j'ai du me borner souvent à en indiquer simplement le radical, sans chercher à expliquer la raison d'être de toutes les lettres qui les constituent Les étymologistes modernes ont etabli des regles de permutation ingenieuses mais qui ont le tort, à mon sens d'être donnees comme absolues Il y a (et il y aura probablement toujours), dans le français des vocables dont il est impossible de justifier logiquement la construction, à plus forte raison, dans un dialecte qui n'a pas de monuments litteraires N'est-il pas permis cependant, d'indiquer leur origine si leur filiation est évidente ? Me sera-t-il defendu, par exemple d'ecrire que *pleumeroie* vient de *primula veris*, *crapi* de *crapaud* et *tauiron* de *taudis* sous prétexte que ces formes capricieuses sont en desaccord avec les principes posés par M. Brachet ? Je ne le pense pas Je crois, au contraire, que le lecteur me saura gre de n'avoir pas recule devant la tâche qui s'imposait d'établir la legitimité des droits qu'ont ces nouveaux venus, qui sont pourtant des aines à entrer dans la langue française Pour être plus court je n'ai pas indique l'origine du mot quand cette origine apparait clairement dans ce mot lui-même ou dans sa définition

.⁎.

Littré. qu'on est toujours heureux d'avoir pour soi a dit :
(Préf p XXVIII)

« Malheureusement toutes ces sources de langue qui coulent
« dans les patois sont loin d'être a la portée du lexicographe
« Il s'en faut beaucoup que le domaine des parlers provinciaux
« ait été suffisamment exploré Il y reste encore de tres-consi-
« derables lacunes »

C'est une de ces lacunes-là que j'essaye de combler aujour-
d'hui et pour justifier davantage encore l'opportunité de
cette étude je rappelle le conseil du comte Jaubert disant
qu'il ne faut pas trop tarder Cela est vrai les vieilles
expressions et surtout la vieille prononciation disparaissent
tous les jours Ce recueil qui eut été une fois plus considérable
il y a quarante ans serait peut-être dans quarante ans d'ici
impossible à composer Et Charles Nodier me semble avoir
pressenti ce terme fatal quand il écrivait « Si ces dialectes
« populaires n'existaient plus il faudrait créer une Académie
« pour les retrouver » J'applaudis de grand cœur à ces paroles
Oui il est possible je ne dis pas desirable. que les patois
disparaissent mais s'il doit en être ainsi on reprendra sans
doute l'idee de ce maitre de la langue française En ce cas,
mon petit livre pourra être de quelque utilité à la future
academie Il pourra aussi servir a constater que Blois n'est pas
indigne de la reputation qu'il a, d'être la patrie du beau
langage et de la bonne prononciation

La Chaussee-Saint-Victor, Mai 1892.

§ I. OBSERVATIONS GRAMMATICALES [1]

ARTICLE 1. — **Substantifs**

Acte, âge, air, autel, centime, chaud, éclair, emplâtre, espace, évangile, froid (fred), friche, geste, honneur, hôtel, incendie, légume, orage, ouvrage, poison sont du genre féminin.

Fourmi (fromi), image, noix, sentinelle sont masculins.

ARTICLE 2. — **Pronoms personnels**

		Masculin.	Féminin.
SINGULIER	1re p. *Je*		*Je*
	2e p. *Tu*		*Tu*
	3e p.	*I*	*É* ou *A* devant une consonne.
		Il	*Elle* ou *Alle* devant une voyelle.
PLURIEL	1re p. *Je*		*Je*
	2e p. *Vou*		*Vou*
	3e p.	*I*	*É* ou *I* devant une consonne.
		Il	*Elle* ou *Il* devant une voyelle.

Comme *j'étions* attentifs : et qui sommes-nous ? *Je sommes* ce que *je sommes ; je jouons.*

Moy. de parvenir, I. 264.

Je n'avons que faire de femmes avecq nous.

17 août 1611. Aff. Guignard. Arch. L.-et-Ch. B. Baill. de Blois.

Je crois que nos anemys sont en grant pene, vu la honteuse retrete qu'*yl* ont fet ; pour tout le jour de demayn, je soré le chemyn *quys* prendront..... et s'*yl* ont joué le pasyon, nous jourons la vanyance.

FRANÇOIS Ier, Anecd. françoises, p. 112. Paris, 1768.

Il y a, il y avait, il y aura, il y aurait se prononcent *gn'a, gn'aré, gn'ara, gn'aré.*

En français, dans *je l'aime, tu l'as, ils l'embrassent, l'* tient lieu indistinctement de *le* ou de *la* ou de *cela.* Il n'en est pas de

---

(1) Dans tout ce paragraphe, on a fait bon marché de l'orthographe pour s'attacher à figurer aussi exactement que possible la phonétique du parler blaisois.

même ici On prononce toujours le pronom féminin *la* en le
faisant suivre d'un *s* euphonique. quand le verbe commence
par une voyelle ou un h muet Je la s'aime, tu la s'as, i la
s'embrassent Voyez plus loin § II *PRONONCIATION*, L

ARTICLE 3 — **Verbes**

CONJUGAISON DES VERBES AUXILIAIRES AVOIR et ÊTRE

Infinitif

PRESENT

Avoir   Être

PASSE

Avoir evu, eyant evu   Avoir eté (1), eyant eté

PARTICIPE PRESENT

Evant   Etant

PARTICIPE PASSE

Evu, evue   Été, etee

Indicatif

PRESENT

J'é	J'sé
T as	T es
Il a	Il est
J'avons	J'sommes
Vou avé	Vou etes
Il ont	I sont

IMPARFAIT

J'avee (2)	J'etée (2)
I avee	I étée
Il ave	Il etc ou il'te
J'avains	J'etains
Vou aveez	Vou eteez
Il avaint (3)	Il etaint ou il'taint (3)

(1) Pour la prononciation de ě voyez au § II *PRONONCIATION* l'article E,
E, E etc

(2 Cette prononciation est la même pour tous les verbes j'eunee, j'finsee
j recevee j'rendee j'eumeree j'finiee, je recevee j'rendiee

(3) Or en nouant se *cuydoint* reposer
Dens le basteau cai avoient lait la veille

BOURDIGNÉ, *Faifeu*, p 66.

(Pas de PASSÉ DÉFINI)

PASSÉ INDÉFINI

J'ĕ èvu   J'ĕ ètĕ
T'as èvu, etc.   T'as êtĕ, etc.

(Pas de PASSÉ ANTÉRIEUR)

PLUS-QUE-PARFAIT

J'avèe èvu   J'avèe ètĕ
T'avèe èvu, etc.   T'avèe ètĕ, etc.

FUTUR SIMPLE

J'arĕ   J'serĕ
T'aras   Tu s'ras
Il ura   I s'ra
J'arous   J'serons
Vou arez   Vou s'rez
Il aront.   I s'ront

FUTUR PASSÉ

J'arĕ èvu   J'arĕ ètĕ
T'aras èvu, etc.   T'aras êtĕ, etc.

Conditionnel

PRÉSENT OU FUTUR

J'arèe   J'serèe
T'arèe   Tu s'rèe
Il arĕ   I s'rĕ
J'araíns   J'seraíns
Vou arèez   Vou s'rèez
Il araint   I s'raint

PASSÉ

J'arèe èvu   J'arèe ètĕ
T'arèe èvu, etc.   T'arèe êtĕ, etc.

IMPÉRATIF

È   Sè
Èyons   Séyons
Èyĕ   Séyĕ

Subjonctif

PRÉSENT

Que j'eye   Que j'se ou seye
Que t'eye   Que tu seye
Qu'il eve   Qu'i se ou seye
Que j'evains   Que j'seyains
Que vou evéez   Que vou seyéez
Qu'il evaint   Qu'i seyaint

(Pas d'imparfait)

PASSÉ

Que j'eye evu   Que j'eve été
Que t'eye evu, etc   Que t'eye été, etc

ARTICLE 4 — Verbes réfléchis

Je m'amuse   Je me sé amusé
Tu t'amuse   Tu t'es amusé
I s'amuse   I s'é amusé
Je nous amusons   Je nous sommes amusés
Vou vou amusé   Vou vou etes amusés
I leux amusent   I leux sont amusés

etc , etc , etc

ARTICLE 5 — Conjugaison interrogative

Cette conjugaison est musitée sauf pour les verbes auxiliaires *etre* et *avoir* ou elle prend une forme tout-à-fait barbare :

J'e-t'i ?   J'sé-t'i ?
As-tu ?   Es-tu ?
A-t'i ?   Est-i ?
J'avons-t'i ?   J'sommes-t'i ?
Vou' avé-t'i ?   Vou'etes-t'i ?
Ont'i ?   Sont'i ?

etc , etc., etc.

Les autres verbes s'emploient dans la forme ordinaire , c'est l'inflexion de la voix qui fait l'interrogation Vous voulez venir ? (sous-entendu est-ce que) pour Voulez-vous venir ?

ARTICLE 6 — Verbes dont la conjugaison s'écarte des règles ordinaires (1)

1re CONJUGAISON

ALLER *Prés. du subj.* Que j'aille, que t'alles, qu'il aille, que j'allains que vou' allecz, qu'il allent

ENVOYER et RENVOYER *Fut.* l'envoirai *Cond.* l'envoirais.

TROUVER *Fut.* Je trouverrai *Cond.* Je trouverrais

2e CONJUGAISON

BOUILLIR *Fut.* Je bouillerai ou je bouerai *Cond.* Je bouillerais ou je bouerais

CUEILLIR (pour cueillir) *Fut.* Je cuillirai *Cond.* Je cuillirais

REQUÉRIR *Part. passé* Requeri

TENIR *Pres. de l'ind.* Je teins, tu teins, i teint, j tenons, vous tenez, i tennent *Futur.* Je tennrai *Cond.* Je tennrais *Pres. du subj.* Que je tenne *Part. passé* Teint, teinte ou tint, tinte Ses derives suivent la meme regle

VENIR *Pres. de l'ind.* Je veins, tu veins, i'veint, j'venons, vous venez, i'vennent *Fut.* Je vennrai *Cond.* Je vennrais *Pres. du subj.* Que je venne Ses derives suivent la meme regle Prevenir fait en outre, au *part. passe*, prevcint, prevcinte

3e CONJUGAISON

APERCEVOIR, CONCEVOIR, DEVOIR, RECEVOIR *3e pers. pl. du prés. de l'ind.* Il'apercevent, i concevent etc Au *prés. du subj.* Que j'apercève, etc

FALLOIR *Imparf.* I'faillait *Fut.* I'faura *Cond.* I'faurait

PLEUVOIR *Fut.* I'pleura *Cond.* I'pleurait

POUVOIR *3e pers. pl. du prés. de l'ind.* I'pouvent *Pres. du subj.* Que je peuve ou pouve

SAVOIR *Fut.* Je sarai *Cond.* Je sarais *Pres. du subj.* Que je save

VALOIR *Fut.* Je vaurai *Cond.* Je vaurais.

VOIR *Fut.* Je voirai *Cond.* Je voirais

VOULOIR *Pres. de l'ind.* J'velons, vous velez, i'voulent *Imparf.* Je velais, tu velais, i'velait, je velains vous velecz, i velaint *Fut.* Je vourai *Cond.* Je vourais *Pres. du subj.* Que je voule

(1) Pour la prononciation de tout cet article, voyez ci-dessus, la conjug. des auxiliaires

4ᵉ CONJUGAISON

ATTEINDRE, AVEINDRE, ÉTEINDRE conservent le *d* à tous les temps. J'attendons, j'aveindais, éteindu.

BOIRE. *Près de l'ind* Je beuvons, vous beuvez, i'beuvent. *Près de subj* que je beuve, etc.

COUDRE, conserve le *d* à tous les temps. Vous coudez, je coudais, que je coude, coudant, coudu.

ÉCLORE. *Près de l'ind* Il éclout, il éclousent. *Imparf* Il éclouait. *Fut* Il éclouera. *Cond* Il éclouerait. *Présent du subj* Qu'il éclouse. *Part passé* Éclous. Ce sont les seuls temps usités.

FAIRE. *Près du subj* Que vous faisiez.

PRENDRE. *Fut* Je prenrai. *Cond* Je prenrais. Ses dérivés suivent la même règle.

RÉPONDRE. *Part passé* Répons.

RIRE. *3ᵉ pers pl près de l'ind* l'risent. *Subj* Qu'i'risent.

SUIVRE. *Passe défini* J'ai sui. *Fut* Je suirai. *Cond* Je suirais.

POURSUIVRE suit la même règle. *Voy SUIVRE* au Glossaire.

VIVRE. *Passe déf* J'ai vit, t'as vit, etc.

Autrefois le Passe défini, et même l'Imparfait de l'indicatif, le Présent et l'Imparfait du subjonctif, surtout dans les verbes de la 1ʳᵉ conjugaison avaient leur terminaison en *is* pour la 1ʳᵉ et la 2ᵉ pers sing et en *it* pour la 3ᵉ. Aujourd'hui on n'entend plus guère ce parler que dans la bouche des vieillards. Mon grand-oncle Jacquot Poulin me disait un jour : « Derien si ton chien enragit et qui m'mordit, vaure mieux qu'tu l'sâbris tout de suite.

En telle sorte que Marquet tombit de dessus sa jument.

RAB., I, 25

§ II. PRONONCIATION

A

A a le son de *an* dans animal, année, Nanne (Anne) Nannon, Nannette, Marianne, Jeanne, gagner tempérament *An-nimal, an-nee*, etc. Henri Estienne, l'Estoile et beaucoup d'autres écrivent *gangnei*.

A est long dans palais, paillon, espace *pàlais, paillon, espace* et bref dans paille, paillasse, paillasson.

AT

Chocolat, soldat se prononcent *chocola, solda*.

E, É, È, AI, ES, EZ et ER

E a très souvent un son spécial qui n'est pas compris dans les quatre manières d'être de *e* définies par la grammaire, qui sont : *e* aigu = *é*, *e* grave = *è*, *e* circonflexe = *e*, et *e* muet = *e*. Si *e* n'est pas articulé dans *engageant, plume*, il l'est et d'une façon bien distincte dans *cheval, recevoir* cependant dans l'un et l'autre cas il est dit muet quoiqu'il ne le soit point dans le second. On pourrait alors appeler cet *e* e *doux* et adopter un nouvel accent *ĕ* pour le distinguer.

E, e et *ai* sont souvent prononcés comme *ĕ*. *Er* a la fin d'un mot l'est toujours aussi bien dans le langage des blaisois lettres que dans le parler des campagnards. Danser danger se prononcent *dansĕ, dangé* et non dansé, dange.

E, e, ez ai, se prononcent *eu* dans chez, creme, prêt apprêter, meche, aimer. Villebrème *Cheua, creume* etc.

Comme   il appert au Livre de ses *problenmes*

Rose, Préf XLV.

E se prononce *è* dans dehors, demeurer devenir *dèhors, dèmeurĕ, dèveni*.

E préfixe se prononce *a* ou plutôt se change en *a* dans un grand nombre de mots les plus usités sont portes au Glossaire.

à la lettre A. Dans l'intérieur des mots, cette prononciation est aussi fort commune, surtout quand *e* est suivi de *r*. *Varser parcer* verser, percer

S'il s'en fust deslors apparceu

Rose 5186

AI et *IS* se prononcent très souvent *e*, *ée*. Je bâtissais des maisons, *je batissee dee mécsons* (*Voyez* l'article 3 du § I)

L' est élidé dans cepage, *c'page*. Chétif se prononce *ch'ti*.

I

I a quelquefois le son de *ei*. Autrefois cette prononciation était très répandue. J'ai une assiette de Nevers de 1768 représentant St *Veictor*. Aujourd'hui on n'entend plus guère que *veigne leigne peignon* vigne, ligne, pignon

Pareillement Néron louoyt les *champeignons*.

Rab., IV, 50

O, AU et EAU

O a le son de *on* quand il est suivi de *gn*. ivrogne, besogne, *uvrongne besongne*

Et afin qu'elle besongne
Elle empongne
La quenouille et le fuseau

B. DES PERIERS, Bonne femme, p. 375

Un grand panier d'ozier presque plain *d'ongnons*

1617. Invent. présid. de Metz, p. 48. Arch. L.-et-Ch. B.
Baill. de Blois

ou quand il est suivi de *mm*. *mn* pomme bonnet, *pon me bon net*

O se prononce *ou* dans alose chose dos os repos gros groseille, clos closerie closier fosse, fosse côte côte Pentecôte rôtir ôter ôsei osier, gosier poteau rosée arroser arrosou notre votre tôt sitôt soleil sobriquet *alouse chouse* etc. Cette prononciation était autrefois à peu près générale

Car de sa souche
A point laisse parent plus prouche

B. DES PERIERS, Andrie act. IV, sc. 6

U se prononce aussi quelquefois *ou* aller *ou* lit, hier *ou* soir aussi *oussi* sanpiquet *soupiquet* (*Voyez* Ou au Glossaire.)

O est aspiré dans ourse *la ourse*

Eau se prononce presque toujours *iau*   beau pruneau
Beauce, *biau, peurgniau Biauce* Cette prononciation date des
origines de la langue

Biau filz, la première chose que je t'enseigne, c'est que tu mettes
ton cuer en amer Dieu

JOINVILLE, *Mém*, p 236 (ed 1858)

U

U se prononce presque toujours *eu*   Ursuline plume
verdure *eurseline, pleume, verdeure*

DAVUS

Je ne l'avais pas encor *veu*

SIMO

Davus ?

DAVUS

Plaît-il ?

SIMO

Approche un peu

DAVUS

Vous avez parlé à cette heure
Bien apertement

SIMO

Je *t'asseure*

B. DES PERIERS, *Andrie*, act I, sc 2

Une *serreure* garnie de ce qui lui est nécessaire pour la *fermeteure*
Avril 1618 Bail Feularde Arch. L -et-Ch B. Baill de Blois

DIER DIÈRE

La terminaison *dier* se prononce *guĕ* grenadier *guernaguĕ*.
dière se prononce *guéese* chaudière, *chauguéese*

EN

En, pronom relatif, suivi d'un verbe commençant par une
voyelle, se prononce ainsi

Si je peux en avoir. *si j'peux n'n'avoir*; j'en attrape deux. *je n'n'attrape deux*.

Il se prononce de même quand il est précédé de la négation *n'*: nous n'en étions pas loin, *je n'n'étions point loin*. Cette prononciation est le résultat de la combinaison de *en* avec le *n* que. par une sorte de prosthèse euphonique. le paysan place, dans certains cas. devant certains mots. *Voyez* N au Glossaire. Voici un fragment de récit patois qui donnera une idée de ce langage.

..... V'là mon p'tit gâs qui m'dit : « Mon grand-pée. *gn'y a* dés ouâsiaux faut plein la caur, *j'n'en* vaurée bein pour *n'en* mangé ein p'tit ». La bourgeoise me dit : « Prends don ton fusil et *vas-n'y* ». — « Dam ! j'veux bein, si j'peux *n' n'avoir* ! » Je m'mée darriéze la porte de noute persoué : comme ça. je *n' n'étée* point loin. Mé v'la-t-i pas l'sacréc chat d'la mée L'âme-douce qui veint les souhâmer ! I f. ...ichent le camp, vous pensé bein ! J'tire taut d'même. je *n' n'attrape* deux, etc.. etc.

ET

Et, à la fin d'un mot. se prononce ordinairement *é* : bouquet. poulet. *bouqué. poulé*.

EU

Eu se prononce presque toujours *u* : Eustache. Europe. *Ustache. Urope*.

Jonxte d'un long à *Hustache* Galliot vers gallerne.
Mars 1618. Part. Guill. Charron. Arch. L.-et-Ch. B. Baill.
de Blois.

EUR

Eur. à la fin d'un mot. fait *eux* : sonneur. crieur, *sonneux, crieux*.

> Le temps est par trop rigoureux
> D'envieillir Rois et *Empereurs*.
>
> *Rose*, 392.

> Marchans, Bourgeoys, Roturiers, *Laboureux* ;
> Lors mon esprit fut fort laborieux.....
>
> BOURDIGNÉ, *Faifeu*, p. 18.

> Bien gros Seigneur, jenne Abbé et joyeux
> Qui à meint jeu estoit très grant *joueux*.
>
> *Ibid*., p. 88.

HE

He a le son de *a* dans hebeter herbe herbage herboriste
Herbaut Hercule herse herser *abêté arbe   Harbaut* .
arse

IEN

Ien se prononce *ein* dans mien tien, sien, bien (adv)
combien rien, vaurien *mein   combein   vaurein*

OI

Oi se prononce *oué* dans moi toi soi doigt quoi charroi et
dans tous les mots en *oir* en supprimant le *r* mouchoir tiroir
moué   mouchoué tiroué

Et au retour de cet enterrement Renar et son gendre sont venu
gouter ces *mouey* et pour leurs depenses je conte cinq souls
            18 sept 1636 Cpté de la Charité   Eglise de la Chaussee-
               St Victor

(excepte noir soir Loir et les infinitifs en *oir*)
   Il se prononce *oué* dans tous les autres mots terminés en *oi*
dans les indicatifs en *ois* et dans les mots en *oit, oite* et *oine*
toi je dois, poil etoile chanoine *foué doué* etc
   Il se prononce *oua* dans les mots en *oie* (excepte oie foie)
dans les mots en *ois* (excepte bois) dans les mots en *oise* et en
oire (excepte Loire) et dans *toi* joie blaisois ardoise boire
jouaie blaisouais etc

            Jean Chahuneau de la paroisse de St-Honoré de *Blouais*
               29 avril 1661 Arch mun Villebarou, vol 1614

   Il se prononce *oué* dans les mots en *oit* il boit *i boue*, et *ou*
dans les infinitifs en *oir* savoir *savoar* et dans *Loire*
   Il se prononce *oua* dans bois oie foie, *boua, oua, foua*, et
quand il se trouve dans l'interieur d'un mot oiseau *ouasiau*

OU

Ou a assez souvent un son difficile a figurer Dans cette
phrase tâche d'oublier ce mauvais tour *tâche d'aubeyier ce*
mauvais taur, le son de la diphtongue, s'il n'est pas tout à fait
au, n'est plus *ou*.

> Et vous qui portez granz codieres
> Cotulle, aumusse de travers
> Delessez *totes* vos magnieres,
> Car vous estes viande a vers
> 1420 *Epitaphe de J. de Morainville* dans l'egl. de l'abb
> de Beaugency ap. Talbert, 229.

TI

Ti suivi de *e* accentue se prononce *qui* amitié, *amiquiě*, et mieux *amiqu'quie* gouttiere *gouquiéze*, et mieux *gouqu'quiéze* Etienne *Quienne* tiens *quiens*

La plus grande *pique* du monde
     CYRANO DE B., *l'éd. joué*, act. II, sc. 2

On dit aussi *pequit* pour petit et surtout *pequiot* pour petiot. Cette prononciation n'est pas plus extraordinaire que celle qui change *ti* en *si* dans tous les mots terminés en *tient* et en *tion* patient election.

C

C se prononce *g* dans Claude, dans secret et ses derivés, faculte et ses derives, second et ses derives.

F

F ne se prononce pas dans bœuf neuf (adj.) œut, et veuf.

L

Dans les terminaisons ou *l* est precéde d'une consonne et suivi d'un *e* muet il ne se prononce pas table cruble (crible), *tabe cruble*

> Ce que demandiez, vous l'arez
> Et plus giant chose, ce me *semble*,
> Que vous etes son *oriflambe*
>   *Mist. du s. d'Orléans*, 18,801

L suivi de *i* et d'une autre voyelle, est mouille c'est-à-dire qu'il se prononce a peu pres comme *y* hard chandelier, fourmiliere *yiar, chandeyie, froumiyese*, c'est le *gl* des italiens.

Je n'eussiesmes pas encor cheminé deux *glieues*
     CYRANO DE B., *Ped. joué*, act. II sc. 2

Cependant *ne* se prononce régulierement *li)* Quand, dans ce cas *l* est precede d une consonne   on articule cette consonne comme si elle etait suivie d un *e*   tablier publier   *tableyĕ, pubeyĕ*

L ne se prononce pas dans seul   ce mot etant precede immediatement de *tout*   J'etee tout *seu*, j etains tout *seu*

> Ainsi estoye aux champs tout *seul*
> Et entre les pastours *si ceul*
> Qui s'avmerent, et autour *d eus*
>   Leurs brebiettes
>   Al CHARTIER, *Liv des 4 Dames*

L remplaçant le pronom personnel *le* devant un verbe commençant par une voyelle se prononce comme s il y avait deux *l*   je l aime vous ne l aimez plus   *jel l aime*, vous *nel l aimez* plus Il en est de même de *l* representant le pronom personnel *la*, mais pour les citadins seulement   pour les paysans   *voyez* § I art 2 *Pronoms personnels*

N

N se prononce *gn* devant un *i* ou *y* suivis d une autre voyelle panier faiment (faineant) *peynĭĕ, ffeynian*

> Et vous qui portez granz codieres,
> Cotulle, aumusse de travers,
> Delessez toutes vos *magnières*,
> Car vous êtes viande a vers
>   1420 *Epitaphe de J de Morainville* dans l égl de l'abb de
>   Beaugency, ap Talbert, p 229
> Deux *pagniers* une corbeille et une cage
>   9 avril 1665 Invent Passac, p 13 Arch L -et-Ch E 660

R

R precede d une consonne et suivi d'un *e* muet se place presque toujours dans la prononciation après cet *e* muet adresser breton *adersĕ, berton*

> Recoit l'ame en sa *poverte*
>   *Rose* 11989
> Item paiey a Pierre Tiercelin six hvres dix set souls pour le renbourcer de l'argent qu'il auoit *pertey*
>   Janvier 1636 Cpte de la Charite Egl de la Chaussee-
>   St-Victor

Journal commencé le cinq *fererier* mil sept cent soixante et dix

Journ de Giraud, f° I, 1° et passim. Arch. L.-et-Ch.

F 678 bis

Il en est de même quand, au lieu d'un *e* muet, il est suivi de la terminaison *ier iere* : prier *periĕ*

Une folette *chamberiere* d'etrange pays

B. DES PERIERS, *Disc. non plus mélanc.*, XIII, 198

et dans quelques autres cas : craquelin *carquelin,* groin *queroüin*

Quand, dans la dernière syllabe d'un mot, *r* est precede d'une consonne et suivi d'un *e* muet, il est elide, si ce mot est suivi d'un repos, point ou virgule, ou d'un mot commençant par une voyelle : *Respecte tout maite, le maite Henry*

Maistre Jehan de Meun ce rommant
Parfist aussi comme je *treuve*
Et ainsi commence son *œuvre*
Rose, 4153

Biens confisques sur Augustin Texier-Gallery ci-devant chevalier des *Ordes* du tyran

Quartidi 24 fruct an II. Affiche Arch. H. Johannet

Si le mot suivant commence par une consonne, on fait sentir le *r* ad libitum : un *pauver* gâs ou un *pauve* gâs. Dans arbre le premier *r* disparaît même aussi : un bel *abe*

Dans les substantifs termines en *oir*, *r* ne se prononce presque jamais : Pressoir *persoüĕ*, un mouchoir à carreaux, un *mou-choüĕ* à carriaux. L'orthographe usitée au XVIe siécle laisse supposer qu'on prononçait alors de cette façon :

Ainsi les habitants de ce meme *terroy*
Fourmillent a ce bord d'un regard plein d'effroy
RONSARD, *Hym*

Cependant *r* se prononce toujours dans les monosyllabes noir soir Loir.

R ne se prononce jamais a la fin des infinitifs en *er* et en *ir* : aimer finir *aimĕ fini*. On entend aussi *plaisi,* pour plaisir

Quant a la terminaison *ir* des verbes, l'r ne s'en prononce jamais dans la conversation ni devant une consonne, ni lorsque le verbe finit le sens et mesme on neglige souvent de la prononcer devant une voyelle. Mais dans la prononciation soutenue, il faut toujours faire sentir l'r

REGNIER-DESMARAIS, *Traité de la Gramm. franç.*, p. 49

R entre deux voyelles se prononce souvent comme *s* : mare.
marais, fressure, *maze* *mazà* *fersuze* Il est souvent elide
dans pere, mère *pee, mee*

Autrefois tous les *r* entre deux voyelles se prononçaient *z*
On entend encore des vieillards illettres dire les *ozeilles* pour
les oreilles, un *ozillier*, un oreiller et cette prononciation est
pour eux tellement naturelle qu'ils l'appliquent même a des mots
d'origine recente la *gâze* pour la gare Cet usage s'est surtout
perpetue sur le territoire de Villebarou on y dit, par exemple,
les *mazas* (marais) tandis qu'a quelques kilometres de là à
Marolles on prononce *maras* (Voyez GUESILL au Glossaire)

Denis Maim, *serrusier* a Blois

    1680. Cpte de la marelle, egl. Chaussee-St-Victor, p 15

Memoire des ouvrage de *serruserie* que je fait . Fait une
serreuse avec deux clez

    1710. Arch de l'egl de la Chaussee-St-Victor

Voyez aussi MAROT · *Epistre du beau fy de Pazy*

LISTE

des Auteurs le plus souvent cités

———— ———— · ————

Archives departementales de Loir-et-Cher

Archives de l'eglise de la Chaussee-St-Victor

Archives de la mairie de la Chaussee-St-Victor

Archives de la mairie de St-Denis-sur-Loire

Archives de la mairie de Villebarou

Archives de M. Hippolyte Johannet, proprietaire a Blois

J. BERNIER *Histoire de Blois* Paris, 1682

Ch. BOURDIGNE *La Legende de Maistre Pierre Faifeu*, Paris, Coustelier, 1723.

DUCANGE *Glossarium ad script med et infim latinitatis, cum suppl*, Paris, 1733-66

Al CHARTIER *Les Œuures de Maistre Alain Chartier*, Paris, 1617

Commentaires tres-excellens de l'hystoire des plantes, composez premierement en latin par Leonarth Fousch, medecin tres renomme et depuis nouuellement traduicts en langue françoise par un homme scauant et bien expert en la matiere A Paris, Jacques Gazeau, 1549

G COQUILLART *Les Poesies de Guillaume Coquillart*, official de l'Eglise de Reims, Paris, Coustelier, 1723.

G CRETIN *Les Poesies de Guillaume Cretin*, Paris, Coustelier, 1723

N DU FAIL *Les Contes et Discours d'Eutrapel* (s l), 1732

N DU FAIL *Discours d'aucuns propos rustiques*, etc (s l), 1732

FOURRE *Coutumes generales du pays et comte de Blois* (redigees par Denis Dupont en 1523) Blois, 1777

F GODEFROY *Dictionnaire de l'ancienne langue française* etc Paris, Vieweg, en cours de publication

Journal des choses remarquables, commence le 5e aoust 1696 (abbaye St-Laumer de Blois), manuscrit, aux archives dep de Loir-et-Cher II

LALANNE *Glossaire du patois poiteuin* 1868

LIEBAUT *L'agriculture et Maison rustique* de MM Charles Estienne et Jean Liebaut, *Rouen*, 1652

LITTRE. *Dictionnaire de la langue française*, 1878

G DE LORRIS et Jean DE MEUN. *Le Roman de la Rose*, Amsterdam, 1735

Cl MAROT *Les Œuvres de Cl Marot*, La Haye, 1700

D Noel MARS *Histoire du royal monastere de Sainct-Lomer de Blois*, Blois, 1869

MERLIN COCCAIE *Histoire macaronique* Paris, 1606

Le moyen de parvenir (s l), 1000 700 39 (1739)

Ant OUDIN *Dictionnaire italien et françois* Paris, 1681

Bon DES PERIERS *Le Cymbalum mundi et autres œuvres, etc*, Paris, 1841

RABELAIS *Œuvres de F Rabelais* (Jacob), Paris, Charpentier, 1847.

RONSARD. *Œuvres completes* (Blanchemain), Paris, 1866

Ol DE SERRE *Le Theatre d'agriculture*, Lyon, 1675

TALBERT *Du dialecte blaisois, etc*, Paris, 1871

Tallemant DES REAUX *(Les Historiettes de)* Paris, 1840

VILLON *Œuvres de François Villon*, Paris, Coustelier 1723

EXPLICATION

SIGNES & ABRÉVIATIONS

| au commencement d'une définition, indique que le mot, outre le sens défini ici, a toutes les autres significations qu'il a dans le français. Dans le courant de l'article, il indique un changement de sens.

' à la fin d'une étymologie, indique que cette étymologie est douteuse.

ˇ Accent du e doux. Voyez E E É etc. au § *PRONONCIATION* ci-dessus.

' devant un H, indique que cette lettre est aspirée.

• • indique que le mot ou la phrase sont du parler blaisois.

Abs	absolument		*interj*	interjection
adj	adjectif		ital	italien
adv	adverbe		lat	latin
all'	allemand		*Loc*	locution
anc	ancien		*loc adv*	locution adverbiale
arch	archives		*npr*	nom propre
augm	augmentatif		Orig	origine
bas-lat	bas-latin		pejor	pejoratif
c.-a.-d	c'est-a-dire		*pl*	pluriel
Comp	comparez		*pr*	pronom
Cf.			pref	prefixe
dim	diminutif		priv.	privatif
Etym	Etymologie		*Prov*	proverbe
ex	exemple		rad	radical
ext	extension		*sf*	substantif feminin
Fig	figurement		*sm*	substantif masculin
franç	français		*va*	verbe actif
germ	germanique		vn	verbe neutre
h.-all'	haut-allemand		vr	verbe reflechi
hypoth	hypothèse ∞ hypothetique		*Voy*	voyez

GLOSSAIRE DU PAYS BLAISOIS

A

À, *prep* Se place toujours devant *ce matin ce soir*. pour désigner le matin ou le son du jour ou l'on est

Vrayment, tu es bien acreste *a ce matin*

R.\u AB , I, 25

Fauldra il peu ou beaucoup soupper *a ce soir*?

Ibid, III, 13

‖ *À* joint à un infinitif sert quelquefois à former un substantif Vous voila dans la bonne *a-cueillir* c -a d dans un champ ou il il y a beaucoup a cueillir

Abagé, ée (a-ba-gĕ) *sm* et *f* Niais imbécile, qui baye aux corneilles ‖ *Adj* ahuri

Étym t et *Bager* pour Bayer La transformation du *y* en *g*, quand il se trouve entre deux voyelles est une loi du dialecte local, comparez l ital *raggiare* rayer (rayonner) *saggiare* essayer (*Voyez* GAGLR ENNEUGLR etc) L italien ancien avait *baggeo* et le moderne a *baggiano* même signification

Abager, *va* Rendre « abagĕ » ‖ Effaroucher. ahurir Tu abages ton cheval a force de le battre

Aballer, *va* Éballer (*Voyez* ce mot)

Aballeux, *sm* Crible a grands trous qui sert a « nettir » la balle

Abas, *sm* Le Sud, ou le Sud-Ouest

Abutant du bout *d'abas* sur le chemin de Poesard

1611 Arch. L -et-C G Par St Victor.

Abasseur, *sm*. Banc de sable, mot disparu.

Les *abasseurs*, noues, eaues, et les terres qui joignent auxdits *abasseurs*.

1 oct. 1406. Aveu d'une mét. de Suèvres, ap. Godefroy.

ÉTYM. *Baisser* (*Voyez* ce mot).

Abat, *sm*. Trou dans l'ornière d'un chemin mal entretenu où les roues des voitures viennent s'abattre, c'est-à-dire buter : Prendre à quartier pour se gàrer des abats.

Abattage, *sm*. ‖ Force acquise par un objet qui tombe ou qu'on abat : Un grand manche à une masse donne plus d'abattage. ‖ *Fig.* : Verte réprimande : En rentrant, il a reçu un abattage !

Abat-Vent, *sm*. Double porte, moins haute que la porte principale, qui sert quand celle-ci est ouverte, à garantir du vent l'intérieur de la pièce et à clore en partie l'ouverture, tout en laissant pénétrer l'air et le jour.

Abecher, *va*. Donner la « bechée » : abecher une margot.

On les *abesche* (les oiseaux) en leur faisant plaisir
Sur le gybier.

CRÉTIN, *Déb. ent. d. Dames*, p. 83.

‖ *V. imp.* Avancer en saillie aigüe, dépasser l'alignement : Je me suis cogné contre cette planche qui abeche.

ÉTYM. *Bec.*

Aberiau, *sm*. Vêtement grossier qu'on met par-dessus les autres pour se garantir de la pluie ; et spécialement Tablier grossier que les gardeuses de vaches mettent sur leurs épaules. ‖ Abri.

ÉTYM. Dimin. de *abri;* ce mot est plutôt beauceron que blaisois.

Aberlobi, ie, *part. passé* de Aberlobir. ‖ *Subst.* Qui agit sans réflexion, tète éventée.

Aberlobir, *va*. Causer dans le cerveau un ébranlement qui en trouble les fonctions. étourdir : Je l'ai aberlobi d'un coup de poing. Ce tambour m'aberlobit.

ÉTYM. « *Berlu* »: le trouble du cerveau étant comparé au

Aboiter, *va*. Fournir de la boisson à : Tes « gàs » vont te planter là, tu les aboites trop mal.

Étym. *Boite*.

Abourgeonner, *va*. et *n*. Ébourgeonner, cueillir le « bourgeon » pour dégager les souches.

Abourrage, *sm*. Action « d'abourrer » le linge, essangeage.

Abourrer, *va*. Abourrer le linge, l'essanger, lui faire subir un lavage sommaire, pour enlever les plus grosses impuretés, avant de le mettre à la « buée ».

Étym. *A* pour *é* priv. et *Bourre* dans le sens de saleté.

Abouture, *sf*. Drageon.

Étym. Vieux franç. *Bouter*, pousser, dans tous les sens.

Âbre (à-bre, on prononce aussi à-be', *sm*. Arbre : Un bel àbre. ‖ Âbre mouvant, ou, simplement, àbre, une des pièces principales du pressoir. Le *coup d'àbre* est la première pression qu'on fait subir au marc. On dit, par plaisanterie, d'un fromage fort maigre : Il a reçu trois façons et le coup d'àbre, parce qu'un marc ainsi pressuré ne contient plus une seule goutte de vin.

Âbrecàbre, *sm*. Groupe de nuages légers qui paraissent à l'horizon, du côté du sud ou de l'ouest, à la fin d'une journée de grand soleil, sous la forme d'un arbre branchu, et que nos paysans regardent comme le signe certain de la continuation du beau temps.

Étym. *Âbre*, arbre, et *càbre*, dont il est difficile de déterminer le sens et l'origine.

Abrifou, *sm*. Poêle, voile qu'on tient sur la tête des mariés pendant la bénédiction nuptiale. Mot badin.

Le beau saint et gracieux *abrifou*, qui catholiquement s'interprète le rets à prendre les cocus.

Moy. de Parvenir, I, 19.

Étym. *Abri* et *fou*.

Abriger, *va*. Abriter.

Si se tapirent et *abrierent* eulx et leurs chevaulx dessobz chesnes.

Froissard, *Chron.*, ap. Godefroy.

Étym. *Abrig*, abric, forme ancienne de *abri* :

Genève s'en va un bon *abric*.

D'Aubig., *Hist.*, I, 302

Bas-lat. *abricu abriga*

Absenter, *va.* S'absenter : Je vais absenter de la maison pendant quelques jours. Rabelais (III, 6) a employé ce mot activement :

L'on envoye ces nouueaulx mariez veoir leur oncle, pour les *absenter* de leurs femmes.

Absolu, *adj. m.* Jeudi absolu. jeudi-saint. Cette locution ancienne est inconnue de la plupart des français de nos jours quoiqu'elle figure toujours sur les dictionnaires. Elle tend du reste à disparaître aussi chez nous et l'on n'entend plus que très rarement l'ancien dicton :

>   Jeudy *absolu,*
>   Caresme est sus l'cul

Abutant, *part. prés.* de abuter. ‖ *S.m.* Propriétaire d'un bien qui abute sur : J'ai appelé tous les abutants à bornage | *S.m. pl.* Petites planches d'une vigne. tracées dans le sens contraire aux autres et qui terminent le morceau. Je n'ai plus à « marrer » que les abutants.

Abuter, *vn.* Toucher par un bout, être joignant contigu, en parlant des biens ruraux : Ce champ abute de solaire sur Pierre et de galerne sur Paul.

Abutant d'un bout *sur* les terres de Monsieur Duplecis.
>   8 oct. 1599. Arch. mun. Villebarou, vol. 1672, f° 99, vers.

Le vieux français disait abuter à :

Les rues qui *abutaient à* la maison de ville.
>   D'AUBIGNÉ, *Hist.* I, 38.

Acarter, *va.* Écarter ‖ *En Abs.* Éparpiller le foin pour le faire sécher ‖ Tendre le linge fraîchement lavé sur des cordes pour le faire sécher.

Acassoude, *sf.* Coup. blessure : Si tu fréquentes ces mauvais gas-là tu attraperas quelque açassoude ‖ *Fig.* Accident malheureux : Quand on aime à plaider on est bien sujet aux acassoudes.

ÉTYM. *Casser?* Sa forme peu commune rend incertaine l'origine de ce mot très usité.

Accolage, *sm.* Action d'accoler (*Voyez* ce mot).

Paye neuf sols a Georges Jacquet pour l'*accollage* d'une boisselee desdites vignes et pour deux bottes de paille

1691 Compte de la marelle Egl de la Chaussee-St-Victor

Accoler, *va* et *n* Attacher les jeunes pousses de la vigne aux « charmers » avec de la paille ou du jonc

Pour soixante sept journees d'hommes qui ont *acolle* les vignes dessusd

1508 Arch Hotel-Dieu de Blois, reg E 7

Paye vingt sols a la vefve Alexandre et a Helene pour auoir *accolle* les vignes de P Chenu

1691 Compte de la marelle Egl de la Chaussee-St-Victor

Accolerie, *sf.* Temps pendant lequel on « accole »

Accoleur, euse, *sm* et *f* Personne employee à « accoler »

Accomparer, *va* Comparer Ronsard ne s'est jamais servi que de ce terme .

Le mortel ne se doit *accomparer* aux dieux
Rons , *Eurymédon*

Acconsentir, *vn* Consentir

Accoubler, *va* Mettre par couble (couple) accoupler.

Le poulce et le doigt indice desquels il *accoubla* les deux ongles ensemble

Rab , III, 20

Accreire (a-cre-re), *vn.* Accroire usité seulement à l'infinitif et avec faire

Il faisoit *accreire*
Qu'il estoit mort quand il dormoit
XVIIe s Epig sur la mort de Richelieu

Accropir (s') *vr* S'accroupir

Une vieille *acropie*

Rab , II, 10

Acculer, *va* || Eculer Acculer ses souliers

Tousiours *acculoyt* ses soliers

Rab I, II

Achapper, *vn* Échapper

Acharboter, *va* Écharboter (*Voyez* ce mot)

Achauffer, va. Échauffer.

Âchée, sf. Renouée des petits oiseaux, polygonum aviculare.

ÉTYM. Dim. de *Ache*, ombellifère? Il n'y a guère de rapport apparent entre ces deux genres de plantes, et, pourtant c'est bien le même mot.

Achiter, va. Acheter.
ÉTYM. Bas-latin *accapitare*.

Aclaircir, va. Éclaircir.

> L'œil de grenoille a le don gracieux
> Loy *d'aclercyr* l'œil humain chassieux.
>
> Mat. DE BOUTIGNY, œuv. de Marot.

Acloppé, ée. adj. Éclopé, ée.

Acmoder, va. Accommoder, préparer. Acmoder la salade. Acmoder la buée : disposer le linge dans le « tenou », et préparer tout ce qu'il faut pour la faire couler.

ÉTYM. *Commode* qui se prononce ke mo de (*Voyez* PARSENNE) et ensuite k'mode.

Acorcher, va. Écorcher.

Acouter, va. Écouter.

> Qui plus est souffroit m'*acouter*.
>
> VILLON, Gd. Test.

Acoutez, Messieurs, *acoutez* un peu; je vous dirai un conte pour vous apaiser.

> Moy. de Parvenir, II, 326.

‖ Acouter à. vn. Faire attention, attacher de l'importance à : Un de plus, un de moins, je n'y acoute pas.

ÉTYM. Ce mot est moins éloigné de son origine que Écouter. Ital. *ascoltare*; lat. du IIIe s. *ascultare* (Flav. Caper), lat. class. *auscultare*, m. sign.

Acrâs, sm. Enfant chétif, difforme, mal venu. En Beauce on dit *ecrâs*, et en Sologne *acrotte*.

ÉTYM. Orig. inconnue.

Acraser, va. Écraser.

Acuter, vn. Prononciation défectueuse mais très répandue

Adieu-pas, *loc adv* dont on se sert par civilité en prenant congé. et qui revient a dire Je ne vous dis pas adieu parce que je serai heureux de vous revoir

Adjournement, *sm* Ajournement remise à un autre jour.

Depuis l'*adjournement* a lui baillé
FOURRI, *Cout de Blois*. p 419

Adjourner, *va* Ajourner· Le conseil de revision l'a adjourné, comme étant trop faible

Soit *adjourné* au dedans de trente jours après ladite vue, prinse, et trouvée dudit dommage
FOURRI, *Cout de Blois*, p 166

Adonner (S'), *vr* Avoir bonne ou mauvaise chance dans un événement qui dépend du hasard Tu t'*adonnes* bien nous nous mettons à table — Il vient de tomber malade ça s'*adonne* mal nous entions en hiver ‖ *Abs* Avoir une chance favorable Avec son billet, il peut gagner 10,000 francs si ça s'y *adonne*

Quant le besoin et le temps s'y *adonne*
Cl MAROT, *Psaume* 101

Adousser, *va* et *n* Adousser un champ, une terre, achever d'en briser les mottes pour l'aplanir après le labourage en faisant passer dessus la herse retournée sur le dos *(dous)* On dit mieux *rouler* parce que pour cette opération, on se sert le plus souvent aujourd'hui, d'un rouleau

Adresser, *va* ‖ Ranger, mettre à sa place, dans un endroit déterminé.

Beurres ou doivent être *addressés*
LIEBAUT, *Mais rust*, Table des Mat

Adret, ette (a-dré). *adj* Adroit adroite C'était la prononciation encore du temps de Molière

D'abord j'appréhendai que cette ardeur secrette
Ne fut du noir esprit une surprise *adroite*
Mol, *Tartuffe*, act III, sc 3

Affaires, *sf plur* ‖ Faire des affaires se dit absolument pour faire un partage de biens. un règlement d'intérêts entre membres d'une même famille La bonne femme veut se délaisser, il va falloir faire des affaires.

Affaubertir, va Ahurir « abager » Un grand affauberti un grand detraque

ETYM Orig inconnue

Affiche, sf Appareil en forme de haut châssis qui se place debout a l'avant et a l'arriere de la charrette On dit souvent *effiche*

ETYM *Ficher*

Affiloire, sf Pierre a aiguiser a affiler

Afforcer (S'). vr S'efforcer

Affouassir (S'). vr S'affaisser se laisser tomber

ETYM Forme patoise de *affaiser,* on dit aussi *s'affouasser*

Affoué, ée, adj Extrêmement agite qui ne sait plus a qui ni a quoi entendre

ETYM *Fou*

Affranchir, va ‖ Rendre franc fertile La gelée affranchit la vigne Bien qu'on emploie aussi affranchir pour *châtrer* c'est-a-dire rendre sterile l'opposition extrème de ces deux sens n'est qu'apparente la vigne affranchie donnera plus de vin et le goret affranchi plus de viande

> Exempts du triste embarras
> Qui maigrit l'espece humaine,
> Comme ils sont dodus et gras,
> Ces bons citoyens du Maine

a dit Beranger en parlant des chapons autres affranchis.

Affranchisseur, sm Châtreur *Voyez* AFFRANCHIR ci-dessus

Plus vendu au sieur Gausseaume Rollin, marchand laboureur et *affranchisseur*

19 janvier 1766 Vente, f° 28 rect Arch H Johannet

Affronté, ée, adj Effronte ee

> Pour ces garces, pour ces ribaudes
> Qui *affrontees* sont et baudes (hardies)
>   G DE COINCI *Mir* Richel, ap Godefroy.

Affût, sm ‖ Etre ou n'être pas d'affût etre ou n'être pas dispos en sante

ÉTYM Par analogie avec un outil qui n'est bon que lorsqu'il
est affilé

Aga, *part expl* Qui sert à accentuer davantage le sens
d'une proposition soit affirmative soit négative Ah! dam'oui
voilà ce qu'il m'a dit, aga — Il n'est point venu aga et je
l'attendais

> *Agua,* mon emy
>
> RAB, IV, 67.

ÉTYM Pour *agur* imper du verbe ancien *agurer* regarder

> *Agar* comment cil Haynuier nous resveillent
>
> FROIS Chron, II, ap Godefroy

Age, *sf* Eau dans la loi être en age on dit de même être
en eau
ÉTYM Lat *Aqua* eau

Âge, *sf* Epoque de la vie etc masculin aujourd'hui est
encore féminin en blaisois comme il l'etait dans l'ancienne
langue

> Que d'hommes fortunez en leur *age premiere*
>
> MALHERBE, Larm de St-Pierre

Aggravé, ée, *adj* Cheval aggravé «maison» aggravée qui
a ramassé un caillou un gravier dans son sabot
ÉTYM *Gravier*

Agout, *sm* Egout Les agouts vont c'est le «degeon»

Une maison . aveques toutes ses veues, *agousts,* aisances et
appartenances quelconques

> 1370 DUCANGE Agotum

Agoutter, *va* Egoutter

> quelque goute
> Que Fortune au bec lui *agoute*
>
> Rose, 7193

Agraté, ée, *adj* Qui est muni de ses agrats

De laisser à la fin du present bail laditte metairie bien et duement
agrattée de tous ses agrats generalement quelconques

> 6 Dec 1775 Bail Deschamps Arch H Johannet

Agrats, *sm pl* Ce qui reste des cereales quand le grain en
est enlevé Ce mot avec ses composes est aujourd'hui plutot
beauceron que blaisois proprement dit (Voyez PILLOT.

Tous les bleds qui ont trempé dans l'eau ont été perdus avec leurs *agrats* (par suite d'une inondation de la Loire).

1707. Journal des Ch. remarq., f° 35 v°

Plus un lot de bled qui reste à battre ..... dont on ne pourra exiger la livraison dans le courant du carême prochain à cause des *agrats.*

Nov. 1789. Vente volont., p. 50. Arch. H. Johannet.

Étym. Origine inconnue.

Agricher, *va.* Saisir vivement, comme un chat avec ses griffes : Prends-garde, il va t'agricher ton « colant ». ‖ S'agricher, s'accrocher : L'enfant s'agriche à mes cotillons.

Étym. Dérivé incorrect de *griffe*.

Agriote, *sf.* Cerise aigre.

Les *agriotes* ou cerises aigres sont plus propres à confire que les guines ou cerises douces.

Ol. de Serre, Théâ. VIII, 2.

Étym. Grec ἄγριος, sauvage.

Agucher (s') (s'a-gu-chĕ. et plus souvent s'a-gueu-chĕ). *vr.* Se jucher, se hisser. « Aguches-toi donc pour arrigoter c'te pomme ».

Étym. « *Guche* ».

Aguérer, *va.* Egarer, perdre.

Aguetter, *va.* Guetter.

Le villain, que maulx loups l'estrangle,
Si s'estoit mussé en ung angle,
Par derrière et nous aguettoit.

Rose, 15619

Il est souvent *aguetté* et menassé par des soldats.

19 nov. 1601. Aff. Silv. de Mallivau. Arch. dép. L.-et-Ch.
B. Baill. de Blois.

Ahoté, ée, *adj.* Arrêté par un obstacle : Je suis ahoté ; ma charrette est ahotée.

Étym. Au mot *Haha*, obstacle, qu'on peut considérer comme parent de notre *ahoté*, Littré donne comme origine la double exclamation *ah ! ah !* Cette étymologie est fort douteuse et c'est pour cela que ce mot n'est pas orthographié ici avec un *h* initial. Il est plutôt venu de *Hot*, qu'on trouve dans l'ancienne

langue avec le sens de *tas* mais qui ici signifierait obstacle
arrêt et qui est probablement aussi, le radical de *cahot*.

Aïde, sf Aide secours

> Sans avoir d'autre *aide* attaire
>
> *Rose* 5710

ÉTYM Ital *aiuto* même signif

Aïder, va. Aider secourir

De feit, de dreit ou de costume leur pourreient *ahider*

> 1301 D Fonteneau, XXII, 410 Bibliot de Poitiers

Ce Brennus inhumain, sans espoir de subside,
Tenant le glaive en main, afin que par mort se *ayde*

> Cretin, *L'app du Maresc Chab*, p 130

ÉTYM Ital *aiutare*, lat *adjutare*, même signif

Aigrasseau (e-gra-sio en patois), sm Pommier sauvage
poirier sauvage

ÉTYM *Aigre*, parce que les fruits de ces arbres sont acides
A *Égrain* qui a la même signification Littré donne l'étym *e*
pour *es*, et *grain, graine*, qui vient d'une graine

Aigron, sm. Héron grand oiseau qui frequente le bord des
eaux.

> Quia cœperat *aigrones* in palude.
>
> 1268 Ducange, *aigro*

Pouacres, *hegronneaulx*, foulques.

> Rab, I 27

ÉTYM Ancien haut-all[d] *heigero*, m signif

Aiguillettes, sf plu Herbe des champs dont la graine
affecte la forme d'une longue aiguille scandix pecten Veneris

Aile, inter A tous les jeux de « canette », dans la campagne
quand le joueur trouve plus avantageux de se porter à droite ou
à gauche. il s'ecrie Aile ! Souvent son adversaire le previent
par la défense Ni aile ni « ortout » !

ÉTYM Orig incon Il faudrait de la bonne volonte pour trouver au mot *aile*, lat *ala* le sens de écart qu'il a ici

Aisée, sf Airée les gerbes etendues sur l'aire d'une grange
pour être battues (*Voyez Chap prélimin* § II R)

Aîtré, ée, adj. Agencé, arrangé, distribué, en parlant d'une habitation : Une maison mal aîtrée.

Étym. *Aîtres*, ci-dessous.

Aîtres, sm. pl. Les aîtres d'une maison, les locaux, pièces, appartements qu'elle contient, et par extens. les gens qui l'habitent.

> Et clorroyent huys et fenestre,
> Si en seroit plus chault leur *estre*.
>
> *Rose*, 18556.

Étym. Lat. *atrium*, porche, et par extens. maison.

Ajambée, sf. Enjambée.

> C'est à la feste de tous Sains
> Chascun i vient qui ains, ains,
> Grands pas et longues *ajambées*.
> *Fabliau de la Court de Paradis*, ap. Jaubert.

Ajamber, va. Enjamber : Ajambes le foussĕ.

Ajus, sm. Confiance, foi : C'est un baillevent, il n'y a point d'ajus à ce qu'il dit, c'est-à-dire il n'y a point à avoir foi.

Étym. *Adjust*, ancien subst. verbal de *adjuster* dont le sens a passé du propre au figuré.

Une paire de crochets..... sur lesquels ayant esté poisé un poix de xvj l. du marc du Roy, se sont trouvez de bon *adjust*.
> 11 oct. 1602. Pr. verb. de saisie, p. 3. Arch. de L.-et-Ch.
> B. Baill. de Blois.

Une autre paire de crochets lesquels se sont trouvez bons de juste *adjust*.
> *Ibid., ibid.*, p. 5.

Alayer, (a-lé-ié). Élaguer.

Chacun an, au temps que ly bois *s'alayront*, ly dits abbé et couvent penront une moitié à leur chois.
> DUCANGE, *laia*.

Étym. On trouve aussi dans les anciens textes *alager* et *ataiguer*, mais ce dernier semble venir du lat. *lignum*, bois, tandis que Alayer a pour radical l'anc. h¹.-all⁴. *lah*, incision : holland. *taken*, retrancher.

Aleau, sm. Petit domestique de ferme dont les fonctions consistent surtout dans le soin des moutons.

Étym. Ce mot est beauceron : *à l'eau* pour abreuver le bétail.

Alichon, *sm.* Alluchon. dent d'une roue d'engrenage.

59° Quatre-vingt pièces de fuzeaux, un demi-cent *d'allichon*, deux boeste pour le moulin.

> 30 Novembre 1782. Réglement. Arch. H. Johannet.

64° Une vieille met, avec trente fuzeaux et *allichons*.

> *Ibid., ibid.*

ÉTYM. Dérivé de *aile*, comme *cornichon* de *corne*.

Aligné, ée, *adj.* ‖ Droit, sans sinuosités, sans aspérités : Un « pelon » bien aligné.

Alite, *sf.* Élite : Désirée, c'est l'alite (ou la lite) des filles.

Alité, ée, *adj.* ‖ Qui n'a aucune courbure, droit (*Voyez* ALIGNÉ) : Une rotte bien alitée.

ÉTYM. Peut-être *alite* ci-dessus.

Allant, te, *adj.* Actif, active : « C'te poque est bein allante ».

Un grand *allant*.

> N. DU FAIL, *Prop. rust.*, p. 132.

Aller, *vn.* Fait au prés. du subj. que j'*âlle*, que tu *âlles*, qu'il *âlle*.

L'on ne souffrira que ce meuble *alle* en décadence.

> OI. DE SERRE, *Théât.* VIII, 3.

Allicher, *va.* Allécher, séduire, attirer : Il lui a donné cent sous pour l'allicher.

Alocher, *va.* Ébranler.

ÉTYM. Autre forme de *Élocher* pour *Élosser* (*Voyez* ce mot).

> Et tousjours l'orage cruel...
> *Élochant* la voûte du monde.
>
> RONS., IVᵉ liv. Ode 21.

Alouette (Tête d'), *sf.* La jacée, centaurea jacea, plante sauvage très commune qui a l'involucre de sa graine de la couleur et un peu de la forme d'une tête d'alouette.

Alourdir, *va.* Étourdir. D'un coup de poing, je l'ai alourdi.

Symon Thibault frapa Guillaume Courtois de son baston un seul cop en la teste, dont il fu *alourdé*, et cheut à terre.

> 1407. DUCANGE, *Élourdatus*.

On dit aussi *Élourdir*.

Alouse. *sf.* Alose, poisson.

Le mardi ensuivant pour la pitence du convent d'*alouses* salées et deux gournalx et un mulet pour mons. l'abbé.

1374. Ducange, *Gornus.*

Alouser. *va.* Flatter, cajoler.

> Qui pour leur noblesse *aloser,*
> Comme le menu peuple cude,
> Fièrement mettent leur estude,
> A faire entour eulx armer gens,
> Cinq cens ou cinq mille Sergens.

Rose. 5486.

Là ou besoing fit *allousoit* son bel oncle.

G. Chastell, ap. Godefroy.

Étym. Lat. *laus,* louange, de *laudare,* louanger; anc. franç. *los.*

Alouseur, euse. *sm.* et *sf.* Adulateur, qui flatte avec l'intention de tromper : « Méfies-toi de li, c'est un alouseux ».

Aluette, *sf.* Cartes d'aluette, sorte de tarots dont on se sert pour jouer à la « bigâille ».

Étym. Bas-lat. *alucta* pour *alu'a,* basane?

Alumaçer, *va.* Élumacer (*Voyez* ce mot).

À-Main. *sf.* Situation, position commode pour faire quelque chose : ne s'emploie que dans Être ou n'être pas à son à-main : avoir ou n'avoir pas son ouvrage disposé de façon à travailler librement.

L'ancienne langue avait l'adj. *amain,* équivalent de *adextre,* adroit.

> En prenant se tu es *amain,*
> Porras bien touchier à sa main.

Clef d'Amour, p. 33, ap. Godefroy.

Amarôuche, *sf.* Plante sauvage à odeur forte dont la fleur ressemble à une sorte de pâquerette, anthemis cotula et pyrethrum parthenium. *Ameouche* et *ameroke* dans l'ancienne langue.

Parthenium *amarucum.*

Comment. très excell., chap. 222.

Étym. Roman *amaruns,* amertume.

Amâsser, *va* ‖ Amâsser du mal amâsser « la chaud la fred » Contracter du mal prendre chaud froid.

La voilà encore au lit Elle y *amasse* des humeurs, et insensiblement elle y demeura dix-huit ans et y mourut.

        T DFS RIAUX, t IX, p 201

Ambrois (ambroâ' *npr*. Ambroise nom d'homme

Abuttant d'aval aux heritiers *Ambrois* Chenu

   8 avril 1696 Arch L -et-Ch G Censil St-Victor, piece 47
Joignant aux avans causes *Ambrois* Daudin
     1er mai 1687 Arch L -et-Ch G l'abr St-Victor

Âme, *sf* ‖ L'âme d'une volaille · Les visceres, qu'on laisse dans l'interieur d'une volaille lorsqu'on l'a vidée.

Manger sa poule . et l'*âme* de son pourceau
        N DU FAIL, *Prop rust*, p 23

Ce jars présente sur la table d'un seigneur, lequel en chercha l'*âme*, et ne la trouvant pas, apella le cuisinier
        Moy de Parvenir, II, 139

ETYM *Âme*, dans le sens de vie, lat. *anima* parce que ces parties sont les plus necessaires à la vie de l'animal

Amener, *va* ‖ Produire Cet arbre amène de beaux fruits

     Et vignes y planter
     Qui tous les ans *ameinent*
     Fruit pour les sustenter
        Cl MAROT, *Ps* 107

Amietter, *va* Émietter, réduire en miettes

Amignonner, *va* Le même que *Amignoter*

Amignoter, *va* Caresser, flatter Un enfant trop amignote.

   Toy, *mignottant* ton dormeur de Latmie
        RONS , *Cass* 118

Ce mot se trouve dans le Dict de Trevoux

ETYM Anc. franç *mignot*, mignon.

Amonition, *sf* Munition employe principalement dans l'expression . Pain d'amonition

Pour *amonitions* de guerre, etc.
    Decl de voy du Cap de Gonneville, ms , 15 juin 1505,
    ap Godefroy.

Amont, *sm.* Le côté d'une terre qui se trouve du nord à l'est.

Joignant Mathurin Thomas du bout d'abas, d'aultre coté à Jacques Renard du bout d'*amont*, abuttant sur Macé Marchais du bout de solaire.
                1607. Arch. mun. de Villebarou. Vol. 1672, fº 117, rect.

Amoureusement, *adv.* ‖ En douceur, comme en caressant : La « pleue » tombe amoureusement.

Amoureux, euse, *adj.* ‖ Doux, charmant, qui provoque un sentiment de délectation : Un petit vin amoureux à boire.

Ancêtre, *sf.* Race. espèce ; ne se dit sérieusement que des animaux et des plantes : Des poulets d'une petite ancêtre.

Ancêtrer, *va.* Fournir à quelqu'un une race d'animaux, une espèce de plantes qu'il n'a pas. J'ai des lapins tout à fait extra. il faut que je vous en ancêtre.

Anche, *sf.* Conduit par lequel le vin coule du pressoir dans la « tiau » : J'ai vendu mon vin 80 francs pris à l'anche. c'est-à-dire au sortir du pressoir.

L'un met à *l'anche* un panier attaché.
                                RONS., *Les Plais. rust.*

(Le panier, dont il est ici question, est suspendu à l'anche par son anse, de sorte que le vin, en passant au travers, se débarrasse des grains et des pépins qu'il charrie.)

ÉTYM. Anc. hᵗ-allᵈ. *ancha*, tuyau.

Andri, *n. pr.* André.

Depuis le jour de S. Denys jusques à la S. *Andry.*
                                DUCANGE, *pertusagium.*

Jouxte d'un long les hoirs feu *Andry* Daudin.
                1600. Arch. de L.-et-Ch. G. Villerbon. Déclar. des terres.

Âne, *sm.* ‖ Instrument de tonnelier : aujourd'hui on dit plus souvent chevalet.

Quatre doloueres, une plane, trois asses, deux feillez, un enguin, un asseau, un barrouer, deux coullombes, *l'asne*, le compas, la selle à rongner, une tire, le jablouer, le rabot, le crochet, estimé le tout ensemble sept livres dix sols.

29 avril 1649. Invent. Coudret. Arch. L.-et-Cher. B. Baill. de Blois.

‖ Âne de bois, sorte de chevalet dressé sur trois pieds et destiné à supporter une hotte ou un « butet ». ‖ Tour de corde, de cordon, etc , enroule qui chevauche qui est par dessus un un autre La corde du puits fait un âne ‖ *Prov.* Une prune dans la « goule » d'un âne c'est comme qui dirait une goutte d'eau dans la rivière ‖ Faire l'âne pour avoir du son. faire l'innocent dans l intention d en tirer profit.

Ânette, *sf* Terme familier qu on applique à une petite fille qui n'apprend rien à l ecole

Ange, *sm.* ‖ *Loc.* Voir les anges. se dit de celui qui s'est mis ou qu'on a envoyé au lit sans souper. L'origine de cette loc s est perdue . cependant il est bon de rapporter ici l opinion de Pantagruel sur l'efficacite du jeûne

Point soupper seroyt le meilleur   Bien croy ie l'homme replet de uiandes et crapule difficilement concepvoir notices des choses spirituelles , ne suis toutesfois en l'opinion de ceulx qui, apres longz et obstinez ieusnes, cuident plus auant entrer en contemplation des choses celestes

Rab , III, 13

Angleux, euse, *adj* Qui a un caractere difficile. hargneux.

Étym. Par anal. avec la noix angleuse dont il est difficile d extraire l amande

Animal (an-ni-mal) *sm* ‖ *Fig* Homme brutal. syn de Bestial (*Voyez* ce mot) ‖ Sujet à caution, syn de « Mâtin » (*Voyez* ce mot) ; il n'est même pas rare d'entendre ces deux mots unis dans une même phrase Il est si animal, ce mâtin-là !

Anuit, *adv.* Aujourd'hui

Et je m'en aviserai et consillerai encores *anuit* et demain plus plainnement.

Frois , *Chron* . ap. Godefroy.

Étym C'est l'orthographe adoptée aussi par Rabelais et plusieurs autres. bien que ce mot soit formé evidemment de *en* et *huy*. le jour présent Il serait plus logique de suivre celle de Henri IV

Vous recevies deux lettres *anhuy* de moy

Anveu, *sm* Orvet Si un anveu voyait clair il n y aurait plus personne sur terre

ÉTYM. Celle de *aveugle*, lat. *ab* priv., *oculus*, œil, sans yeux : la croyance populaire est que l'anveu n'a point d'yeux et qu'il est très dangereux. Ce petit reptile est, au contraire, tout à fait inoffensif.

Août (a-ou), *sm*. Ce mot, ici, fait deux syllabes quand il désigne le mois : Le mois d'a-out ; mais il n'en fait qu'une quand il désigne la moisson : Faire l'oût.

À-part, *sm*. S'emploie toujours avec l'adj. possessif. État, situation en dehors de toute communauté d'intérêts, d'habitation, de vie, etc. : Je me suis mis à mon à-part. Sitôt mariés, je les mets à leur à-part.

> En vostre privé et *a part*.
>
> N. DU FAIL, *Cont. d'Eut.*, II, p. 227.

Apercher, *vn*. Approcher.

Apeux, euse, *adj*. Épais, épaisse.

ÉTYM. On hésite à voir dans ce mot une corruption du franç. *épais* qui vient du lat. *spissus*, serré, et s'écrivait autrefois *espois*. Il est vrai que, en patois blaisois, le préfixe *é* se change très souvent en *a* ; mais il est rare que *es*, ou le *é* qui en provient, subissent la même transformation : on n'a jamais dit *apée*, *api* pour *épée*, *épi*. En outre, il n'y a pas d'exemple de la transformation de la diphtongue *ai* ou *oi* en *eu*. A la rigueur, si *apeux* était le même mot que *épais*, il se prononcerait *apais* ou *apée*. Ne serait-ce pas un dérivé du lat. *adiposus*, gras, gros ?

Apitancer, *va*. Fournir la pitance à, nourrir.

Apléter, *vn*. Être adroit à l'ouvrage, expédier la besogne, se hâter : Apléter comme M. le Curé des Montils (qui disait sa messe en 20 minutes).

> Aploitez tost, penez vos dou aster.
> (Dépêchez-vous, vous souffrez de rester tranquilles).
> Guill. D'ORENGE, Rich. 2191, Godefroy : *exploitier*.

ÉTYM. La même que pour *exploiter*.

Apléteux, euse, *sm*. et *f*. Qui « aplète ».

Apoilé, ée, *adj*. Qui est de couleur assortie, de même poil principalement en parlant des chevaux : Un attelage bien apoilé.

Appareiller, *va* Assimiler comparer

> Et de tant se presumpera
> Qu'a li se volt *apparreillier*
> > *Fabl d'Ovide*, Arsen , 5069 Godefroy

Appât, *sm* ‖ Nourriture usite seulement dans Etre d un petit ou d'un grand appât manger peu ou beaucoup

Les pharisiens estoient de povre atour et de petit *past*
> XVe s *Hist des Emp*, Ars 5089, f° I, Godefroy

ETYM *A* et *past* du lat *pastus* de *pascere* paître nourrir

Appontement, *sm* Maniere de se vêtir mise
ETYM « *Apponter* »

Apponter, *va* Arranger apprêter preparer Appontei sa charrette pour aller aux foins

Il acheta une lamproye qu'a sa femme envoya pour *apointer* afin de festoyer son curé
> > Louis XI, *Nouv* 38 (Jacob)

‖ Faire la toilette, habiller Apponter ses enfants pour les envoyer à la messe ‖ S apponter, s occuper de sa toilette
ETYM Lat. *ad punctum*, au point

Appousser, *va* Pousser de dehors en dedans . Le vent appousse la fumee dans la chambre.

Apprentif, ive, *adj* et *sm* et *f* Apprenti apprentie ne se dit plus guere

> Ronsard en son mestier n'estoit qu'un *apprentif*,
> Il avoit le cerveau fantastique et rétif
> > REGNIER, *Sat* IX
> Vais-je épouser ici quelque *apprentive* auteur ?
> > BOILEAU, *Sat* X

Appropir, *va.* Mettre en etat de proprete

Aqueur, *sm* Défaut du pain cuit sans que la pâte soit suffisamment levee, ce qui produit des parties compactes non spongieuses Ce pain a l'aqueur Les boulangers disent pain *lardé* Une croyance très repandue est que lorsqu on mange la galette sortant du four, il faut la casser avec ses doigts et non la couper avec un couteau, parce que ça donnerait l aqueur au pain qui est en train de cuire.

Étym. Origine inconnue. Y aurait-il quelque rapport avec l'*encueur :*

Mal qui despesche tost le cheval..... Convient recourir au mareschal pour arracher avec ferremens la glande qui s'enfle en la poitrine.

O. DE SERRE, *Théât.*, VIII, 6.

Arabe, *sm.* Érable, arbre.

Nomine bosci mortui accipiuntur salices, marsalices, tremble, *arable,* charme, tilium, bolum et alnæ.

1319. DUCANGE, *arablius.*

Araigner, *va. et n.* Enlever les toiles d'araignées: Araigner une chambre.

Arbelête, *sf.* Petit arc de bois qui sert de jouet aux enfants.

Un homme armé de chapeau de fer .....avecques une *arbeleste* et le terchois à mettre saiettes.

1359. DUCANGE, *tercerium,* 3.

Archetecte, *sm.* Architecte.

Les plans et devis parafé que monsieur Renard, *archetecte,* a fait.
1743. Devis de constr., p. 27. Arch. de l'égl. Chaus.-St-Victor.

Ardent, *sm.* Feu follet, dont il est souvent question dans les contes de bonnes femmes où il joue le rôle dont parle Voltaire, (lettre 149) :

Je les voyais comme deux *ardents* qui marchaient toujours devant moi et qui m'éclairaient en me perdant.

Ardille, *sf.* Terre compacte, de couleur blanchâtre, dont on se sert ici pour luter la canelle quand on tire la cuve, argile.

L'enfleure sous la selle se resoudra, appliquant dessus, comme mortier, de l'*ardille,* qui est une terre forte, destrempée auec vinaigre.
O. DE SERRE, *Théât.*, 983, éd. 1605.

Étym. Cette forme était autrefois aussi répandue que la forme *argile* que l'on écrivait *argille.* Lat. *argilla,* m. sign.

Ardilleux, euse, *adj.* Qui contient de l'ardille : Une terre ardilleuse.

Argenté, ée, *adj.* Qui a de l'argent en caisse, riche.

> J'ay veu grant multitude
> De Livres imprimez,
> Pour tirer en estude
> Povres mal *argentez*.
>
> J. MOLINET, ap. Bourdigné, *Faifeu*, p. 165.

Nota que l'emprunt de Mr Jousseaulme est simulé et qu'il nous a donné un contrebillet..... Nous avons fait la susdite déclaration pour que l'on ne nous crut pas *argenteux*.

> 11 may 1710. *Journ. des ch. remarq.*, St-Laumer, Blois, f° 10 v°.

Aricandage, *sm*. Façon suspecte d'agir, de traiter les affaires. || Occupations futiles.

ÉTYM. « *Aricandier* ».

Aricandier, ière, *sm*. et *f*. Qui fait un commerce de peu d'importance et quelque peu suspect. || Personne qui s'occupe de beaucoup de choses et qui n'est bonne à rien.

ÉTYM. Orig. inconnue.

Arichal, *sm*. Fil d'arichal, fil d'archal : ne se dit plus guère.

Un crible de fil d'*arichal* a cribler bled.

> 1617. Invent. présid. de Metz, p. 26. Arch. L.-et-C.
> B. Baill. de Blois.

ÉTYM. Lat. *orichalcum*.

Armena, *sm*. Almanach.

Aronce, *sf*. Ronce.

Mené les paroueres, buissons, espines et *arronces* hors la court du chastel.

> 1556. Cp^{te} de Diane de Poitiers, ap. Godefroy.

A la charge par ledit preneur de..... les (prés) étaupiner et couper les épines et *arronces*..

> 22 février 1756. Arch. Loir-et-Cher. G. Fabrique St-Victor.

Ce mot s'écrivait aussi *arons* et *aronc*.

Arpent, *sm*. Mesure agraire qui vaut douze boisselées. c'est-à-dire 60 ares 72 centiares.

Arpenti, *sm*. Petite construction dont le toit n'a qu'un seul versant, appentis.

A la charge d'y bastir un petit *arpentil*.

> 1591. Arch. L.-et-Ch. H. Par. St-Martin (Blois).

Pour avoir..... couvert une petite galerie.... et un petit *arpentil*.

> *Ibid.* H. Cp^{te} de Rec. et Dép., f° 15. St-Laumer.

Arquebeu, *sm* Bugrane rampante ononis repens plante sauvage qui pousse dans les terres incultes

Étym Contraction ou mauvaise prononciation de *arrete-bœuf*? nom que porte la plante en d autres contrées.

Arquebuse, *sf* Le même que ARQUEBEU.

Arrachis (a-ra-chi) Bois de feu provenant d'arrachage Souches d arrachis

Culées, *arrachis*, souches de vigne, bois verreux
                    Tarif de l'Octroi de Blois

Arrâffer, *va* Egratigner

Ledit Charle navra et *arraffa* des ongles ledit Naudin parmi le visage et es yeux jusques au sang
                1591 DUCANGE, *esgratineura*

Arrêteau, *sm* Chose destinée à arrêter a faire obstacle Quand une couturière fait une boutonnière elle la termine par un petit arrêteau

Arrière (On prononce souvent a-riée *Voyez* ci-dessous la citat de 1348) *Adv* exprimant une idee retroactive, au contraire au rebours Je veux aller à droite , lui arrière veut prendre à gauche

Et quand le roy vint a Poytiers, il vousist (eut voulu) bien estre *arieres* a Paris
            JOINVILLE, *Hist St-Louis* p 206 (Édit 1867)
Pour les (saintes reliques) conduire et mener a l'abbaye du Lys , pour les ramener et conduire *ariez* du Lys a Paris
                7 avril 1318 DUCANGE, *capellani*, I
Voire mais si vous lui faites quatre ou cinq oreilles? *Arriere*, ce sera une mauvaise besongne
    Bon DES PERIERS, *Cont et Nouv* , t I, p 120 (Amsterd 1735)

Arrigot, *sm* Être à l arrigot être expose être en butte Cette maison est à l arrigot de tous les vents
    Étym « *Arrigoter* »

Arrigoter, *va* Attraper saisir à la volée Arrigoter la balle
    Étym Fréquent d un verbe primitif *arriger* du lat *arrigere* dresser tendre sous-entendu *manus* les mains pour recevoir)? On dit aussi *rigoter Harrigoter* (avec ou sans *h*) dans l anc

langue n'avait plus du tout le même sens venant de *arragou*, jeu d'amour

Arriver, *va* Amener apporter à rive à l'ecart dans un endroit ou l'on puisse charger commodement : La vente est pleine d'eau il faut arriver tout le bois à bras

Au rocher il les (voyageurs) *arriva*

Vire s , Cit de A BRACHET, Dictionn , *arriver*

Arrou (â-rou), *sm* Ruisseau ‖ Aqueduc souterrain

Il eut la malheureuse idée de se mettre à l'abri sous l'*arrou* la bouche de l'*arrou*

Avenir de L -et-Ch , 23 juin 1889

‖ *N pr* L'*Arrou* ravine qui vient de la forêt de Blois traverse la ville en souterrain et se jette dans la Loire auprès du pont

Aboutant d'un bout par le devant sur lad rue du Poids du Roy et d'autre bout par le derrière a la ruelle allant de la rue de la Serrenzerye à l'*arou* dud Blois

1621 Invent de Beaune, p 119 Arch L et Ch B Baill de Blois

ÉTYM. Forme differente de *ru*, ruisseau du lat *rivus*, même sign

Arroûcher (s'), *v réfl* S'egratigner en passant au milieu des epines des ronces des « roûches » Je me suis arrouche les jambes

ÉTYM «*Rouche*» Cependant il faut observer que l'on trouve dans de vieux auteurs *enroncher* pour *enroncer* qui vient de *ronce* c'est peut-être le même mot

Visage, mains et nez *enronchera*

Al. CHARTIER

Arrousage, *sm* Arrosage

Arrousée, *sf* Ondée Il a tombé à ce matin une bonne arrousee

Arrouser, *va* Arroser

Que la terre *arrousee*
De la fertile humeur d'une douce rousee

RONS , *Astrée*

Arrousoir, *sm.* Arrosoir

Valentine, duchesse d'Orleans, quitta la cour et se retira a Blois, ou elle passa le reste de ses jours en dueil et tristesse, et prit pour deuise vne phiole, ou *arrousoir*, auec ces mots *nihil mihi præterea, præterea nihil mihi*, c'est-a-dire, *rien ne m'est plus, plus ne m'est rien*

Symph GUYON, Hist d'Orl, II, 152

Artificiel, *sm* Luzerne, trèfle, incarnat. sainfoin, etc , prairie artificielle.

Artiste, *sm* ‖ Vétérinaire
ÉTYM L *art* de la médecine

Ascie, *sf* Larve deposee sur la viande et sur le fromage par la mouche doree et surtout par la mouche à viande musca vomitoria
ETYM Orig inconnue

Assabouir, *va* Tremper, inonder. en parlant de la pluie
« J se rentre tout assaboui pa la pleue »
ETYM Orig inconnue.

Assaindiner, *va* Rendre « saindin » N'assaindines pas tes enfants . plus tard ils n'en seraient que plus malheureux.

Assaisonner, *va* ‖ Donner aux terres la culture qui convient á la saison . A Vendôme les terres ne sont plus assaisonnées comme chez nous

Assarmenter, *va* et *n*. Ramasser les sarments dans une vigne taillée et en faire des « javelles ».

Icelle femme estoit allee *assermenter* en leur vigne
1453 DUCANGE, sermens
Item pour dix journées de femmes qui ont *assarmente* nos vignes des Granges au pris de dix deniers tourns la journee, viij s vj d
1506 Arch Hotel-Dieu de Blois Reg E⁵.
ÉTYM La forme française est *Essarmenter*, que donne Littre

Assauvagir, *va*. Rendre sauvage, abrutir par de mauvais traitements

Il donneroit audit homme deux soufhetz bien assiz pour le *assauvagir*

1159. DUCANGE, sylvaticus

Asse (à-se) *sf* Outil de tonnelier formé d'un côte d'un marteau, et de l'autre d'une sorte de fer de pioche concave. Le pas d'asse, chanfrein rabattu qui termine le peigne d'une fûtaille.

Ung *asse*, deux meschantes dolloueres.

1617. Invent. Rahart p. II. Arch. L.-et-Ch. B. Baill. de Blois.

3 perceux à bondes de poinçons, une mauvaise *asse*, un feuillet, etc.

11 nivôse an II. Arch. mun. St-Denis-sur-Loire.

ÉTYM. Lat. *ascia,* hache et autres outils tranchants.

Asseau (à-sio. dans la camp.), *sm.* Petite « asse ».

Un feuillet, une coulombe, un cochouet, un *asseau*, etc.

11 niv. an II. Arch. mun. St-Denis-sur-Loire.

Asselle (à-selle), *sf.* Aisselle.

ÉTYM. Bas-lat. *ascella,* lat. *axilla,* m. sign.

Assemblée, *sf.* Fète communale, soit le jour du patron de la paroisse, soit tout autre jour.

Les filles n'étaient pas chères à l'*assemblée* de Veretz, les garçons hors de prix.

P.-L. COURIER, II, 278, éd. 1826.

Asseppé, ée, *adj.* Le même que « cepé » ; mot disparu.

Rendre et laisser ladicte vigne bien *asseppée*, encharnelée et en bonne façon.

14 mars 1595. Arch. L.-et-Ch. G. Fabr. Villebarou.

Assiéser, *va.* Asseoir. || S'assiéser, s'asseoir.

Assisons-nous sur ceste molle couche.

RONS., *Marie.*

ÉTYM. Pour *assiéger,* de *siège.*

Assiquet, *sm.* Petit ustensile que la tricoteuse fixe à sa ceinture et dans lequel elle engage une broche de son tricot. affiquet.

ÉTYM. Dim. de l'anc. franç. *assique, assiche,* pieu.

Atâcher, *vn.* Tâcher : « J'allons y atâcher », nous allons faire notre possible pour en venir à bout.

Âtas (âtâ), *sm.* Appareil formé d'une ceinture et de deux bretelles qui sert à promener les petits enfants.

ÉTYM. Origine inconnue. *Attacher?*

Âtelle, *sf.* Partie du collier du cheval à laquelle le trait est attaché, attelle.

Lui donna un coup d'une *astelle* qu'il tenoit.
>   1384. Ducange, *astella.*

Atêtot, *sm.* Tête d'un arbre destiné à produire du bois de feu.

Les arbres de laquelle Mestairie lesd. preneurs ne pourront couper par le pied, ains seullem. couper les *attestaulx* selon la coustume du pais.
>   2 juin 1641. Bail, Arch. H. Johannet.

Receu de Denys Tiercelin trois liures cinq sols pour sa part des *atestaux* des arbres du Cemetiere.
>   1689. Cp^te de la marelle. Chaussée-St-Victor.

|| Tronc d'arbre et spécialement de chêne, qui, ayant été atêté toute sa vie, est débité à la fin comme bois de feu.

Atêter, *va.* Couper la tête à (un arbre), étêter.

Mais prendra (ledict preneur) la couppe et tonture des arbres qui ont accoustumé d'estre *attestes* estant en aage.
>   29 août 1643. Bail, Arch. H. Johannet.

Plus receu de Nicolas Rabier pour les harbées du pré de la Houée et ung noyer *atesté* iiij l.
>   1633. Cp^te de la marelle, p. 7. Chaussée-St-Victor.

Atitonner, *va.* Parer avec affectation. || Entourer de soins exagérés : Cette enfant est trop atitonnée par ses parents, elle en devient insupportable.

Étym. Augment. de *atinter.* On trouve comme dimin. ancien *attinteler.*

Atonner, *va.* Étonner.
Étym. Lat. *attonare,* même signif.

Atranger, *va.* Étrangler.

Atrogner, *va. Voyez* Étrogner.

Attacher, *va.* et *n.* Fixer le sarment au « charnier » au moyen d'un brin d'osier, après que la vigne a été taillée : Attacher une « plante », je vais attacher.

Attaque, *sf.* || Être d'attaque, être solide, hardi, entreprenant ; n'être pas d'attaque, être d'une santé débile.

Attelée, *sf* Temps pendant lequel les chevaux travaillent sans rentrer à l'écurie et par extens temps pendant lequel le cultivateur travaille sans rentrer à la maison On dit plus souvent *ételée*

Atticher, *va* Exciter. provoquer agacer Atticher un chien.

> Car nul vieil senglier hericie,
> Quant des chiens est bien *aticié.*
>
> *Rose,* 10266

ÉTYM. Ital *atticiare* (prononc at-ti-tchâré). m sign , du lat. *ad* au *titio* tison c'est le même mot que *attiser*

Aubour, *sm* Aubier, couche de bois qui se trouve sous l'écorce d'un arbre, et qui est moins dure et moins precieuse que le reste du bois

Le bois est choisi sain et entier du cœur de l'arbre sans aucun *aubour*

> O DE SERRE, *Théât ,* 761, éd 1605

‖ *Fig* Manque de franchise fourberie Avec moi pas d'aubour

ÉTYM Ital *alburno* (al-bour-no), du lat. *alburnum,* aubier

Auepin, *sm.* Aubepine

> Quand l'*auepin* boutonne,
> Tailles ta vigne, bon homme
>
> Dicton populaire

ÉTYM. *Aubépin* qu'on a prononce sans accent *aub'pin,* puis *auepin*

Aucunefois (d'), *adv* Quelquefois.

Voyant que les escholiers estoyent *aucunesfois* de loisir et ne scavoient a quoy passer temps

> RAB , II, 5

Augeon, *sm* Sur la rive gauche de la Loire Trou excavation faite pour certains besoins de la culture

ÉTYM *Auge,* du lat *alveus,* cavite

Augeonner, *va et n* Sur la rive gauche de la Loire Faire à la vigne une façon de marre qui correspond à *râcler* sur la rive droite

ÉTYM. « *Augeon* ».

Augette. *sf.* ‖ Auge de maçon : Emplir l'augette de mortier.

Augmentation, *sf.* ‖ Tout ce qui peut augmenter ou rétablir la fécondité d'un bien rural, engrais.

De Silvain Rabier de Villesequeron neuf livres pour l'*augmentation* de la vigne.

1693. Cp^te de la marelle. Égl. de la Chaussée-St-Victor.

Augmenter, *va.* ‖ Donner de l' « augmentation » à : Ce champ a grand besoin d'être augmenté.

Aujon, *sm.* Ajonc.
Étym. Orig. incon.

Auripeaux, *sm. pl.* Oreillons, gonflement inflammatoire du tissu cellulaire qui entoure la glande parotide.

En nostre abbaye, nous n'estudions jamais de paour des *auripeaulx*.
                                        Rab., I, 39.

Étym. Lat. *auris,* de l'oreille, *pelis,* peau.

Auteur, *sm.* ‖ Cause, motif, se dit aussi bien des choses que des êtres animés : C'est la mort de mon père, ou c'est Jean, ou c'est la neige qui est l'auteur que je ne suis pas parti.
Étym. Le sens primitif du lat. *auctor* est cause première.

Auvennières, *sf. pl.* La partie d'un toit qui dépasse le mur. ‖ Espace intérieur compris entre le toit et le mur à l'endroit où les chevrons reposent sur celui-ci.
Étym. Bas lat. *Auvenna,* formé de *ad ventum,* contre le vent ?

Avalant, *part. prés.* de Avaler. Aller avalant : Descendre le courant (de la Loire). Terme de marinier.

Quand elles virent... qu'il n'y avoit point bateaux montans ou *avalans*.
                        Amyot, *Homm. ill.,* t. I, p. 201. Paris 1609.

Étym. A, *val.*

Avale-Royaume, *sm.* Grand dépensier, dissipateur.

Aveindre, *va.* Prendre (un objet) dans un meuble ou dans un endroit où il a été serré : Aveindre une chemise dans l' « ormoire », ou encore dans un endroit où il n'est pas facile de l'atteindre : Aveindre un bouchon d'une bouteille (quand il est tombé dedans). Nous conjuguons aveindre comme la plupart des verbes en *re* : rendre, rendu, que je rende, *aveindre, aveindu, que j'aveinde*. C'est une faute, il faut le conjuguer comme feindre, feint, que je feigne.

> Sa grandeur ne sera courroucée
> Que..... mon luth *j'aveigne* à bas.
>
> <div align="right">Rons., <i>Eleg. à Cass.</i></div>

En Beauce on dit *aroindre*.

Aveindu, ue, *adj*. Dégourdi, vif et intelligent : Un petit gàs bein aveindu. En Beauce, *aroindu*.

Étym. *Aveindre*.

I. **Aveneau,** *sm*. Petit filet en forme de poche qui sert à *aveindre* le poisson de dans une huche.

II. **Aveneau** (a-ve-nio). *sm*. Tablier grossier dont se couvrent les femmes de la campagne pour faire les gros nettoyages.

Étym. *Aveindre?* Cette origine est suspecte (*Comparez* Aberiau).

Avenir, *v. imp*. Convenir, être séant.

> Chascun doit faire en toutes places
> Ce qu'il scet qui mieulx lui *advient*.
>
> <div align="right"><i>Rose</i>, 2219.</div>

Une belle ceinture de pers et vert, disant que ceste liurée luy *aduenoit* bien veu qu'il auoit esté peruers.

Rab., II, 31.

Étym. *A*, et *venir*, qui s'est employé dans le même sens :

La soutane lui (au cardinal de Retz) *venoit* mieux que l'épée, sinon pour son humeur, au moins pour son corps.

T. des Réaux, VII, p. 19.

Avenris (a-van-ri). *sm*. Champ dans lequel on a récolté de l'avoine ou de l'orge et qu'on laisse en chaume tout l'hiver.

Étym. Anc. *aveneris* qui se dit encore en Normandie pour champ d'avoine (*aveine*).

Avents, *sm. plu*. Le temps de l'Avent.

Les frimats avoient été grands aux *advents* de Noël.

N. du Fail, Cont. d'Eutr., II, p. 194.

Le premier anniversaire sera dict le premier mardy des *advens* de nostre Seigneur.

14 mai 1586. Arch. L.-et-C. G. Fabr. St-Victor.

Avoillé (a-voi-ié). *sm. Voyez* AVOYER.

Avoiner, *va.* Nourrir avec de l'avoine : Un cheval bien avoiné.

Avoir, *va.* Fait au futur : J'arai, t'aras, il ara, j'arons, vou arez, il aront.

> Mon frere, tu n'en *aras* pas.
>> 1378. DUCANGE : *harnesiatus.*

> Et ainsi *ara* la meschine
> Gresle corps, gros cul et poitrine.
>> Eust. DESCHAMPS, ap. Littré : *cul.*

Mais, madame, s'il vous plaist, *arez* pitié d'elle.
>> Lettre de M^ie de Clèves, ap. Bernier, *Preuves* XXXIX.

Item les bourgeois n'*aront* point de justice.
>> 1376. DUCANGE : *haulla.*

Au conditionnel : j'arais, t'arais, etc.

Toutes les fois ke je en *aroie* kemandement de li ou de sen commant.
>> 1280. DUCANGE, *stagium.*

Et quant les parties *aroient* fais tous leur contremans.
>> *Ibid., Campionnes.*

Avolé, ée, *sm.* et *sf.* Étranger qui vient habiter le pays. ‖ Venu on ne sait d'où. ‖ Homme peu digne de considération. Dans tous les sens. terme de mépris.

Jusques a ce que Satan pere de toutes mutineries et troubles a suborné un *avolé* qui a tasché de renverser nostre doctrine.
>> CALVIN, *Predest,* ap. Godefroy.

Icelle femme se douloit que son mary l'injurioit et lui disoit qu'il ne savoit qui elle estoit, et qu'elle estoit *avolée* sur un torquelon d'estrain (un bouchon de paille).
>> 1392. DUCANGE, *torqua.*

ÉTYM. Lat. *volare ad,* voler, fuir vers.

Avorton, *sm.* ‖ Orgelet, compère loriot.
ÉTYM. *Avorter,* parce que ordinairement cette petite tumeur n'aboutit pas.

Avoyer, *sm.* Sorte de petit entonnoir. ‖ Liseron. plante dont la fleur a la forme d'un entonnoir.
ÉTYM. Il faudrait écrire *avouillé* ou tout au moins *avoillé,* de l'anc. v. *avouiller,* remplir (un fût) jusqu'à la bonde (*Voyez* RAVOUILLAUD).

Avri, *sm* Avril · Le mois d'avri ‖ *Prov* Le mois d'avri ne passe pas sans epi et le mois de mai sans epi de ble

Âzin, *sm* Peuplier etête ‖ Espèce de peuplier trapu Ce mot qui ne se dit plus guère que sur la rive gauche de la Loire a dû être autrefois d'un usage plus général car sur la rive droite aussi on trouve dans plusieurs communes des climats appelés l'*Azin* Aujourd'hui on dit plus souvent *Bouillard*

Et au gros *Azin* ou Osier qui est sur le chemin d'Olivet remarquant la grosseur dudit arbre que huict hommes ne scauroient embrasser

1651 Fr LEMAIRE, *Antiq d'Orleans*, p 51

Trois livres dix sols pour la vente de l'attestage de six *azins* qui sont proche l'eglise de Sainct Victor

1663 Cpte de la marelle. Egl de la Chaussee-St-Victor

ETYM Origine inconnue.

B

Babet (ba-bé), *npr*. Élisabeth.

Babi. *npr*. Élisabeth, Babet.

Babille, *sf*. Babil, loquacité.

Bachique, *adj. d. 2 g.* Capricieux, fantasque : On ne peut se fier à lui, il est si bachique !

Étym. Est-ce bien ici l'adj. dérivé de Bacchus détourné de son sens primitif ?

Bacholle, *sf*. Sorte de vaisseau en fer blanc à deux anses et à large ouverture, dont on se sert pour soutirer. Bacholle paraît avoir eu anciennement un sens un peu différent :

Et après mist les raisins en ses *bacholes*.

> 1415. Ducange, *bacholata*.

Étym. Dimin. de l'anc. franc. *bac, bâche,* auge, bassin.

Bade, *sf*. Bavardage. Anciennement ce mot signifiait Propos frivole ou niais :

A Rennes sont venuz à la couchée
Où mainte *bade* ilz ont la descochée.

> Bourdigné, *Faifeu*, p. 51.

Ses subtilz jeux, ses quacquetz et ses *baddes*.

> *Ibid., ibid.,* p. 93.

Étym. « *Bader* ».

Bader, *vn*. Bavarder.

Étym. Ce mot se disait autrefois pour *bayer,* tenir la bouche ouverte. Bas-lat. *badare,* m. sign.

Badeux, euse, *sm. et f.* Bavard, bavarde, qui aime à « bader ».

Bagnolle, *sf*. Mauvaise petite charrette, voiture d'aspect minable.

Étym. Aug. de *banne, benne,* tombereau ; dans le Perche, *banniau,* tombereau.

Bagosser, *vn.* Bégayer.

ÉTYM. *Bag, beg,* onomat. qui marque l'hésitation du bègue. En Poitou, *bégasser.*

Bagosseux, euse, *sm.* et *f.* Qui « bagosse », bègue.

Bahuller et **Bêhuller,** *vn.* Faire entendre des lamentations bruyantes et forcées : « Quoi qu'il a don. c'drôle-là, à ba huller comme ça ? »

Canum (est) latrare, seu *baulare.*

DUCANGE, *baulare.*

ÉTYM. *Be* ou *ba* péj. et *huller,* vieux franç. pour *hourler.*

Les loups effroyablement *hullent.*

RONS., *Od.* 14, liv. II.

Cependant on lit dans une édit. de Q. Curse. de 1534. III, 51. ap. Godefroy :

L'on oyoit des *ahullements* de vieilles gens.

Ahullement suppose ahuller : le *b* initial serait alors simplement euphonique.

Baigaut, *sm.* Probablement crochet qui soutient les gouttiéres sur un toit. Mot disparu.

Fault des *baigauts* pour servir à mettre les gouttières dudit arpentil, environ une douzaine.

18 fév. 1602. Proc.-verbal. Arch. L.-et-Ch. B. Baill. de Blois.

ÉTYM. Pour *becaut,* dérivé de *bec,* à cause de la forme de ces crochets ?

Baignon, *sm.* Trou isolé et plein d'eau dans le milieu d'un pré. La croyance commune est qu'un baignon n'a pas de fond : ce qui est certain c'est que sa profondeur est beaucoup plus grande que celle de la riviére voisine.

Baillevent, *sm.* Hâbleur, vantard, qui se targue de biens ou d'avantages imaginaires. C'est le caractère du personnage qui porte ce nom dans le *Dialogue de Mallepaye et Baillevent* (Villon).

ÉTYM. Qui *baille* du *vent.*

Baisser, *vn.* Descendre le courant. Terme de marinier. Autrefois *va.* Faire descendre le courant à :

Item donné à un bastelier qui *baissoit* des soldats qui vouloient loger icy la somme de huict livres six sols.

> 1632. Compte de la mârelle Égl. de la Chaussée-St-Victor.

Baissette (à). *loc. adv.* En se baissant : marcher à baissette.

Baja. *sm.* et *f.* Personne niaise, nigaude : Un grand baja, une grande baja.

ÉTYM. *Voyez* BÉJA.

Bajoite, *sf.* Fille, femme étourdie, tête éventée.

ÉTYM. Origine inconnue. (*Comparez* BAJA).

Balancement, *sm.* ‖ Balancement de la lune, renouvellement de la lune, considéré comme susceptible de modifier la température : Toujours de l'eau, sale temps ; le balancement de la lune changera peut-être ça.

Ballant, *sm.* ‖ Être en ballant, hésiter, être incertain, balancer.

Balle, *sf.* ‖ Balle audent : balle à jouer formée de deux morceaux de peau, ordinairement de couleur différente, cousus et bourrés de son, de foin ou de mousse. Le sens et l'origine du mot *audent* étant inconnus, son orthographe est incertaine.

‖ *Prov.* Cela fera bien ma balle, c'est-à-dire mon affaire. C'est par une figure analogue qu'on disait autrefois, et qu'on dit encore quelquefois : Quand j'aurai la *balle*, quand la *balle* me viendra, pour : Quand je serai en position de faire telle chose ; locution tirée du jeu de paume.

Balliage, *sm.* Action de balayer qui se dit ici *ballier.*

Plus payé à Renard pendant lesd. deux années pour le *balliage* (de l'église) la somme de quatre livres dix sols.

> 1633. Compte de la mârelle Égl. de la Chaussée-St-Victor.

Ballier, *va.* Balayer. Cette orthographe a été usitée par les meilleurs auteurs jusqu'au XVIIIe siècle.

Ballière, *sf.* Couette de balle d'avoine pour le berceau des petits enfants.

Bancelle, *sf.* Petit banc mobile.

Je me (suis) retire aussi dans notre procure sur une *banselle*, n'aiant pas de chambre vuide dans le dortou

10 dec. 1700 *Journal des ch. remarq*, St-Laumer, f° 23

Bancher, *sm* Piece de tapisserie destinée à couvrir un banc aujourd'hui musite

Item dix pieces de tapisserye, deux *banchers*, quatre tapis de turquye tant de table que de buffet, ung orillier de velours rouge et deux aultres vieilz meschans tapis, quatre meschans tuyaux d'orgues dorez, ung grand *bancher* de trois aulnes de longueur et demye aulne de hauteur tous lesquelz meubles contenuz au present article led. Desbordes serviteur dud. deffunct a dict appartenu au Roy

21 mars 1619 Invent. Cl Raymon Arch. L.-et-Ch
B Baill. de Blois

Banlive, *sf* Banlieue Presque toutes les communes qui environnent Blois sont separées du territoire de cette ville par un chemin qu'on appelle *chemin de la banlive*

Do et concedo omnes consuetudines meas et omnes redditus meos Blesis infra *Banlivam*

1202 Charte de Louis de Blois

Ce mot de *Banliva* s'entend d'une heue à l'entour de Blois

Noel MARS *St-Lomer*, p 165

Led. preneur sera tenu de planter la piece de terre scize à la *banlue*, en vigne commune du pays

8 juillet 1640. Arch. L.-et-Ch G Fabr St-Victor

ÉTYM. « Le mot Banliva (banlieue) est un abrege de Bannum leugæ l'espace d'une heue dans lequel le comte exerçait, comme dans la ville et les faubourgs. ses droits de *banalite,* sa justice et ses autres prerogatives féodales ».

Dupar, Annot de Noel Mars, ci-dessus

Banquet, *sm* Repas de mariage noces « Je vas bientoût aller au banquet mon neveu se marie »

Ainsi qu'un convie
S'en-va saoul du *banquet* de quelque marie
RONS, *Am du*

Baque ! (*que* mouillé comme dans *queue*) *Interj* marquant le dedain Employe surtout à Francillon
ÉTYM Pour *baste*, ital *basta*, assez

Baquillée, *sf* Le contenu du « bers » d'une charrette une petite charretee. Aller querir une baquillee de mangeaille.

ÉTYM. Celt. *Bac*, auge. la voiture étant considérée comme un vaisseau.

Baratte, *sm*. Ce qui reste dans la baratte quand le beurre en est retiré.

Du lait *baraté* pour refroidir sa femme.

> N. DU FAIL, *Prop. rust.*, p. 46.

Barbàger, *va*. Tondre. émonder. élaguer : Barbàger une « hàs ». une javelle.

ÉTYM. Ce mot semble être une forme patoise de *ébarber* : Les beaucerons disent *ébarbàger*.

Barbecain, *sm*. Lucarne. ouverture de grenier sur un toit. Anc[t] on disait aussi *barbecan* et *barbicain*, (Godefroy).

A l'entrée d'icelle grange y a une grande porte au-dessus de laquelle est ung *barbequin*.

> Juin 1616. Part. Champion. p. 6. Arch. L.-et-Ch.
> B. Baill. de Blois.

Remettre à plond un pan du *barbequin* de sa grange de Pray.

> 1er Juin 1792. Convent. Briais. Arch. H. Johannet.

ÉTYM. C'est une forme masculine de *barbacane*, meurtrière pratiquée dans le mur d'une forteresse.

Barbelée, *sf*. Gelée blanche : Ce n'est qu'une petite barbelée.

ÉTYM. Orig. inconnue. Il est difficile d'attribuer à ce mot le même radical : *barbe*. qu'à l'adj. *barbelé*. garni de dents ou de pointes.

Barbeler, *v. imp*. Se dit de la rosée qui se congèle la nuit et forme la gelée blanche : Il a barbelé à ce matin. ‖ Barbelé, ée, *part. passé*. Couvert de gelée blanche; se dit aussi *fig*. des personnes : « I fait don bein frèd. te v'la tout barbelé ».

ÉTYM. « *Barbelée* ».

Barbequin, *sm*. Le même que BARBECAIN.

Barbot, *sm*. Tache d'encre sur le papier.
ÉTYM. Orig. inconnue.

Barboter, *va*. Tacher d'encre, couvrir de « barbots » : Prends garde de barboter ta page.

Bardou, *sm*. Ane.

Étym. Pour *bardot*, bête de somme

Bârosse, sf. Petite « pâle » portée à dos par une bête de somme

Étym. Origine inconnue ; le bas-breton a *bocta* baquet, et Ducange *barrole* espèce de charrette

Barrage, sf. || Action de barrer des tonneaux, d'y mettre une « fòsbarre » qui consolide les fonds

Pour le *barage* desdits 26 poinçons et deux caties à 15 sols par pièce, vingt livres cinq sols
Journal des ch. remar. St-Laumer de Blois, f° 13, v°

Barreau, sm. || Jeu très pratiqué dans les Collèges et surtout dans les Séminaires de Blois, et qui paraît être une modification de la longue paume. Le barreau se joue en plein air dans un terrain découvert de 2 à 300 mètres. Le matériel consiste en un battoir en bois long de 0.80 centimètres environ dont 0.60 pour le manche et qui porte le nom de *barreau*, une balle en gomme, et deux pieux appelés *crochets* qu'on enfonce à une distance variable, plus les joueurs sont alertes et solides du jarret plus les crochets sont éloignés. Les joueurs étant partagés en deux camps le camp qui a le barreau ou la main se groupe autour de l'un des pieux qui devient le centre de la partie, et les bons coureurs de ce camp se placent en file, dans la ligne de l'autre pieu, se touchant tous l'un l'autre, soit de la main, soit de toute autre façon, le premier d'entr'eux touchant au pieu. C'est ce qu'on appelle la *Chaîne du crochet.* Un de ceux qui ne sont point à la chaîne place à la hauteur du crochet et lui tournant le dos, tient le barreau ; le *servant,* placé devant lui, lance verticalement et à une hauteur convenable la balle que le barreau frappe à la volée. Le camp ennemi se précipite pour la recevoir dans la main avant qu'elle ne touche terre. Sitôt le coup parti la chaîne se rompt, les intrépides tentent de *faire un crochet,* c'est-à-dire de courir au pieu du bas pour revenir à celui du haut. Mais souvent, arrivés au crochet du bas, plusieurs coureurs y restent redoutant la balle et attendent là, en formant une nouvelle chaîne, une occasion propice pour remonter. Si les joueurs du camp ennemi n'ont pu recevoir directement la balle en l'air, ce qui leur eût donné immédiatement la victoire, ils la ramassent à terre et leur adresse consiste à la lancer sur ceux qui font des crochets. S'ils ont la chance d'en toucher un seul avant qu'il ne soit parvenu à l'un des deux pieux, ou à l'une des deux chaînes, ils sont vainqueurs. Le servant, qui appartient au camp ennemi, est surtout à redouter. Au moment où l'on le croit très attentif à servir, s'il aperçoit la moindre solution de continuité dans la chaîne, il lance vivement la balle et il suffit qu'elle atteigne un seul membre de la chaîne ou d'un tronçon de la chaîne qui ne soit plus en contact avec le crochet pour faire perdre le camp qui a la main. La gloire de ce jeu consiste, pour les uns, à envoyer la balle à perte de vue, pour les autres, à faire un grand nombre de crochets, et pour ceux qui unissent la solidité du jarret à celle du poignet, à cueillir ce double laurier.

Étym. On est tenté de croire que c'est l'instrument qui a donné son nom au jeu; cependant *barreau*, signifiant *petite barre*, n'a guère de rapport avec le solide battoir dont il est ici question. Serait-ce plutôt le nom du jeu lui-même qui aurait été donné à l'instrument, et qui, en ce cas, viendrait de *barres*, jeu de course avec lequel le barreau a plus d'un point de ressemblance.

Barreresse, *adj. fem.* Vrille barreresse, vrille à barrer (les tonneaux).

Item deux feuilletz, une vrille *barreresse*.
                1616. Invent. Gendrier, p 17. Arch. de L.-et-Cher.
                    B. Baill. de Blois.
Une vrille à barrer, estimée la somme de viii ss.
                        1617. Invent. Rahart, p. 13, *ibid.*

Étym. Ce mot, qui a disparu, n'a probablement jamais existé que sous la plume de quelque clerc ou de quelque greffier.

Barroi, *sm.* Sorte de grande tire, outil de tonnelier qui sert à barrer les fûts.

Bas, *adj. m.* || Du sud, en parlant du vent : vent bas.

Basane, *sf.* || Sourd comme une basane. *royez* Vesine.

Bas-cul, *sm.* Homme de petite taille, mot badin.

                        Bacchus
            A qui amour donne puissance
            De mettre guerre entre *bas culs*.
                    Cl. Marot, *Temple de Cupido.*

Basse-galerne, s/ Le Sud-Ouest

Ils se voyent en un instant par vn vent d'Aquilon et *basse Galerne* priuez de la recolte d'vne si douce vendange

1615 Fr Lemaire, *Antiq d'Orleans*, p 19

Basse-goutte, s/ Mur d'une maison sur lequel viennent s'appuyer les chevrons

Item sera tenu le dit Françoys faire les murs des *basses gouttes*

26 juin 1492 Arch de la Fabrique de l'Egl de Mer

On a mis le couvert (la couverture) en *basse goute* dans toute cette longueur

27 janvier 1711 *Journ des ch remarq*, St-Laumer, f° 13

Étym Pour *bas-egout* C'est la partie la plus basse du toit où se forme l'egout des eaux pluviales

Basse-solaire, s/ Le Sud-Est

Basseton, sm Petit chapeau ratatine à coiffe basse à bords menus

Étym Orig inconnue Serait-ce un derivé de l'ancien *cabasset* espece de petit casque par aphérese de *ca*? (*Voyez* Bossi)

Bassicot, sm Sorte de baquet à deux fonds qui reçoit l'eau-de-vie pendant la distillation

Étym *Bassin*

Bassie, s/ Évier de cuisine J'arrive pour diner rien de plus chaud que la bassie c'est-à-dire le repas n'est pas prêt Autrefois on disait dans le même sens Il n'y a rien de si froid que l'âtre (Oudin *âtre*)

Les esgouts apportent aussi beaucoup d'incommodites, soit de *bassie*, par l'immondice, soit d'eschinaud ou de couverture

Maudut, *Cout du Berry*, ap Jaubert

Étym *Bassin*

Bassin, sm ‖ Marmite d'etain dans laquelle on porte le repas à ceux qui travaillent au dehors

Baster (bass-té) in Avoir assez de qualité ou d'apparence pour ne pas être inferieur aux autres A ce banquet-là il n'y aura que du beau monde nous ne basterons pas

Encor fit il tout ce qu'il peut et plus que ses forces n'y *bastoient*

Brantome, *Gr Cap franç*, ap Godefroy

Étym. Ital. *bastare*, suffire.

Bastiller, *va.?* Probablement défendre au moyen d'une digue.

Plus payé quinze sols de depenses quand on a été faire *bastiller* le pré de Vineuil.

1707. Cp^te de la marelle. Fabr. de la Ch.-St-Victor.

Bataison, *sf.* Battage des grains, temps où se fait cette opération.

Un tas de bled en gerbe non battu; après la *bataison* d'iceux en sera fait raport au bas des présentes.

7 déc. 1765. Invent., p. 31. Arch. H. Johannet.

Bat-beurre, *sm.* Pompe qui sert pour les soutirages.

Un *bat-beurre* à tirer le vin.

11 niv. an II. Arch. mun. de St-Denis-sur-Loire.

Étym. Cet instrument se manœuvre comme le pilon d'une baratte primitive.

Bâton, *sm.* ‖ Sorte de masse de confrérie religieuse dont la tête, très développée, représente les emblèmes distinctifs de cette confrérie : Le bâton de St-Vincent, du St-Sacrement.

Ung jour de feste annuelle à *bastons*.

Rab., IV, 45.

A cet endroit de Rabelais, le bibliophile Jacob dit qu'il s'agit des bâtons argentés que les chantres portaient aux fêtes solennelles. Il est plus probable que ce sont les bâtons de confrérie ; et ce qui rend cette opinion acceptable, c'est que, quatre lignes plus bas, Rabelais parle des festes à *doubles bastons*. S'il s'agissait du bâton des chantres, cela voudrait dire qu'à ces fêtes-là, les chantres en portaient deux, ce qui est inadmissible. Quand on célèbre une fête intéressant spécialement une confrérie, celle-ci prend place dans la procession en portant son ou ses bâtons : c'est une fête à bâtons. Mais quand la cérémonie est de première classe, à Pâques, par exemple, toutes les confréries en sont avec leurs bâtons. C'est alors une fête à doubles et même à triples bâtons. Ce sens est encore corroboré par cet autre passage du même auteur (liv. III, ch. 4).

Plus de leçons, plus de veux, plus de *bastons* et plus de chandelles que ne sont tous ceulx des neufz eueschez de Bretaigne.

Pendant que les *batons* de confrérie seront exposez pour être enchéris, l'on ne chantera magnificat.

> 1642. DUCANGE, *deposuit.*

Cette dernière citation, de Ducange, semble péremptoire.

Batterie, *sf.* ‖ Aire de la grange.

Une grange en laquelle il y a cinq entravées comprise la batterye.

> 1621. Invent. de Beaune, p. 55. Arch. L.-et-Ch.
> B. Baill. de Blois.

‖ Machine à battre et le personnel qui la sert. ‖ Temps où l'on bat.

Batteux, *sm.* Celui qui bat le grain dans la grange. ‖ Battoir à battre le linge.

Bauban, *sm.* Le même que BOBAN.

I **Bauge,** *sf.* Petit brin de n'importe quoi dont on fait une mesure, à divers jeux.

ÉTYM. Bas lat. *balcha*. roseau.

II **Bauge,** *sf.* Meule de foin, de blé, de paille, etc. Avoir tout à bauge, anc. loc. qui signifiait : Avoir tout en abondance.
Dans ce passage de Rabelais (I, 25) :

Malotrus, dendins, *beaugears,* tezez, etc.

Beaugears semble signifier vagabond qui passe la nuit dans les *bauges* et non les *bouges* comme l'indique le bibliophile Jacob.

ÉTYM. Bas-lat. *berga*, garde, défense. Le sens primitif de bauge a dû être ouvrage de terre, de gazon (*berge*), servant de défense contre les attaques des hommes ou des éléments : peu à peu il sera tombé à la signification de bas quelconque. On est d'autant plus fondé à accepter cette étym., que le mot *barge* a à peu près la même signification que notre *bauge*, dans la Vendée, dans le Limousin et dans la Manche.

Baugé, ée, *adj.* Mal couché, couché dans un lit mal fait, mal préparé : Nous sommes bien mal baugés.

ÉTYM. *Bauge*, gîte de quelques animaux sauvages. En Normandie on dit *bauge*, pour *lit*.

Bauger, *va.* Mesurer en se servant de la bauge.

ÉTYM. *Bauge* L.

Bavasser, *vn.* Baver fréquemment, se dit surtout des petits enfants.

Bavasseux, euse, *adj.* Qui « bavasse », baveux.

Bàvrette, *sf.* La partie supérieure d'un tablier de femme ou d'un « nappin » d'homme qui couvre la poitrine.

... leurs guimples, collerettes, *bauerettes*... et tout aultre linge.
RAB., IV, 52.

, Rabat d'ecclésiastique.

ÉTYM. *Baver.*

Beau-frère, *sm.* ‖ Le père du gendre ou de la bru.

Beaule (à la camp., *biôle*), *sf.* Blouse : mot à peu près disparu. (*Voyez* BIAULE et BIAUDE).

Un meschant pourpoinct de camelot et une meschante *beaulle* de thoille.
1621. Invent. de Beaune, p. 16. Arch. L.-et-Ch.
B. Baill. de Blois.

Bebelle, *sf.* Tout objet qui semble beau à un petit enfant ; mot de petit enfant : Oh ! la jolie bebelle !

Beché, *adj. m.,* ne se dit que dans orge beché, escourgeon.

S'il existoit des orges *bechés* et des seigles.
9 mess. an II. Reg. des délib. de la mun. de Villebarou.

ÉTYM. *Bec ?* à cause de la forme du grain.

Bechée, *sf.* Becquée. Ce que le bec d'un oiseau peut contenir.

> J'entends, soit de jour, soit de nuit
> De ces petits amours le bruit,
> Béans pour avoir la *béchée*.
> RONS., *Od.* 20, l. V.

Becher, *vn.* Donner à becher, faire manger un oiseau.

Et lui baillerez quelques fois des mousches à *becher*.
LIÉBAUT, *Mais. rust.*, VII, 52.

ÉTYM. *Bec.* (*Voyez* ABECHER).

Becheveter, *va.* Placer en sens inverse, la tête aux pieds.

Quand on charge du blé. il faut becheveter les gerbes dans le « bers »

Étym Be pour be et chevet, double chevet Anciennement on appelait lit a bechevet un lit a double chevet de sorte que ceux qui étaient couchés dedans se trouvaient placés la tête de l un aux pieds de l'autre

Bécot, adj m Qui reste seul. isolé qui n a pu être apparié ou accouplé se dit des objets qui vont par paire ou par couple . Il y a un bécot ou mieux Il y en a un de bécot

Étym Origine inconnue

Beder, vn Se dit dans les pensionnats de la ville de Blois pour « languir » au jeu de la « languisse » (Voyez ce mot) Jouer a beder Beder s emploie aussi ailleurs au jeu d oie

Étym Origine inconnue Celui qui bede voit souvent sa « canette » chassée très loin en arriere au moment de toucher le but C est peut-être aussi le sens de beder, dans cet exemple

> Depuis s'en vindrent par la ville
> Pour Francoys cuider suborner
> Mais l'on les fist sur pie sur bille
> Bien tost beder et retourner.
> MARTIAL, Vig de Ch VII, ap Godefroy.

Beducher, vn Perdre son temps a des vetilles « bernasser » Rare

Étym Origine inconnue Ce mot a peut-être quelque parente avec BEDER, ci-dessus.

Beguaud (pron gu. comme dans gué) sm Nigaud Un grand beguaud.

Et bien grand begaud, m'as-tu regarde assez ?
> N DU FAIL, Cont d Eutr II, p 55

Au feminin Beguaude

Étym Bayer (pron beyer) qui a fait begaud. et, avec la prononciation locale beguaud (Voyez ABAGE) Badaud qui vient du provençal badar, autre forme de bayer, se trouve être le même mot que notre beguaud

Beguin, sm ‖ Sorte de garniture de cordelettes pendantes qu on adapte a la bride d un cheval pour garantir ses naseaux des mouches

Bêhuller, *vn.* Le même que BAHULLER.

Bein (bin). *adv.* Bien. || *Prov.* A moitié bein faut se tenir : il faut se contenter de ce qu'on a, quand même on n'en serait qu'à moitié satisfait.

Beintoût, *adv.* Bientôt.

Bientoust tumberiez en quelque fiebure.

RAB., II, 19.

Béja ou **Béjàs,** *sm.* Imbécillité : Il est tombé dans le béja.

Amours.......
... leur (aux jeunes gens) oste la *beiannie* et nice.

Al. CHARTIER, *Déb. d. deux Fortunes.*

ÉTYM. Origine inconnue. Ce mot semble avoir une certaine parenté avec *béjaune.*

Beleuette et **Beiouette,** *sf.* Bluette, petite étincelle qui jaillit du foyer.

ÉTYM. *Be* péj. et *luette,* du lat. *lucere,* luire. Ailleurs on dit *Beluguette :*

Dans le patois du pays, *Béluguette* doit signifier quelque chose comme étincelle.

Paul ARÈNE, *Ann. pol. et littér.,* 27 déc. 1891, p. 413.

Beliner (bli-né). *vn.* Être atteint du tremblement particulier qu'amène la vieillesse : Je ne peux plus me raser, je beline trop. L'Académie n'a qu'un mot pour exprimer cet état, *grouiller :*

Tredame, Monsieur, est-ce que Madame Jourdain est décrépite, et la tête lui *grouille*-t-elle déjà ?

MOL., *Bourg.,* act. III, sc. 5.

mais ce mot a d'autres acceptions.

ÉTYM. Anc. franç. *bêle,* clochette, bas-lat. *bella,* germ. *bell,* m. sign. La tête remue comme une clochette en branle.

Belle-sœur, *sf.* || La mère du gendre ou de la bru.

Benaise, *sf.* État du corps et de l'esprit dans lequel on se sent heureux de vivre. || Situation de fortune suffisante, aisance.

Bénifice, *sm.* Bénéfice.

Berchu, ue, *adj.* Brèche-dent, qui a des dents de moins.

Bercul, s*m* Homme contrefait et boiteux

Icy doit être le procès-verbal de l'évadement du citoyen Celier bercul

23 avril 1793 Arch mun de St-Denis-sur-Loire

E*TYM* *Ber* pej et *cul* c'est-à-dire qui a le derrière mal placé mal tourné

Berdauder, *vn* Faire du tintamarre « rabâter » Un orage du diable v'la qu'ca berdaude !

E*TYM* Origine inconnue peut-être de *berda berda* onomatopée

Bergeon, s*m* Pièce de terre qui a la forme d'un triangle plus ou moins allongé

Une autre pièce de terre labourable estant en *bregeons*
1621 Invent de Beaune, p 66 Arch L-et-Ch
B Baill de Blois

Plus huit arpens . . joignant . . de gallerie faisant chevaille en *brejons* a plusieurs
1758 Arpentage de la Met Maisons Rouges
Arch H Johannet

E*TYM* Augm de *berge*, bord relevé, dans un champ de cette forme, la charrue fait une « chevaille » très relevée

Berger (bar-gĕ), s*m* ‖ Homme grossier stupide Ne reponds donc pas a ses sottises c'est un berger

Pour ce doit on tenir a fol et a *bergier*
Qui veult Dieu et peche en son cueur enchergier
J DE M*EUNG*, *Codic* , 1307, *Rose*, t III.

Bergeronnette, s*f.* ‖ Carré de papier plié de façon a representer a peu près la forme d'un oiseau cocotte

Berieuse, s*f* Bruyère

Un cartier de terre assis aux *Brieuses*, terrouer de Villerbon.
1600 Arch L-et-Ch G Villerbon Decl des terres

E*TYM* *Bruyere* pour *bruyère*, avec la triple transformation patoise de *br* en *ber* e en e doux et *r* en s (*Voyez* ¿ prelimin *PRONONCIATION*)

Berlancille (ber-lan-si-e). s*f* Balançoire escarpolette
E*TYM* Dim de *Balance,* qui vient du lat *bi,* deux, *lanx,* pla-

teau. *Bi.* qui dans le français est devenu *ba*, a fait chez nous *be*. auquel on a ajouté un *r* euphonique.

Berlanciller (ber-lan-si-ié. *va.* Balancer sur la « berlan-cille ». ‖ *vn.* Se balancer.

Berlandiner, *vn.* Perdre son temps, musarder.
Étym. *Berlan*. qui se disait anciennement pour *brelan*. maison de jeu. tripot.

Berlaud. aude, *sm.* et *f.* Lourdaud. niais : Un grous berlaud.
Étym. Probablement péj. de *bertu* pris au fig.

Berlinguette, *sf.* Cloche. clochette, sonnette. grelot : mot badin.
Étym. Onomat.. *bertin, bertin,* comme d'autres disent *drelin, drelin.*

Berlombette, *adj.* et *sf.* Étourdie, qui n'a pas de suite dans les idées. « bajoite ».
Étym. Ce mot semble être un dérivé capricieux de *berlaud.*

Berloquer. *va.* Secouer : Berloquer la porte. ‖ *Vn.* Être secoué. agité. en produisant un certain bruit : La porte ne fait que berloquer.
Étym. *Ber* péj. et *loquer* pour *tosser.* (*Voyez* ce mot).

Berlu, ue, *adj.* Louche. ‖ Myope. qui a une mauvaise vue.
Étym. *Ber* péj. et lat. *lucere.* luir. d'où lumière, vue défec-tueuse.

Bernâche, *sf.* Vin blanc nouveau. encore trouble.
Étym. Ital. *vernaccia,* sorte de vin blanc.

Bernassage, *sm.* Occupations futiles, niaiserie. ‖ Tri-potage.
Étym. « *Bernasser* ».

Bernasser, *vn.* Autrefois, faire le métier de « Bernassier ». ‖ *Fig.* et aujourd'hui. S'occuper de vétilles. de niaiseries : Il n'a fait que bernasser toute la matinée. ‖ Tripoter, pêcher en eau trouble : Ils sont tout le temps à bernasser ensemble. c'est canaille et compagnie.

ÉTYM *Bren* ou *bran*, son excréments Cf. *Sabrenasser* travailler grossierement malproprement

Bernasserie, s/ Autrefois metier marchandise de « bernassier » Aujourd'hui « bernassage »

Cette *brennasserie* de reverences me fasche plus qu'ung jeune diable

RAB, IV, 10

Bernassier, ière, sm et sf Autrefois, boulanger qui fabriquait du pain de qualité inferieure pour le pauvre monde Les Bernassiers etaient souvent en conflit avec les « Maistres jurez boulangers », qui pretendaient leur imposer le pont de Blois comme seul lieu de vente pour leur marchandise

Reglement entre les maistres boulangers et les *brenassiers* et *fouassiers*

. Il soit dict que lesdicts appellants pourront vendre leurs dictes fouasses et pain, qu'ils amenent audict lieu de marche, sur le pont et en toutes aultres places publicques de ceste dicte ville (Bloys)

7 sept 1600 Reg de la Prevote f° 211 Arch L-et-C

‖ *Fig* Aujourd'hui qui « bernasse », dans tous les sens fig

Berne, s/ Bande de terre qui borde un chemin, une route entre la chaussee et le fossé berme

Bernet, sm Taureau elevé comme etalon

ÉTYM Pour *brunet*, avec la prononciation locale de *brun* couleur de la plupart des taureaux de nos contrees

Une autre vache estant des Brueres, appelee *Brenne*

1617 Invent Presid de Metz, p 81 Arch L-et-C

B Baillage de Blois

Beroinçage, sm Malpropretes faites à table, par exemple en melangeant les aliments solides avec les liquides

ÉTYM « *Beroincer* »

Beroincer, vn Faire des « beroinçages » Ce drôle-là est degoutant il ne fait que beroincer

ÉTYM *Be* pej et *roincer* pour *rincer* comme *feroin* pour *frein*

Berouasser, v imp Se dit du brouillard de la brune qui tombe Il berouasse il a berouassé

ÉTYM Anc franç *brouas* brouillard

Berouée, *sf.* Brouée, brouillard.

Berouette, *sf.* Brouette.

Dans la cour deuant ledit domicille ou il sy est trouué une *berouette.*
　　　　7 déc. 1765. Invent., p. 28. Arch. H. Johannet.

Étym. *Bi* deux. et *rouette,* petite roue. La berouette avait primitivement deux roues.

Berouettier, *sm.* Petit entrepreneur des petits transports.
Terme de dérision.

Berquille, *sf.* Bequille : La berquille au père Caraba.
Étym. *Ber* péj. et *quille.* du h*t*.-all*d* *kegil,* quille, bâton.

Bers, *sm.* Berceau.

　　　Fredegonde obtint une grosse victoire
　　　Près de Soissons, entre ses bras portant
　　　Son filz Clotaire encor au *bers* estant.
　　　　Crétin. *L'app. du Maresc., de Chab.*, p. 139.

‖ La partie d'une charrette comprise entre les deux ridelles.
Étym. Bas-lat. *bersa,* claie d'osier.

Bersolles, *sf. pl.* Appareil en bois, en forme de long cadre,
faisant partie de l'équipement des bêtes de somme.
Étym. Augm. de *bers ?*

Berte (beur-te), *sf.* Bûche provenant d'une racine d'arbre.
Étym. Origine inconnue. Ce mot ne serait-il pas le radical de
bretèche, bertèche, en ital. *bertesca,* appareil en bois qui couronne les murs, ou : Arbre qu'on place auprès des rets à prendre
les oiseaux, (Oudin). Qu'est ce que

Une *berte* de bois pour nettoyer et espuichier les puichs.
　　　　1554. *Gloss. ms.* Béthune, ap. Godefroy?

Berterelle, *sf.* (*Voyez* BRETELLE).

Berton (à), *loc. adv.* D'une façon opposée à l'usage : Chausser ses sabots à berton, mettre le pied droit dans le sabot
gauche et réciproquement.
Étym. Pour *breton.* Cette locution tendrait à faire croire que les
bretons ont, ou ont eu, l'habitude de faire les choses à l'envers.
En breton. s'emploie chez les mariniers pour indiquer une manière d'arrimer qui consiste à placer en travers un objet qu'on
a l'habitude de mettre en long.

Besson, onne, *adj* et *sm* et *f* Jumeau jumelle

Le commun accouchement des femmes est un enfant, toutesfois on voit (comme le nombre des femmes est grand) qu'elles accouchent de deux que l'on appelle gemaux ou *bessons*

> Paré, XIX 5 (Paris, ed 1840)

Étym. Lat *bis* deux

Bestial et **Bestiau,** *sm* Animal qui fait partie d'une exploitation rurale J'ai un bestial de malade a l'écurie

> Son *bestail* bien gouverner
> À droit et raison se contente
>> CRETIN, *Nat de Mgr Franç*, p 161
> estables servant a loger le *bestial*
>> 1624 Invent de Beaune, p 35 Arch L-et-Ch
>> B Baill de Blois

‖ *Fig* Individu stupide et méchant C'est un vrai bestiau

Il est homme *bestial,* sans jugement et privé de sens.
> 1581 Lett de Henri IV, ap Godefroy
> Va, *bestiau* mon govial, sais-tu point que l'Eglise ne peut faillir ?
>> *Moy de parvenir,* I, 132.

Étym Lat *bestiale,* adj de *bestia.* bête.

Bétot, *sm* Expression polie dont on se sert pour ne pas prononcer le mot *cochon* qu'on croit menvil « J'allons tuer nout' bétot au respect que je vous dois » Du reste la formule d'excuse dont on use quand l'un des noms de cet animal vient dans la conversation semble être de tradition ancienne. Quand Rabelais (IV. 7) parle d'un pourceau il ajoute aussitôt. avec l'esprit d'à-propos qui le caractérise « *Dieu soit avecques nous !* » et d'une truie « *Saulve l'honneur de toute la compaignie* »

‖ Imbécile « C'est bien seur pas li qu'est l'auteur qu les guernouilles n'ont point d'queues c'est un vrai bétot »

Betterabe, *sf.* Betterave

Étym Lat. *beta,* bette et *rapa,* rave la transformation de *p* en *b* est au moins aussi naturelle que en *v*

Beute ! *Interj* marquant le dédain l'indifférence Beute ! ne l'écoutez donc pas il ne dit que des bêtises. usité surtout à Francillon.

Étym. Pour *baste !* de l'ital *basta* assez. Il est toutefois difficile

4

de certifier cette origine. *Bat !* dans Plaute, a la même signification.

Biaude, *sf.* Blouse : ne se dit presque plus.

> J'ayme mieux voir sa belle taille
> Soubs sa *biaude* qui luy baille
> Cent fois mieux façonné son corps.
>
> DES ACCORDS, *Bigarr.*, IVᵉ liv., fᵒ 31, a.

(*Voyez* BIAULE et BEAULE).

ÉTYM. Altération de l'anc. *bliaud*, vêtement de dessus.

Biaule, *sf.* Blouse, ne se dit presque plus. (*Voyez* BEAULE).

Plus un mauvais gilet de serge, une *biaulle* de grosse toille.

> 7 Décemb. 1765. Invent., p. 12. Arch. H. Johannet.

ÉTYM. Probablement le même que « *Biaude*. »

Bicane, *sf.* Cépage blanc à gros grains.

Des pineaulx, des fiers, des muscadeaux, de la *bicane*.

> RAB., I, 25.

ÉTYM. Origine inconnue. Lat. *canus*, blanc ?

Biche, *sf.* Jeu de course, le même que CHAT. (*Voyez* ce mot.)

Bicler, *vn.* Regarder en clignant les yeux, soit par suite d'une conformation naturelle de l'organe, soit pour éviter le trop grand éclat de la lumière :

Les poissons plats vont d'un costé *biclant* des yeux.

> BELON, *Nat. des Poiss.*, éd. 1555, p. 133.

‖ Viser en fermant un œil.

ÉTYM. Ancien français *bicle*, louche, du latin *bi*, péj et *oculus*, par syncope du *o* comme dans *ancora*, ancre, et du *u* comme dans *cumulare*, combler et *simulare*, sembler.

Bidon, *sm.* Grosse « canette », grosse bille à jouer.

ÉTYM. En Bretagne on appelle *bidon* une grosse balle de fusil. Ce mot a probablement la même origine que *bedon*, panse arrondie, origine inconnue. (*Voyez* BODE).

Bien bi-in. *Bien* adv. se prononce bin', *sm.* Propriété rurale, portion quelconque de cette propriété : Voilà un bon bien.

Bigâille, *sf.* Jeu qui se joue avec une sorte de tarots appelés ici cartes espagnoles ou cartes d' « aluette » Faire une partie de bigaille

Étym Origine inconnue

Bigler, *in* Le même que BIGLER

Bigorneau, *sm* Limaçon aquatique qui sert quelquefois d appât pour la pêche à la ligne limnée

Étym Lat *bicornis.* qui a deux cornes c est-à-dire deux tentacules larges et triangulaires

Bileux, euse, *adj* Bilieux Un temperament bileux || Qui a une humeur inquiète. chagrine

Bille (bi-e), *sf* Morceau de bois taillé en pointe dont le moissonneur se sert pour lier les gerbes

Étym Celt *bill* tronc d arbre

Biller (bi-vè), *va* et *n* Lier en se servant de la « bille »

Billant une gerbe de bled

N DU FAIL, *Prop. rust* p 11

|| Biller une pièce de vin la disposer de façon qu elle se trouve sur chantier la bonde en haut

Étym. Pour le premier sens, « *bille* » ci-dessus, et, pour le second *bille* pièce de bois. chantier.

Billeter (bi-ve-tè) *va* et *n* Le même que BILLER au premier sens

Billon (bi-ion) *sm* Testicule ne se dit aujourd hui que du coq.

Mademoiselle étant venue au jardin vit un prunier de ces prunes qu'on appelle *billons* d'ane

Moy. de parvenir, II, 81

Étym *Bille,* boule

Billot (bi-io) *sm* Appareil composé d une forte courroie repliée dans laquelle est engagé le crochet d attelage et fixé à l attelle du collier au moyen d'une cheville de bois appelée *bois de billot*

Une petite montrée de cuir usée employé en *billot* et autre harnois usage de chevaux

19 janvier 1766 Vente, f° 38, v° Arch H Johannet

Étym. *Billot*, dimin. de *bille*. a été pris, par synecdoque, pour l'appareil tout entier.

Biner, *va*. Donner un baiser à : Oh ! la mâtine, qui ne veut pas que je la bine !

Étym. Orig. incertaine. Lat. *binus*, double ? parce que biner se dit surtout du rapprochement de deux figures. *Biner* n'a-t-il rien à voir avec *binette*, figure. dans le langage badin, que Mʳ Feuillet de Conches fait venir d'un sieur Binet, perruquier de Louis XIV ? Dans d'autres provinces. à Gien. par exemple, on dit *biner*.

Bion, *sm*. Flacon à mettre l'huile, les liquides gras.

Quoddam vas, vocatum *byon*, oleo plenum.

1361. Ducange, *buheterius*.

Étym. Augm. de *bie*, cruche, dans l'anc. français.

Biscotine, *sf*. Vin blanc fait avec du raisin rouge non cuvé : se dit sur la rive gauche de la Loire. notamment à Chailles.

Étym. Origine inconnue.

Bisson, *sm*. Buisson.

Étym. C'est l'ancienne prononciation.

Blancheton. *sm*. Cépage blanc le plus cultivé naguère dans nos contrées.

Blanchir, *va*. ‖ Blanchir une bille de bois. la dresser. soit à la cognée. soit à la scie.

Étym. *Blanc*, parce que. dans cette opération. on enlève l'écorce et on met à nu l'aubier qui est blanc.

Blotter, *va*. Amasser la neige à ses chaussures, à ses pieds. en marchant : Le facteur ne peut plus faire sa tournée. il ne fait que blotter. ‖ *V. imp*. S'attacher aux chaussures. en parlant de la neige : On ne peut plus sortir, ça blotte trop.

Étym. Anc. franç. *blotte. blostre*. motte de terre.

Blu, ue, *adj*. Bleu, bleue.

O beau crystal murmurant
Que le ciel azurant
D'une belle couleur *blue*,
Où ma dame toute nue
Lave son beau teint vermeil.

Rons., *Od*. 12, liv. V.

Un autre tappis de table... garny tout alentour de franges de laine *blue*

> 10 nov. 1608. Invent. Seigneuret, p. 20. Arch. de L.-et-Ch.
> B. Baill. de Blois.

‖ Se dit par antiphrase et par plaisanterie d'un homme d'un blond ardent rouge. Le Blu, le petit Blu.

ÉTYM. Anc. all. *blau*, même signification.

Blusir, *vn.* Devenir « bleu », se dit du fromage quand les végétations de la peau qui le recouvre prennent une teinte bleuâtre.

Boban, *sm.* Un grand boban, un grand benêt, un grand dadais.

ÉTYM. Anc. franç. *baube,* bègue et par ext. faible sans intelligence; d'où *bobu*, qui avait le même sens que notre *boban*.

> L'amour de moi vous donne et offre toute sus...
> Et se vous n'en prendes, vous seres moult *bobus*;
> Car quant li fers est caus, on i doit ferir sus.
> > B. de Seb, III, 1111. Godefroy, *bobu*.

Bobillon, *sm.* Bavard, diseur de riens; se dit sur la rive gauche de la Loire, notamment à Chailles.

ÉTYM. Probablement *babil*, avec changement du *a* en *o*.

Bobillonner, *vn.* Bavarder, dire des riens.

ÉTYM. *Bobillon,* ci-dessus.

Bocquer, *vn.* Donner de la tête, se heurter. Jacques ne tenait point les guides dans la devallée, son cheval a été bocquer contre un mur. ‖ Se bocquer. *vr.* Même signification.

ÉTYM. *Boc,* qui se disait pour *bouc* dans plusieurs dialectes de l'anc. français.

Bode, *sf.* Taure, génisse, vache.

ÉTYM. Lat. *bos*, bœuf? Dans le patois poitevin ce mot a plusieurs formes: Bode, boude, beude, bede. Ne serait-ce pas l'origine des mots *bedon, bedaine,* qui signifieraient ainsi Ventre gros et rond comme celui d'une vache? Cette hypothèse est d'autant moins à rejeter que, dans le même patois *bode* et *boude* ont aussi le même sens de gros ventre. (Lalanne.)

Bodet, *sm.* Veau.

Étym. *Bode.*

Bodi, *sm.* Le même que BODET.

Bodiche, *sf.* Vache. génisse, mot d'enfant.

Étym. *Voyez* BODE.

Bodin, *sm.* Boudin. ‖ *Au pl.* Repas d'apparat qu'on donne lorsqu'on a tué et salé un porc : Nous ferons les bodins dimanche. Dans ce sens on dit aussi *les rillons.*

Bodinière, *sf.* Petit entonnoir en fer-blanc qui sert à faire le « bodin ».

Boigenci, *spr.* Beaugency.

De Blois il arriva à *Boisgency.*
        Hist. des dern. troubles de France, t. I, p. 9, vᵒ (1599).
Beaugency ou *Boisgenci*, Balgentiacum.
                                    BERNIER, p. 254.

Boime, *sf.* Jeune fille. se dit sur la rive gauche de la Loire.

Étym. Origine inconnue. En Gâtinais on dit *boite.* Les peigneurs de chanvre du Jura se servent, pour désigner une jeune fille. du mot *boitze.* qui a peut-être quelque parenté avec *boime* et *boite.*

Boire, *va..* fait au prés. de l'indicatif, nous beuvons, vous beuvez. ils beuvent.

Tes petits beuueraulx de Paris qui ne *beuuent* en plus qu'ung piusou.
                                    RAB., II. 14.

Boissâiller, *vn.* Trainer les cabarets pour y boire et y perdre son temps.

Étym. *Boissâille*, péj. fictif de *boisson.*

Boisselée, *sf.* Mesure agraire qui est de 5 ares 06 centiares. ou 506 mètres carrés : Dans le val, la boisselée de pré a moins de contenance. (Cette opinion. encore aujourd'hui très répandue. n'est pas fondée) :

C'est une erreur dont j'ai trouvé plusieurs personnes imbues qu'en Blésois la mesure des prés n'est qu'à 22 pieds pour perche, elle est à 24 comme pour les autres héritages.

Si rarement on trouve sa mesure, c'est que plus l'héritage est précieux, plus les propriétaires, dans les titres qu'ils se font, cherchent à se frayer des moyens d'usurpation

FOURRÉ, *Cout. de Blois* p 632

ÉTYM *Boisseau* La boisselée fut primitivement l'étendue de terre qu'on pouvait ensemencer avec le contenu d'un boisseau

Boissier (boâ-sié) *sm* Fagoteur ouvrier qui travaille dans les bois

Il s'est suicidé dans les bois de Cheverny, où il travaillait comme *boissier* Cette mort a produit une émotion considérable parmi les *boissiers*

Indep. de L.-et-Ch., 14 fév. 1892, p 2

|| Magasin à bois

Au rez-de-chaussée, deux chambres et grand *boissier*

Pet. affiches blés, 15 juill. 1890, p 3 et passim

Boite, *sf* || La quantité de vin nécessaire à la consommation d'une personne d'une maison Je ne récolterai pas cette année pour ma boite

Quand le mesnager voudra mettre son vin en perce, et qu'il le voudra tirer peu à peu pour sa *boitte*.

LIEBAUT, *Mais rust*, VI, ch 10

Boîte, *sf* || Autrefois Tronc d'une église

Payé à Monsieur Berrier la somme de trente-deux livres cinq sols pour le baton et *boette* du Saint-Sacrement

1787 Reg. de la marelle Marolles, n° 1, f° 12 v°

|| Confrérie religieuse

Au procureur de la *boeste* de M St-Antoine, quatre sols quatre deniers provenant de la moitié du prix d'un mouton offert à l'église et à M St-Antoine

1409 Invent fabr Avaray, f° 39, v° Arch L.-et-Ch G

Aux quatre *boestes* de l'Esglise de Villebarou scavoir est À la réparation et aux trepassez à chascune cinq soulz et à St Sebastian et au Chappellet à chascune six blancs

4 septembre 1573 Test Sim Bouzi Arch mun Villebarou
Vol 1564.

Le peuple des faubourgs de Blois appelle encore aujourd'hui le banc des marguilliers *la boite au pain*

Boiter (se), *vr* Se griser et même s'enivrer mais en cachette et pas au cabaret. On dit aussi *être en boite*

Le suppliant, qui estoit si fort *en boîte* ou yvre, que à peine scavoit qu'il faisoit.

> 1450. DUCANGE, *bevriotus*.

ÉTYM. *Boîte*. boisson.

Bolle, *sf.* Bol. tasse : Une grande bolle.

Bollée, *sf.* Le contenu d' « une bolle » : Une bollée de lait.

Bon-ami, *sm.* Amoureux. prétendu. « miston ».

Bonhomme, *sm..* fait au pl. *bonhommes.* comme bonheur fait *bonheurs.* Dans le Blaisois. les substantifs composés d'un adjectif et d'un substantif ont toujours suivi cette règle :

Geoffroy de Mesneu, Denis le Mesureux et Robert de Bellelance, *gentilhommes* Blesois.

> BERNIER, p. 208.

Bonhommeau (bon-non-mio), *sm.* Homme âgé. terme badin.

Accompagné d'ung tas de *bonshommeaux.*
> CRÉTIN, *Natic. de Mgr Françoys*, p. 157.

Bonjour, *sm.* Visière de casquette.

Bonne, *sf.* Fiancée. promise : Il était à l'assemblée avec sa bonne.

ÉTYM. Pour *bonne-amie.*

Bonne-amie, *sf. Voyez* BONNE.

Bonnes, *sf. pl.* Être dans ses bonnes, être en bonnes dispositions. en belle humeur.

Et quelques fois, qu'il est en *ses bonnes*, reguoubillonne de chambrieres.
> RAB., IV, 16.

Bonnette, *sf.* Bonnet de coton ou de laine.

La *bonnette* rouge.
> N. DU FAIL, *Prop. rust.*, p. 63.

Bonne-vierge, *sf.* Image. statue de la sainte Vierge : Une Bonne-vierge en bois.

Bon-sang, *interj.* Exclamation qui n'est considérée comme juron que lorsqu'on la fait suivre des mots : *de Dieu*. ou précéder du mot : *sacré*.

Bord, *sm* ‖ *Fig*. Côte coterie parti. Je ne suis pas de ce bord-là Ils sont du même bord

Bosse, *sf* ‖ Graine de luzerne ou d'incarnat non battue Semer de l'incarnat en bosse

Du cheneveux en *bosse* espandu dans icellui (grenier)
15 sept 1616 Invent Pineau, p 5 Arch L-et-Ch
B Baill de Blois

Érym Origine incertaine Peut-être abréviation de *cabosse* qui a le même sens en Poitou et qui semble venir du lat *caput* tête quand l'herbe est sur pied, sa graine lui fait une sorte de tête Le gascon dit de même *cabet* pour épi

Bôte! *interj* Le même que BEUTE

Botte, *sf* ‖ Douille en fer qui sert à fixer le « couard » à la hampe de la faux
ÉTYM Par anal avec *botte*, chaussure

Botteau (bo-tio) *sm* Petite botte se dit surtout d'une botte faite avec les debris les restants de la paille

L'ung heve le *botteau* de foing
COQUILLART, *Monol de la botte de foing*, p 150
Plus paye pour une paillasse pour Monsieur le vicaire et pour six *botteaux* de paille pour mettre dans ladite paillasse trois livres douze sols
1673 Cpte de la marelle fo 13 Egl Chaussee-St-Victor

Boucaut, *sm* Petit fût baril se dit le plus souvent en mauvaise part Un mechant boucaut
ÉTYM Bas-lat *bucellus*, petit tonneau

Bouchâillon, *sm* Mauvais boucher boucher qui vend de la mauvaise marchandise terme de mepris ‖ Garçon boucher

Bouche-four, *sm* Piece de tôle garnie d'une poignee et disposee pour boucher la gueule d'un four

27° Une mauvaise met a partir le pain, un goumas de bois, ses treteaux, un rouable de fer Le *bouche fourgt* de tosle, la pelle de four estime quatre livres cinq sols
30 nov 1782 Reglement Arch H Johannet

Boucher, *va* Boucher un cheval, lui ouvrir la bouche pour connaître son âge à l'inspection de ses dents

Bouchon-d'écuelles, *sm.* Bouchon formé de chiffons, qui sert à laver la vaisselle.

Je faisois la cuisine aux Cordeliers de Rennes, et je mis par mégarde le *bouchon des écuelles* au pot où je fis cuire la potée. Cela fit une soupe miraculeuse..

Moy. de parvenir, I, 174.

‖ *Fig.* Frais comme un bouchon d'écuelles : très malpropre.

Regardez un peu ce petit *bouchon d'écuelles* d'amourettes.

Ibid., II, 259.

Bouette, *sf.* Trou, ouverture dans un mur, une porte : La souris s'est sauvée par une bouette.

Plus dans une petite *bouette* dans un mur.....

II niv. an II. Arch. mun. de St-Denis sur-Loire.

La boune galette
Passe par la *bouette!* (la bouche).
(Cri d'une marchande de gâteaux de Blois).

ÉTYM. Ital. *buchetta* (pron. bou-ket-ta) dim. de *buca* (bou-ca), trou, du lat. *bucca,* cavité. On trouve écrit anciennement *bauchette* et *baurrette.*

Bouffée, *sf.* ‖ Touffe qui, au milieu d'un champ de blé, de luzerne, pousse avec une vigueur extraordinaire.

Bouge, *s?* Bourse, sac ?

Neuf deniers provenant de la revente des *bouges.*

1633. Cp^{tes} de la mârelle, p. 7. Fabr. de la Ch.-St-Victor.

Bouillard, *sm.* Sorte de peuplier, appelé aussi peuplier suisse. Autrefois on disait plus souvent *Azin.* (*Voyez* ce mot.)

Plus reçu d'Ange Chenu la somme de dix livres pour la tonture des ormeaux et *bouillards.*

1782. Cp^{te} de la mârelle. Égl. de la Chaussée-St-Victor.

ÉTYM. *Bouleau;* comme port et comme feuillage, le *bouillard* a quelque ressemblance avec le *bouleau.*

Bouillée, *sf.* Lieu planté de « bouillards, » bouquet de bouillards. ‖ Par ext. au S. de Blois. Cepée. « tallope ».

Bouillir, *vn.* fait au fut. je bouillerai ou je bouerai, au condit. je bouillerais ou je bouerais. Ces temps viennent de la forme *bouiller.*

Ce n'est pas tousiours le *bouiller* qui consume les vins

OL DE SERRE, *Theat*, III, 8

Bouillonnée, sf Comme BOUILLÉE (*Voyez* ce mot)

ETYM Comp le second sens de BOUILLEE ci-dessus

Bouinotte, sf Petit trou petite « bouette »

ETYM Dim incorrect de « *bouette* »

Bouis, sm Buis ‖ Pâques de bouis, le dimanche des Rameaux

PYXOS en grec se nomme en latin BUXUS, en françoys *Bouys*

Comment *tres excell*, chap 218

Plus paye pour les *bouis* du jour de Pasques fleuries

1633 Cpte de la marelle Egl de la Chaussee-St-Victor

On dit *buis,* dans les provinces, mais à Paris et à la cour on dit *bouis,* c'est donc comme il faut parler

MENAGE, *Observ*, ch 95

Bouisser, va Garnir de « bouis », et specialement, attacher à la croix d'un « carroi » une branche ou une croix de bouis le dimanche des Rameaux C'est le Besson qui a l'habitude de bouisser la Croix-Coq de Francillon

Querir le bouys pour *bouysser* la croix

1473 Almenèches Arch Orne H 21 Godefroy

Bouju, ue, adj Qui est bombé en forme de bouge.

Boulette, sf ‖ Petite boulaie bouquet de bouleaux

Bouquet, sm Toute espece de plantes donnant des fleurs Planter des bouquets

Il y a les amateurs de roses, il y a les amateurs d'auricules, il y a les amateurs d'œillets, il y a les amateurs de dalhias, il y a les amateurs de camelias, il y a les amateurs de renoncules il y a les amateurs d'anemones ! Ce sont les seules fleurs, les autres s'appellent *des bouquets,* et il faut voir de quelle manière on prononce le mot bouquet

Alph KARR, *Voy aut de mon jardin*, p 152 (M Levy, 1857)

‖ *Proi* Un bouquet sur la manche, l'objet d'une grande affection Oh ! sa bru c'est un bouquet sur sa manche !

Bourde, sf Longue perche ferree qui sert à manœuvrer un bateau ‖ Perche qui soutient la corde sur laquelle on met secher la lessive

Les boiteux y ont laissé un amas de *bourdes* (bâtons) plus haut que le plancher de cette salle.

> D'AUBIGNÉ, *Bar. de Fœnes*, l. 2, ch. 5.

ÉTYM. Anc. franç. *behourde*, sorte de lance.

Bourdonneau, *sm.* Montant d'une grande porte en bois, d'une porte cochère.

ÉTYM. Dim. de *bourdon*, augment. de « *bourde* ».

Bourgeoiserie, *sf.* Bourgeoisie : Les « païsans » et la bourgeoiserie.

Bourgeon, *sm.* Feuillage de la vigne : Je vas faire une charge de bourgeon pour ma « bode ».

Plusieurs particulliers vont ceuillir du *bourgeon* et de l'herbe dans les vignes d'autrui.

> 18 mai 1790. Reg. des délib. de la mun. de Villebarou.

Bourrassier, *sm.* Tas de bourrées.

Bourré, *sm.* Sorte de pierre tendre pour la construction.

Nous avons fait tailler 1500 pieds de *bourez* en careaux a quatre deniers le pied, et 500 pieds de pierre dure a un sol le pied.

> 1795. *Journ. des ch. remar. de St-Laumer*, fº 32, vº.

ÉTYM. *Bourré*, village sur les bords du Cher où sont situées d'importantes carrières de cette pierre.

Bourrichon, *sm.* Roitelet, troglodyte : Vif comme un bourrichon.

Plus ledit Seigneur a et lui est deub... par les garçons dudit Chousy, l'une des festes de Noel, vn oiseau appelle Roistel autrement *bourillon*, qui lui doit être présenté... par deux garçons sur deux bastons, entourez de loriez liez et attachez de rubans de soye.

> Juin 1277 (transcrit en 1717). *Cart. blés. Marmoutiers*, p. 328.

ÉTYM. « De *burrichus* on a formé le diminutif *burrichio* dont nous avons fait *bourrichon* ou *burrichon* pour *roitelet*, à cause de la couleur roussastre de cét oiseau ».

> MÉNAGE, *Bourrique*.

Bourrier, *sm.* Fétu très mince : Il m'est tombé un bourrier dans l'œil.

S'il n'y avait autres *bourriers* en la fluste.

> N. DU FAIL, *Contes d'Eutrap.*, I, p. 38.

‖ Au *pl* Débris ordures Il faut jeter les bourriers dans la cour

ÉTYM *Bourre.*

Bourroche, *sf* Bourrache plante médicinale

Houbelon *bourroche*

PARI, V, 26, ap Littré

Boutâillon, *sm* Terre champ d'une très petite étendue se dit par plaisanterie.

ÉTYM Dim et péj de *bout*

Bout-du-pont, *sm* Lieu de rassemblement, à Blois, de tous les ferlampiers gens sans ouvrage et qui n'en cherchent point Un gâs du bout-du-pont

Guignard François, né à Blois, *député du bout du pont*, à Blois, a été condamné huit fois il n'aime pas la police

Avenir de L.-et-Ch., nº du 13 Juillet 1890

Boute-à-la-nuit, *sm* et *f* Qui n'avance pas à l'ouvrage lambin, lambine paresseux, paresseuse

ÉTYM Qui *boute* (pousse) *à la nuit,* c'est-à-dire qui traîne la besogne pour la faire durer jusqu'à la nuit Cette jolie locution aujourd'hui peu usitée semble avoir été spéciale à la ville de Blois et à ses environs immédiats

Boutrou, *sm* Borne en pierre ou en fer disposée au coin d'une porte charretière en avant d'un mur d'un arbre pour les préserver de l'atteinte des roues des voitures

ÉTYM Pour *bouteroue* de *bouter*, mettre les *roues* en dehors

Bouts, *sm pl* ‖ Tisons bouts extrémités du bois qui brûle dans le foyer Poussez les bouts tisonner

Brâgette, *sf* Brayette fente de devant d'une culotte d'un pantalon.

ÉTYM Dim de *brage*, pour *braie* culotte

Le plus gentil Chevalier donnera à l'Escuier sa chemise, un autre lui baillera ses *brayes* un tiers lui donnera un pourpoint

DUCANGE *braga*

Brai (bre) *sm* Voie d'une voiture écartement des roues. ‖ Empreintes tracées sur la terre par les roues d'une voiture. Cette charrette ne mène pas le brai c'est-à-dire ses roues n'entrent pas exactement dans les traces des autres voitures

Lors vient au chemin et voit qu'il est nouvellement *brée*.
>   *Lancel. du Lac*, ap. Littré, *bréc.*

ÉTYM. « BRAYER ». broyer (ci-dessous).

Braies (en pat. : brà), *sf. pl.* Levée. digue, turcie.

Les deux *brayes* de Sainct-Victor.
>   20 fév. 1127. Chart. de Ch. d'Orléans, ap. N. Mars, 224.

Pierre Garnier, pescheux, demeurant au *brais*.
>   1665. Invent. de la grande marelle, p. 5. Arch. de l'Égl. de
>   la Chaussée-St-Victor.

ÉTYM. Bas-latin *braia, braca, bracca,* même signif.

Branlons, *sm. pl.* Se dit dans quelques endroits pour *Brandons :* Le Dimanche des branlons.

Brayer (brè-iĕ), *va.* Broyer.

Ils vous *brayeront* de la fouace.
>   RAB., I, 32.

ÉTYM. *Voyez* BRÉGER.

Bréger, *va.* Briser. broyer. « Ah ! l'guerdin ! si je l'teins, je
l'brége ! ». On dit aussi *Brayer.*

Une braige a *breiger* chambre (chanvre).
>   1646. Invent. Roy, p. 9. Arch. L.-et-Ch. B. Baill. de Blois.

ÉTYM. C'est le même que « *brayer* » broyer, avec la substitution du *g* au *y*. (*Voyez* ABAGÉ).

Bremâille, *sf.* Bruyère, considérée comme broussaille : On
coupe la bremâille pour faire de la litière aux bestiaux.

C'était (en Sologne) à perte de vue un horizon de landes et de
bruyères, dites *brumailles*, coupé par des étangs couverts de joncs
et de maigres bouquets de bois.
>   Journal le *XIXe Siècle* du 18 février 1892, p. I.

Les grands chênes abattus laissèrent la place à la *brumaille.*
>   *Ibid.*

ÉTYM. Pour *brumâille*, qui est une sorte de péjor. de *bruyère.*
Ducange a *brumaille.* menu bois pour chauffer le four.

Bremer, *va.* Beugler, en parlant du taureau, du bœuf et de
la vache.

ÉTYM. Germ. *breman, bremmen,* même signif. Comp. le
grec βρεμω. même signif.

Bretelle (Dans la camp on prononce bertelle et même berterelle) s/ ‖ Sorte de cale qui s'adapte au charpi et qui sert à
maintenir la « douelle » à doler, terme de tonnelier

Ung asse, deux meschantes dolloueres, ung paltraict, une grappe,
deux meschants rabots, ung meschant goue, deux *bertcrelles*, troys
gonds, troys passes

1617 Invent Rabait, p 11 Arch L.-et-Ch B Baill
de Blois

‖ Au *pl* Appareil dont on se sert pour soutenir les petits
enfants qui commencent à marcher *Fig* Il ne tient qu'à bretelles, se dit d'un homme use miné qui ne peut plus se trainer

Brezin, *sm* Sorte de jeu de carte dit aussi Bezigue
ÉTYM Origine inconnue

Brîcher, *va.* et *n* Prendre au piége Brîcher des moineaux
je vais brîcher
ÉTYM Ancien français *bric*, piege *briche*, sorte de jeu

Aucunes jeunes bachelettes jouoient d'un jeu appelle la *briche*
Andrieu d'Azencourt print hors des mains d'une desdites bachelettes
le baston, duquel *bricher* devoit

1408 DUCANGE, *bricola*

Bricole, s/ ‖ Travail qui n'est pas serieux Tout ça, c'est de
la bricole
ÉTYM Anc franç *bric* piege engin

Bricoler, *in* S'occuper à des travaux sans importance sans
utilite à des « bricoles »

Bricolier, *sm* Homme qui aime à « bricoler »

Brincembries, s/ *pl* Debris, bourriers ordures reduits
presque completement en poussiere
ÉTYM *Bren* ordure et *cendre*

Bringelé, ée, *adj* Se dit d'un taureau d'une vache dont la
robe est melee de poils rouges et noirs, comme le bai des chevaux et rayee de non Dans le Bessin (basse Normandie). on
dit *bringe*
ÉTYM. Origine inconnue Bringele ne serait-il pas l'ancien
ramselé (prononce ramchele ringele. avec prosth du *b*) qui a
des taches en forme de petites branches ? De *ramsel* petite
branche (*ramceau*).

Briqué, ée, *adj.* Desséché, devenu sec comme une brique
Du pain briqué.

Briquenellier, *sm.* Bricolier, « bernassier ».
ÉTYM. *Briquenelle,* vétille, mot qui a disparu, dim. de *briche,*
bric, engin, piège.

Broc (bro', *sm.* Fourche en fer à long manche.

Longs vouges, perches, *broes* ferrés.

N. DU FAIL, *Contes d'Eutr.,* I, p. 231.

Plus quatre crouets, trois *bros.*

Nov. 1789. Vente volont., p. 59. Arch. H. Johannet.

ÉTYM. Lat. *brochus, broccus,* dent pointue et saillante.

Broche, *sf.* ‖ Aiguille à tricoter.

Brocher, *va.* et *n.* Tricoter en se servant de « broches » :
Brocher des bas.

Brode, *adj. f.* Brune, en parlant d'une femme, d'une fille :
Une belle brode.

Nostris vero *brode* olim, idem quod nunc *brun,* fuscus.

DUCANGE, *broda.*

ÉTYM. Origine inconnue.

Broqueter, *va.* Enlever avec un broc.

Broquin, *sm.* Brodequin.

Brouillasser, *v. imp.* Se dit du brouillard qui tombe : Il
a brouillassé toute la matinée.
ÉTYM. Ancien franç. *brouillas* pour *brouillard.*

Fouir ce *brouillas* de temps.

Al. CHARTIER. *Espérance.*

Brouilleter, *va.* Ramasser le bois mort.
ÉTYM. Anc. franç. *breuil,* buisson.

Bruère, *sf.* Bruyère : Un balai de bruère.

Chaume, friche, gueretz, *brueres* et buissons.

24 nov. 1647. Part. Présid. de Metz. Arch. L.-et-Ch.
B. Baill. de Blois.

Brumâille, *sf. Voyez* BREMÂILLE.

Buberon, *sm.* Biberon : ne se dit plus guère.

Un vaze, un boucault et un *buberon*, le tout de verre
1617 Invent. Presid. de Metz p 80 Arch I.-et-Ch
B Baill de Blois

Buée, sf Operation qui a pour but de blanchir le linge disposé dans un « tenou », sous un lit de cendres de bois en faisant passer de l'eau chaude a travers cette cendre, lessive Faire la buée ‖ Le contenu du tenou Laver la buée

Une autre journée avant que les meschines de la Roine avoient fait une *buee*, et avoient mises les napes de l'Hostel du Roy et de la Roine, et draps, linges sambues, cuevrechets et fut la *buee* estendue ou ries de la Magdeleine pour seicher
1188 DUCANGE, *sambua*

Buon, sm Flacon a mettre l'huile le même que Bion

Plus payé deux sols six demers pour un *buon*
1695 Cpte de la marelle Egl de la Chaussee-St-Victor

Butelée, sf Le contenu d'un « butet »

Butelier, sm Homme qui porte un fardeau à l'aide d'un « butet » Ce mot a disparu presque complètement aujourd'hui qu'on ne manque pas d'autres moyens de transport

De plus nous avons requeri six *buteliers* pour transporter les terres.
29 floi an II Reg des delib de la mun de Villebaron

Butet (bu-té) sm Sorte de petite hotte à haut dossier.

Certaines corvees appellees *Butage* parce qu'elles se faisoient avec des hottes qu'on appelle encore a present *Butets* au pais blesois
BERNIER, p 293

Plus deux barils, onze paillons, deux *buttets*
Nov 1789 Vente volont, p 49 Arch H Johannet

L'ancienne rue des *Vanniers,* aujourd'hui de *Saint-Honoré* a Blois, est encore appelee rue des *Butets* par les gens de la campagne

ETYM Ce mot qui est special à l'idiome blaisois ne se rencontre nulle part ni dans les anciens auteurs ni dans les anciennes archives etrangeres au pays blaisois Il vient du radical *butt, bott* qui se trouve à la fois dans les langues d'origine celtique germanique et latine (*Voyez* Littre Botte 3), avec le sens general de vase

Auquel il requist qu'il lui voulsist faire aide et chevance de deux *butez* plains de miel
1380 DUCANGE, *butar*

Ici *buté* a le sens de vase, pot.

Icellui Moubliart qui avoit une *bout* ou hotte à son col, et ung baston pour soustenir sa hotte.

1453. Ducange, *boteronus*.

Notre *butet* est un dim. de ce *bout*.

Je ne demande mande, penier, easier, *quannebutin*, cretin ne hotte pour engrener ma farinotte.

Cretin, p. 267.

Dans cette phrase, composée de consonnances dans le goût ridicule de l'époque, *quannebutin* semble être un proche parent de notre *butet*.

Comparez l'all⁴ moderne *butte*, hotte.

C

Ça, *adj. demonst. sing. des 2 genres.* Indique les choses. C'est-i dur, ça voleur ! Ça sent bien mauvais, ça pourriture !

ETYM. Contraction de *ce, cette* et *là.* Ce voleur-là, cette pourriture-là.

Caban, *sm.* Sorte de châssis en bois sur lequel on assied une pièce de vin pour la maintenir dans la voiture.

Harnais, traits en fer, pieds de tonne, ferrures, *cabans* tavelles en fer, prolonges.

Independant de L.-et-C., 8 oct. 1890 p. 4

ETYM. Origine inconnue.

Cabasser, *va.* Fatiguer, importuner. Voilà une heure qu'il est à me cabasser.

> Point esguassez n'estes quand *cabasses*
> Et entassez, poltrons à chicheface,
> La male mort en ce pas vous deface
>
> RAB, I 51.

ETYM. Est-ce le même que l'ancien verbe *cabasser* qui signifiait bavarder et aussi tromper, voler ? En ce cas, le sens aurait considérablement dévié. Ne faudrait-il pas plutôt s'arrêter au rad. *cap* du latin *caput* tête, le sens étant ici au *fig.* rompre la tête ?

Caboche, *sf.* || Têtard, larve du crapaud et de la grenouille.

ETYM. Par analogie de forme avec la caboche qui sert à ferrer les chevaux. Du reste, si têtard veut dire grosse tête, *caboche* a la même signification, venant du lat. *caput* tête.

Cabosser, *va.* Bossuer, faire des bosses à.

Diogènes le (son tonneau) *cabossoit*

> RAB, *Prol. du liv.* III

ETYM. *Ca* pref. péj. (Littré *ca*) et *bosse.*

Cachepot, *sm.* Retrait ou le débitant cache le vin qu'il

vend en cachette. sans payer de droits : Les commis ont trouvé
son cachepot.

Cacher, *va.* || *Spécial* cacher quelqu'un, lui mettre ce
qu'il faut pour le bien couvrir dans son lit : Te voilà bien
caché et bien « rivé », à présent dors.

Cadâbre, *sm.* Cadavre : Un grand cadâbre, un grand
homme dégingandé.

Cadichon, *sm.* Cadet, se dit toujours comme sobriquet.

Caffer, *vn.* Tousser souvent, toussoter.
Étym. Onomatopée.

Cafourniau, *sm.* Local retiré, coin qui sert de débarras :
« Un chercheux de pain, qui vivait dans n'un méchant cafourniau ».
Étym. *Ca.* péj. et *fourni* (fournil), le fournil étant généralement dans nos campagnes une pièce assez mal tenue dans
laquelle on dépose toute espèce d'ustensiles, d'outils, etc.

Cageot (cajo), *sm.* « Foiscelle » en vannerie de viorne ou de
« conâniau ».

Avant que mettre le caillé dans les esclisses ou *cageottes* pour le
convertir en fromage.
                                    Ol. de Serre, *Théât.*, IV, 8.
Étym. Diminutif de *cage.*

Cagnard, *sm.* Petit réchaud portatif.
Étym. Ital. *Cagna,* chienne, parce qu'on le voit ordinairement
auprès du foyer, comme un chien accroupi. *Chenet* est dans le
même cas. Du reste *cagnard* a signifié chenil :

Mais en ces voyages, vous serez arresté misérablement en un *cai-
gnard* où tout vous manquera.
                                    Montaigne, liv. III, ch. 9.

Cagou, *sm.* Homme égoïste, qui vit seul, et ne veut voir
personne : Un vieux cagou.
Étym. Peut-être pour *cagot,* malheureux traités au moyen-
âge comme des parias, et appelés en quelques endroits *cacous.*
(*Voyez* Ducange, *cagoti*).

Caille (pron. *ca,* comme dans caillou), *sf.* Jaune d'œuf : cet
œuf a deux cailles. || Par anal. avec la forme d'un œuf, en pre-

nant le tout pour la partie Panse d'un vase d'un pot et par plaisanterie d'un animal d'un homme Une grosse caille une grosse bedaine

ÉTYM Subst verb de *Cailler*

Càille, sf Caillou rond dont les enfants se servent en guise de « bidon »

Le preud'homme prit trois ou quatre *cailles* ou enfans de caillous, et mit le plus gros en la bouteille

Moy de parvenir, II 309

‖ Anciennement jeton de jeu

Une petite boeste avec plusieurs *cailles* d'yvoire

15 sept 1616 Invent Pineau, p 31 Arch L -et-Ch

B Baill de Blois

ÉTYM Lat *calculus* caillou

Cailler, vn ‖ Se dit d'un petit enfant qui rend son lait caille ordinairement quand il en a trop pris Si l'enfant caille c'est qu'il est saoul

Caillette, sf Jaune d'œuf Un œuf à deux caillettes
ÉTYM Dim de « *caille* » ci-dessus

Caillot, sm Caillou

Et lui donna un seul cop de sa main sur la teste dont il se heurta ou cheut sur un *caillot*

1381 DUCANGE *hostis*

ÉTYM Dimin de « *caille* » ci-dessus

Caillote, sf Petit caillou petite « càille », petites pierres semees dans les champs les vignes ‖ La Caillote de Gargantua dolmen remarquable situé sur le territoire de la Chapelle-Vendomoise Gargantua passant par là fut obligé de se dechausser pour se debarrasser de cette caillote qui s'etait introduite dans son soulier L'ancienne langue avait aussi *Caillette* et *Cailloche*

De la fontaine l'ruisel sourt
Qui sour la gravele ou bois court.
Et fait resonner les *quaillctes*

Fabl d'Ov, Arsen. 5069, Godefroy

Menues rochettes plates et grosses *cailloches* parmy

P DE GARCIE, *Le Grant Roullier*, ibid

Étym. Dim. de « *Caille* » ci-dessus.

Cailloteux, euse, *adj.* Plein de « caillotes » : Un champ cailloteux, une vigne cailloteuse.

Caillu, ue (ca-iu), *adj.* Qui a une grosse « caille », pansu : Une chopine caillue.

Câlaud, *sm.* Petit bonnet d'enfant au berceau.
Étym. Anc. franç. *cale*, sorte de bonnet.

Caler, *vn.* Ne pas tenir bon, mollir, montrer de la crainte où il faut du courage :

Philopœmen ne *chala* point pour cela, ny ne laissa point de faire ce que portoit son devoir.

Amyot, I, 705, édit. 1609.

Ce mot est dans le Dict. de Boiste.
Étym. Lat. *chalare*, grec χαλαν, abaisser, *fig.* abaisser son courage.

Caliborgne, *s.* et *adj.* Borgne. ‖ Louche.
Étym. *Cali*, qui semble être un péjor. de même nature que *ca.* de « *cabosser* » (*Comp.* le français CALIFOURCHON) et *borgne*.

Calibourde, *sf.* Échasse ; se dit sur la rive gauche de la Loire, notamment à Chailles. On dit aussi, à tort, *calibourne*.
Étym. *Cali*, péj. (*Voyez* CALIBORGNE) et « Bourde ».

Calibourdon, *sm.* ?

Uni, melle,
Cadin, cadelle,
Du pié, du jon,
Calibourdon.

Voyez CHAT.

Calicâlaud (à), *loc. adv.* Porter un enfant à calicâlaud, le porter sur le dos, ses bras entourant le cou, et ses jambes placées sous les bras du porteur.
Étym. Origine inconnue. *Cali*, péj. (*Voyez* CALIBORGNE) et « *câlaud* », ci-dessus, l'enfant qu'on porte ainsi figurant une sorte de coiffure grotesque ?

Câline, *sf.* Petit bonnet de femme à brides qui se nouent sous le menton.

Coiffée d'un petit bonnet dit « caline »

> *Independant de L.-et-C.*, n° du 16 sept 1891, p. 2

ÉTYM. Anc. franç. *Cale* sorte de bonnet

Calorgne, s. et *adj.* Borgne

Louche, boiteux, contrefait ou *calorgne*

> Eust. DESCHAMPS, *Poes.*, Godefroy

ÉTYM. *Ca* pej (*Voyez* CABOSSER) et l'ancien français *lorgne*, louche

Calot, s.m. Sorte de bois de feu

ÉTYM. Origine inconnue

Calvine, s.f. Espèce de pomme. Des pommes de calvine

ÉTYM. Pour *calville*

Cambre, *adj. m.* et f. Arqué légèrement. cambré

Une pièce de fer de figure *cambre* comme un chausse-pied

> PARI., VI, 5

Cambuse, s.f. Maison délabrée. || Petite cahute en planches. Il s'est bâti une cambuse dans son jardin

Campe, s.f. Attitude. tenue. A-t-il une belle campe. ce canonnier-là !

ÉTYM. Subst. verb. de se *camper*

Caneçon, s.m. Caleçon

Un *caneçon* de blanchet avec un petit bas d'estame gris, le tout à usage d'homme

> 1619 Invent. Marchais, f° 10, 1° Arch. L.-et-C.
> B. Baill. de Blois

Ung pacquet de menus linges, comme *canessons*, chaussons, chaussettes

> 1619 Invent. Cannus. p. 5, *ibid.*

Canepétrasse, s.f. La petite outarde. oiseau

Elle se plaît dans les terres maigres et pierreuses, raison pourquoi on l'appelle *canepetrace* et ses petits petraceaux

> BUFFON, *Ois.* la petite Outarde

I **Caner,** v.n. Boiter légèrement. d'une façon qui rappelle l'allure du canard. Il s'en va canant

II **Caner,** v.n. Pousser sa « canette » avec le pouce replié dans l'intérieur de la main fermée et se détendant comme un ressort

Érym. Origine incertaine. *Cane, canard*, ou lat. *canis*, chien, parce que, à ce jeu, on est accroupi comme un de ces animaux : le sens aurait alors passé de la posture à l'action ?

Canet, *sm*. Caneton, jeune canard.

Quand monseigneur le curé vit qu'on le vouloit bouter en la boiste aux cailloux (prison) il fut plus esbahi qu'un *canet*.

Louis XI, Nouv., XCVI.

Canette, *sf*. Bille à jouer : Une canette en agathe.

Érym. « *Caner* II. »

Caniger (se), *vr*. Se tapir en se faisant petit, comme un oiseau dans son nid : Je vais bien me caniger dans mon lit.

Érym. *Ca*. péjor. et « *niger* ».

Canillée, *sf*. Plante qui croît sur l'eau des mares, lemna minor. et lemna gibba.

Érym. *Cane*, canard, pour qui cette plante est un régal.

Canon, *sm*. ‖ Sorte de soufflet formé d'une branche de sureau dont on a enlevé la moelle. ‖ « Petard » (*Voyez* ce mot .

Capichon, *sm*. Capuchon.

Ung *capichon* de camelot minime doublé de petite serge.

Février 1618. Invent. Charles. Arch. L.-et-Ch.
B. Baill. de Blois.

Capir (se), *vr*. Se tapir.

Entrèrent a la couverte, afin qu'ils ne fussent apperceus, en un petit annoy, et là se *capirent*.

FROISS., II, p. 207, ap. Littré.

Érym. Se *clapir*? Un lapin se clapit dans son trou.

Capot, *sm*. Vêtement de femme, en drap, composé d'une pèlerine et d'un capuchon.

Érym. Augm. de *cape. chappe*.

Capote, *sf*. Grand manteau de drap, à coiffe, que la paysanne prend l'hiver pour se garantir du froid ; elle ne met la coiffe sur sa tête que lorsqu'elle est en grand deuil ou qu'elle assiste à un enterrement.

Plus une *capotte* de drap bleu.

23 Déc. 1788. Invent., p. 8. Arch. H. Johannet.

Érym. Fém. de « *capot* ».

Carabin, sm Sarrazin ble noir polygonum fagopyrum

Des champs de mauvais seigle ou de *carabin* (en français ble noir) composaient toute la culture

                    Journ le *XIXe Siècle*, du 18 février 1892, p 1

Étym Origine inconnue

Caraquin, sm Sorte de petite casaque mot disparu

Ung *caraquin* de bure blanche à usage d'homme

                1616 Inv Roy p 6 Arch L -et-C B Baill de Blois
Ung petit *caraquin* de drap blanc

                                        Ibid , ibid

Étym Probablement même origine que *casaque* Caraquin a pu devenir *caraco* sous l'influence de *surcot* ancien vêtement

Carbonnade, sf Ragoût composé des débris de viande et des restes de sang provenant du dépeçage d'un porc « étuvée »

Belles tripes frites, belles *carbonnades*

                                        RAB , I, 21

Étym Lat *carbo carbonem* charbon probablement à cause de la couleur noire de ce mets En Sologne on dit *charbonnée*

                Nos volon faire *carbonées*,
                Sont ces escuelles lavées ?

                                    DUCANGE, *carbonea*

Ducange cite les étym d'un ancien glossaire *parum carnis quæ supra carbones cito solet decoqui* et de l'Acad de la Crusca *carne salata de porco colla ne carboni, o nella padella* mais ce sont là des grillades. et nullement notre carbonnade

Carcan, sm Mauvais cheval rosse
Étym Autre forme de *carcasse*

Carcul, sm. Calcul arithmétique

Carculer, va et n Calculer

En *querculant* la révolucion des temps

                    XIVe siècle Eust. DESCHAMPS (Godefroy, supp)

Caribot, sm Morceau de terre de peu d'importance et d'accès difficile
Étym Origine inconnue cependant on peu conjecturer que *bot* est ici pour *bout* *cari* serait une sorte de péjoratif de la même famille que *ca* dans *cabosser* *calorgne,* et que *cali* dans *caliborgne*

Caribotine, *sf.* Ronde enfantine. Les enfants, se tenant par la main, dansent en chantant :

> Dansons la *caribotine*,
> N'y a pas de pain sieux nous ;
> N'y en a sieux ma voisine
> Mais ça n'est pas pour nous.

Étym. Orig. inconnue. Peut-être pour *cailleboline*, lait caillé. *Voyez* CHATI. La vache étant la grande pourvoyeuse du ménage rustique, il ne serait point étonnant que le paysan, et surtout les enfants, aient songé à célébrer ses produits dans une danse naïve.

Çarimonie, *sf.* Cérémonie.

> La croix devant, en grand'*cérimonie*.
>
> Cl. MAROT, *Comp. Flor. Robertet.*

> Trève de *çarimonie*.
>
> MOLIÈRE, *Médecin.* act. II, sc. 4.

Étym. Lat. *cærimonia*, m. sign.

Carmaillère, *sf.* Crémaillère : mot à peu près disparu.

> Une *carmaillère* avec son *carmaillon*, une cœuiller de buée estimés à cinq sols.
>
> Août 1618. Invent. Bothereau. Arch. L.-et-Ch.
> B. Baill. de Blois.

Carmaillon, *sm.* Crémaillon. (*Voyez* CARMAILLÈRE). Carmaillère et Carmaillon se sont dits généralement dans le Blaisois jusqu'à la fin du siècle dernier.

Carmoisi, ie, *adj.* Cramoisi.

> Deux bottes de soie de couleur rouge *carmoisy*.
>
> Déc. 1619. Invent. Marchais, de Vienne, f° 21, r°.
> Arch L.-et-C. B.

> Deux livres quatorze onces rouge *carmoisy*.
>
> *Ibid., ibid.,* f° 21, v°.

Étym. Bas-lat. *carmesinus*, ital. *chermesi*.

Carosse, *sm.* Toute voiture bourgeoise suspendue, vernie et couverte : Le médecin m'a emmené dans son carosse. ‖ Monter en carosse, *loc. prov* : Il a voulu monter en carosse, avant la permission de M. le curé. C'est l'idée exprimée par Boileau, d'une façon moins pittoresque, dans ce vers :

> Ce couple charmant
> S'unit longtemps, dit-on, avant le sacrement
>
> (*Lutrin*, I)

Carotte, s/ Jeu de garçons. Jouer à la carotte (*Voyez* NINE)

Carquelin, s m. Échaudé, sorte de gâteau. On conte avec admiration la prouesse du grand Thomas qui avait parié manger en cinq minutes deux douzaines de carquelins ; il gagna son pari, mais pensa étouffer. On trouve Carquelin dans Rabelais comme nom propre.

> Le pasadouz (flèche) de *Carquelin*
>
> RAB, IV, 52

ÉTYM. Pour *Craquelin* de *craquer*, ce gâteau est fort sec et *craque* sous la dent.

Carreau (kà-rô) s m. Terme rural. Versoir mobile en bois qu'on adapte à la charrue lorsqu'on veut « refendre »
ÉTYM. *Carré* de sa forme.

Carrée (kà-rée) s/ Petite loge en bois, de forme plus ou moins carrée, établie sur un bateau et qui sert de retraite aux mariniers. Anciennement petite chambre.

> Les dix suppliants tirèrent ledit Aujart hors de ladite chambre en la *carree* ou bouge dudit hostel
>
> 1188. DUCANGE, *Carta*

Carrelet, s m. Règle à quatre faces égales dont on se sert pour tirer des lignes.
ÉTYM. Anc. franç. *carrel* carreau, à cause de sa forme.

Carroi (cà-roué) s m. Carrefour. Le Carroi Saint-Martin à Blois.

> Les fouaciers de Lerné passoient le grand *carroy*
>
> RAB, I, 25

> Une boisselée de vigne assis au *quarroy* de labée, dicte parr. de Villebarou
>
> 29 Mars 1609. Arch. mun. Villebarou, vol 1672,
> fo 129 vo

ÉTYM. Littré (*Charroi*) confond ce mot avec charroi ; pourtant dans les citations anciennes (sauf une) qu'il donne *carroi* n'a pas d'autre sens que celui de carrefour.

> Aux *carrois* des rues, de cent pas en cent pas
>
> PARI, III, p. 706

On trouve aussi, dans les anciens auteurs, *quarron*, ou *carron* qui a le même sens :

> Certes se j'estoye larron
> Ravissant en boys ou *quarron*.
>
> *Rose*, 15773.

C'est à tort qu'on écrit de nos jours *carroir*. L'adjonction du *r* est inutile et même injustifiable, ce mot venant du lat. *quadrivium :* quatre voies, qu'on a prononcé quar-voie, quarroie et carroi.

Casse-bras (kàss'bra), *s. et adj. m.* Sobriquet qu'on a de tout temps, à Blois, donné aux Frères de la doctrine chrétienne : Un Frère casse-bras. Cette locution plaisante vient de ce que ces religieux portent un manteau dont les manches vides pendent et flottent comme des bras cassés.

Casse-pot (kàss'po), *sm.* Pot cassé, mais ayant encore son fond : Mettre les vieilles graisses dans un casse-pot.

Casserette, *sf.* Petite boîte sans couvercle dans laquelle on mettait le briquet et ses accessoires; mot disparu, depuis que les allumettes chimiques ont remplacé le briquet. Souvent c'était un vieux sabot qui remplissait cet office.

Plus payé pour une *casserette* et pour un fer à fusil pour la chapelle cinq sols.

1673. Cp^tes de la màrelle. Fabr. de la Chaussée-St-Victor.

ÉTYM. Pour *cassette*, petite caisse.

Cassette (cà-sette), *sf.* Fosse faite pour enterrer un provin, et par ext., ce provin lui-même. Dans le même sens, on dit aussi « *Fousse* ».

ÉTYM. Ital. *cassetta*, petite caisse, petit coffre.

Cassitier, *sm.* Arbrisseau, sorte de groseiller qui donne le cassis.

ÉTYM. *Cassitier*, de *cassis*, n'est pas plus anormal que *tabatière*, de *tabac*.

Cassot (cà-so), *sm.* Fragment d'un objet de terre ou de verre cassé, tesson : Un cassot d'assiette, de bouteille.

Castonade, *sf.* Cassonade.

Castrole, *sf.* Casserole.

Saumon, brochet, turbot, alose, truite et sole
Soit frits, au cour bouillon, en ragout en *castrole*

QUINAULT, *Am indise* I, 3

Castrolée, s/ Le contenu d'une « castrole »

Cataplasse, s/ Cataplasme

Catau, s/ Fille de mauvaise vie
ÉTYM *Catherine*

Cataudian, sm Freluquet homme qui s'attife et se pomponne comme une « catin » ou plutôt comme une « catau » (*Voyez* ces mots) Ce mot est plutôt beauceron que blaisois

Catecaillette, s/ Caille, oiseau
ÉTYM Onomat tirée du chant de cet oiseau

Catéchime, sm Catéchisme
ÉTYM *Les Précieuses* proposaient d'écrire *catéchime* (Somaize. Dictionn des Précieuses), disant « qu'il falait faire en sorte que l'on put écrire de mesme que l'on parlait »

Catèreux, euse, adj peu employé au f Qui est à craindre dangereux suspect Dans la Vingtaine (du 20 avril au 10 mai) le temps est toujours catereux ‖ Douteux hasardeux Irez-vous demain à Blois? — C'est bien catereux
ÉTYM Anc franc *caterre,* danger

> Mais le vaillant poullet
> Luy a tiré de son cul un boullet
> Non pas si dur que plomb, ou cuytte terre,
> (Aussy n'en eut si dangereux *caterre*)
> Mais luy bailla de la foyre à travers
> De son museau

BOURDIGNÉ, *Faifeu,* p 23

Catherine (sainte), s/ La cétoine dorée insecte qui sert de joujou aux enfants
ÉTYM Le 30 avril jour de la *Sainte Catherine* est l'époque vers laquelle les cétoines font leur apparition

Catin, s/ Poupée Un marchand de catins. (Ce mot n'a pas ici d'autre sens)
ÉTYM. *Catherine*

Causée. sf Causerie Faire la causée, s'entretenir familiè-
rement quand on se rencontre sur un chemin, sur une place, etc.

Causement, sm Façon de parler, d'exprimer ses pensées
Je n'ai jamais entendu un aussi beau causement
ÉTYM *Causer*

Cavereau, sm Petit réduit pratique dans une cave
Il y a en ce logis dedans un *cavereau* que j'ai fait murer
                    CARTONS III 12, ap Lettre .

Dans la maison   il y a un petit *cavereau* de rocher où l'on
peut tirer des pierres de taille
            1702 *Journal des choses remarq.*, St-Laumer de Blois,
            f° 25 r°

Ce. sm Cep, employé dans la composition des noms de climats *Has du Ce Croix du Ce* Autrement on dit *Ser Serr (Voyez*
ces mots)

Cemetire, sm Cimetière
Devant le *cemetire* saint Gervaise de Bourtinoven
        1279 Lettre de J de Chatillon St-Sauveur de Blois
        Bibl de Blois

Cepage (s pa) sm Cépage variété quelconque d'une vigne
cultivée Le gamay est un cépage très repandu
Quatre demie-oires de vigne plantée en gros *spaige*
            17 juin 1608 Arch mun. Villebarou, vol 1672,
            f° 125, v°
Quatre bois-elées de vigne de tous *spages*
            Cont du 3 fev 1712, p 12 Arch de l'Égl Chaussée-
            St-Victor

Cepé, ée, adj Ne s'emploie guère qu'au fém Une vigne
bien cepée, où il ne manque pas de ceps
                N'est a trois heures pres des portes,
                Remese de vigne *cepee*,
                Qui ne soit arse, ou estrepee
                    Guill GUIART, ap Duc, *estrepamentum*
Bonne vigne bien *spee* et encharnellee
                1569 Arch Loir-et-Cher G 128

Cepiau, sm Grosse serrure primitive a revetement de bois
Un cepiau de porte de grange

Un h *crepiaus* est mis

   Le Vieus de Coulongne, Richel, 12171 (Godefroy)

Un grand *sepeau* avec sa clef posé a la porte de l'Ermitage

   1684 Cpte de la marelle Egl de la Chaussee-St-Victor

A la porte de la boulangerie sera mis une clef neuve au *sprau* au loquet un crampon et un mentonnet

   Mars 1751 Devis de répar Arch L et-Ch E 293

Erym Dim de l'anc franc *Cep* lien entrave

Cercle, sm ‖ *Prov* Il ne faut pas juger le vin sur les cercles (du tonneau sous-entendu Il ne faut pas juger les gens sur l'apparence

Cernette, sf Nom donné par les paysans à la Crepide verte crepis virens et à l'Erodium pimpinellifolium deux herbes des champs

Erym Peut-être dimin de *cerne* cercle, parce que les premières feuilles de ces plantes s'étalant sur le sol forment un cercle presque parfait

Cert (ser) sm N'en faire que le cert recommencer de plus belle J'ai beau le lui défendre il n'en fait que le cert

Erym Ignorant l'origine de cette expression extrêmement répandue on ne peut certifier son orthographe. Cependant il convient d'observer que l'ancienne langue avait l'adj *cert* certain (du lat *certus*) dont le pluriel fém *certes* nous est resté comme adverbe *N'en faire que le cert* c'est-à-dire *n'en faire que ce qu'on croit certain* se sera peut être dit d'abord dans un sens analogue a *n'en faire qu'a sa tête* et ensuite en accentuant l'idée de résistance recommencer l'action défendue

Ceux-c'là, C'elles-là, pr *démonstr* Ceux-ci celles-ci ceux-la celles-la.

Erym C'est anc franc contracte avec *eux elles* c'est-eux-la c'est-elles-la C'est-eux-la devrait faire c'-eux-la

Chachieux, euse, adj Chassieux

Chachignole, sf. Chassie

Châfaud, sm Assemblage de pièces de bois formant un plancher a hauteur

Pour porter le boys des *chaffaulx* de la tour en l'ostel de Monsieur le Doyen

> 1419 Compte de St-Sauveur de Blois. Godefroy

Il a veu les anciens titres de ladicte Esglize qui estoient en parchemin qu'on avoit mis devant le maitre autel sur le *chafault* ou sont les dictes chasses (Eglise de St-Victor)

> 10 janvier 1676 Minutes de M° Pilon, not à Blois

Dans le cas ou ledit cytoyen Imbert par l'effet du *chaffaud* qu'il ferait sur l'Eglise ferait quelque degradation

> 1ᵉʳ aout 1793 Reg des delib de la mun de Villebarou

|| Plancher etabli dans une grange au-dessus de l'aire et dans d'autres locaux d'une maison de culture

 Étym Ital *Catafalco* même signif

Châfauder, *vn* Établir un « châfaud » ou un échafaudage quelconque

Sur laquelle il *chaffaudoit* et basussoit

> N. DU FAIL, *Conte d'Eutrap*, I, p 5

Le 1ᵉʳ avril (1706) pour la batu d'un petit bois pour faire des claiz pour *chafauder* trois livres

> Comptes de rec et dep, fᵒ 8 St-Laumer Arch L-et-Ch H

Chahu, *sm* Homme grossier sans civilisation terme de mepris Il n'est pas rare d'entendre les gâs de la ville traiter les campagnards de « chahus de paisans »

Chaillou, *sm* Caillou et specialᵗ caillou à feu silex

Comment as-tu nom ? — Pierre *Chaillou* ou Caillou

> *Moy de parvenir*, I, 219

Une boisselee de vigne sise au *Chaillou*, paroisse dudit Vilbarou

> Cont du 3 fev 1712 Arch de l'Egl Chaussee St-Victor

Plus vingt-un plats et une jatte de faïllance et *chaillour*

> Nov 1789 Vente volont, p 7 Arch H Johannet

Chaise, *sf* || La chaise au lait jeu d'enfants dans lequel deux enfants en portent un troisieme assis sur leurs mains entrelacees en chantant

> A la chaise au lait
> Trois p'tits bonhommes dans n'un goblet,
> L'un qui crie, l'aut' qui chante,
> L'aut' qui babille en perroquet

Étym Origine inconnue

I **Chaisier,** *sm* Loueur de chaises à l'église ‖ Loueur de voitures

II **Chaisier,** *sm* Sorte de grand panier suspendu où l'on met sécher les fromages

Chasier de fromage, squarcella, baruola

OUDIN, Dictionn

ÉTYM Lat *casearium*, même signif de *caseus*, fromage Dans la citation ci-dessus, de Oudin *chasier* signifie « faiscelle » « cageot », de même que *chasière* dans cette phrase de O de Serre

l'erines, couloires, faisselles, esclisses, cagerotes, *chasieres* et semblables servans à ce mesnage.

Theat, IV, 8

Mais ce sens confirme l'étymologie

Chaisière, *sf* Le même que CHAISIER II

Un van à vanner grains, une *chaissiere*, deux mauvaises seilles

19 janv 1766 Vente, f° 38, v° Arch H Johannet

59° Une *chaisiere* à fromage

30 nov 1782 Reglement Ibid

Chalotée, *sf* Comme ÉCHALOTÉE. *voyez* ce mot.

Chamarou, *adj inv* Revêche, sauvage Avoir l'air chamarou

ÉTYM Origine inconnue.

Chamboutir (se), *vr* Pourvoir à ses propres besoins Le voilà veuf. il va être obligé de se chamboutir tout seul On dit aussi *chambotir*

ÉTYM *Champ* et *bout* Aller au bout de son champ parfaire sa besogne

Chambre, *sm* Chanvre . Des terres à chambre.

Me direz mort, couché en une chambre
En vostre hostel, ensepvely de chembre

BOURDIGNÉ, Faifeu, p 81

Plus cent seize livres de *chambre* male et femelle

Nov 1789 Vente volont, p. 51 Arch H Johannet

Chambreux, euse, *adj*. Qui a des fibres tenaces comme le « chambre », filandreux. Le blanc d Hollande est moins chambreux que le peuplier.

6

Chambron, *sm.* Local privé où se réunissent les membres d'une société pour s'amuser et banqueter.

ÉTYM. Dim. de *chambre :* il serait plus correct de dire *chambreau.*

Champ, *sm.* ‖ Mettre aux champs. *loc.* Exciter, irriter.

Pour lui troubler l'esprit, le *mettre aux champs* et en cholère.
N. DU FAIL, *Contes d'Eutr.,* I, p. 2.

Chandelle, *sf.* ‖ Tige d'une fleur de pissenlit surmontée du pompon que forment les graines.

ÉTYM. Toutes les graines s'envolent, et disparaissent comme la flamme d'une *chandelle,* quand on souffle dessus.

Chandir, *vn.* Chancir, se moisir : Du pain chandi.

Par malheur, ses abricots se *candirent,* et ceux de sa mère se conservèrent fort bien : elle en changea un matin toutes les couvertures.
T. DES RÉAUX, t. X, p. 105.

‖ Blanchir, avoir le poil blanc : Un veau chandi ; une vieille tête chandie, terme de mépris, un vieillard peu respectable.

ÉTYM. Lat. *Candere,* être blanc.

Chanteau, *sm.* ‖ Passer le chanteau, *loc. prov.* Quand une personne sort d'une situation délicate ou désastreuse et qu'une autre est menacée de la même épreuve, on dit plaisamment que la première va *passer le chanteau* à la seconde : Ma femme vient d'accoucher, c'est-il à la tienne qu'elle va passer le chanteau ? — Jacques a mangé jusqu'à sa dernière raie de bien ; et je crois bien qu'il a passé le chanteau à Christophe.

ÉTYM. Allusion à l'usage qui veut que celle qui vient d'offrir le pain bénit en donne le chanteau à sa voisine qui l'offrira le dimanche suivant.

Chantier, *sm.* Bord d'une rivière, d'un fleuve : La Loire coule à plein chantier.

Qu'il ne soit mis aucune chose empeschant les bords et *chantiers* de ladite rivière.
1645. Fr. LEMAIRE, *Antiq. d'Orléans,* p. 55.

ÉTYM. Anc. franç. *cant,* coin, bord.

Chapioter, *va.* Irriter légèrement, gratter (un mal, une

blessure) Il est tout le temps à chapioter son « frongle »
il va « l'envelimer »

Diogenes le (son tonneau) *chapotoit*

RAB, *Prol du liv*, III

|| *Fig* Tracasser, taquiner As-tu fini de me chapioter ?
ETYM Origine inconnue Dim irregulier de *chapeler* ?

Chapper, *vn* en parlant d'un chantre Se promener dans le
choeur la chappe sur le dos || *Fig* Se donner des airs d'impor-
tance en marchant

Charbonnette, *sf* Bois debite pour faire du charbon
|| Tout bois de feu debite à la longueur de 30 ponces ou 2 pieds
1/2. soit 0^{m}82 centimetres environ

Charcois, *sm* Le corps d'un animal dépouillé ou plume
apres que les membres ont ete enleves

Puis ostez la gorge et les boyaulx du poucin, et l'en pourrez
paistre a l'une fois des eles, l'autre fois des cuisses, puis au derremer
du *charquois*

Menagier, II, 306 Godefroy

|| En parlant d'un polisson superbement vêtu, on dit Il res-
semble au renard la peau vaut mieux que le charcois

ETYM Lat *carchesium*, soite de vase ? Le charcois etant
comme un vase dans lequel sont contenus les visceres

Chardonnet, *sm* Chardonneret.

Ou pas a pas le long des buissonnets
Allois querant les nids des *chardonnets*

Cl MAROT, *Egl au Roy*

Charge, *sf* || Amas d'herbe. de verdure pour la nourriture
des vaches, qu'on porte a dos dans un grand tablier special
J'etais en train de cueillir une charge

Chariteur, *sm.* Administrateur des biens du bureau de
Charite dans les paroisses . mot disparu

La reception des nouveaux marguilliers et *chariteurs*

1639 Arch de la Fabr St-Victor Charite

Les comptes des *chariteux*

1792 Reg des delib de la mun de Villebarou.

CARITATIVUS, caritatis Procurator

DUCANGE

Charles, Charlot. ‖ Nom qu'on donne à un âne

Étym Le roi *Charles X.* qui était regardé comme un imbecile dans nos campagnes

Charnier, *sm* Échalas

Le suppliant donna à icellui Faucon d'un eschalaz de vigne, nommé au pays (Blesois) *charnier* . un cop sur la chenolle du col

1411 Ducange, *cannolla.*

Paisseaux, eschalats, *charniers*, diversement nommés selon les endroits

Ol de Serre *Théât*, III, 1

Étym *Charne,* qui se dit encore en Berry pour *charme,* lat. *carpinus* Le bois de charme fut probablement employé spécialement à cet usage

Charnotte, *sf* Petit charnier, et plus souvent charnier hors d'usage

Il les laissera (les vignes) en l'estat qu'elles se trouveront lors et qu'il y aye neantmoings a chacun sep ung charnier ou *charnotte.*

1658 Arch dép de L-et-C G. 87 St-Victor.

Charpi, *sm* Charpie Faire du charpi

On remplira la playe de *charpy sec*

A Parr, VI, I, edit, Paris, 1840

De la meme (chemise) on avoit fait *le charpis*

Moy de parvenir. II, 64

Étym Part passe de l'ancien verbe franç *charpir,* echarper.

Charreyer, *va* Charroyer. voiturer : Charreyer de la pierre ‖ Charrier en parlant d'une riviere · La Loire charreye.

Charrière, *sf.* Bac pour passer les voitures

L'adjudicataire du passage doit avoir 2 grandes *charieres* a tenir 4 charettes chargees et attelees de 6 chevaux.

1716 *Journ des ch remarq*, St Laumer fo 50, vo

Charroi, *sm* ‖ *Fig* Etre dans un mauvais charroi. être dans une mauvaise situation materielle ou morale.

En quelz douleurs et angoisseux *charrois*
Sont bien souvent les gouverneurs des Princes

J Bouchi r, *Le chap des Princes,* V.

Le souci qu'on se donne pour ceux qu'on aime et qui sont dans un *mauvais charroi.*

G. Sand, *Fr le Champi*

Charrue. *sf* || *Fig* Situation empêtrée embarrassée provenant de l'incurie ou de l'incapacité *Par ext* Désordre extrême C'en est une charrue dans cette maison-là ! || Vacarme Allez-vous vous taire ah ! quelle charrue !

ETYM Par anal avec une charrue qui en défrichant se trouve à chaque instant embarrassée et même arrêtée par les racines et les rocs qu'elle rencontre

Chartil (char-ti) *sm* Le corps de la charrette sans ses accessoires Anc franç *charretil*

Plus vendu et livré un *charty* à gerbes non monté garni de ses ridelles et ragots

19 janv 1766 Vente, f° 29, rect Arch H Johannet

Chas (châ) *sm* Dans une grange espace qui borde l'aire et dans lequel on entasse les gerbes

Chas ou *chaas*, intervalle entre deux poutres

OUDIN, *Dictionn*

Pour cet effet, démolir la couverture du *chas* ou sont lesdites pièces cassées

1er juin 1792 Convention Briais Arch H Johannet

Anciennement portion de maison

Avec ung autre *chatz* de maison servant de grange

Fev 1618. Bail Lemaire Arch L -et-Ch
B Bail de Blois

ETYM C'est le même que *chai* qui dans le Midi signifie cellier Du celt *hue*, barrière

Chasse (en). *loc adv* En chaleur se dit d'une vache

Vache en *chas*, vacca in frega, vacca in amore

OUDIN, *Dictionn*

Chasser, *va* || Saillir en parlant du taureau et de la vache Une vache mal chassée

ETYM *Chasse*, ci-dessus

Chassoi, *sm* Bâtis en bois dans lequel on engage l'avant-train de la vache pendant la saillie

ETYM *Chasser*, ci-dessus

Chat, *sm* || Jeu de course Jouer au chat Pour désigner celui qui sera le *chat*, c'est-à-dire qui courra après les autres les enfants se placent en cercle et l'un d'eux en appliquant du

doigt chaque syllabe à chacun des joueurs, scande le couplet
suivant :

Une poule sur un mur
Qui picotte du pain dur.
Picoti, picota,
Lèv' ta queue et pi t'en va.

Cet autre couplet sert aussi au même usage :

Un i, un I,
Cadin, cadel.
Du pié du jon,
Calibourdon.
Un loup passant par le désert,
Leva sa queue, son bec en l'air,
Por, tire, crache,
Sors de ta place.

Les petits Poitevins disent : Uni, unelle — Casi, caselle. — Le
pé du jon — Coquille, goudron, — La caillebotine — Te casse
l'échine. — Le pé dans lou — Te casse le cou).

Celui des enfants sur lequel tombe la dernière syllabe, sort
du cercle, et l'on recommence la même antienne jusqu'à ce
qu'il n'en reste plus qu'un, qui est le chat.

Châtron, *sm.* Châtron d'artichaut, rejeton enlevé au pied
de la plante.

ÉTYM. *Châtrer,* c'est-à-dire enlever toutes les tiges superflues,
pour n'en laisser qu'une ou deux, maîtresses, et de bon rapport.

Chaud, *sf.* Chaleur : Prends garde d'amasser la chaud.

Chaud-fred (chô-frè), *sm.* Pleurésie.

Chaulage, *sm.* Enduit de mortier de chaux et spécialement
enduit qui joint et fixe les enfaiteaux sur le sommet d'un toit.

Fault par le dedans de lad. chambre frͤ les *saulaiges* et colom-
baiges qui se trouveront rompus.
Mars 1618. Bail de Feularde. Arch. L.-et-Ch.
B. Baill. de Blois.

Seront faits les *chollages* si aucuns se trouvent nécessaires à faire.
1713. Devis de constr., p. 7. Arch. de l'égl.
Chaussée-St-Victor.

Chaumedru, *sm.* Enfant malicieux, laquin : Que je
t'attrape, méchant chaumedru !

ÉTYM. *Chaume* et *dru*. Le chaume quand il est dru c'est-à-dire serré et dur égratigne les pieds et les jambes des moissonneurs.

Chaumer, *vn.* ‖ Envoyer quelqu'un chaumer où il a fait l'oût, *loc. prov.* Autrefois plus encore qu'à présent la culture des céréales était de beaucoup la moins importante de nos campagnes qui sont vignobles avant tout. Les pauvres gens allaient tous les ans faire la moisson au pays du blé en Beauce loin de chez eux. Lors donc que, dans un moment d'impatience et de mauvaise humeur on envoie un importun *chaumer où il a fait l'oût,* cela revient à lui dire : Va-t-en loin d'ici va te promener.

Chaumette, *sf.* Sorte de petite faux dont on se servait pour chaumer.

En haussant une *chaumette* qui est un baston long à manche, ou quel a au bout un fer qui est fait en manière de faulx ille.

1393. DUCANGE, *calma*

Chausser, *va.* Cocher couvrir sa femelle, en parlant du coq et des autres oiseaux.

ÉTYM. Pour *chaucher* ancien verbe qui signifie serrer presser.

Chausseriou, *sm.* Habitant de la Chaussée-Saint-Victor.

Chaussonnier, *sm.* Chaufournier.

Plus payé à Chevalier *chaussonnier* trente trois livres quinze sols pour quinze poinçons de chaux.

1680 Cpte de la marelle, p. 15 Egl. de la
Chaussée-St-Victor

Chaussouris, *sf.* Chauve-souris.

ÉTYM. *Chau chaue cho chou* radical qui se trouve dans *choue, chouette* et *souris* chouette-souris ? (*Voyez* CHAVANT ci-dessous)

Chavant, *sm.* Chat-huant hibou.

Par quelque aigle, duc ou *chavant* la rauy

RAB. IV, 57

ÉTYM. Orig. incon. Bas-lat. *cauanna cauannus* Si on prend ce mot pour une corruption de *chat-huant* il faut donner une

etym nette et plausible de ce dernier ce que personne n a fait
jusqu à ce jour D un autre côte il convient d observer que dans
l ane langue *chave chave. cave* se disaient pour *chouette*
(Godefroy *choe*) en bas bret *caouen* ou *cauen* (Ducange ·
cavanna) *Voyez* CHAUSSOURIS

Che. *sm* Chef tête dans quelques emplois spéciaux . « Une
ancêtre d ail a grous che » Le Che des « bas » (climat de Saint-
Claude)

Chemer. *in* Tarder Il ne cheme que d arriver, il va
arriver tout-à-l heure

J ay bien veu suyvre d'ung grant cerf et laisser courre une biche,
pource que le varlet ne regardait pas bien qu'il (le limier) ne *chemast*
a suyte
                    Le bon Varlet de chiens, p 33 (Godefroy)
            Puis Neptunus   huche, sans *chommer*
            Le vert Triton
                                    Cl MAROT, *Metamor*

|| Ne pas chemer agir opportunément « Je vas aller tra-
vailler » — « Tu ne chemes pas » c'est-à dire c'est a propos
|| Chemer de manquer de C est bien malheureux de chemer
de pain.

ÉTYM Autre forme de *Chomer*

I **Chenard** (ch nar) *sm* Caillou très dur Dur comme du
chenard

ÉTYM *Chien* Ce genre de caillou ne se trouve ordinairement
pas par grande couche c est une pierre isolée. de grosseur
moyenne, que les carriers appellent *Tête de chien Tête de chat*

II **Chenard** (ch nar' *sm* Colchique d automne, colchicum
autumnale plante des prés dont la bulbe est très vénéneuse

            En lieu de bon froment est sorty la nielle,
            Chardons pour artichaux, *chenarde* pour safran
                                    RONS , *Ecl* , V

Littre dit *Chenarde*. — Chenevis et il cite comme exemple le
passage ci-dessus de Ronsard Peut-être en quelque province
nomme-t-on le chenevis *chenarde* mais ce qui est certain c est
que la *chenarde* de Ronsard est bien notre *chenard* La colchique ressemble beaucoup au safran aussi l'appelle-t-on safran
des prés *Voyez* Littre *Colchique Safran*, et Vorepierre
Melanthacées Safran

Étym *Chien* On appelle aussi cette plante *tue-chien*, *chiennée*
Voyez Littré *Colchique*

Chêne-dret (chên'-dre) *sm* Faire le chêne-dret, se tenir
sur les mains la tête en bas les jambes droites en l air On dit
aussi *Planter la pourrée*

Cheneveu, *sm* Chenevis, graine de chanvre

Le suppliant qui portoit du *cheneveu* sur son cheval

1444 Ducange *Cheverium*

Plus cinq boisseaux de *cheneveu*

Nov 1789 Vente volont., p 61 Arch H Johannet

Cherfeuil, *sm* Cerfeuil

Étym Ital *cerfoglio* pronon *tcher*, même signification

Cherrée (che-ree) *sf* Cendre qui a servi à la « buée »

Étym Lat *cinereus* de cendre le *c* se change en *ch* comme
dans *camsa* chose le *i* devient *e* comme dans *circulus*, cercle,
le *e* étant bref tombe, et il reste *chen ree*, d où *cherree*

Cherrier, *sm* Drap de grosse toile qui contient la « cherree »
sur le « tenou »

Chetit, ite (on prononce ch'ti et che-ti) *adj* Chétif, chétive
Un homme chetit Un chetit homme un triste sire

En Normandie erent *chetis*
Mis en agneaux et en guoles

Ducange, *annulus*

Étym Si *chetif* vient du lat *captivus*, *chetit* peut venir regu-
lierement de *captitus* autre forme lat En admettant que
cette derniere orthographe ne soit pas ancienne, la prononciation, en tout cas, l est

J'entends cette (envie),
Qu'on accepte
Au tiers rang des appe*tits*,
Non point celle
Tant cruelle
Envie, qu ont les *chetifs*

Bon des Perires, *Quete d'amitié*, p 312

Chetitement (che ti man) *adv* Chetivement mesquinement

Cheux, *prép.* Chez : « Veins don cheux nous ».

Planter un beau rosier *cheux* l'hoste.

> Coquillart, *Monol. des Perrucques*, p. 167.

Cette prononciation était encore celle de la cour de Louis XIV.

Chevâille, *sf.* Chacune des deux extrémités du « rayage ». Ligne sur laquelle aboutissent plusieurs terres contiguës.

Et d'une part devers gallerne faisant *chevailles* aux hoirs feu Jehan Patault.

> 10 nov. 1511. Procéd. pr les Cassettes, 1e pièce.
> Arch. H. Johannet.

Tous les propriétaires qui possèdent des terrains à la *chevaille* des Seus.

> 27 avril 1890. Avis du maire de la Chaussée-St-Victor.

Étym. *Chef*, tête.

Chevau, *sm.* Cheval.

Votre *chevau* baille : ha, ha. *chevau*, vous ai-je acheté pour me mordre ?

> *Moy. de parvenir*, I, 121.

Chevelu, *sm.* Plan de vigne garni de ses premières racines : A vendre. chevelu d'un an.

Les *chevelues* ou sautelles dites aussi margotes.

> Ol. de Serre. *Théât.*, III, 1.

Étym. Par comparaison des radicelles avec des *cheveux*.

Chevet, *sm.* ‖ Le même que Chevêtre.

Chevêtre, *sm.* ‖ Crochet à ressort. fermé par un moraillon pour recevoir l'anse du seau et placé au bout de la chaîne qui termine une corde à puits. On dit le plus souvent *chevet*, à tort.

La corde du puid garnye de sa poullie, chesne et *chevet*.

> Août 1618. Invent. Bothereau. Arch. L.-et-Ch.
> B. Baill. de Blois.

Chevêtrier, *sm.* Chacune des deux grosses pièces de charpente qui enferment la « met » du pressoir, à l'avant et à l'arrière.

Plus j'ai fait scier un *chevêtrier* et un arbre mouvant que j'ay donné pour faire les portes.

> 1713. Devis de constr., p. 2. Arch. de l'Égl. de la Chaussée-St-Victor.

Cheveu, sm || Le même que CHEVLI (*Voyez ce mot*)

Ung *cheveu* a tirer eaues garny de sa corde

> 1617 Invent Rahart, p 18 Arch L.-et-Ch B Baill
> de Blois

En la cour dud lieu a esté trouvé ung *cheveu* servant au pund

> 1618 Curat de Beynes, p 82 *Ibid*

Chevreuil, sm || *Fig* Homme grossier qui ignore les plus élémentaires notions du savoir-vivre

Chiandent, sm Chiendent || *Fig* Difficulté C'est-la le chiandent

Chiau. sm Jeune chien J'éleve deux chiaux de ma chienne

La femme de Brenouf appella la mere du supphant lisse et ses enfants *cheaulx*

> 1171 Ducange, *canis*

ETYM Contract de *cheneau*

Chiauler, vn Mettre bas, en parlant d'une chienne

ETYM « *Chiau* »

Chichou, s et *adj* m et f Avare d'humeur peu accommodante du Une vieille chichou

ETYM *Chiche* avare

Chicouette, sf Morceau lambeau d'etoffe de peau etc qui ressemble à une vilaine queue on dit le plus souvent queue de chicouette « Quoi que c'est que c'te queue de chicouette qui pendille sour sa blouse ? » || La queue de chicouette, jeu d'enfant appelé ailleurs queue leu leu Les enfants sont placés à la queue l'un de l'autre se tenant par leurs vêtements Celui qui est en tête etend les bras pour protéger ses compagnons qui font leur possible pour fuir sans se desunir l'attente du chat en chantant Tu n'auras pas la queue de ma chicouette

ETYM *Chi,* dim pejor (*Voyez* CHIGRRDI) et *couette,* dim de l'anc franç *cove,* queue Queue de chicouette est un pleonasme

Chicrotte, sf Petite crotte || *Fig* Petite personne mal bâtie mal avenante

ETYM *Chi,* dim (*Voyez* CHIGRLDI) et *crotte*

I **Chien.** *sm* Sorte de pince qui fait partie de l outillage du tonnelier et qu on appelle aussi *tire* peu usite

Cane, une trettoire ou *chien*, fer de l'onnelier

OUDIN, *Dictionn*

ÉTYM Par analogie de forme et de fonction avec la gueule d un chien

II **Chien. Chienne,** *s et adj m* et *f* Avare Il n est pas possible de voir plus chien que lui

ÉTYM Forme alteree de *chiche* avare

Chiennes. *sf pl* ǁ Fleurs du vin. moisissures

ÉTYM En Berry on dit *chiens* Il est difficile d établir un rapport quelconque entre l'objet et le nom Ce mot ne viendrait-il pas plutôt du verbe qui a formé aussi *chiasses, ordures* ?

Chigredi, ie (chi-gher-di). *s et adj* Chétif, malingre Un pauvre petit chigredi maigre comme un chien fou

ÉTYM *Chi* pour *chic chique*, qui exprime l idee de petite chose lat *cuccum*, et *gredi*, qui est dit peut-être pour *gredin*. petit chien

Chinâille, *sf* Canaille vile populace

ÉTYM Pour *chienâille* qui est le même que *canaille*

Et ne qui laissent pas que cel si es ki les avoit fais a sa propre samblanche et a sa propre vmage, les eust oublies por tel *chienaille*

VILLEHARDOUIN, p 176, édit 1810

Chinchée. *sf* Une petite chinchée une très petite quantite Si c est de l eau-de-vie je n'en prendrai qu'une petite chinchée

ÉTYM Dim de *chinche* autre forme de *chique*, petit morceau.

I **Chiner,** *vn* Marchander mesquinement en achetant

ÉTYM *Chien* II. ci-dessus

II **Chiner,** *vn* Faire le metier de marchand de chiffons , peut-être le même que le precédent

Chiroi, *sm* Lieux d aisances

Chisier, *sm* Le même que CHAISIER II

Chisière, *sf* Le même que CHAISIER II

Choine (chou-à-ne). *sm* Petit pain d'une forme spéciale que vendent les boulangers Il ouvre une goule qu'on y fourrerait un choine sans toucher les bords.

Pain blanc, *choine*

RAB IV, 59

N'est plus guère employé que par les anciens On l'appelle aussi *pain-haut* (*Voyez* PAIN-HOST)

ETYM Lat *canus*, blanc, pain blanc Ducange et d'autres font venir ce mot de *chanoine* pain de chapitre

Chonette, Chounette. Voyez FANCHON

Chopinette, Copinette, *sf* Burette mot disparu.

Cinq chandeliers de cuivre et six d'estain auecq deux *chopinettes* d'estain et deux de verre

10 juin 1668 Invent de la g^{de} boiste de Monteaux
Arch L -et-Ch E 688

Plus payé pour deux ballais et ung oussouer en fer et avoir fait acomoder les *coppinettes*

1633 Cp^{te} de la marelle Egl de la Chaussée-St-Victor

Choppe, *adj m.* et *f* Blet, blette, trop mûr Une poire choppe.

ETYM Origine inconnue Peut-être l'all^d *schupfen*, heurter . lorsqu'un fruit a reçu un choc, il devient vite dans le même état que s'il était choppe

Chouine, *sf* Sorte de jeu de carte qui n'est autre que la brisque ou mariage

ETYM Origine inconnue.

Chouse, *sf* Chose Ce n'est pas grand'chouse, dit-on pour qualifier une personne qui se conduit mal

Je n'en pense autre *chouse*

. . . . .

On veut que je l'épouse
Bon DES PERIERS, *Andrie*, act 1, sc 5

Choux, *sm pl* ‖ *Prov.* Ce n'est pas le tout que des choux faut du beurre avec dans tout travail matériel ou moral il ne suffit pas de posséder les premiers éléments, il faut trouver de quoi le mener à bonne fin.

Mais ce n'est pas le tout que des choux, il faut de la graisse.
                    Cyrano de B., *Péd. joué*, act. II, sc. 3.

Chutrin, *sm*. Lit. se dit en plaisantant, et en mauvaise part : Un méchant chutrin.

Étym. Origine inconnue.

Ciboter, *sm*. Se dit de l'avoine quand sa végétation est contrariée, incomplète, et que l'épi ne peut pas se développer d'une façon normale.

Étym. Peut-être de *cire, cibot* qui se dit dans certaines provinces pour *ciboule :* on aurait trouvé quelque analogie entre ce légume et une avoine mal venue.

Cicler, Cigler, *va*. Cingler : Il lui a ciglé la figure d'un coup de fouet.

Cince, *sf*. Forme différente et ancienne de SAINCE (*Voyez* ce mot). L'ancienne langue avait aussi *cinceux*, guenilleux, et *cincier*, fripier.

Cincer, *va*. et *n*. Comme SAINCER.

Cinelle, *sf*. Fruit de l'aubépine : cenelle.

Étym. Lat. *acinella*, dimin. hyp. de *acinus*, baie, pepin.

Cinquée, *sf*. ?

Item deux cyes, une fourche, une *cinquée*, une tranche, une palle.
                    1621. Invent. de Beaune, p. 29. Arch. L.-et-C.
                    B. Baill. de Blois.

Cinquième, *sm*. Mesure qui contient le cinquième d'un décalitre. | Le contenu de cette mesure : Un cinquième d'avoine.

Cître, *sm*. Cidre.

Deux poinssons de *cytre*.
                    15 sept. 1616. Invent. Pineau, p. 16. Arch. L. et-Ch.
                    B. Baill. de Blois.

C'est l'orthographe de Ménage.

Citrouille, *sf*. | *Prov*. Faire fleurir les citrouilles à Pâques, ou à Noël, se dit d'un vantard, d'un hâbleur qui promet monts et merveilles et même l'impossible.

Civelle, *sf.* Petite anguille, petite lamproie.

ÉTYM. Origine inconnue.

Clairté, *sf.* Clarté.

Ilz tollisoyent la *clairté* du soleil.

RAB., Anc. Prol. du liv., IV.

Clan, *sm.* Barrière basse et ordinairement à claire-voie, qui sert à défendre l'entrée d'une écurie, d'une grange, lorsque la porte est ouverte : « Aleau », ferme le clan, que les poules n'entrent pas. Ce mot est plutôt beauceron que blaisois.

ÉTYM. *Claie*, dont clan est une sorte de masc.

Claquettes, *sf.* et *pl.* Petits morceaux de bois aminci, dont les enfants usent en guise de castagnettes.

Panurge.... tira.... deux pièces de bois de forme pareille.... et les mist entre les doigtz (de la dextre) en bonne symmétrie, et les chocquant ensemble, faisait son, tel que font les ladres en Bretaigne auecques leurs *clicquettes*.

RAB., II, 19.

Climat, *sm.* Étendue de terrain, zone dans la campagne portant un nom particulier : ce qu'on appelle ailleurs *lieu-dit*.

Clocher, *sm.* ǁ *Prov.* Il n'y a que l'ombre du clocher pour être une bonne ombre, c'est-à-dire : Il est toujours avantageux d'être l'ami des gens d'église.

Clocul (clo-cu), *sm.* Le dernier né de plusieurs petits, en parlant des animaux, et surtout des oiseaux.

Et y a propos, ce biau marle qui sublet si finement haut, ce n'étet que le *clocu* Fili Davi.

CYRANO DE B., Péd. joué, acte II, sc. 3.

Closier, *sm.* Voyez CLOUSIER.

Clouer, *va.* Clore, fermer, n'est guère employé que dans la loc. : Clouer l'œil.

Puys leua la main dextre, la *clouant* en telle façon qu'il assembloyt les boutz de tous les doigtz ensemble.

RAB., II, 19.

Clouer pro *fermer*, nostris.

DUCANGE, cloeria.

ÉTYM. Lat. *claudere*, même signif.

Clous, *sm*. Enclos. ‖ *Absolument*. Enclos de vigne : C'est du vin qui vient de mon clous.

Item ung quartier de vigne assis ou *cloux* de la Varenne.

9 nov. 1472. Décl. des marguill. Égl. de Mer.

Clouserie, *sf*. Propriété rurale comprenant surtout des vignes.

Reçu du clousier de la *clouserie* du Bas-Vollay de la cire des abeilles.

1419. Compte de St-Sauveur de Blois, ap. Godefroy.

ÉTYM. « *Clousier* ».

Clousier, *sm*. Homme qui exploite une « clouserie », un « clous », pour le compte d'un propriétaire.

Maïs le *clousier*, pour faire fin de compte.....

BOURDIGNÉ, *Faifeu*, p. 11.

Cochelin, *sm*. Cadeau que le parrain et la marraine font à à leurs filleuls qui se marient, le jour de leur mariage. (*Voyez* GÂTEAU).

ÉTYM. All[d] *Küchlein*, petit gâteau :

Un tonnelet de huit loz ou environ plain de chandelles de sieu..... et deux *cuquelins* d'espices.

1408. DUCANGE, *Coket*.

L'ancien français avait *Cochet*, présent que le marié et la mariée avaient coutume de faire le soir de leurs noces, à leurs camarades.

Les dessuz nommez alerent querir et demander le *cochet* de l'espousée, si comme acoustumé est, lequel *cochet* leur fut ordené par ycelle espousee, et apres ce qu'ilz orent receu ledit *cochet* s'en alerent boire en la sale.

1397. DUCANGE, *Cochetus*.

D. Carpentier, auteur du suppl. de Ducange, se demande si *Cochet* ne vient pas de *Coq*, ou du lat. *Cocetum*, mets composé de différents mélanges. N'est-ce pas simplement l'all[d] *küchen*, gâteau : *küchen*, cochet, *küchlein*, cochelin ?

Codignat, *sm*. Cotignac, confiture de coing.

S'il toussoyt, c'estoyent boites de *coudignac*.

RAB., IV, 32.

Coings et Coignaces desquels nous faisons ce *codignac* tant renommé et aymé des Parisiens.

1615. Fr. LEMAIRE, *Antiq. d'Orléans*, p. 43.

ÉTYM. *Coing*, lat. *cydonium*.

Coffir, *va.* Devenir « choppe », blettir, en parlant des fruits : Des pommes qui commencent à coffir.

ÉTYM. Orig. inconnue.

Cognasser, *va.* et *n.* Frapper souvent, et par petits coups : On est agacé de l'entendre cognasser comme ça.

ÉTYM. Fréq. de *cogner*.

Coimelle (coà-mel), *sf.* Agaric, champignon comestible à large chapeau : c'est le même que les citadins appellent *commère*.

ÉTYM. Origine inconnue.

I. **Coïmiau** (coà-miau), *sm.* Espèce de grosse fraise. ‖ *Fig.* Un grand coïmiau, homme de grande taille, sans vigueur de corps ni d'esprit.

ÉTYM. Origine inconnue : ne serait-ce pas le masc. de *coimelle*, ci-dessus, par analogie de forme ?

II. **Coïmiau,** *sm.* Sur la rive gauche de la Loire, le même que COÏNIAU. ‖ Foiselle de terre ou de grès, appelée sans doute ainsi, parce qu'elle remplace un « cageot » de coïmiau.

Coincer, *va.* Mettre un coin à : Coincer le manche d'une marre.

Coinciner, *va.* Comme COINCER, ci-dessus.

Coïniau et **Coïniou** (couà-nio, couà-niou), *sm.* Troène, arbrisseau : son bois sert à la confection des « cageots » et des crochets de faux. Sur la rive gauche de la Loire, on dit *coimiau*.

Le troesne, appellé en latin ligustrum, bois blanc, a Lion et a Fontainebleau, *coigneau*.

Ol. DE SERRE, Théât., VI, 10.

ÉTYM. Origine incertaine : Peut-être dim. de *Coing*, quoique cet arbuste ne ressemble guère à un cognassier : peut-être *Couenne*, dans le sens de peau, écorce, parce que le bois s'emploie toujours pelé. Ce serait alors une formation analogue à celle de « pelon » (*Voyez* ce mot).

Coipiau, *sm.* Copeau. ‖ Nuage orageux, effiloché comme un copeau ; se dit sur la rive gauche de la Loire.

Colant. *sm.* Petite friandise faite de mélasse cuite avec des cuisses de noix et disposée dans un carré de papier.

Étym. Part. prés. de *coler*. Cette friandise est quelque peu poisseuse.

I. **Colas.** *sm.* Badaud, niais : Un grand colas.

Étym. Pour *Nicolas*.

II. **Colas.** *sm.* Vase en fer-blanc, emmanché au bout d'un bâton, dont on se sert pour faire couler la « buée ».

Étym. *Couler*.

Colis (co-li. *sm.* Portion comprise entre deux fissures, deux crevasses, dans un bloc vertical de pierre; terme de carrier.

Étym. Pour *coulis*, de *couler*; cette portion n'étant pas liée au gros de la masse, il est relativement facile à l'ouvrier de la faire couler.

Collet, *sm.* ‖ Retraite que laissent entr'eux les rangs successifs des gerbes entassées dans la grange, en chevauchant les uns sur les autres. ‖ Ces rangs eux-mêmes.

Il reste a battre aussi en bled dans laditte grange quinze lit de bled de chacun quinze *collet*.

23 déc. 1788. Invent., p. 27. Arch. H. Johannet.

Colleter, *va.* et *n.* ‖ Disposer les gerbes en « collet », en les entassant.

Comberselle, *sf.* Mouvement gymnastique qui consiste à faire exécuter au corps, les mains étant posées à terre, un tour en l'air pour retomber sur les pieds.

Ce pauvre vieillard fait la *combreselle*.

M. Coccaïe, l. 17.

..........Sinon qu'en vostre tour
Me faciez, de hait, la *combreselle*.

Rab., II, 22.

Étym. *Combre*, qui dans l'ancien français signifie arqué, arrondi, et *selle* du lat. *saltus*, saut. On pourrait admettre aussi que le mot primitif fut *cambreselle* qui, avec l'*a* nasalisé, est devenu *cambreselle*, puis *combreselle*, *comberselle*, et qui viendrait alors du lat. *capri saltus*, saut de chèvre. Le Picard dit : *couvercheu*.

Comble, sm Mettre au comble du pont loc de marinier. Préparer un bateau à passer sous un pont en remontant le courant

ÉTYM Ce *pont* doit être le pont du bateau et non le pont à franchir, bien qu'on se serve de cette expression sur des bateaux qui ne sont pas pontés *Comble* dans l'ancienne langue semble avoir été dit précisément pour *pont, tillac*

Ung chevalier se mist au *comble* de la nef
Perceforest, I IV, ap Littré

Cometire, sm Cimetière
ÉTYM Lat *cœmeterium,* même signif

Commande, sf Bout de corde ou lanière de cuir noués sur les tours d'une corde à puits pour en limiter la descente

Commère, sf ‖ *Voyez* COMELLE.

Commissaire, sm Sergent de ville Trois commissaires emmenaient un « soûlaud » au violon

Communs, sm pl Lieux d'aisances
ÉTYM C'est une nécessité *commune* à tout le monde qui fait fréquenter cet endroit-là Anciennement on disait *lieux communs*

Fut basty le pavillon pour y faire des *lieux communs*
1668 *Liv des ch memor* St-Laumer, f° 31, v°
Arch L -et-Ch

Conan, bourg à 21 kil. de Blois *Prov* Aller à Conan pour se faire débêter et à Sambin pour se faire affiner ou Aller à Sambin pour se faire débêter et à Conan pour se faire affiner *Voyez* DÉBÊTER

Concréer (se), vr Se former, venir au monde Ces petites mouches-là ça se concrée comme ça tout seul dans le fumier

Les paysans encore qu'ils soyent de gros esprit cognoissent et remarquent bien sa vertu (de la lune) quand il faut abattre du bois autrement il y vient souvent des vers qui *se concréent* sous l'escorce
M Cocçan, liv II°

(C'est une opinion encore fort répandue que le bois abattu

dans le croissant de la lune est plus sujet que d'autre à se piquer). On a dit et écrit. et on dit encore *se concrier*.

Condous. *sm*. Terme rural. Ensemble de plusieurs raies dont les deux du centre sont *adossées*. c'est-à-dire versées l'une contre l'autre. les autres raies de chaque côté suivant le même mouvement.

Et les chenaliers et *condois* de côté et d'autre.
                         LIEBAUT, *Mais. rust.,* VI, chap. 6.

Condousser. *vn*. Labourer pour faire des « condous ».

Connaissance, *sf*. ‖ Maîtresse. ou, tout au moins. bonne-amie : Faire une connaissance. se promener avec sa connaissance.

Conséquent, te, *adj*. Important, considérable.

Disputer de tels et si *consequentieux* propos.
                         N. DU FAIL, *Contes d'Eutrap.*, II, p. 145.

Conterbouter, *va*. ‖ *Fig*. Contredire, contrecarrer : Chaque fois qu'il ouvre la bouche. il y a quelqu'un qui le conterboute.
ÉTYM. *Contre* et *bout :* mettre bout contre bout.

Coper, *va*. Couper, ne se dit plus guère. Jusqu'au XVIIe siècle. *coper* fût au moins aussi usité que *couper*.

Copinette, *sf*. *Voyez* CHOPINETTE.

Coquâille, *sf*. Volaille. ‖ Métier de coquâiller.
ÉTYM. *Coq.*

Coquâiller, *sm*. Coquassier.

M. Mirault qui exerce la profession de *coquailler*.
                    Indépendant de Loir-et-Cher, 24 mai 1889, p. 3.
Avis aux *coquaillers* et *revendeurs*.
                    Réveil de Loir-et-Cher, 2 nov. 1890, p. 3.
ÉTYM. « *Coquâille* ».

Coquassier, *sm*. Marchand d'œufs, de volailles. de gibier.
Hannibal *cocquassier*.
                                        RAB., II, 30.
ÉTYM. *Coquasse*, volaille. mot fictif ou disparu.

Corbelet, sm Corbeau console en pierres et spécialement, console qui supporte le manteau d'une cheminée

Mettre deux *corbelets* de pierre de taille pour porter les sablières
15 avril 1668 Devis pᵉ le prieuré de Mesland Arch
L.-et-Ch F 688

Corde, sf ‖ *Prov* « Faut pas chercher la corde avant d'avoir le viau », c'est à peu près l'idée de La Fontaine

Il ne faut jamais
Vendre la peau de l'ours qu'on ne l'ait mis par terre
L. Ours et les deux Compagnons

Corder, v n Vivre en bonne intelligence, s'accorder Ces deux frères ne cordent pas ensemble
Étym Lat *corda* cœurs.

Cormeray, village du canton de Contres, à 13 kilomètres de Blois *Prov* Le partage de Cormeray Tout pour l'un et rien pour les autres
Étym Origine inconnue Cette réputation de mauvais « partageux » est commune à tous les Solognots, à peu près Il est probable qu'on en aura gratifié spécialement les habitants de Cormeray, parce qu'ils se trouvent à l'entrée de la Sologne

Cornâiller, va Frapper avec la corne Sauves-toi le « bernet » va te cornâiller

Corne, sf ‖ *Loc* De corne en coin, transversalement

Corner, va Comme CORNÂILLER

Corniau, sm Corniau de galette, morceau de galette coupé en triangle

Cornichon, sm Comme CORNIAU ‖ *Fig* Imbécile niais

Cornille sf Corneille ‖ Le mal de sainte Cornille les convulsions, dans lesquelles les petits enfants poussent des cris qui ressemblent, dit-on (en y mettant de la bonne volonté), aux croassements du corbeau Mais *sainte Cornille* (Corneille, Cornélie lat Cornelia) a sa châsse dans l'église de la Chaussée-Saint-Victor, et l'analogie du nom a suffi pour qu'on y fasse des *voyages* (*Voyez* ce mot) afin de conjurer cette maladie

Corporance, *sf.* Taille, grosseur, manière d'être du corps : Un homme d'une belle corporance.

Le corsage ou *corporance :* habitus, corporatura.
>   1606. NICOT, *Trésor de la l. franç.:* corps.

Corporé, ée, *adj.* Qui a de la « corporance », de la corpulence.

Cossin, *sm.* Coussin, et spécialement, bride de sabot rembourrée : Une paire de sabots à cossins.

Cosson, *sm.* Bourgeon, œil des arbres qui, en se développant, donne des feuilles et des branches : se dit surtout de la vigne.
ÉTYM. Orig. inconnue.

Cote, *sf.* Espèce, race, « ancêtre » : Une bonne cote de pomme de terre.
ÉTYM. Probablement le même que *cote,* dans le sens de marque distinctive.

Couard, *sm.* Appendice de la faux qui sert à la fixer au manche.
ÉTYM. Anc. franç. *coue,* queue.

Couasser, *vn.* Se dit d'une poule lorsqu'elle fait entendre un certain gloussement qui indique qu'elle veut couver.
ÉTYM. Augm. de *couer,* ci-dessous.

Couble (on prononce souvent coube), *sf.* Couple, paire, deux. Il n'est pas rare d'entendre dire, en parlant des enfants : La couble en vaut mieux que la douzaine.

>   ...... Il vient à maintz
>   Une envie dedans les mains,
>   De te prendre avec les gants doubles
>   Pour en donner cinq ou six *coubles*
>   De souffletz.
>   C. MAROT, *Epig. du laid tetin.*

Un corps de drap de blondelet et une *couble* de couvrechefs.
>   21 oct. 1591. Arch. mun. Villebarou, vol. 1672, fº 56, vº.

Coubler, *va.* Accoupler.

Comme de masle et de femelle *coublez* ensemblement.
>   RAB., III, 20.

Coublet (cou-blé) Couplet

Étym *Couble* (*Voyez Le Gas Simon* à l'Appendice)

Couche, sf ‖ Chacun des deux longs billots qui se placent en travers sur les planches recouvrant le marc sur la met du pressoir

Coudiau, sm Partie d'une souche de vigne qui est le plus enfoncée dans la terre et qui forme un coude par suite du mode de plantation. Pour arracher proprement la vigne, il faut piocher à la profondeur du coudiau

Couée, sf Couvée ‖ Par plaisanterie les enfants d'une même famille

Couer, vn Couver. On dit avec une pointe de mépris, d'un homme qui aime à s'occuper du ménage et des travaux des femmes plus que de son bien et des travaux des champs « C'est un metteux de poules couer » ou encore « C'est li qui fait teter le viau »

Couetter, vn Le chien couette de la queue, c'est-à-dire remue la queue. c'est un pléonasme il suffirait de dire le chien couette

Étym Anc franç *coue* queue

Couffir, vn Le même que Couffir

Couillantin, sm Maladroit qui a fait une bévue « I n'are pas dû s'y prendre comme ça le couillantin »

Étym Dim d'un mot plus grossier

Couillonnade, sf Plaisanterie ‖ Mot pour rire expression basse quoique très usitée

Couiner, vn Se dit du cri du lièvre et du lapin. Je viens d'entendre un lapin couiner, il doit être pris au collet

Étym Onomatopée

Coulanges, village à 13 kilom de Blois *Prov* Aller à Coulanges se dit plaisamment d'une personne qui est en train de se ruiner en faisant allusion à *couler, se couler*

Coule, sf « Pièce » de coule au jeu de bouchon. pièce à bords arrondis et usés qu'on lance en lui faisant raser la terre pour emporter bouchon. ‖ *Loc.* : Être à la coule. être prudent. adroit. rusé même. pour se tirer d'affaire.

Coulée, *sf.* Vallée étroite, passage. climat : Ce morceau se trouve dans la coulée de l'Aillebert.

Couler, *vn.* ‖ Faire des glissades sur la glace. ‖ Au jeu de bouchon. jouer avec la « pièce de coule ».

Couleurer. *va.* Colorer. donner de la couleur : Du vin couleuré. du vin qui a une bonne couleur naturelle.

Couleux, *sm.* Petit conduit en fer par où l'eau coule du « tenou » dans la chaudière. quand on fait la « buée ».

Plus une poele, *un couleux* et une cuillere, le tout de fer battu.
Nov. 1789. Vente volont., page 5. Arch. H. Johannet.

‖ Tissu de crin à travers lequel on coule le lait pour en enlever tout ce qui peut le salir.

Couliau, *sm.* Pièce de terre de peu d'étendue : Un méchant couliau de vigne. On dit aussi *goutiau.*

Étym. *Coulée.* ci-dessus.

Couloire, *sf.* Surface glacée où les gamins vont couler. glissoire.

Coupasser, *va.* Couper. tailler par petits coups et d'une façon malpropre. soit par maladresse. soit par malice : Coupasser le bord de la table.

Coupe, *sf.* ‖ *Loc.* Attraper la coupe : Se tirer adroitement d'un travail.

Étym. Par anal. avec *coupe,* art de tailler les vêtements.

Coupeau (cou-pio. en patois). *sm.* Copeau.

Coupeau, éclat, scheggia.
OUDIN, *Dictionn.*

La tacca è simile all'albero, le *coupeau* est semblable au bois.
Ibid.

Courgée, *sf.* Charge de deux seaux d'eau qu'on va chercher au puits.

Une *courgée* de vin en deux seaux.
1382. DUCANGE, *Corgo.*

Étym. La *courge,* bâton recourbé dont on se sert pour porter deux seaux sur l'épaule. n'existe plus et n'est même plus connue depuis bien longtemps dans nos contrées où l'on porte les seaux à bout de bras : mais le mot *courgée* a subsisté dans plusieurs villages. avec le sens restreint ci-dessus.

Couroulouis, *sm*. Courlis, oiseau.

ÉTYM. Onomatopée représentant le cri de l'oiseau.

Courroi, *sm*. Courroie : Un courroi de cuir.

Avecq ung *couroy* qui fermera les deux fenestres du grenier.
Mars 1618. Bail. de Feularde. Arch. L.-et-Ch.
B. Baill. de Blois.

Avecq ung *courouer* qui fermera les deux fenestres.
Ibid., ibid.

Courrou, *sm*. Verrou.

Mettre deux *couroux* et ung loquet à la porte du carré de lad. chambre.
Mars 1618. Bail de Feularde. Arch. L.-et-Ch.
B. Baill. de Blois.

L'ancienne langue avait aussi *couroit. courrait. courreil. crouillet.*

ÉTYM. Lat. fictif. *coriculum*, de *corium*. cuir, courroie. Dans le Forez on appelle *corillère* une lanière de cuir qui sert à soulever le loquet de la porte.

Courrouiller et **Courriller,** *va*. Verrouiller. mettre le courrou (*Voyez* ce mot).

Courser, *va*. Chasser. mettre dehors.

Jà si-tost ne la *coursera*,
Que celle luy reprouchera.
Rose, 17.231.

Il croyait..... avoir été *coursé* par un grand bûcheron.
24 août 1890. *Réveil de L.-et-Ch.*, p. 3.

Courvée, *sf*. Corvée.

.... Afin d'en disposer comme bon sembleroit, tant pour des *courcées*, qu'autres droicts seigneuriaux.
Noël MARS, *St-Lomer*, p. 101.

Coutaison, *sf*. Culture spéciale et appropriée à la terre. Ce mot est à peu près disparu.

Labourer, cultiver. fumer et ensepmancer les terres deppendant d'icelle mestairye..... en saisons et *coustaisons* propres et comodes.

29 août 1613. Bail. Arch. H. Johannet.

ÉTYM. Mauvais dèrivè du lat. *cultura*, culture, anciennement *couture*.

Coûte. *sf.* Côte.

Il cherche si les *coûtes*
Ouvertes par l'orage aux flancs sont point dissoutes.

Rons., *Odes.*

Coûté, *sm.* Côté.

D'ung *cousté* et d'aultre.

RAB., II, 3.

Ils hériteront seulement du *cousté* maternel.

30 déc. 1571. Arch. mun. Villebarou, vol. 1561.

Couteau, *sm.* Côteau.

Lorsque l'automne
Amasse des *couteaux* voisins
Dedans le pressouer les raisins.

Rons.. *Le frèlon.*

Joignant d'un bout vers galerne sur le chemin du *coutau.*

18 juill. 1692. Arch. Loir-et-Cher. G. Censif St-Victor.

Couton, *sm.* Côte dorsale de la feuille de quelque plantes. et notamment de la feuille de la laitue romaine :

L'on prendra les plus grosses laictues afin d'avoir des troncs ou *costons* gros comme le doigt.

Ol. DE SERRE, *Théât.*, IV.

‖ Le plus souvent. branche de bois dans une bourrée : Ces bourrées ne valent rien. il y a deux ou trois coutons et le reste n'est que de la « vernille ».

COUTONS : Morceaux de bois pour empêcher que l'éclat des mats ne se fasse plus grand.

COUTONNER : Raccommoder à l'aide de *coutons.*

OUDIN, *Dictionn.*

‖ Tige. en parlant d'une plante fourragère : Le sainfoin a de gros coutons.

ÉTYM. *Coûte* pour *côte.* bien que l'accent ait disparu. fait qui se produit très rarement.

Couturière, *sf.* ‖ Coccinelle. bête à bon Dieu.

ÉTYM Ce nom vient probablement de ce que certaines cocci-
nelles *découpent* des feuilles de végétaux. D'un autre côté
on disait anciennement *couturier* pour cultivateur (*couture* pour
culture). c'est peut-être *l'amie du cultivateur* comme c'est la
bête à bon Dieu

Couvrâille, sf L'ensemencement des terres, et le temps où
se fait cette opération. || Au *pl* Filandres produites par diverses
araignées et qui couvrent la terre a cette époque, fils de la
Vierge

Coyer, sm Étui dans lequel le faucheur met son affiloire et
qu'il porte pendant entre ses jambes
ÉTYM Ital *coqlia* bourse, ou lat *cotarius* de *cos* affiloire

Crachard, sm Crachat « I s'neyere dans son crachard »

Crâiller, vn Crier, brailler
ÉTYM Pej de *crier*

Craindre (se), vr Être intimidé, gêné. C'est du monde
avec qui je ne me crains point, c'est-à-dire dont la présence ne
m'intimide pas

Crapi, sm Petit crapaud
ÉTYM Dim irrégulier de *crapaud*

Crapu, ue, adj. Trapu, gros et court
ÉTYM Origine inconnue, peut-être celle de *crapaud* et de
crapoussin Cependant on peut voir dans ce mot une autre forme
de *trapu* (*Voyez* CAPIR)

Craquir, vn Produire un bruit sec en se cassant ou en se
déchirant, craquer. J'entendais le plancher qui craquissait
ÉTYM *Crac* onomatopée

Cras (crà) sf Craie

Crasse, sf || *Fig* Action méprisable. Cet individu-là ne fait
que des crasses || Mauvais tour. Tu m'as fait une crasse mais
tu me la paieras

Creire, va Croire. Je ne te creis point

Il dist a l'rei « Ja mar *crerez* Marsilie
Ch de Rol, v 196 edit L Gautier, 1875

Creitre, *vn.* Croître : Mauvaise herbe creit toujours. Cette locution ancienne est appliquée le plus souvent à un enfant espiègle que l'on voit grandir.

> Soleilz n'i luist, ne blet n'i poet pas *ereistre.*
>> *Ch. de Rol.,* v. 980, édit. L. Gautier, 1875.

Creneçon, *sm.* Cresson.

Crenière, *sf.* Crinière.

Crépàdieu, *sf.* Le même que CROISSEPÂDIEU.

Cressir (ker-si). *vn.* Mourir, crever : Ah, oui le pauvre diable, il est cressis : se dit plaisamment.

ÉTYM. Orig. douteuse. Anciennement *croissir* se disait pour rompre, briser, détruire.

Creusard, *adj.* Employé seulement dans Rossignol creusard, rossignol des murailles.

ÉTYM. *Creux,* parce qu'il niche dans les trous de murs.

Creusille, *sf.* Coquille, et spécialement coquille de pèlerin : L'auberge de la Creusille, en Vienne.

ÉTYM. *Creux.*

Creyable, *adj.* Croyable.

Crier (ke-rié). *vn.* Pleurer, même silencieusement : Elle n'a fait que de crier tout durant la messe.

> D. — L'enfant a-t-il *crié?*
> R. — Non, monsieur, il n'a pas *pleuré.*
> D. — Je ne dis pas qu'il a pleuré, je dis qu'il a *crié.*
>> *Indép. de L.-et-Ch.,* nº du 21 mai 1890.

Criou (ke-riou). *sm.* Qui « crie », qui pleurniche ; se dit surtout des enfants.

Cristau, *sm.* Soude cristallisée : Faire une eau de cristau.

Critique, *sm.* Sujet, occasion de critiquer : Tu me diras qu'il l'a fait pour le bien, ça n'empêche pas que ça donne un fort critique. On dit aussi *crétique.*

Croche-pied (à), *loc. adv.* A cloche-pied.
ÉTYM. *Pied,* et *croche,* recourbé.

Crochet, *sm.* ‖ Au *pl.* Appareil formé de trois ou quatre

longues dents en bois. qui s'adapte au-dessus de la lame de la
faux lorsqu'on veut faucher des céréales ou des plantes fourragères en graine : Faucher aux crochets. ‖ Pièces de l'équipement d'une bête de somme. consistant en crochets de bois
qui portent la charge.

Plus une pair de *crochets*, une main de fer.
23 déc. 1788. Invent., p. 11. Arch. H. Johannet.

‖ *Loc. pror.* Mettre ses dents au crochet: Jeûner. parce qu'on
n'a rien à manger. par analogie avec un outil qu'on pend à un
clou lorsqu'on ne s'en sert plus. ‖ Rincer les crochets à quelqu'un. lui payer à boire pour se l'attacher. Crochets ici a le sens
de dents.

‖ *Voyez* BARREAU.

Croi (ke-rouè). *sm.* Outil en fer à deux ou trois dents poin-
tues emmanché comme une marre : On charge le fumier avec
un croi :

Quatre *croués* de fer estimez ensemble xii s.
1617. Invent. Rahart, p. 12. Arch. L. et-C.
B. Baill. de Blois.

Plus quatre *crouets*, trois bros.
1789. Vente vol., p. 59. Arch. H. Johannet.

‖ Marre à trois dents.

Les propriétés..... se cultivent avec charue. pioche, mare,
queroués et bèches.
11 juill. 1793. Arch. mun. de St-Denis-sur-Loire.

ÉTYM. Autre forme de *croc*.

Croissepâdieu, *sf.* L'alphabet qu'on apprend à l'école : Il
ne sait seulement pas sa croissepâdieu. On dit aussi *crépâdieu*.
ÉTYM. Pour *Croix de par Dieu*. Cette contraction se retrouve
dans *Croisseliniau*, croix de Petineau. nom d'un climat auprès
du village de Francillon.

Crône, *sf.* Endroit. dans une rivière. garni de pierres et
d'herbages. où se retire le poisson.
ÉTYM. Orig. inconnue.

Crôner, *vn.* Prendre le poisson à la main. dans une « crône ».
en plongeant.

Crope, *sf.* Croupe.

> Taureau qui dessus ta *erope*
> Enlevas la belle Europe.
>
> Rons., *Od.* 19, l. I.

Cropière, *sf.* Croupière.

> La face (tournée) vers la *croppière*.
>
> Rab., IV, 45.

Cropion, *sm.* Croupion.

Croquet, *sm.* ‖ Cartilage et parties cartilagineuses des os qui croquent sous la dent quand on les mange.

Crosser, *vn.* Râler, en parlant d'un mourant.
Étym. Onomatopée.

Crottier, *sm.* Celui qui, le long des chemins, ramasse les crottes, les excréments des animaux.

Croué, *sm. Voyez* Crol.

Crouston (crouss-ton', *sm.* Croûton.

Croûtal, *sm.* Croûte qui se forme sur une plaie : Il avait sur la main un croûtal qu'il était tout le temps à « échaler ».

Croûte, *sf.* ‖ Relève (*Voyez* ce mot). Terme de métier.

Cruble, *sm.* Crible.

> Unum *crublum* avenæ.
>
> 1258. Ducange, *crublum*.

Plus trois mauvais minots, mesure de Blois et trois mauvais *crubles*.

> 7 déc. 1765. Invent., p. 23. Arch. H. Johannet.

Crubler, *va.* Cribler.

Crucifix, *sm.* ‖ *Prov.* Le crucifix de Chailles qui n'a ni ventre ni cul, terme de comparaison pour une personne très maigre.

Étym. Vers 1840. M. Picot, curé de Chailles, bourg situé à 7 kilomètres de Blois, eut des désagréments avec ses paroissiens, pour avoir enlevé de l'Église et détruit un grand crucifix de bois dont la sculpture naïve et trop rudimentaire, lui paraissait peu propre à inspirer la piété des fidèles. Ce fait particulier a pu servir à rajeunir un dicton populaire qui semble fort ancien :

Piteux comme ung beau crucifix

COQUILLART. *Plaidoy* p 76

C'il-là, C'elle-là, *pron dem* Celui celle Le jour de l'inauguration de la statue de Denis Papin à Blois, quelques heures après la ceremonie, un paysan rencontrant aux pieds du monument un membre de l'Institut celui-là même qui y avait preside lui dit « Ca c'est Dnis Papin » et il ajouta avec une nuance de dédain « C'est c'il-là qui a inventé la vapeur si vous ne le savez pas » || Celui-ci celle-ci, celui-là, celle-la Prends c'il-là ou c'elle-là ça m'est egal

Il faut tirer l'echelle apres celi la

MOLIERE, *Medecin*, act II, sc 1

Je vois clairement que vous n'aimez pas c'elle-la qu'on vous destine.

SCRIBE, *La Marraine*, sc 11

ETYM Contract de l'ancien franç *ces* *cel* *ce* *il* lui et *la*

Cuau, *sm* Sorte de « jale » faite comme une cuve c'est-à-dire plus large ou aussi large du fond que de l'ouverture || *Specialement* Sorte de baquet qui se met sous l' « anche » du pressoir

Ung *cuau* a mettre dessous l'ance du pressouer

Aout 1618 Invent Bothereau, p 11 Arch L -et-Ch
B Baill de Blois

(*Voyez* TIAU)

ETYM Dim de « *cue* »

Cue (ku) *sf* Cuve

Cúillir (cu-yir). *va* Cueillir

On seme l'auoyne au moys de mars, on la *cuille* en aoust

Comment très excell , chap 67.

Au fut *je cuillirai* condit *je cuillirais*

A la cour tout le monde dit *cueillira* et *recueillira* , à la ville tout le monde dit *cueillera* et *recueillera*, et cela presupposé que s'ensuit-il autre chose sinon que *cueillira* et *recueillira* est comme il faut parler ?

VAUGELAS, *Rem* , t II, p 885

Cuisse (cui-se). *sf* Cuisson de pain || La quantité de pains qui cuisent ensemble dans le même four Pain de cuisse pain de menage par opposition a pain de boulanger

Cul, *sm.* || *Fig.* Faire le cul à quelqu'un, le supplanter, l'évincer, lui jouer un mauvais tour. || *Prov.* Être amis comme le cul et la chemise, se dit de l'intimité de deux personnes peu recommandables. || Mettre le cul dans l'avaloire : refuser d'agir au moment décisif. || S'en retourner les pouces au cul, c'est-à-dire tout penaud, sans avoir obtenu ce qu'on était venu chercher.

Culbèche (cu-bêche), *sm.* Sorte de jeu. Un enfant tient une épingle cachée dans sa main fermée qu'il présente à son adversaire. Celui-ci pose dessus une autre épingle et dit *cul* s'il pense que les deux épingles se trouvent dans le même sens, ou *bêche*, s'il les croit en sens contraire. S'il devine, il gagne la partie. Gargantua jouait

A teste à teste *bechevel.*

RAB., I, 22.

Ce doit être le même jeu, qu'on appelait aussi Cul contre pointe.

ÉTYM. *Cul*, c'est-à-dire la partie arrondie de l'épingle, et *bêche*, pour bec, pointe. (*Voyez* aussi BECHEVETER).

Cureux, *sm.* Petit outil qui sert à curer la charrue.

Le signifiant trouva sa charrue ou il print un baston que l'en appelle *cureur.*

1378. Arch. JJ. ap. Godefroy.

Cuter (se), *vr.* S'accroupir, se tapir : Le lièvre s'était cuté là.

ÉTYM. L'ancien français avait *cuter,* cacher :

Mucer, *cuter* ne puon mie.
Car nous sommes en sa baillie.

DUCANGE, *Cuta.*

C'est peut-être le même mot quoique ce ne soit plus absolument le même sens. Peut-être aussi dérivé irrégulier de *cut.*

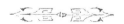

D

Darriére (on prononce souvent da-rie-ze) *prep.* Derriere

Une pièce d'auberaie contenant demy arpent assise *darriere* le moustier de Saint-Victeur

1313 Arch. L.-et-Cher. G. 87

darriere la tapisserie

RAB., IV, 87

ÉTYM. *De et arrière*

Dèbas, *sm.* Contre-bas plan inférieur. Il a versé dans le debas

Dèbat, *sm.* Action de se debattre de gesticuler action oratoire geste. Un paysan sortant du sermon apprecie le predicateur. Pour de la « loquence » il a de la loquence mais pas de debat

Dèbèter, *va.* Deniaiser. ‖ Se debèter, cesser d'être bête imbecile. ‖ *Prov.* Aller a Conan pour se faire debèter et a Sambin pour se faire affiner ou Aller a Sambin pour se faire debèter et a Conan pour se faire affiner. On va en voyâge (*Voyez* ce mot) à Saint-Saturnin de Conan pour toutes les maladies dont la tête est le siège et par conséquent pour toutes les affections du cerveau. pour la folie. L'origine de cette devotion vient sans doute de ce que Saint-Saturnin, premier evêque de Toulouse martyr, ayant été attaché par les pieds à la queue d'un taureau furieux eut la tête broyée (an 257). Comme il n'est pas rare de voir invoquer l'intercession d'un saint pour la guerison des maux qu'il a lui-même endures Saint-Saturnin a été invoque specialement pour les maux de tête

Pour ce qui concerne Sambin je n'ai pu trouver d'explication suffisante (*Voyez Les Origines*, etc. de Menage. *Acaunstre.*)

Dèbord, *sm.* Flux de ventre, diarrhee.

Debout, *adv.* Est toujours precede des mots *tout d'* (en elidant l*e*). Il etait tout d'debout au pied de son lit

Dèbrâtě, ée, *adj.* Debraille

Dèbrayer, *vn.* Sortir une voiture du « brai ». Pour tourner debrayes, ou tu vas verser

8

Débroûler, *va et n* Ôter une voiture de sur ses roues en enlevant les « embroûloirs » qui tiennent l'essieu.

ÉTYM *Voyez* EMBROÛLER

Dècacher, *va* Découvrir (quelqu'un qui est au lit) Se décacher se découvrir

Dècaler, *va* Faire partir, chasser C'est bien difficile de le décaler de là ‖ *Vn* Sortir de. décamper, s'en aller malgré soi · Il ne veut pas décaler du lit

ÉTYM *De et caler* consolider? Origine incertaine, serait-ce le même que *decaner* qui a donné *decaniller*, même sens, ou *dètaler* avec changement du *t* en *c*? (*Voyez* CAPIR et CRAPU)

Dècanche, *sf* Echappatoire, subterfuge. excuse bonne ou mauvaise Il m'a cherché une decanche

ÉTYM *Dècancher*, ci-dessous

Dècancher, *va* Dégager ce qui est « encanché » ‖ *Fig.* Se decancher se tirer d'une mauvaise affaire. d'une situation dangereuse Ah! si je pouvais me decancher de cette saloperie de Panama!

ÉTYM *De et « encancher »*.

Dècârer, *vn* Partir vivement décamper « decaler ». Il n'a pas été long à décârer

Decas, *sm* Etre ou n'être pas en decas de, être ou n'être pas capable de.

ÉTYM *De et cas,* par une construction assez semblable à *dedans*. (*Voyez* DECONTRE)

Dècesser, *vn*. Cesser · Cet enfant ne décesse pas de crier. Ne s'emploie qu'avec la négative.

Dèchafauder, *va et n* Enlever, démolir un « chafaud ».
Chasfaulderont et *deschasfaulderont* à leur despens
9 mai 1551 Ch du Bailli de Blois, ap Godefroy

Dèchaux, *sm* Affouillement produit par un violent courant d'eau ‖ Excavation quelconque
ÉTYM. *Dèchausser*.

Dèclairer, *va* Déclarer.

Quiconques plante choulx est presentement par mon decret
declaire bienheureux
RAB , IV, 18

Decontre (de-con-te) En decontre de, *loc. adv.* Contre,
dans toutes ses acceptions. || Au devant a la rencontre Aller
en decontre de quelqu'un || En comparaison Quelle difference
en decontre de lui ! || *Fig* et *abs* Aller en decontre s'opposer
Si Pierre le veut bien, moi je n'irai pas en decontre
ÉTYM Forme de *de* et *contre* comme dehors de *de* et *hors*

Déconvenue, *sf* Faux-fuyant mauvaise excuse Il m'a dit
qu'il n'avait pas eu le temps, c'est une deconvenue.
ÉTYM *De* et *convenir* avouer

Décoquer, *va* Ôter la coque a Décoquer un œuf.

Découpe, *sf.* A la decoupe *loc adv* A travers champs Au
lieu de suivre le chemin, j'ai pris à la decoupe
ÉTYM *De* et *couper* le terrain en marchant pour prendre le
plus court

Décourriller et **Décourrouiller,** *va* Retirer le courrou
de Décourriller la porte L'ancienne langue avait encore
décrouiller

Et descrouille de ta corne
Les portes de l'an nouveau
RONS , Od 19 1 I

Découtaisonner, *va* Changer la culture. dessaisonner
Vieux

3⁰ De bien et duement labourer, cultiver, fumer et ensemencer de
bon grain et en tems et saisons convenables lesdites terres labourables sans pouvoir les *decoutaisonner,* ni surcharger de semence
22 brum an VI Bail J Johannet Arch H Johannet

ÉTYM « *Coutaison* ».

Défaite, *sf* Action de se defaire d'une chose dont on est
proprietaire. vente, cession Grasse comme elle l'est ma vache
sera toujours d'une bonne défaite

Défendre, *va* et *n* Defier Je *le* défends bien *d*'être nomme
conseiller on ne veux point de toi , oui je *te le* défends.

Dèfendu, *adj* *m* Impossible Toi tuer un hévre, ça t'est bien defendu !

ETYM *Défendre*, ci-dessus

Dèfeu, Dèfeue, *adj* Feu feue Défeu mon père défeue ma mere

ETYM Vieux mot qui vient du lat *defunctus* même signif

Dèfiger et **Dèfiguer,** *va* Fondre un liquide gras congelé. « figue » (fige) Le feu defigue l'huile

Dèfrettage (dé-fer-tage) *sm* Action de défretter || Le bois qui en provient Des bourrees de defrettage

Dèfretter (dé-fer ter) *va* et *n* Couper détruire des broussailles des ronces des epines qui encombrent un champ, un bois

ETYM *De* et l ancien franç *fractis* friche Ce devait être primitivement le synon. de *défricher*

Dèfriper (se), *v* Se pourlecher, passer sa langue sur ses levres apres avoir mange ou bu quelque chose de bon

Dèfroc, *sm* Terre nouvellement « défroquetée », ou défrichee

ETYM *De* et anc franç *froc. frau frou* terrain abandonné, inculte

Dèfroquer et **Dèfroqueter,** *va* et *n* Arracher nettoyer à l aide de la pioche ou du pic Defroqueter un « marjou ».

Tu la (l herbe) tireras et arracheras avec la houe ou pic et en *defroqueras* les racines
                    LIEBAUT, *Mais rust*, II
ETYM *Defroc* ci-dessus

Dègaulé, ée, *adj* Ne se dit que des cercles en rouelles qui, ayant rompu leurs liens tendent a se redresser

Un lot de cercle *degôle*
            11 niv., an II Arch mun de St-Denis-sur-Loire.

Dègeou (de-jou). *sm*. Degel Les « agouts » vont, c'est le degeou

Dègouler, *vn* Couler se mouvoir, en parlant des liquides.
ETYM Pour *découler* on a dit *esgouler* pour écouler :

Il est vtile que le mesgue *s'esgoule*

LIEBAUT, *Mais rust*, I, 11

Dègouliner, *in* En parlant d'un liquide, s'epandre par une ouverture etroite, resserrée ou accidentelle. L eau dègouline de la gouttiere

Pendant que le verglas *degouline* sur les vitres

DAUDET, *Sapho*, p 188

ÉTYM Larousse donne degouliner comme un mot d'argot c'est le dim de *dègouter*, ci-dessus forme dialectale de *découler*.

Dègout, *sm* Cours ecoulement en parlant d un ruisseau d une riviere Curer une « noue » en allant en « decontre » du degout

Et l'eau croissant du *dégout* de tes pleurs

RONS, *Cassandre*, 36

ÉTYM « *Dègouter* »

Dègrater et **Dèsagrater,** *va.* Dègrater une ferme lui enlever ses « agrats »

Il fera labourer, fumer, cultiver et ensemencer les terres desdicts heux en temps et saison convenable, sans les *desgratter* ni dessaisonner

10 juillet 1568 Bail de la Pitancerie Arch H Johannet

Labourer, fumer, cultiver et ensepmancer les terres labourables en leur saison sans les *desagrater* ne desaisonner ne conuertir en aultre usaige que de terre a grains

8 mai 1571 Bail de la Pitancerie Arch H Johannet

Dègrener, *va* Dègrener une pompe vider le corps d une pompe de l'eau qu il contient comme *engrener* c est le remplir pour mettre la pompe en fonction.

ÉTYM. *De,* qui marque l'ablation et *grain* par anal avec la tremie d un moulin

Dègriancher (se), *vr* Se dit du mouvement que fait le vanneur pour amener le « pillon » au centre du van Plus on se dègrianche et mieux le grain est « netti » || Se déhancher, avoir une allure qui donnerait à croire qu'on a les hanches disloquées · Ce grand « beguaud ». qui marche en se dègrianchant.

ÉTYM *De* et l'anc franç *guanche, gaianche,* agitation des

membres. Le second sens vient de la consonnance de ce mot avec *déhancher*.

Dègucher (souvent : dè-gueu-ché). *vn.* Quitter le « guche », le juchoir, en parlant des poules.

> Se j'avoye mon arbaleste, je te feroye bien *desgucher*.
>
> 1474. Arch. JJ. 195, ap. Godefroy.

‖ *Fig.* Quitter le lit.

Dèhoter, *va.* Dèhoter une voiture, la dégager quand elle est « ahotée ».

Delà (d'là), *adv.* Là. quand ce mot est précédé de *de :* « Si je reveins de delà ».

ÉTYM. *De* et *là.* (*Voyez* DEMÈME).

Délai, *sm.* Humidité, pluie : Le temps n'a qu'à se mettre au délai.

ÉTYM. *De* et *l'aigue, aige, aive,* anc. franç. : eau, du lat. *aqua:* eau.

Délaisser (se), *vr.* Donner, de son vivant. son bien à ses enfants, à ses héritiers : Mes enfants sont mariés, je vas me délaisser.

Dèlibèrer, *va.* Libérer, décharger d'une obligation, dèlivrer : M'en v'là donc pas moins quitte et dèlibèrè !

ÉTYM. *De* augm. et *libérer.* (*Voyez* DÈMANQUER).

Dèlicat et blond, *loc. adj.* Qu'on applique à celui qui affecte d'être très sensible à la fatigue. au froid. au chaud, etc.

> Tu fais le *delicat et blond,*
> Du temps tu crains l'injure.
>
> *Noël ancien.*

Dèligence, *sf.* ‖ Diligence. voiture publique : Manquer la dèligence.

ÉTYM. On prononcerait de même *dèligent.* diligent. si cet adjectif était en usage dans nos campagnes.

> Soient les maistres *deligens* de veoir les tiltres.
>
> *Ordonn. des Rois de France,* t. VII, p. 176, ap. Littré.

Demage, *sm.* Dommage. ‖ Bon demage ! ou bon dommage ! exclamation qui exprime. avec une pointe d'ironie ce que certaines choses. certains événements pourraient avoir d'éton-

nant de fâcheux. Je lui ai prête cent sous j espère bien qu il
me remboursera — « Bon demage¹ » c'est-à-dire ce serait trop
fort qu'il ne te remboursât pas

Dèmancher, *va* ‖ *Par ext* Délaire avec le sens le plus
étendu Démancher une planche de petits pois (qui ont gelé)
démancher un mariage (projeté entre deux jeunes gens) etc

Dèmanquer, *i imp* Il s en démanque de beaucoup il s en
faut de beaucoup

Étym *De* et *manquer De* au lieu d'être un privatif, serait
plutôt ici une sorte d'augmentatif redondant comme dans
desservir de ce passage de Rabelais (II 32)

Grand mercy monsieur, vous me faictes du bien plus je n'ay
deserui envers vous

Dèmarcher, *in* Marcher faire usage de ses jambes Cet
enfant commence à démarcher ne se dit que d'un enfant Le
sens primitif de ce mot est s'avancer

Le mut, voyant Panurge *démarcher*, guaigna le deuant
RAB , III, 20

Demême (d'mêm) *adv* De demême. semblablement
Riche comme un puits avare de demême ‖ Tout de demême
(tout d' demême). pareillement tout de même, néanmoins
Je ne l attendais plus. il est venu tout de demême

Érym *De* et *même* ce qui, avec la prép *de* qui precede
toujours fait une redondance injustifiable

Démène, *sm* Mouvement train d une maison Une maison
d'un grand demène L'ancienne langue disait *demènement*

Dèmeurer, *in* Être force par la maladie de rester à la
maison Son asthme l a repris il est force de démeurer tout
a fait

(Ils) estoient souspeçonnez d'estre sorciers et d'avoir fait mourir et
demourer malades plusieurs personnes et bestes.
1155 DUCANGE *sortiarius*

I Demoiselle, *sf* ‖ Pensionnaire d'une maison de prosti-
tution Il va souvent voir les demoiselles

Vindrent par devers le suppliant la *demoiselle* de l'abbe de
Ponleroy, et un petit moine de son abbaye
1400 DUCANGE, *domicella*

II. **Demoiselle,** *sf* Chacun des deux leviers au moyen desquels on tourne le pivot d'un pressoir ‖ Sorte de cheville mobile en fer placée sur le sommet de l'avant-train de la charrue et qui sert à maintenir la perche dans la position oblique pour le travail et dans la position directe pour la marche

ÉTYM L'ancien mot franç *damoiselle* a signifié servante *servante* et *chambrière* servent encore de nos jours à designer certains organes de bois ou de fer qui font la fonction d'un serviteur

Démoler, *va* Disloquer, déboîter demettre On dirait qu'il a les bras démolés

Ez aultres *demolioit* les reins

RAB, I, 27

ÉTYM Autre forme de *démolu* ou plûtot contraction du verbe fictif *démoletter*, de *molette* (*Voyez* ce mot)

Déniger, *va* Denicher enlever les oiseaux d'un nid

Lucifer vouldra *deniger* des cieulx tous les dieux

RAB, III, 3

‖ *Vn* Quitter le nid *par ext* se sauver sortir avec précipitation Quand les gendarmes sont arrivés les guerdins avaient denigé

Dépatouiller (se), *vr* Se retirer d'un endroit ou l'on est embourbé ou l'on patouille ‖ Nettoyer ses mains qui ont été en contact avec un corps gras ou gluant ‖ *Fig* Se retirer d'une mauvaise affaire d'une entreprise perilleuse

ÉTYM Augm et pej de « *depatter* »

Dépatter, *va* Decrotter enlever la boue (des chaussures) J'ai « pété » dans « l'ardille » je ne peux plus me depatter.

ÉTYM *Dé* et *patter*

Dépendilleux, *sm* Usité seulement dans la loc Un grand dependilleux d'andouilles un grand gas sec et maigre degingandé

Dépens, *sm.* Depense consommation Ma vache est d'un grand depens

Dépiauter, *va* Enlever la peau (piau) à écorcher Depiauter un lapin

Dèplayer (de-ple-ié) *va* Déployer ‖ Déplier

Le jour que Mars *desplaioit* ses bannieres

CRITIN, *Compl de G de Bissipal*, p 51

Dèpoisonner, *va* *Fig* Enlever, ôter ce qui est nuisible comme un poison La « sarrasine » est une herbe dont il est difficile de depoisonner un champ C'est au Maire a depoisonner la commune de cet « avole » -là

Dèpoitrâillé, ée, adj Se dit d une personne et surtout d une femme dont le vêtement neglige laisse voir la poitrine Une grande bringue mal ficelee toute depoitrâillee, dégoûtante

ÉTYM *De et poitraille pej de poitrine*

Dèporter, *va* Decharger un contribuable d un impôt qu il payait auparavant Le contrôleur l a déporté pour ces trois boisselees j ai vendu mon cheval, je vais me faire deporter

Dèrabouler, *vn* Dégringoler s'ecrouler être precipte d une hauteur en roulant

ÉTYM *De re et « abouler »*

Dèrayâger (de-ri-â-gé) *vn* Sortir du « rayage » ‖ *Fig* Être derayâgé être sorti de ses habitudes de ses connaissances et, *par eil*, avoir une conduite derangee Rabelais dit dans le même sens *derayer*

Chacun estoit *desrayé*

RAB, I, 27

Derda, *sm* Tapage mêlee tumultueuse bruyante Ses enfants font un derda du diable ‖ Équipage train de maison importante Ç en est un derda dans cette maison-là !

ÉTYM Orig inconnue probablement la même que pour *daredare*

Dèrêner, *va* Desserrer les rênes a Dérêner un cheval

Dergne, adj Dernier dans le langage des enfants quand ils se comptent à certains jeux

ÉTYM Abrév de *dernier*, qu'on prononce *dergnier*

Dèriâger. *vn* Le même que DÈRAYÂGER

Dèriper, *vn.* Passer par-dessus la rive, le bord : La roue a déripé et la voiture est tombée dans le fossé.

ÉTYM. Lat. *De* et *ripa*, rive.

Dèriver, *va.* Dériver un lit, défaire la couverture qui était rivée (*Voyez* RIVER). ‖ Se dériver, quand on est au lit, défaire sa couverture en remuant.

Dernier (en), *loc. adv.* En dernier lieu, à la fin. Anciennement : *Au derrenier* (*Voyez* CHARCOIS). Brantôme dit même : *à l'enderier.*

Dèrotté, ée, *adj.* Qui a sa « rotte » rompue : Une bourrée dérottée.

..... Sus ung fagot *desroté.*

RAB., III, 18.

Derugeant, te, *adj.* Pétulant, malicieux, en parlant d'un enfant : Ton « drôle » est bien derugeant.

ÉTYM. Le poitevin dit *druge* dans le même sens. Anc. franç. *aruge*, jeu, badinage.

Dèsagrater, *va.* Le même que DÈGRATER.

Dèsenvelopper, *va.* Ôter l'enveloppe de.

Desserre, *sf.* Rupture de la glace qui couvre la rivière, quand le dégel arrive, débâcle : Le pont pourrait bien souffrir de la desserre.

La rivière (Loire) prit le 20 10ⁱᵉ 1715 et a resté toute prise jusqu'au 5 de février 1716, jour auquel partie de la *desserre* rompit 5 des arches du pont de la ville (Blois); le 7ᵉ du même mois le reste de la *desserre* renversa 8 autres arches dudit pont.

Journ. des ch. remarq. St-Laumer, fᵒ 50.

Le 5ᵉ février, mercredy, à 5 heures un quart du soir, la *décerre* partit avec une si grande rapidité que à 7 heures du même soir, 5 arches du pont de Blois furent emportées.

1716. Noel JANVIER. *Le Loir-et-Cher,* ann. 1892, p. 74.

Dessignalement, *sm.* Description d'une personne qu'on veut faire connaître, signalement.

Dessignaler, *va.* Faire le « dessignalement » de.

Dessoler, *va.* Ébranler, arracher (un objet fixé au sol) : Il a accroché ce « boutrou » et l'a dessolé.

Dessoler les pavements

FROISS , *chron.* VIII, ap Godefroy

‖ Disloquer disjoindre Une boîte une caisse toute dessolée

Dessour (d sour), *prép* Dessous Regarder en dessour

ÉTYM Lat *de* et *subter*, même signification

Dessourcer (dé-sour-cě) *va* Trouver imaginer inventer .
Je ne sais pas ou il a ete dessourcer tout ce qu'il nous a raconté.
‖ *vn* Sortir venir On ne sait d'ou il dessource

ÉTYM *De* et *source*

Dètaper, *va* Déboucher (un fût) en enlevant le tapon.

Detaper deboucher, distopparc

OUDIN, *Dictionn*

Dètasser (dé-tâ-sě) *va* Défaire un tas Détasser de la
paille

Dètirer, *va* Détirer une « râs », faire sur la planche un sillon
dont la terre comble le sentier

Deuil, *sm* ‖ Avoir du deuil, avoir du regret, se repentir ·
Te donner cela ? j'en aurais bien du deuil'

> J'ay *dueil* que vieulx villains tarnys
> Soient d'or et d'argent si garnis
> VILLON, *Dial de Mallepaye et Baillevent*

Dèvallée, *sf* Pente de terrain descente Mets ton cheval
au pas à la devalee

> Puis trouuay une petite bourgade a la *deuallée*
> RAB , II, 32

Devant, *sm* et *f* Qui est en tête en avant le premier Il
est le devant elle était la devant, ils ou elles sont toujours les
devants Dans la culture quand on a du monde il faut toujours
aller le devant autrement rien ne va bien

Devantiau, *sm* Tablier de femme

> Les brasselets, les chaperons
> Les *devantiaux*, les mancherons
> RONS , *Gayetez,* V

À sa niepce et fillole   donne ung corps de bureau et ung
devanteau de serge

11 aout 1573 Arch mun de Villebarou, vol 1564

ÉTYM Qu on met *devant* soi

Devantière. *sf* Le même que DEVANTEAU

Dèvers. *sm* Disposition à verser Cette « bauge » va tomber,
si je n etaye pas le devers

Dévidet, *sm* Devidoir instrument qui sert à mettre en pe-
lotes le fil des echeveaux

Un *devidet* et deux travoilz

15 sept 1616 Invent Pineau, p 27 Arch L -et-Ch
B baill de Blois

Dévideux, *sm* Le même que DÉVIDET

Devinette, *sf* Mot chose qu on donne à deviner, rebus

Dèvirer. *in* Retourner sur ses pas   moins usité que
Revirer

Dévrillonner. *va* Dérouler ce qui est « envrillonné »
Devrillonner une corde

Dèvrouiller, *va* Developper defaire un objet qui est « en-
vrouillé »

Diâble. ‖ *Prov* Le Diable bat sa femme, se dit quand la
pluie tombe en même temps que le soleil brille

Didi, *sm* Doigt dans le langage des petits enfants Il a du
bobo à son didi ‖ Quand on est trois à jouer à la « chouine » il arrive qu à la dernière levée le troisième joueur n a pas de carte
On suppose alors une carte plus faible que le plus faible atout
c est-a-dire un 6 d atout qu il est cense lever et qu il joue en posant son petit doigt sur la table Cette carte imaginaire s appelle
didi Je joue le didi

ÉTYM Ital *dito,* lat *digitus* doigt

Digoter, *vn* Grommeler murmurer contre quelqu un
Faites comme vous voudrez il trouvera toujours moyen de
digoter Le picard dit *Digoner*

ÉTYM Freq de *Dire* ci-dessous

Dinne, *sf* Dinde, femelle du dindon Une grosse dinne

Étym C'est un féminin barbare de *dinde*, qui est lui-même employé au masculin abusivement pour *dindon*

Dire, *vn* Bavarder. parler quand même à tort et à travers Elle ne peut pas tenir sa langue faut qu'elle dise

Directement, *adv* ‖ Employé ellipt Précisement, oui c'est tout à fait cela Tiens vous voilà ! Je parlais directement de vous — Alors, c'est lui qui a fait cela ? — « Directement »

Disgrâce, *sf* ‖ Désagrément inconvénient Un passage de communauté dans une maison est toujours une disgrâce qui gêne pour la vendre

Disgrâcieux, euse, *adj* ‖ Désagreable ennuyeux

Diton, *sm* Bavardage commerage Je ne m'occupe pas des ditons

Étym. Augm de *dit* parole

Diverse, *adj. des 2 genres* Capricieux malin pétulant ·
Est-il diverse, ce « drôle » là !

> L'homme inconstant, *divers*
> > LA FONTAINE, *Clochette*

Étym Lat *Diversus*, tourné en differents sens

D'là, *sm* Mot forgé pour remplacer le nom de Dieu en certaines locutions qui de cette façon, ne sont point considérées comme juron Nom de d là ! Un bon d là de chien qui m'a mordu

Donaison, *sf* Donation Il lui a fait donaison de son bien

Specialement a revocque et revocque la *donnaison* qu'elle a par cy devant faicte
> > 8 juillet 1600 Arch mun Villebarou, vol 1672, f° 81, r°

Homme et femme durant et constant leur mariage, peuvent faire *donaison* mutuelle l'un a l'autre
> > FOURRÉ, *Cout de Blois* p 328.

Dondrille, *sf* Trepidation et ondulation apparente de l'air au contact des surfaces echauffees et specialement du sol. attribuées à l'inegale densite des couches d'air phénomene qui s'observe par les temps calmes et de beau soleil

ÉTYM. Origine inconnue. En supposant que *onde* soit le radical de ce mot, il faudrait admettre un diminutif *ondille*, qu'on ne trouve nulle part, avec prosthèse du *d* et épenthèse euphonique du *r*. D'un autre côté, l'ancienne langue avait *driller*, briller, scintiller.

> ...... Les étoiles *drillantes*.
>
> RONS., 2e liv. *Chansons*.

Mais, dans ce cas, la syllabe *don* reste inexpliquée.

Doublé, ée, *adj.* ‖ ?

Une petite grange partye *doublée* et l'autre partye non *doublée*.
> 1621. Invent. de Beaune, p. 110. Arch. L.-et-Ch.
> B. Baill. de Blois.

Double-roue, *sf.* Dans certains pressoirs, grande roue armée de chevilles qui servent de poignées et placée verticalement, au moyen de laquelle on fait la pression.

ÉTYM. *Double*, à cause de sa dimension, ou *deuxième* roue, en considérant comme première la roue horizontale qui agit directement sur l'arbre.

Douelle, *sf.* Pièce de merrain, douve.

Icellui suppliant prist furtivement environ soixante pièces de *douelles* à faire tonneaux.
> 1580. DUCANGE, *doela*.

J'ay..... apposé le scel a un poinsson..... et ce en douze endroicts dud. poinsson, assavoir : trois en chaque fond et six aux grandes *douelles*.
> 1619. Invent. Perrot. p. 8. Arch. L.-et-Ch. B. Baill. de Blois.

ÉTYM. Dim. de *doure*, douvelle, douelle.

Dous, *sm.* Dos.

Doussière, *sf.* Pièce du harnais du limonier qui soutient la charrette.

Ung harnois de limont auecq son collier et bride et mantelet et *doussiere* estimés la somme de huict livres.
> 9 avril 1655. Invent. Passac, p. 13. Arch. L.-et-Ch. E. 660.

ÉTYM. « *Dous* » du cheval où est placé ce harnais.

Doutance, *sf.* Doute, soupçon : J'en avais comme une doutance.

Loys rois dit que costume doit valoir loi ; quant aucune *doutance*

est de la loi, ele doit auoir l'autorite des choses qui toz jois sunt
jugies

XIIIe s Livre de justice, ap Littre Coutume

Dret (dre). **Drette,** *adj* Droit. droite

> Une tete de barbe avec l'etoile nette
> L'encolure d'un cygne effilee et bien *drette*
>
> Moliere, *Facheux*, act II, sc 7

Au dret de, en face de

Drêtier, ière, *sm* et *f* Droitier qui se sert mieux de la main
« drette » que de la main gauche

Drogue, *sf* || Cercle de drogue cercle de chêne, terme de
metier

> Environ neuf mauvaises roiles de cercles *de drogues*
>
> 11 nivose an II Arch mune St-Denis-sur-Loire

ÉTYM Origine inconnue Les tonneliers prétendent que ce
nom doit venir de la mauvaise qualite de cette sorte de cercle

Drôle, *sm* Petit garçon jeune fils Appelle donc ton
drôle

ÉTYM Origine inconnue

Drôline, *sf* Petite fille Elle est jolie, ta drôline

ÉTYM *Drôle,* ci-dessus

Drouine, (on prononce souvent de-rouine), *sf* Meule de
remouleur, mue par le pied

ÉTYM Onomatopee, imitant le bruit de cette roue en mouvement . *drr r, dr rr, drrr*

Druge, *sf* Drageon nouvelle pousse qui naît à la racine
d'un végétal || Brin de jonc qui se place entre les douelles d une
futaille pour la rendre etanche quand elle a du « trop-fond »

ÉTYM Origine inconnue

E

Èbager. *va* Le même que ABAGER

Èballer. *va* Eventer ‖ *Vr* S'eballer s'eventer Laisser du vin s'eballer

ÉTYM Une liqueur éventée sent la *balle* de blé d'avoine

Èborgneux de crapauds Locution plaisante des paysans pour désigner un vigneron quelque peu maladroit se dit de même en Beauce pour qualifier un petit laboureur

Èchaler, *va* Ecaler Échaller « un » noix echaler un mal en enlever le « croûtal »

Item pour huit journees de femmes pour amasser et *eschaller* lesd noiz
1506 Arch Hotel-Dieu de Blois Reg E°

Pertinax, *eschalleur* de noix
RAB , II, 30

Eschaler et *eschaleau* viennent de *squallare* et de *squalletum*
MÉNAGE, Les orig de la langue fr escaille

ÉTYM All^d *schale* ecaille Il faut laisser a Menage la responsabilité de ses faciles etymologies il aurait ete, sans doute bien embarrasse de les justifier par des textes

Èchalotée, *sf* Morceau de pain avec sa croûte frottee d'echalotte et mieux d'ail. et saupoudree de sel , les gourmets, avant de saler etendent une legere couche de beurre On dit presque toujours *chalotee* Si on ne trouve pas le mot dans les anciens auteurs on y trouve du moins, la description non equivoque du mets

Le bon Gallus . trenche du gros bis,
De gousses d'aulx en frotte gros quignons
CRETIN, A Charbonnier, p 231

Ècharboter, *va* Emonder les jeunes pousses Echarboter une plante (jeune vigne) la tailler pour la premiere fois. Ce mot avait anciennement plusieurs sens qui different du nôtre

Ung baton dont on *escharbotte* le feu
RAB , I, 28

Escharbotter la merde des petits enfants
Ibid., II, 31.

C   n escharbotte

                                        Ibid , III 28

ETYM Pour *écharpoter* augm local de lanc français *escharpir*. couper On peut admettre aussi que ce mot est une corruption de *échargotter*

Adonc on leur esmonde ou *eschargotte* les racines et les fueilles avec des forces

                        THIBAUT. *Mais rust* , II chap 21

Echargotter semble un proche parent de *essargotter*

S'il est transplante, fume *essargotte*

                        N. DU FAIL, *Contes d'Eutrap.*, II, p 172

Essargoter est forme de es pref privatif et *argot* pour *ergot* et signifie enlever les jeunes pousses

Écharpe, sf. ‖ Petit corps aigu qui s'introduit accidentellement dans la peau J'ai une écharpe dans le doigt echarde

Échaudouir (S'), vr Se faner, deperir en parlant de certaines plantes sous l'influence supposée d'une chaleur latente du sol l'ail l'echalotte quand ils sont trop enterres. s'echaudouissent Dans les champs on trouve quelquefois des veines de terres qui sont echaudouies c'est-à-dire infertiles Dans la Beauce on appelle ces veines des *chaudières*

Il y a cinq ou six semaines un laboureur impatiente de voir, dans une excellente terre able, des endroits rebelles a la culture, ce qu'en langage beauceron on appelle des *chaudieres,* entreprit de defoncer le sol et d'en enlever les pierres qui le genaient

            Mis DE ROCHAMBEAU, *Bulletin de la Societe Archeologique du Vendomois,* 1887, p 351

ETYM *Chaud* chaleur ‖ *Echaudouir* n'est pas absolument le même que *echauder* Cette terminaison *ouir* a sur la terminaison *er* l'avantage d'exprimer une idee d'amplification et même d'exces Comp *Assabouir* et *Ravestouir*

Échelette, sf Clochette mot disparu

Une grosse clochette ou *echelette* aussi de metal

            1757 Invent fabr St-Denis Arch Loir-et-Cher G

ETYM « L'Aleman nomme *Schell* une sonnette d'ou *eschiles* pour des clochettes dans Fœneste III 7 » (LE DUCHAT dans *Apol. pour Hérod* , chap XXXVIII)

                                        9

Èchigne, *sf*. Echine : Avoir l'échigne cassée.

> Mariage de Jean des Vignes.
> On en a mal aux *eschignes*.
>> LE DUCHAT, *Prov. en rimes*, Paris, 1664.

Èchigner, *va*. Accabler de coups. ‖ Fatiguer outre mesure :
« Une ouvrage échignante ».

Èclardir, *va*. Eclaircir : Le vin s'éclardit.

Èclat d'eau, *sm*. Averse soudaine.

Èclisse, *sf*. Dans le dictionnaire de l'Académie et dans celui
de Littré, Eclisse est défini : Petite claie d'osier sur laquelle on
met égoutter le fromage. Chez nous, cette petite claie s'appelle
Rond (*Voyes* ce mot), et l'*Eclisse* est une « foiscelle » qui n'a pas de
fond : c'est précisément le rond qui lui en sert.

ÉTYM. Anc. h¹-all¹. *Kliozan*, fendre, parce qu'elle est faite
généralement d'osier ou de viorne fendus.

Èclore, *vn*. Substitue la diphtongue *ou* à *o* dans tous ses
temps : Les petits n'écllouront pas, il fait trop « fred ».

> Fust-ce en hyver, les roses s'*esclouront*.
>> RONSARD, *Amour*, 14.

> Si tous
> Tes trous
> *Esclous*.
>> RAB., I, 13.

Voyes § prélim. *PRONONCIATION : O*.

Ècoisse (é-coua-sse), *sf*. Cosse de pois.

ÉTYM. Prononciation patoise de l'ancien mot franç. *écosse* :

L'on les cuillira devant qu'elles aient grené, encore fort tendres,
avec leur coque, ou *escosse*.
>> O. DE SERRE, VIII, ch. 6.

ÉTYM. Flamand *schosse*, même sign.

Ècossonner, *va*. Écossonner un cep, en briser, en faire
tomber les « cossons ».

ÉTYM. A *Écossonneur*, Littré donne comme origine *écosson*,
écosse, *cosse*. C'est une erreur : ce mot vient de *é* préf. qui
marque l'ablation, et « *cosson* », bourgeon, œil des arbres.

Ècouette, *sf*. Balai, guenille fixée au bout d'une perche dont

on se sert pour balayer la braise quand on chauffe le four
|| Petit balai dont se sert le tonnelier pour nettoyer les « douelles »
d'une futaille qu'il raccommode

ÉTYM Pour *écourette* (comme « cove » pour *couve*) dim de
l'anc français *escoube* balai

Écouetter, *va* Nettoyer le four au moyen de l'écouette

Écout, *sm* Lieu propre à écouter en cachette Celui qui va
à l'écout mérite un coup de fusil || Action d'écouter en se
cachant

ÉTYM Anc franc *escout*, de *escouter*

Écouter à, *va* Voyez ACOUTER

Écrabouiller, *va* Écraser, mettre en bouillie écarbouiller
ÉTYM D'après Littré du lat *escarbunculare* réduire en
morceaux menus comme du charbon. Ne pourrait-on y voir
plus simplement une contraction de *écraser* et *esbouiller* qui
se disait anciennement pour Faire sortir les boyaux ?

Écreviche (e-ker-vi-che) *sf* Écrevisse

Écuer, *va* Donner aux rais d'une roue une certaine incli-
naison sur le moyeu, ce qu'on appelle écuanteur, terme de
charronnage Une roue trop ou pas assez écuée
ÉTYM *Écu ?* par comparaison avec la forme des anciens
boucliers qui étaient ronds et convexes écuer donner la
forme d'un écu *Écuelle* a cette origine

Éculer, *va* Éculer des fromages, mettre dans chaque
« faisselle » la quantité de caille nécessaire pour faire un fromage
ÉTYM *Écuelle*

> Mangeant une *esculée* de lait
>
> RAB IV, 17

Ou peut-être mieux *culler* instrument dont on se sert pour
faire cette opération Cuiller s'est écrit et prononce *culier*

> Vela a tel pot tel *culier*
>
> COQUIL , *Plaid de la Simple*

Effausiller, *va* et *n* Nettoyer un taillis de tout le faux
bois, buissons. broussailles « déferter »
ÉTYM *E* préf qui marque l'ablation et *faux* (faux-bois)

Effiche, *sf.* Le même que AFFICHE.

Effoisiller, *va* et *n.* Le même que EFFAUSILLER.

Effrouiller, *va.* Ôter les feuilles de : Effrouiller des « naviaux ». des branches d'orme.
ÉTYM. « *Frouilles* ».

Èflamme, *sf.* Iris. fleur : Des éflammes jaunes.
ÉTYM. *Flamme.* forme des feuilles de cette plante.

Èglaçure, *sf.* Engelure. crevasse causée pas le froid : se dit sur la rive gauche de la Loire. notamment à Chailles.
ÉTYM. *Glace.* avec le sens de froidure.

Èglander, *va.* Églander une branche. l'arracher au tronc de l'arbre. ‖ S'églander, se détacher du tronc, en parlant d'une branche. Le part. passé *églandé* se dit aussi bien de l'arbre que des branches : Des peupliers tout églandés.
ÉTYM. Orig. inconnue.

Ègousseler, *vn.* Faire le « goussier » avec le râteau.

Ègrats (é-gra). *sm. pl.* Prononciation beauceronne de AGRATS.

Ègremiller, *va.* Ecraser, réduire en très petites parcelles : Ègremiller du chenevis pour le serin.
ÉTYM. Fréquent. de « *gremir* ». avec le préf. *è.*

Ègrigner, *va.* Ebrécher. émousser le bord ou l'arrête d'un corps dur en en faisant éclater des petites parcelles, des grains. On dit aussi *Ègraigner.*

Si l'estoc ou espée de l'un de nous ou de tous deux rompt ou *esgraigne.*
EXPILLY, *Suppl. à l'Hist. du Ch. Bayard,* Godefroy.
ÉTYM. *Grain :* c'est une autre forme de *égrener.*

Ègrignure, *sf.* Endroit où un objet est égrigné.

Èlas (è-la). *sm. pl.* Menus débris laissés sur les bords par les eaux quand elles se retirent ; ne se dit, en Blaisois, que dans les lieux baignés par des cours d'eau.
ÉTYM. Peut-être *laisser.* (*Voyez* § prélim. *PRONONCIA-TION :* Ai).

Èlocher, *va* Ebranler, secouer

> Le bouton (je) prins a *eslochier*
>
> *Rose* 2265

Le serrurier marche à la grille qu'il avoit *clochée* auparavant, l'arrache et entre le premier

> D'AUBIGNÉ, *Hist*, II, 61

‖ S'elocher, *vr* Branler

> Et vous, mes dentz, chascune si s'*esloche*
>
> VILLON, *Requeste a la Court*

On dit aussi *Alocher*

ÉTYM Littré donne Lat fictif *ex-locare* de *ex* hors et *locus* lieu, deplacer Ce n'est pas mon avis *Voyez* ELOSSER dont *elocher* n'est qu'une variante

Èlosser, *va* Secouer, ebranler Elosser une dent, elosser un arbre

ÉTYM *E* et *losser* II

Èlourdir, *va* Etourdir

Le plantain rafreschit sans *elourdir* et hebeter

> *Comment*, chap XI

Èlumacer, *va* et *n* Ôter, enlever les « lumas » Elumacer une vigne

Embarras, *sm* ‖ Ce n'est pas ça l'embarras, locution approbative Si nous allions serrer cette avoine ? — Ce n'est pas ça l'embarras ! c'est-a-dire Ce ne serait pas mal a propos

Embarrassée, *adj f* Enceinte, surtout en parlant d'une fille La voilà encore embarrassee

Embât (an-bâ) *sm* Bande de fer qui garnit le bord d'une roue

Plus vendu et livré   une vieille roue de charette ferree d'un vieux *embats* de fer use

> 19 janv 1766 Vente, f° 29, v° Arch H Johannet

ÉTYM Subst verbal de *embattre*

Embobeliner, *va* Envelopper (avec une etoffe) Il lui a embobeline la tête dans son cache-nez.

ÉTYM *En* et *bobeline* pour *bobine*

Embonneter (an-bon-ne-te), *va* Mettre un bonnet à .

Embonneter un enfant. S'emploie surtout dans la loc. : Embonneter un « moine », le garnir de sa ficelle.

Embouchonner, *va.* Mettre en bouchon. ‖ S'embouchonner, *vr.* Se mettre en bouchon, en pelote : Les draps se sont embouchonnés dans mon lit.

Embrayer, *va* et *n.* Mettre une voiture dans « le brai ». ‖ *Par ext.* Mettre en mouvement une machine au moyen d'une courroie de transmission ou d'un autre appareil.

ÉTYM. « *Brai* ».

Embrouille, *sf.* Embarras, confusion : C'est une embrouille à ne plus s'y reconnaître.

ÉTYM. Ital. *imbroglio*, même signif.

Embroûler, *vn.* Fixer l'essieu sous le chartil au moyen des embroûloirs.

ÉTYM. C'est peut-être le mot *Brêler* dont on se sert en artillerie : *Brêler la pièce avec l'avant-train et la débrêler*, c'est-à-dire attacher le canon sous l'avant-train au moyen d'une prolonge et le détacher. *Brêler* semble tenir à l'anc. franç. *brail*, piège à prendre les oiseaux et qui se tendait au moyen d'une cordelette.

Embroûloir, *sm.* Pièce de bois qui sert à fixer l'essieu sous le chartil, c'est-à-dire à « embroûler ».

Un baston appelé *embroiloir* de charrette.

1412. DUCANGE, *embrum*.

Émecher (é-meu-chĕ). *va.* Enlever la mèche de : Émecher son fouet à force de fouâiller. ‖ *Fig.* Émechĕ, *part. passé*, légèrement pris de vin.

Emmanche (an-man-che). *sf.* Mécanique, instrument quelconque dont la vue provoque l'étonnement : Une drôle d'emmanche que c'te machine-là ! ‖ *Fig.* et le plus souvent : Affaire, situation compliquée, embrouillée, périlleuse : Le marié ne voulait pas aller en confesse, la mariée « criait », toute la noce grognait, le curé voulait f... (mettre) tout le monde à la porte, en voilà une emmanche !

ÉTYM. *Emmancher*.

Emmonceler (an-mon-ce-lé) *va.* Mettre en « monceau » en monceau. Emmonceler de la paille.

Emmulonner (an-mu-lon-né) *va.* Mettre en « mulon » en petits tas. Emmulonner de la « luzarde »

Le suppliant cueillon et *amulonnoit* foin
                    1387 DUCANGE, *amulgare*

Èmorcher, *va.* Emorcher une tanche enlever la matière gluante qui la couvre ‖ *Parer et* Ecailler. Emorcher une carpe

En plomb bouillant pour mieulx les *esmorcher*
Soient frittes ces langues venimeuses
                    VILLON, *Ball* « En reagal »

ÉTYM. Hal *morchin*, lat. *amurca*, lie d'huile? Origine incertaine

Èmouver, *va.* Agiter troubler. On descend les chàsses samedi, ça va emouver le temps. La procession des chàsses contenant les reliques de saint Victor et de plusieurs autres Saints, se fait en grande pompe à travers la paroisse de la Chaussee-St-Victor. le dimanche qui suit la célébration de la fète de Saint-Pierre C'est c'était surtout autrefois, la céremonie religieuse la plus celebre de toute la contree. La veille de la fète, pendant le chant des premieres vêpres on descend de leurs niches les huit chàsses, et on les dispose sur une estrade au milieu du chœur de l'eglise. On a cru longtemps que cette operation troublait la temperature Aujourd'hui on le dit encore mais on ne le croit plus ‖ Occasionner le « debord » Il a été oblige de sortir au galop de l'audience les juges. les avocats les gendarmes. tout ça l'emouvait

ÉTYM. Lat. *E* et *movere,* mouvoir

Empanage, *sm.* Tout ce qui constitue l'outillage d'une maison de culture. En partant il a emmene tout son empanage ‖ Train d'une maison. C'est une maison d'un grand empanage.
ÉTYM. Forme ancienne de *apanage,* dotation de prince, et, par ext., domaine en general

Empanné, ée, *adj.* Garni de panne. J'ai acheté un quartier de cochon douze sous la livre tout empanné

Emparlé, ée, *adj.* Voyez EN.

Empêcher (s'). *vr* S'emploie toujours avec la conjonction *que* On ne peut s'empêcher que de rire.

Et je ne me puis *empêcher que* je ne me réjouisse
                                    8 mars 1627 VOITURE, *Œuv* p 7, Paris, 1685

ÉTYM *S'empêcher*, ayant le sens de *faire autrement*, prend *que* au même titre que cette locution on ne peut s'empêcher c'est-à-dire faire autrement que de rire

Empeigne, *sf* ‖ Partie de la « douelle » qui dans un fût, fait saillie en dehors du fond
ÉTYM *Peigne* (*Voyez* ce mot).

Emperlan, *sm* Éperlan cyprinus bipunctatus petit poisson

Empêtra, *sm* Objet et surtout personne qui embarrasse, qui empêtre mot badin

Emplâtre, substantif masculin aujourd'hui est encore féminin en blaisois comme il l'était dans l'ancienne langue

Elle me conta de quelle façon elle avait fait donner *cette emplâtre*
                                    SÉVIGNÉ, *L à M de Pomponne* 21 nov 1661
Plus luy et porte *une grande emplâtre* de ciguë pour mettre sur la rate
                                    Journ de Giraud, fº 3, vº Arch L -et Ch E 678 *bis*

Emplayer (an-plé-ié) *va* Employer Il est trop « faignant » pour que je l'emplaye
ÉTYM La parenté d'*emplayer* et d'*emploi* est tout aussi légitime que celle d'*effrayer* et d'*effroi*

Empogne, *sf Loc pron* Acheter à la foire d'empogne se dit pour dérober en jouant sur le mot *empogne* qu'on suppose un nom de lieu L'italien dit absolument de même *La ai uto alla fiera a Rampino*

Empoté, ée, *adj* Lent à se mouvoir Un gros empoté

Empreuter, *va* Emprunter
ÉTYM Lat *In*. en et *præstare,* prêter

En, *prép* S'emploie dans ces locutions Être, ou aller en confesse se confesser être ou aller en charrue, labourer De la même manière on disait anciennement aller être en gibier pour chasser

Martin le Cordien escuier alant *en gibier*, un espervier en son poing

1390 Ducange, *gibicere*

Cet homme est bien en parler il parle bien. il est d'une conversation facile agreable Cette locution s'ecrivait anciennement d'un seul mot et formait un adjectif

Franchise, la bien *emparlée*

Rose, 3395

Le Roy (Louis XII) qui estoit un beau prince à merveilles, tres-sçavant et moult bien *emparlé*

Jean d'Auton, ap Bernier, p 117

Enairé (an-nè-rè) *adj m* Se dit d'un nid d'oiseau abandonné par la mere lorsqu'elle s'est aperçue qu'il a eté decouvert et touche Le nid que tu m'as enseigne est enaire

ÉTYM Origine incertaine *En air?* comme qui dirait *éventé?* *Enairé* sur la rive droite de la Loire *enaisé* sur la rive gauche *en haie* à Villebarou *hâzé* en Beauce Que signifie *enhase* dans ce passage de Cyrano de Bergerac

Acoutes ol (elle) n'a que faire de faire tant l'*enhasee*, ol n'a gouté ne brin de biau

Le Pedant joue, act II. sc 2 (Amst, 1711)

Desairer qui dans l'ancienne langue etait un synonyme de denicher est un compose de *aire* nid

Encancher, *va* Presser etreindre entre deux corps durs La porte en se refermant tout d'un coup a encanche sa robe ‖ S'encancher *vr* Se prendre le bras la main etc Je me suis encanche le doigt dans la porte ‖ *Fig* Encancher engager dans une mauvaise affaire Ce gredin-là va bien finir par en encancher quelques-uns La langue litteraire n'a pas d'equivalent

ÉTYM Origine incertaine Germ *anch.* etroit L'espagnol a *enganchar,* accrocher et s'*encachar* s'embarrasser dans un passage etroit *Comp* aussi lanc franç *canl* coin bord

Encaniger (s'), *vr* Le même que Se Caniger

Encarner, *va* Infecter. impregner d'emanations fetides Quand il leve son fumier il encarne la maison ‖ *Vn* Repandre une odeur infecte Ce fromage encarne

ÉTYM *Carne.* viande gâtee. puante

Encarqueler, *va* Mettre en quartiers brisé Le cheval a pris le mors aux dents, il a encarquelé la charrette

Étym *Quarquier* prononc patoise de *quartier*

Un *quarquie* de vaigne.

Molière *Medecin*, act II, sc 2

Encharneler, *va* Garnir de « charniers » Encharneler une « plante »

Vigne bien spéc (cepée) et *encharnelée*

1569 Arch L -et-Ch G 128

Enchaussonner, *va* Chauler Enchaussonner du blé

Que doresenavant tous cuirez seront *enchaussumez*

1107 Ducange *Calcinatum*

Étym *Chaux*

Enchêtreuse et **Enchintreuse,** *sf* Bâtis qui supporte le treuil et le toit d un puits

Plus paye treize sols six deniers pour la part du prix de l'*enchintreuse* du puy de la place

1711 Marelle de l'Eglise de la Chaussée-St-Victor

Paye a M Clement Charpentier trois livres quatre sols, tant pour l'*enchetreuse* du puid que pour deux bancs

1711 *Ibid , ibid*

Étym Probablement pour *encheietrure*, assemblage de pieces de charpente Toutefois la forme *enchintr* semble tenir à *chintre, cintre* lat *cinctura*, l enchintreuse formant en effet une sorte de ceinture qui couronne l orifice du puits Mais il est difficile de décider la prononciation actuelle étant encore comme autrefois tantôt *enchin* tantot *enche*

Encoublure, *sf* Lanière et souvent peau d'anguille qui unit la verge au « tou du fleau »

Étym « *Coubler* »

Encourir (s'), *va* Se sauver en courant

Sitot que pique se vit
Ah ' je suis perdu, se dit
Et s'*encourant* vers sa mere
Lui montre sa plaie amere

Rons , Am col. de miel

Encre, *sf* ‖ *Prov* Le papier ne refuse point l'encre On écrit et on imprime tout, le vrai et le faux

Endeminé, ée, *adj* Malin, taquin qui a le diable au corps, en parlant des enfants ou des jeunes gens

> Quand ils voyent ces pucelettes
> *Endemenees*
>
> VILLON *Grand testament*

ETYM Pour *endemoné* de demon

Endret (an-drè' *sm* Le contraire de l'envers ‖ Lieu quelconque Aller dans tel endret

> Salomon, qui grand clerc etait
> Le reconnait en quelque *endroit.*
>
> LA FONT , *Joconde*

Endurer, *va* Avoir besoin de Il tombe de l'eau j'endurerais bien un parapluie c'est-à-dire un parapluie me serait utile ou plutôt en considerant *endurer* comme employé elliptiquement, j'endurerais bien qu'on me donnât un parapluie

Enfaisseux, euse, *adj* Taquin avec obstination entêté

Enfinceux, lascivious, petulant

> 1609 COTGRAVE, *Dictionn*

ETYM Lat *infensus*. très mechant acharné

Enfaiter, *va*. Emplir par dessus les bords Les pommes de terre se vendent à mesure enfaitee

Enfaiture, *sf*. La partie d'une denree mesuree qui depasse les bords de la mesure

Enfleume, *sf* Enflure avec inflammation

Enfondre, *va* Mouiller tremper La pluie m'a tout enfondu

> Gelez, meurdriz et *enfonduz*
>
> VILLON *Petit Testam*

Ilz allumerent du feu pour lui seicher ses habillemens qui estoient tous *enfondus* d'eau

> 1473 DUCANGE *infusio*

‖ *vn* Etre permeable à l'eau Cette « bauge » est si bien couverte qu'elle n'enfond pas

ETYM Lat *infundere* verser dans sur

Enfondure, *sf* État de celui ou de ce qui est enfondu ‖ Pluie subite abondante sans vent et favorable aux recoltes Une bonne enfondure attendrit la coque du raisin

Enfromer. *va* Enfermer On rencontre *enfremer* dans les anciens auteurs (*Voyez* RENFROMER)

Engeancer (s'). *vr* S'imaginer inventer Il n'y a pas de malice qu'il ne s'engeance Ne s'est-il pas engeancé de

ETYM Lat *ingenerare* engendrer en parlant de l'esprit

Englotir. *va* Engloutir Ils m'ont fait manger un « routi » de cochon qui était si gras qu'il m'a englotí le cœur

Engouler. *va* ‖ *Fig* Injurier Chaque fois qu'il va au bal, on l'engoule

ETYM *Engouler* n'est pas grossier comme engueuler *goule* se disant plus pour bouche que pour guenle

Engraisser. *va* ‖ *Prov* Les gorets n'engraissent pas d'eau claire se dit plaisamment en manière de consolation quand on trouve dans son plat quelque corps étranger qui n'est pas propre et *fig* quand on voit un individu s'enrichir par des moyens malhonnêtes

Engraté, ée, *adj* Qui est muni de ses « agrats » Ce mot est plutôt beauceron que blaisois

Sera aussi tenu ledict preneur et a promis de laisser à la fin du prest bail ladicte mestairie *engratee* de toutes et chacunes les pailles et aultres agrats qui proviendront en ladicte année dernière des terres dudict lieu

5 nov 1597 Bail Arch H Johannet

Engrange, *sf* Sorte de jeu d'enfant Jouer à l'engrange une partie d'engrange On dessine sur la terre un carré partagé en huit triangles égaux par une ligne verticale une horizontale et deux diagonales c'est-à-dire un carré gironné Les deux joueurs munis chacun de trois cailloux qui leur servent de pions les posent alternativement sur les points de rencontre ou d'intersection des lignes Pour gagner la partie, il faut arriver à placer ses trois cailloux sur une ligne droite

ETYM *En* dans et *grange* ? probablement parce qu'on essaie de caser ses pions comme des gerbes dans une grange

Enguin, *sm* Outil de tonnelier probablement le bâtissoir mot disparu

Quatre doloueres, une plane, trois asses, deux feillez, un *enguin*, un asseau un barrouer

29 avril 1619 Invent Coudret Arch L-et-Ch
B Bail de Blois

En'hui (a-nui) *adv* Aujourd'hui

Que ne la voye encor *ennuyt*

Rose, 610

ÉTYM *En* dans et *hui* le jour present (*Voyez* ANUIT)

Enneuger (an-neu-gĕ). *va* Ennuyer

ÉTYM C'est le franc *ennuyer* avec la prononciation locale du *n* et la substitution du *g* au *y* (*Voyez* ABAGI)

Ennugrer (an-nu-grĕ) *va* Salir avec une matiere grasse gluante visqueuse Il s'est ennugrĕ les mains de poix il en a les mains tout ennugrees

ÉTYM Origine inconnue

Enquiquiner, *va* Souiller salir ǁ S'emploie surtout au *fig* Ne faire aucun cas de quelqu'un, le mepriser Dis-lui donc que je l'enquiquine mot badin

ÉTYM L'anc langue avait *enquiner* du latin *inquinare* souiller

Enrayâger (an-ria-gè) *va* Mettre dans le « rayage » Enrayâger un « laboureux » le mettre en train en commençant une raie ǁ *Fig* Il est bien mal enrayâgĕ, il est engage dans une mauvaise affaire L'ancien francais avait *arraier* même sign (Ducange *arraiare*)

Enriâger, *va* Le même que ENRAYÂGER

Enrouâpĕ, ée, *adj* Fortement emoue
ÉTYM Augm et pej de *enroue*

Ensauver (s'), *vn* Se sauver

Ensouillé, ée, *adj* Qui a une souille
Plus deux autres lits de plume meslée, et deux travers *ensouillés* de couty de Nante

Nov 1789 Vente volont, p 32 Arch H Johannet

Enteme, *sf.* Premier morceau coupe d'un pain
ÉTYM. *Entemer*, ci-dessous

Entemer (an-te-mé). *va*. Entamer : Entemer le pain. On dit aussi *Entomer*.

Elle (la foudre) consumera les os des corps, sans *entommer* la chair qui les couvre.

RAB., III, 23.

Entendu, *sm*. Chose convenue d'avance, complot : Ils se sont rencontrés comme par hazard, mais c'était un entendu.

Enterprendre, *va*. ‖ Enterprendre quelqu'un, le citer en justice : Il m'a dit tant de sottises que je vas l'enterprendre.

J'ai appris que madame de Villars ne *l'a entrepris* qu'à cause qu'elle vouloit avoir de lui quelque chose, à quoi il ne consentoit pas.

T. DES RÉAUX, t. VIII, p. 231.

Entome, *sf*. Le même que ENTEME.

Entomer, *va*. Le même que ENTEMER.

Entricocher, *vn*. Former une ligne brisée qui fait, à droite et à gauche, des saillies à peu près symétriques. Si on partage en deux parties égales, dans le sens de la longueur, une vigne plantée dans le sens de la largeur dont l'« orne » porte un nombre impair de ceps. sur la ligne de séparation les ceps entricocheront. Un apprenti laboure en entricochant.

ÉTYM. *Entre* et *coche*, c'est-à-dire coches qui entrent les unes dans les autres.

Envelimer, *va*. Envenimer : Elle s'est mis les mains dans le « lessu », ça lui a envelimé son mal.

Serpens *envelimés* en leurs oreilles estoient.

Le Débat du Corps, p. 62, ap. Talbert.

ÉTYM. « *Velin* ».

Envoyer, *va*. Fait au fut. : *j'envoierai ;* et au conditionnel : *j'envoierais*.

Saint Michiel i envoiera
Qui d'un effoudre l'occira.

DUCANGE. athargrati.

Feut conclud..... que l'on *envoiroit* le plus vieulx.

RAB., I, 17.

Envrillonner, *va*. Enrouler (un brin flexible autour d'un objet quelconque, comme font les vrilles d'une plante grimpante) : Envrillonner une corde autour d'un bâton.

Baillez que ie *vrillonne* ceste chorde

RAB , IV, 23

S'envrillonner *vr* En parlant des plantes s'enrouler Le chevre-feuille s'envrillonne autour du tilleul

ÉTYM « *Vrillon* »

Envroûiller, *va* Enrouler envelopper negligemment. sans soin

ÉTYM *Envroûiller* derive probablement de *rille* comme *envrillonner* son quasi-synonyme. derive de « *vrillon* »

Épée, *sf* Chacune des deux perches qui se placent pour soutenir les planches sur le marc arrange pour être pressure

Épiaison, *sf* Epiage se dit surtout de la vigne apparition du raison Je ne sais pas ce que sera la vendange mais l'epiaison est belle

Épiasse, *sf* Nom donne au Vulpin des champs, alopecurus agrestis au Brome bromus sterilis. et quelquefois a l'Orge queue de souris hordeum murinum

ÉTYM *Epi*, avec le suff pej *asse* mauvais epi

Épine-noire, *sf* Prunellier prunus spinosa

Épingle, *sf* ‖ Petit tasseau de bois qu'on met entre des ais nouvellement scies pour qu'ils puissent secher plus aisément sans gauchir

Épingler, *va* ‖ Placer des « epingles » (entre des ais nouvellement scies) Epingler du plancher

Éplèter, *vn* Le même que APLITER

Équeuter (e-cu-te' *va* Rompre (une fleur. un fruit) au ras de son pedoncule. de sa queue. de sa tige Equeuter une rose. des epis equeutes ‖ S'equeuter *vr* Se detacher de son pedoncule Le vent souffle si fort que les epis s'equeutent tout seuls. On dit plus souvent *aculer* dans la campagne

Errier, ière, *adj* Qui marche d'un gras pas ‖ *Fig* Diligent actif Avec un maître aussi errier les domestiques se remuent.

De che certes ont grant mestier
Tout pelerin et tout *esrier* (voyageur)
Qui passent par icelle terre

DUCANGE, *erare.*

ÉTYM *Erre* allure

Escarbillard, arde et **Escarbillâtre,** *adj* Pétulant
dissipé difficile à gouverner en parlant d un enfant

Galant, brusque, *escarbillat*

N du Fail *Prop rust*, p 62

Escarbillard a pop merry

Ch Nugent, *Dictionary* Dublin 1770

Étym Orig incert Il faut peut-être songer à *escarbille,*
menu charbon Escarbillard alors signifierait *ardent* comme
un *charbon* on dit bien *chaud* comme *braise* La Monnoye
prétend que ce mot vient de l espagnol *escarapelar,* se remuer
avec véhémence s agiter (*Contes et Nouv* de Bon des Periers
t II, p 152 Amsterd 1735)

Escarmoter, *va* Escamoter On m a escarmoté mon
porte-monnaie

Escart (ess-kar) *sm* Espace. champ libre Un enfant
prenant son élan au jeu de saute-mouton dira Faut que je
prenne de l escart

Étym C est l ancienne forme de *écart*

Esclot (ess-clo) *sm* Sabot tout en bois sans bride ni
« cossin ». Ce mot tend à disparaître aujourd hui on dit
plutôt *trou-de-mulot*

Je vois qu elle (la vieille) deschaussa un de ses esclos (nous les
nommons sabotz)

RAB, III 17

Escoffier, *va.* Tuer, massacrer terme badin

Étym Ital *scoffiare scoppiare*, éclater, crever en parlant
d une arme à feu C est toujours le sens de destruction, mais
dans *escoffier* il est actif

Escoupette, *sf* Espèce de petit champignon qui pousse
surtout dans les haies

Étym L anc franc avait *escoupet* copeau ce champignon
y ressemble assez Il ne faut pas songer à l ancien *escoupette,*
sorte de petite arquebuse

Escrapitable, *adj* Qui excite au plus haut point la
compassion. la pitié ‖ Effroyable horrible tout ce qu on peut
imaginer de plus affreux C était quelque chose d escrapitable
ou de scrapitable '

ETYM Orig inconnue Ne serait-ce point une sorte d'augment de l'ancien francais *piteable* compatissant qui est devenu *pitoyable* ?

> De cuem devot et *piteable*
>
> *Rose*, 22518

Esprité, ée, *adj* Qui a de l'esprit de l'intelligence

Elle (Melle le Coigneux) est jolie, spirituelle, elle a bien du feu, alors elle n'etoit pas si *espritee*

> T. DES RIAUX, t V, p 79

Esquilette, *sf* Squelette Maigre comme une esquilette

Esquinter, *va* Casser les reins à battre, rare en ce sens ‖ Surmener fatiguer « Une ouvrage esquintante » ‖ S'esquinter *v*, C'est pas la peine que tu t'esquintes

ETYM Ital *schiena*, dos echine C'est la même orig que pour « echigner »

Essiette, *sf* Assiette petit plat mot beauceron

Essiettée, *sf* Le contenu d'une « essiette » Une essiettee de soupe.

Essiou, *sm* Essieu mot disparu

Un *essiou* de fer

> Fev 1621 Inv le Fuzelier, p 20 Arch L -et-Ch
> B Baill de Blois

Un tombereau garny de ses roues ferrees et de son *essiou* de fer

> *Ibid*, p 13

Essorne, Essourne, *sf* Couverture de bardeaux mot disparu

Une meson couverte d'*essorne* assize à Blois en la rue du Hault-Quartier.

> 1431 Chap St-Sauveur Blois Arch L -et-Ch G 131

Une maison couverte d'*essourne*

> 1485 *Ibid*, *ibid*

ETYM Sorte d'augm de *ais*

Essumain, *sm* Essuie-main

Six petittes nappes et huict *essumains* de thoille tant bons que meschants

> 10 juin 1668 Invent. de la grande boiste de Monteaux
> Arch. L -et-Ch. E 688

Estanguenarde, *sf.* Appareil formé de barres de bois articulées, qui se place entre les « affiches » et les ridelles, pour augmenter la capacité d'une charrette quand on y charge les moissons. On dit aussi *restanguenarde.*

Étym. Ital. *stanga,* barre. Flamand, *stang,* pieu ?

Esturgeon, *sm.* Enfant vif, éveillé, malicieux : Un vrai esturgeon que ce « drôle » -là.

Étamer, *va.* Enlever par imbibition au moyen d'un linge sec l'humidité d'un objet mouillé : Étamer du linge, étamer la salade.

Étym. Lat. *stamen,* fil, et par ext. linge.

Étau, *sm.* Etal, table sur laquelle le boucher débite les viandes.

Étaupiner, *va.* Détruire les taupinières.

A la charge par ledit preneur de faire faucher, fanner l'herbe desdits prez en temps et saisons convenables, les *étaupiner* et couper les épines.

20 nov. 1746. Arch. Loir-et-Cher. G. Fabrique St-Victor.

Ételée, *sf.* Se dit plus souvent que « *attelée* ».

Ételer, *va.* Atteler : Ételer un cheval.
Étym. Pron. beauceronne de *atteler.*

Éterner (è-tar-nĕ), *va.* Etrenner. ‖ *Vn.* Goûter, manger, boire pour la première fois : Une eau-de-vie si forte qu'on ne peut en éterner.

Éternue, *sf.* Espèce de chiendent, agrostis stolonifera.
Étym. Malgré l'opinion de Littré, ce mot n'a rien de commun avec *éternuer,* lat. *sternuare.* Il dérive de *sternere,* couvrir, étendre, le propre de cette herbe étant de s'étendre comme un tapis. L'ancienne langue avait *esternure,* couverture étendue par terre, venant de *esternir,* étendre :

Quand on veut se coucher en un lieu suspect de serpents, il est bon *d'esternir* des fueilles de feugiere sous soy.

Du Pinet, *Pline,* XXVII, ap. Godefroy.

Éterper (è-tar-pĕ), *va.* Couper toutes les branches d'un arbre ou d'un arbuste au ras du tronc : Éterper une vieille vigne.

Étym Anc franc *estreper*, ital *sterpare sterpere* même signification

Étêtot, sm Le même que ATÊTOT

Étrempage, sm Action d « etremper ». façon d etremper Regler l etrempage de sa charrue Littre ecrit *etrampage* a tort (*Voyez* ÉTREMPER)

Étremper, vn Raccourcir ou rallonger la chaîne de la charrue en changeant la « jauge » de position opération qui a pour but de donner plus ou moins de prise au soc

Étym Lat *temperare*, regler on disait aussi anciennement *attemprer* et *attremper*, moderer

Étrempoir (e-tran-por) sm Appendice gradue qu'on ajoute a certains objets vetement harnais etc pour pouvoir en augmenter ou en retrecir le diametre la longueur ou l'ouverture. Le collier du cheval est trop serre, je vais être oblige d'y mettre un etrempoir. ‖ « Etrempure »

Charues fournies de quatre paires de fers, deux paires de roelles, deux chaignons, deux portoeres et deux *etrampoeres* tout de fer
1395 Arch MM 31, fo 223, ap Godefroy.

Étym « *Etremper* »

Étrempure, sf Série de trous perces sur la perche de la charrue pour recevoir la « jauge »

Étym « *Étremper* »

Étret, tte (e-tre), adj Etroit etroite Une culotte trop etrette

> Damoiselle belette, au corps long et fluet.
> Entra dans un grenier par un trou fort *etroit*
>> LA FONT, *Fables*, III, *fabl* XVII
> Voyez-vous ces cases *etraites*,
>
> Je me suis propose d en faire vos retraites,
> Tenez donc, voici deux buchettes
>> *Ibid*, III, *fabl* VIII

Étym Ital *stretto,* lat *strictus*, m sign

Étrongner, va Rompre l'extremite supérieure de la tige de Fais donc attention à ta vache elle etrongne mes choux, se dit aussi en Picardie

Les diz preneurs poiront *estrongner* . . . les saulx, ormes .

> 1393 Arch MM 31, ap Godefroy

ETYM « *Tronque* »

Étruisser, *va* Couper la tête et les branches d'un arbre pour en faire du bois de feu

Plus quatre arpens ou environ de patureaux, epines et broussailles, garnis de plusieurs chesnes *etruisses*

> 6 dec 1775 Bail du Menil Arch H Johannet

On trouve aussi *estrosser* et *estroissier*

Et se il ne les (abeilles) poent aveir, pour escrouser, il poent l'arbre *estroissier* a doze pied de haut se il ne les poent aveir autrement

> DUCANGE, *Apicularii*

ÉTYM « *Truisse* ».

Étuvée, *sf* Carbonade (*Voyez* ce mot) L'etuvee est trop cuite

ETYM *Etuve* Probablement qu autrefois ce fricot se faisait cuire dans sa vapeur

Eux, *pr pl.* Se dit aussi bien du feminin que du masculin « I rencontre deux fumelles. i s met a crailler apree eux et à y eux dire des sottises »

ETYM Le lat. *illos* a fait *eus* feminin tout aussi bien que *illos*

Évangile, *sf* ‖ Un salut et *une* evangile, priere récitée par un prêtre pour l intercession speciale d un Saint (*Voyez* VOYAGE) anciennement evangile etait du genre feminin .

> L'Evangile au chretien ne dit en aucun lieu
> Sois devot, *elle* dit . Sois doux simple, equitable
>> BOILEAU, *Sat* XI

Évenris, *sm.* Le même que AVENRIS avec la prononciation beauceronne

Éventrouiller, *va* Eventrer Eventrouiller une grenouille

ETYM Augm local de *eventrer*

Éveux, euse, *adj* Humide Un terrein eveux.

> De nuages *eveux*
>> J A DE BAIF, *Eel* XV.

ETYM Ancien français *aive eive, eve* eau

Èvier, *va* Évier un champ, y pratiquer des rigoles, des
« evieres » pour l'écoulement des eaux

Plus paye lorsqu'on est allé *ever* le pré de Vineuil sept sols six
deniers

1673 Marelle de l'Egl de la Chaussée St-Victor

Étym Ancien franç *eve* eau

Èvière, *sf* Petite tranchée faite dans un champ, pour faciliter l'écoulement des eaux d'hiver

Il est permis de faire avec la charrue des petits canaux appelés
évières en cette province pour faire écouler l'eau

Fourré, *Cout de Blois* p 187

Étym Anc franç *eve* eau

Èvu, ue, *part passé* du verbe *avoir*. eu cue J'ai èvu bien
du mal

Dist l'amiraill Jangleu, venez avant,
Vos estes proz e vos saveu est grant
Vostre conseil ajoc *evud* tus tens

Ch de Roland, st 256 Genin

Donnons   toutes les choses ke nos avons et avremnes *euut* nos
et no ancisseur

1266 Ch de Enguerr de Couci, ap Duc , *soistura*

Étym Ital *avuto*, lat *habitus* m sign

Extra, *adj invar* Extraordinaire, ce qu'il y a de plus fort,
de mieux, etc superlatif Il est d'une force extra , elle avait
une toilette extra

Étym. Lat *extra*, hors, en dehors (du commun)

F

Faignant, te, *adj* Fainéant paresseux ‖ *Sm* Sorte de siège que le charretier installe en avant de la roue de sa voiture du côté de l'homme Il s'était endormi sur le faignant et il est tombé sous la roue

ÉTYM Qui ne fait *nient* anc franç rien

> Pour *nient* vit qui delaisse au desert
> Diligence qui les vertus esueille
>
> Al CHARTIER, *Brev des Nobles.*

Faignantise, *sf* Fainéantise (*Voyez* N au § *PRONON-CIATION*)

Faillette, *sf* Faillite

Faire, *vn* ‖ *Loc* Y faire avoir une influence, un pouvoir ou une vertu quelconque. en parlant des choses Partir dans une heure ou dans deux, ça ne peut pas y faire grand'chose On dit que la nouvelle lune amene un changement de temps. ça n'y fait pas

> Tout *y fait* quand on aime
>
> LA FONTAINE, *Mandragore*

‖ Voilà ce qui fait *loc adv* c'est pour cela Tu n'es pas venu hier tu étais malade ? — Mais oui v'la c'qui fait ; c'est-a-dire elliptiquement pour Voila ce qui fait que je n'ai pas pu venir

Fait (comme de) (com'de-fè), *loc adv* Effectivement en effet Il m'avait dit qu'il viendrait du matin comme de fait il est arrivé au soleil levé

Ce qu'il faisoit a fin qu'on eust plus grand peur des morts *comme de fait* cela donne telle frayeur a quelques femmes, qu'on dit qu'elles en avorterent

> H' ESTIENNE, *Apol p Herod*, t II, p 251 (Paris, 1879)

Falaise, et plus souvent **Faloise,** *sf* Le sable de riviere le plus fin

> Puis voyant le vaisseau
> Qui le portoit echoué dessus l'eau
> Demi-covert de *falaize* et de bourbe
>
> RONSARD, *Franc*, ch I

ÉTYM Origine inconnue

Falloir, *v imp* Fait à l'imparfait *il faillait* Faillait pas y aller

Voulant donner a entendre qu'il l'avoit trouve fort bon et qu il n'en *failloit* plus qu'autant

RAB, II, 1

ÉTYM *Failler*, autre conjug de *falloir*, qui est le même du reste que *faillir*

Fanchon, Fanchette, Fanchonnette, Chonette, Chounette, *npr* Françoise nom de femme

Faquin, *adj* et *sm* Faraud qui aime à se faire beau Il est trop faquin pour un domestique se dit aussi en Berry et en Picardie

ÉTYM Il est bien difficile de trouver par quelle succession d idees a passe ce mot *faquin*, qui vient de l ital *facchino* porte-faix pour en arriver au sens qu'on lui donne ici

Farinier, *sm* Garçon de moulin Le farinier passe tous les dimanches matin *Adj* Un garçon farinier

Fatique, *sf*. Fatigue

Jean Chabault dit la *Fatique*
    Cont du 3 février 1712, p 6 Arch de l'Égl Chaussee-
    St-Victor

ÉTYM Ital *fatica*, même signification

Fatiquer, *va* Fatiguer Un cheval fatique ‖ *Vn* Se fati-guer J ai trop fatique depuis huit jours
ÉTYM Ital *faticare*, même signif

Faux, *sm* Oiseau de proie espece d émouchet
ÉTYM Lat *falco* faucon

Fèdéric, *npr* Frédéric

L'empereur *Federic* Barberousse

RAB, IV, 45

ÉTYM Ital *Federico*

Feigner, *vn* Boîter legerement Il me semble que son cheval feigne un peu
ÉTYM C est une autre forme de *feindre*

Félice, *npr* Felix.

Mathurin, fils de *Felis* Marchais
1 mars 1602 Arch Villebarou, vol 1564

Femellier, s et *adj m* Coureur de filles amateur du beau sexe

Fendet (fan-dè), *sm* Petit outil de bois qui sert à fendre le « pelon » pour faire de l osier

Fener, *va* et *n* Tourner et retourner l herbe pour la faire sécher   Je vais aller fener mon pré ‖ *Vn* Se faner .

> L'herbe *se fene*
>
> Cl MAROT, *Métam*

De fait la liberté des fleurs rejette et abhorre le maniment de la main   pour ce que c'est ce qui les *fenne* et flaitrist avant le temps
B DE VIGNERE, *Les Images*, etc , *de Philost* , p 11 (1610)

ÉTYM Lat. *fenum*. foin

Feneux, euse, *sm* et *f*. Celui celle qui « fene »

Fenoupe (f noup) *sf* Morceaux rognures d etoffes qui ne peuvent être d aucun usage . ne se dit plus guère que par les vieillards

Ung aultre pacquet où y a une quenoille de boys peinte qui se desmonte et quelques petites fenouppes
21 mars 1619 Inv Raymon, p 13 Arch L -et-Ch
B Baill de Blois

Un pacquet de vieilles *fenouppes* de velours noir tassonne
21 nov 1617 Invent Presid de Metz, p 41, *ibid*

ÉTYM Origine inconnue

Fenouperie (f nou-p ri) *sf* Même sens que « Fenoupe ». friperie .

Ferander, *va* Habiller le chanvre à l aide du seran
ÉTYM *Fer?* orig incertaine Cf aussi le nom de l outil avec le verbe qui le met en action *seran ferander* (*Voyez* FERRASSE)

Ferandeux et **Ferandier,** *sm* Ouvrier qui prépare le chanvre qui « ferande »

Ferrandier, acconcia canapa
OUDIN, *Dictionn.*

Michel Perrotin *ferandier*
5 juill 1688 Arch mun de la Chaussée-St-Victor

Ferdiller, *vn* Se dit du bruit produit par certains objets quand ils sont agités tels que une feuille de papier une feuille de tôle, etc

ÉTYM *Fer*, *fer* onomatopée En Berry on dit *ferdasser*

Ferdir, *vn* Froidir Prends garde que la soupe ne ferdisse

ÉTYM « *Fred* » pour le déplacement du *r* voyez R au § *PRONONCIATION*

Ferduse, *sf* Froidure température froide Je ne crains pas la ferduse

ÉTYM *Voyez* FERDIR

Ferduset, ette, *adj* Sensible au froid à la « ferduse »

Fergon (far-gon) *sm* Fourgon de four

ÉTYM *Fourgon* vient de l'ital *forcone* fourche en fer du lat *furca* fourche. mais *fergon* semble tenir plutôt à *fer*

Fergonner (far-gon né) *vn* Fourgonner remuer avec le « fergon » ‖ Remuer fouiller avec un bâton une perche etc.

Fernouiller, *vn* Fureter au milieu d un tas d objets qu on remue confusément ‖ Remuer salement un liquide Il fernouille dans la « mase »

ÉTYM Orig incon *Guernouiller* grenouiller qui a à peu près le même sens vient du mot lat *ranuncula* grenouille avec prosthèse du *g* Ce même mot n aurait-il pas formé aussi *fernouiller* (*frenouiller*) avec prosthèse du *f* ?

Feroin, *sm* « Ronger son feroin » ronger son frein

Ferouâner, *vn* Se frotter en tordant le dos, comme pour se débarrasser de la vermine « Quoi que t'as à ferouâner comme ca ? »

ÉTYM Augm et péj de l anc franc *frouer*, *froyer* frotter

Ferrâillon, *sm* Marchand de ferraille

Ferrander, *vn* *Voyez* FERANDIER

Ferrandier, *sm* *Voyez* FERANDIER

Ferrasse, *sf* Étoupe dernière qualité de la filasse

Douze livres de pou en escheveau tant de pou que *ferrasse* estimé six solz la livre

8 nov 1616 Invent Rotte Arch L -et Ch B Baill. de Blois

ÉTYM *Fer* comme dans *ferander*, *ferandier*

Fersuze. sf. Fressure « Pauver gàs ! i fatique extra : faut qu'il ait la fersuze bein accrochée pour résister » c'est-à-dire un temperament solide

ÉTYM Origine inconnue

Ferter, *vn* Fureter fouiller partout Un enfant bien à charge, qui ferte partout

ÉTYM Forme dialect de *fureter*, ital. *ferettare*

Fesseux, *sm* Emouchet oiseau de proie

Et aulcunes fois au matin, quand il doit plouvoir, elle (la corneille) prononce une maniere de cry et semble que elle die glaras, glaras et ce signifie pluye, mesmement quand il est prononce par la corneille bise que l'on nomme *faissie*

Jeh. de Bris, *Le bon Berger*, p. 51 ap. Godefroy

(Sans doute *faissie* est le même mot que notre *fesseux* seulement ce nom est ici attribue à un autre oiseau)

ÉTYM Orig. inconnue Le lat. *falx*, faux, a formé *falco* d'ou *faucon* et *faux* oiseaux à bec recourbé *Fesseux*, qui est un synonyme de *faux* et *Faissie* auraient-ils la même origine : *falx falcator* ?

Fessier, *sm* *Voyez* VESSIER.

Feuve, sf. Féve Une planche de feuves

Figuer, *vn* Figer congeler L'huile est figuee dans le « bion » ‖ *Vn* Se figer Par ce grand « fred » l'huile figuera

Fil, *sm* ‖ Le fil des reins, l'epine dorsale.

Filet, *sm* ‖ *Prov* Celui qui lui a coupe le filet a bien gagné ses cinq sous, se dit d'un bavard

ÉTYM Il parait qu'autrefois on payait cinq sous l'opération qui consiste a couper le filet de la langue à un enfant

Filetoupier, *sm* Peigneur de chanvre, marchand de filasse.
ÉTYM *Filer étoupe*

Filfouet, *sm* Cordelette qui sert à faire des mèches au fouet

Fillole (fi-iol) sf Filleule (*Voyez* FILLOU)

A sa niepce et *fillole* demeurant a Villerbou
                    14 aout 1573 Arch mun Villebarou, vol 1561
            Il n'a pas aperçu Jeannette ma *fillole*,
            Laquelle a tout ou parole pour parole
                            Molière, *L'Etourdi*, act IV sc 7

Fillot (fi-lo) *sm* Filleul

Je donne a Gabriel de Curault, mon petit-neveu et *fillot*
            1619 Invent Curault, p 8 Arch L et-Ch B Bail de Blois

Fillou (fi-lou) *sm* Filleul

Item   une aulne de grosse toille a son *fillou* Mathurin Creiche
                        14 aout 1573 Arch mun Villebarou, vol 1561
Item donne a ses *fillous* et *filloles* a chascun XII den
                        3 janvier 1597 *Ibid* vol 1672, f° 20, r°

Étym. Lat *filiolus*, dim de *filius*, petit fils, fils cheri

Fin, *sf* || A seule fin *loc adv* Afin Si je lui ecris, c est a
seule fin qu'il vienne On disait anciennement *a celle fin*

Fiscal, ale, *adj* Qui est en bon etat de sante ou de fortune
Heum! pas fiscal le gâs!

Étym Nos bons paysans n aiment pas les agents du fisc ils
s'imaginent qu'a manier l'argent de l'Etat il leur en reste
toujours aux doigts Ce qui n est plus vrai aujourd hui pouvait
l être autrefois voila comment *fiscal* est devenu une sorte de
synonyme de *riche,* et. par une ext naturelle de *bien portant*
Scribe semble avoir pris *fiscal* dans le sens de personnage
important

C'est Pierre Durand, un *fiscal* de chez nous, qui m'a fait avoir un
emploi civil
                        Scribe, *Michel et Christine*, sc IV

Fistule, *sf* *Loc* Il n en est pas resté fistule c est-à-dire rien
du tout

Étym Probablement mauvais derive de *fetu*

Flâche, *sm* Partie du bois equarri que la hache ou la scie
ont laisse en dessous du plan ou de l arrête d'equarrissage
Cette solive a du flâche

En laquelle terre ou sable l'on verra evidamment la forme touchee,
rides, *flaches* bosses et concavités de la forme de tout le pied.
                        B Palissy, 337, ed Paris, 1844

Étym. All⁴ *flach* plat

Flàcheux, euse, *adj* Qui a du « flàche » Du charnier flàcheux

Flambe, *sf* Flamme Le bois blanc fait une belle flambe

> Tu en souffres
> Cruelle geheine en feu, *flambes* et souffres
> Cl MAROT, *Les tristes vers de Beroalde*

ÉTYM Lat *flammula* dim de *flamma* flamme

Fleau (flo) *sm* Fleau pour battre le grain Battre au fleau ‖ Au *pl* Balance de grande dimension qui sert a peser de fortes charges Peser du ble aux fleaux ou sur les fleaux

Ce mot a ete monosyllabe jusqu au commencement du XVIIIe siecle

> L'aire fait un grand bruit, et le *fleau* durement
> Touchant dessus le bled, rebondit hautement
> RONSARD, *Hym* II, hy I

Fleurimond, *npr* Florimond

> *Fleurimond* Robertet
> R BELLEAU, *Comm sur le 2e l des Amours de Ronsard*

ÉTYM. C est la forme française *fleur* Florimond étant la forme latine ou plutôt italienne

Fleurin, *sm* Fleurs et graines qui tombent du fourrage sec lorsqu on l entasse ou qu on le remue Ramasser du fleurin pour le semer

ÉTYM Ce mot avait anciennement le sens de *fleurette*, dim de *fleur*

Foire, *sf Loc prov* La foire n'est pas sur le pont Allons voyons depêchez-vous ! — Oh ! nous avons le temps la foire n est pas sur le pont !

Il est difficile de connaitre l origine de cette locution extrêmement usitée et qui doit être ancienne Car si aujourd'hui depuis 1804 la foire se tient aupres du pont actuel sur le mail, il n en etait pas de même du temps de l ancien pont qui fut emporte par les glaces en 1716 Alors la foire se tenait dans la rue du Bourgneuf et plus tard vers 1600, dans les environs de l eglise Saint-Solemne aujourd hui la Cathédrale

Foiscelle, *sf* Moule a fromage fait de terre cuite ou de fer-blanc quand il est d osier c est « un cageot ».

> Que pleines soient vos *forscelles*
> De fourmages secs et mous
>
> RONSARD *Hym a Saint Blaise*

ÉTYM Lat *fiscella*, même sign

Foncer, vn Se dit d'une surface solide qui cede sous un poids trop lourd La glace fonce sous nos pieds

Foncet, sm Petite broche en bois avec laquelle on bouche le trou qui sert a tirer le vin d'un tonneau L'Academie dit *faussel*

ÉTYM Ce mot ne viendrait-il pas de *fond*, la partie du tonneau ou se trouve toujours le *foncet*, par opposition a la « *Puelle* » qui se trouve elle sur le bouge ?

Fonçure, sf Assemblage de pieces qui forment un fond La fonçure d'une voiture

ÉTYM *Foncer*, pour *enfoncer* L'Academie dit *enfonçure*

Forbu, ue, adj Fourbu Un cheval forbu

ÉTYM *Part passé* de l'ancien verbe se *forbou e*, boire avec exces On pretendait autrefois qu'un cheval devenait fourbu pour avoir bu trop ou mal à-propos

Forciau, sm Corps de l'avant-train d'une charrue Un forciau en orme

ÉTYM *Force*, c'est la partie de la charrue qui demande le plus de solidité

Forcière, sf Petit etang ou on eleve du poisson aujourd'hui peu usité

> Ung petit estang ou *forcure*
>
> 1617 Part Pies de Metz, p 39 Arch I -et-Ch
> B Baill de Blois

ÉTYM *Forcer* ? On dit du poisson eleve dans ces reservoirs que c'est du poisson *forcé* c'est-a-dire nourri par force par opposition au poisson de riviere qui est meilleur et plus recherche

Forsein, sm Qui est d'origine etrangere au pays qu'il habite Le garde-champêtre de la commune est un forsein (*Comp* HORSEIN)

ÉTYM. Anc franç *fors*, en dehors, et *sein*.

Fort-en-diable (for-en-dià-ble). *sm*. Étoffe fil et coton, très résistante : Une culotte de fort-en-diable.

Fòsbarre (fòss-bàr). *sf*. Bande de bois, barre plate placée sur le fond d'un fût pour le rendre plus solide.

Plus environ un cent et demy de bars et demy-cent de *fausse-bars*.
11 niv. an II. Arch. mun. de St-Denis-sur-Loire.

ÉTYM. Pour *forbarre*, *fors*, en dehors, et *barre*.

Fòsbarrer (fòss-bà-ré). *va*. Fòsbarrer un poinçon, y mettre une « fòsbarre ».

Fouàillée, *sf*. Fouet, fessée : Attends, polisson que je te donne la fouàillée !
ÉTYM. *Fouàiller*.

Fouàiller, *vn*. Faire claquer son fouet : Ne fouàilles pas, il y a un malade.

Fouàner, *vn*. Comme FEROUÀNER.

Foudràger, *va*. Renverser, jeter çà et là, saccager : Arrive une « ventouse » qui foudràge toutes les « veilloches ».
Rouler, n'est pas le même que *foudràger ;* une luzerne *roulée* est renversée toute dans le même sens, tandis qu'une luzerne *foudràgée* est renversée par touffes dans tous les sens.
ÉTYM. *Foudre*, bourrasque. C'est le même mot que *foudroyer*. Voyez ABAGÉ).

Foudre, *sf*. Bourrasque, tempête : Les ailes du moulin emportées par une foudre.
ÉTYM. Lat. *fulgur*, éclair, foudre. C'est une extension du sens aux phénomènes qui accompagnent ordinairement la foudre, tonnerre.

Foudret, *sm*. Engin de pêche, filet fait en forme de nasse, verveux.
ÉTYM. Peut-être diminutif de *foudre*, de l'all^d *fuder*, tonneau, par analogie de forme ; c'est ainsi qu'un autre genre de filet à prendre les perdrix se nomme *tonnelle*.

Fouet, *sm*. || « Vielle » taillée très long, pour que chaque « cosson » amène du fruit.
ÉTYM. Par anal. avec le *fouet* du charretier.

Fouillon, *sm.* Ouverture faite à un vêtement pour y passer la main : Les fouillons d'une blouse.

ÉTYM. *Fouiller.*

Fouin, *sm.* Le mâle de la fouine, fouine.

> Les belettes, les chats et les *fouyns.*
>> AMYOT, *Œuv. mesl. de Plut,* ap. Godefroy.

Fouiner, *vn.* Fureter.

ÉTYM. *Fouine.* comme *furet* a fait fureter.

Foupe, *sf.* Le même que FENOUPE : se dit surtout en Beauce.

Deux petites boestes de sapin l'une ronde et l'autre en auvalle ou y a quelques *foupes..*

>> 1616. Invent. D. Pineau, p. 31. Arch. L.-et-Ch.
>> B. Baill. de Blois.

ÉTYM. Origine inconnue.

Fouque (de), *loc. adv.* Travailler de fouque, travailler par à-coups, avec une ardeur grande, mais qui ne dure pas.

ÉTYM. Pour *fougue.*

Fourchette, *sf.* ‖ Chevalet fait de trois « charniers » enfoncés sur la planche de la vigne, pour recevoir les autres charniers quand on les « tire », c'est-à-dire quand on les arrache.

Fourre-tout, *sm.* Coin retiré dans une maison, qui sert de pièce de décharge, de débarras.

Fourrière, *sf.* Mangeoire des écuries à vaches : Garnir la fourrière de mangeaille.

ÉTYM. *Feurre,* paille, fourrage.

Fousse, *sf.* Fosse : Il est tombé dans une fousse.

> Les yeux tournés vers l'occident il pousse
> Les noirs taureaux sur le bord de *la fousse.*
>> RONS., *Franc.,* ch. IV.

Ledict procureur fera dire tous les ans le jour de Toussaints sur la *fousse* de son défunct mary..... le psalme Memento Dne David.

>> 11 nov^{bre} 1593. Arch. mun. Villebarou, vol. 1672, f⁰ 59, r⁰.

‖ Terme de vigneron : provin, marcotte de vigne : « J'ai bein des fousses à faire dans c'te veigne-là ».

J'ai fait marché avec Umbredâne pour faire nos vignes des Brionières, à raison de..... 30 sous du cent de *fosses*.

> 9 juin 1697. *Journ. des Ch. remarq.*, St-Laumer, f° 4, v°.

Foussé, *sm*. Fossé.

Gargantua..... faisoyt de la terre le *foussé*.

> RAB., I, 11.

Abuttant d'un bout audict Gencian ung *foussé* entre deux devers gallerne.

> 1511. Terrier du Monceau (Mer), f° 29, r°. Arch. L.-et-C. G.

Foutrasser, *va*. Toucher à tout, fouiller partout : Je n'aime pas voir un enfant foutrasser comme ça.

ÉTYM. *Fatrasser*, en changeant l'*a* en *ou* sous l'influence d'un mot grossier. Fatrasser vient de *fatras*. amas confus : Littré le définit ainsi : S'occuper à des niaiseries. Il a donc perdu le sens primitif qu'il avait encore au XVII° siècle : *fatrasser, imbrogliare* (Oudin). sens qui a été conservé dans foutrasser.

Foutrassier, *sm*. Qui « foutrasse » : Veux-tu bien te tenir, petit foutrassier.

Franc, anche, *adj*. Qui ne se fait pas prier pour payer ce qu'il doit. libéral. généreux : Vous deviez donner davantage. vous n'êtes pas assez franc. ‖ Qui produit régulièrement. fertile. en parlant des arbres et des terres : Ce poirier n'est pas franc.

Francillonnet, ette, *sm*. et *f*. Habitant de Francillon. village à 5 kil. de Blois.

ÉTYM. La forme de ce mot est défectueuse. il faudrait *Francillonnais. aise*.

Francis, Francinotte, Sinotte, Noton, *npr*. François.

Frâsil (frà-zi), *sm*. Résidu du charbon. de la braise. L'Académie appelle *fraisil* les cendres, résidus du charbon de terre. Frasil est dans le Dictionn. de Boiste.

Fratrès (frà-trés). *sm*. Perruquier.

ÉTYM. Ailleurs on dit *frater*. au singulier. Il est difficile de déterminer pourquoi nous employons. nous. le même mot au pluriel.

Frayon, *sm* Sep pièce de bois ou plus souvent de fer qui sert de base au corps de la charrue et donne la direction a la raie

Étym *Frayer*

Fred (fré) **frède,** *adj* Froid froide Fred comme glace. ‖ *Sf* Froidure Amasser la fred aux pieds

Étym Ital *freddo*, lat *frigulus*, même sign

Fremer, *va* Fermer

Et après lad Bourget *frema* sa porte
        1678 Aff Desouches Arch L.-et-Ch B Baill de Blois

Fréquenter, *va* Faire la cour a Frequenter une jolie fille ‖ *Vn* Si j'avais a frequenter ce n'est pas avec elle que j'irais

Friche, *s* Qui est dit féminin dans tous les dictionnaires est ici masculin

Joignant de sollere *un* friche
                26 août 1737 Partage Arch H Johannet
On n'avait jamais vu la   qu'*un grand friche* ou les herbes maigres se jouaient au vent
    Ph de CHENNEVILRE *Avent du petit roi Saint-Louis* p 147

Frigousse, *sf* Nourriture peu délicate A sa noce ? c'etait pas ça il n'y avait que de la frigousse. ‖ Nourriture en general Hum ! pas grand' frigousse a ton souper ! Ce mot ne s'emploie pas dans la conversation serieuse

Étym Pej de *fricot*

Frillant, ante, *adj* Grelottant de froid Tout nu, tout frillant C'est le part pres. de l'ancien verbe *friller*

Friller, tremolar di freddo
                        OUDIN, *Dictionn*

Étym « Friguere, soy demener, ou travailler pour le froit. *friller* ou frissonner » Ducange *frigulare*

Fripe, *sf* Ce qu'on mange avec son pain Si tu manges toute ta fripe, tu n'en auras pas d'autre Littre dit . Tout ce qui se mange , ici, le sens est plus restreint

Friper, *va* Manger jusqu'a la dernière miette ce qui reste

11

dans un plat, dans une assiette : Friper le plat, une casserole bien fripée.

Étym. Orig. inconnue.

Friser, *va.* || Friser du son, l'humecter avec un peu d'eau : Je frise du son pour les poules.

Froid, *sf.* Froidure, basse température, est du genre fém.

Tu vas nous faire amasser *la froid* inutilement.
    Indépendant de Loir-et-Cher, 20 février 1891, p. 2.

Dans la campagne on dit plus souvent *la fred*.

Fromer, *va.* Fermer : Fromer la porte. (*Voyez* RENFROMER).

Étym. Prononciation plus accentuée, plus sonore de *fremer*, forme locale de *fermer*. (*Voyez* Chap. prélim. § *PRONONCIA-TION*. R).

Fromi, *sm.* Fourmi : Un gros fromì.

Or sont venus les *fromis* esueillez.
    Vitraux de Chantilly. *Gaz. des Beaux-Arts*, 1886, p. 171.

Étym. Lat. *formica*, m. sign.

Frongle, *sm.* Furoncle :

Le gros *froncle* au cropion.
            Rab., *Prol.* du 4e liv.
La feue machee a ieun et applicquée, meurit, dissoult les *feroncles*.
            Comment., chap. 146.

Froubencer, *va.* Frotter : Froubencer une « ormoire ». || *Vr.* Se froubencer, se salir en se frottant à quelque chose de malpropre. || *Part. passé* : Froubencé, fait sans soin, sans talent : C'est-il froubencé, de l'ouvrage comme ça !

Étym. Péjor. de « *froubir* ».

Froubir, *va.* Fourbir.

Froûilles, *sf. pl.* Feuillage de certains végétaux ; se dit surtout des pommes de terre : Les froûilles de pomme de terre ne sont bonnes qu'à faire du fumier.

Étym. Lat. *frondiculus*, dim. hypoth. de *frons*, feuillage.

Froumi, *sm.* Le même que FROMI.

Li *froumi* fait pourveance de blé.
            Eust. Deschamps, p. 191 (Crapelet, 1832).

Fumelle, *sf* Femelle

Madame de Coulanges écrivoit à l'abbé Testu « J'ai trouvé votre femelle ou *fumelle* » C'étoit mademoiselle de Crenan, qui alors étoit aussi maigre que lui

T. DES RIAUX, t. X, p. 215

‖ Femme, par dénigrement C'est une triste fumelle ‖ Fille de mauvaises mœurs Il vit avec une fumelle

Dans tous ces sens on dit aussi *femelle* Le *u* se prononçant souvent *eu*, l'ignorant confond le *e* de femelle avec la diphtongue *eu*, et pense être logique en lui restituant le son de *u* (*Voyez* U et EU au § préliminaire *PRONONCIATION*)

Fumellier, *sm* Le même que FEMELLIER

Fumerion, *sm* Petit tas de fumier déposé par intervalles dans un champ qu'on veut fumer Un lièvre s'était « cuté » derrière un fumerion On trouve anciennement *fomeron* et *foumeron*

Funne, *sf.* ? Mot disparu

Ils peschèrent environ cinquantes enguilles qu'ilz mirent dedans une centine, qui estoit estachée audit chalan, et icelle emmenèrent jusques aux *funnes* près de la porte de la fouerie dudit Bloys

1409 DUCANGE *funifex*

Fûter, *va* Fatiguer outre mesure C'est de l'ouvrage qui vous fûte ‖ *Fig* Importuner, excéder On est fûté de l'entendre

ÉTYM Anc franç *fuster*, fustiger, accabler de coups, du lat *fustis* bâton

Les Portiers le *fustent* et lyent,
Batent tuent ou crucifient

Rose, 1580

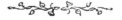

G

Gabâillon, *sm.* Méchante cahute : Il logeait dans un gabâillon.

ÉTYM. Péjor. de *cabane* avec transformation du *c* en *g*.

Gâche, *sf.* Rame : Une gâche de hêtre.

Jehan Grineaul, qui estoit à un port de la rivière de Loire..... print un aviron, nommé *gaiche*.

1376. DUCANGE, *gachum.*

ÉTYM. Anc. h'-all^d *Waschan,* laver ; proprement, instrument à remuer l'eau.

Gâcher, *vn.* Ramer, se servir de la « gâche ».

Gâger, *va.* Tremper dans l'eau, aiguayer : Gâger du linge, le rincer dans une dernière eau quand il vient d'être lavé ; Gâger des « lians » pour les rendre plus souples.

ÉTYM. C'est l'ancien mot *guer, gayer,* baigner, laver, ital. *guazzare :*

> Tantôt après on vint tirer
> De l'eaue pour *gayer* les chevaulx.
>
> COQUILL., *Monol. du Puys,* p. 161.

avec la transformation locale du *y* en *g.* (*Voyez* ABAGĔ).

Gagner (gan-gnĕ), *va.* ‖ *Loc. :* Gagner plus au pied qu'à la toise, s'enfuir.

ÉTYM. Jeu de mot qui repose sur le double sens de pied : Gagner au pied signifie s'enfuir, et le *pied,* mesure, est la sixième partie de la toise.

Gailloche, *sf.* Caillou, ne s'emploie plus que dans les locutions : Jeu de gailloche, jeu de bouchon où le bouchon est remplacé par un caillou ; Menton de gailloche, menton saillant et d'un dessin quelque peu irrégulier.

Menues rochettes plates et grosses *gailloches* parmy.

P. DE GARCIE, *Le grant Routtier,* Godefroy.

ÉTYM. Autre forme de « caillote ».

Gaîne, *sf.* ‖ Pierre poreuse, de mauvaise qualité, terme de carrier.

Étym Origine inconnue

Galerne, s/ L ouest et l ouest-nord-ouest Le vent qui était haut tout à l heure est tombé dans la galerne Opposé à solaire, dans les désignations de bornage C est toi qui me joins de galerne

Joingnant d'autre bout vers *gallerne* a la traicte par laquelle on va dud lieu gangner le grand chemin de Chouzy

1621 Invent de Beaune p 116 Arch L -et-Ch
B Baill de Blois

La haute-galerne le nord-ouest
La basse-galerne le sud-ouest
Étym Celt *qualarn*, vent d ouest

Galernée, s/ Bourrasque venant de la galerne

Galferte, sf Vagabondage Courir la galferte être sans cesse par chemins se dit surtout des gens qui n ont pas de domicile, des galfertiers des « traîniers »

Étym All^d *Walfart* pèlerinage dans le sens de vagabondage.

Galopée (à la), loc adv A la hâte Ouvrage fait a la galopée

Galvage, sm Usité seulement dans la loc Être en galvage, flâner traîner çà et là pour tuer le temps

Étym Le patois poitevin dit *galouage* qui est évidemment le même mot. d un autre côté la vieille langue avait *garouage*, qui signifiait exactement la même chose

> Camillac fut bon compagnon
> De suborner dame Prudence,
> Qui se targuoit de haut renom
> Faisant la femme d importance
> Elle blamoit fort le déduit,
> Le passe-temps, le badina a a a a age,
> Et cependant on la surprit
> En revenant de *garoua a a a a a age*

T DES RIAUX, t VIII p 223

De sorte que *galvage* par l intermédiaire de *galouage* se trouve être le même mot que *garouage*, qui vient de *garou*, loup-garou (germ *war*. homme et *ulf*. loup) C est probablement de galvage que vient *galvauder* comp *pelage* et *pelauder*. battre (quelqu un lui) frotter la peau

Galvénier, *sm.* Celui qui, dans la moisson, est chargé de
« broqueter » les gerbes. En Beauce on dit *calvenier.*

ÉTYM. Orig. inconnue. On disait anciennement, et les Picards
disent encore, *gavelle* pour javelle, gerbe (Duc. *gavella*). Par
transposition du *l*, accident assez fréquent, gavelle a pu devenir
galvelle, d'où *galvelier* et *galvenier.*

Gambi, ie, *adj.* Qui a les jambes tortes : Jean le gambi.

ÉTYM. Anc. franç. *gambe,* jambe.

Gambillé, ée, *adj.* Qui n'est pas droit, tors, déjeté : Un brin
de bois tout gambillé.

ÉTYM. Anc. franç. *gambille,* petite jambe.

Gamet, *sm.* Cépage de qualité inférieure mais abondant,
très répandu dans le Blaisois.

ÉTYM. Mauvaise orthographe, pour *Gamay,* nom d'un village
de Bourgogne.

Il serait à désirer que l'on renouvelât l'ordonnance de Charles IX
qui défendait de planter l'infâme *gamay* dans les vignes qui pro-
duisent des vins fins.
                    A. JULLIEN, *Topog. des Vign.,* p. 81, ap. Littré.

La commune gouvernée par notre colonel, c'est une vigne de bon
plant : gouvernée par une autre, ce ne sera plus que du méchant
gamet, et pour lors je ne donnerais pas cinq sous de la vendange.
                    Ch. DE BERNARD, *Gentilh. camp.,* Ibid.

Ganivelle, *sf.* « Douelle » de dimension inférieure qui n'a
pas 0,10 cent. de largeur. Grande ganivelle, celle que sa hauteur permet d'employer dans la confection des poinçons. Petite
ganivelle, celle qui ne peut servir que pour les quarts. ‖ Objet
de peu de valeur, camelotte : Ils ne feront pas d'argent à cette
vente-là, il n'y a que de la ganivelle.

ÉTYM. Pour *canivelle* qui serait une sorte de féminin de
caniveau, dim. de *canneau,* petite canne, à cause du peu de
largeur de ce merrain ?

Gapâille, *sf.* Gaspillage : Il ne faut pas mettre son argent à
la gapâille. ‖ État de ce qui est éparpillé, désordonné : Tout est
en gapâille dans cette maison-là.

ÉTYM. « *Gapâiller* ». Le beauceron dit *gripâille.*

Gapâiller, *va.* Gaspiller : Gapâiller son argent. ‖ Éparpiller sans soin, sans ordre : Gapâiller le foin en « fenant ».

Étym C est le même mot que *gaspiller*. radical *gasp* ou *gap* et le suffixe frequent et pej *ailler*

Garbot, *sm* Poisson du genre able qu on appelle ailleurs chevanne cyprinus leuciscus
Étym. Orig inconnue

Garbotiau, *sm* Petit garbot garbot

Ils leverent plusieurs nasses ou ilz trouverent barbillons et *garbouteaulr*, qui povoient bien valoir six blans
1409 DUCANGE, *garbola*

Garibaldi, *sm* Vin tellement vert qu il est a peine buvable Mauvaise vendange on ne va faire que du garibaldi
On dit aussi souvent *garibardi*
ÉTYM En 1859 la vendange fut particulierement mauvaise et nos paysans. ne partageant pas sans doute l admiration de Victor Hugo pour le *heros des deux mondes* donnérent au vin le nom de Garibaldi qui etait alors à la mode

Gas (gâ), *sm* Garcon Un beau gas ‖ Celibataire Un vieux gas ‖ Fils Mon gas tire au sort la semaine qui vient. ‖ Domestique mâle Je te prêterai mon gas deux jours ‖ Homme, en genéral Un bon gas un bon enfant un mauvais gas un homme de mauvaise réputation.
ÉTYM Origine inconnue *Gars*, germ *var*. homme ?

Gascon, *sm* ‖ Cepage qui donne un vin rouge de bonne qualite

Gâteau (dans la campagne gâ-tio), *sm* ‖ « Cochelin » Si je vas a la noce ? je crois bien. je porte un gâteau oui je porte le gâteau de la mariee (c'est-a-dire c est moi qui suis son parrain) *Voyez* COCHELIN

Item donne a sa fillole Jacquette. fille de Jean Boesiere. une mine de ble pour le *gasteau* de ses nopces
21 aout 1573 Arch. mun Villebarou, vol 1564

Item donne a Marie Marion sa filleule pour son *gasteau* une fois payée la somme de trente sols, au cas qu'elle meure avant de la voir mariee
21 fev 1618 Arch L -et-Ch Fabrique de St-Victor. G hasse I

Gaudron, *sm*. Goudron

Spalmatura, *gaudron, godron*

Oudin, *Dictionn.*

Étym. Arabe *kathrân*, même signification.

Gayer (ghè-iè). *va*. Baigner, laver, tremper dans l'eau. Se dit spécialement du linge : Gayer des draps. C'est le langage de la ville ; dans la campagne on dit « gâger ».

Gayot, otte (ga-io). *adj*. Bigarré, tacheté : on dit plus souvent *gayote*. ‖ Qui a les cheveux de plusieurs couleurs ; *Gayot* est un nom propre assez commun dans le Blaisois.

Étym. *Gai*, parce que la réunion des couleurs est plaisante à voir. L'Italien dit de même *gaietta pelle*, peau mouchetée. Le berrichon a *gariau*, même signif., qui pourrait venir du lat. *varius*, varié.

Gayotĕ, ée, *adj*. Bigarré, tacheté : Une vache gayotée.

Étym. « *Gayot* ».

Gégneux, *sm*. Petit pot à panse rebondie, dans lequel les paysans font, ou plutôt faisaient tiédir leur boisson ; se dit aussi en Picardie.

Étym. Origine inconnue.

Gelauder, *v. imp*. Geler légèrement.

Gelique, *spr*. Angélique, nom de femme.

Genetin, *sm*. Cépage aujourd'hui disparu ou nommé autrement :

Une pièce de vigne située aux Bruères, par. de St-Claude-de-Diray, chargée..... de la somme de dix solz huict deniers tournois et deux moysines de raisins *genetins* bons et raisonnables qui auront trois pieds et demy de longueur et de grosseur convenable.

1633. Arch. dép. L.-et-Ch. G. III.

Étym. *Genet?* à cause de la saveur du raisin.

Genouillière, *sf*. Genou de porc cuit. ‖ Jambonneau.

Gens, *sm. pl*. ‖ *Loc.:* Être ou n'être pas de gens, être ou n'être pas bien ensemble, être ou n'être pas amis : Il n'ira pas à sa noce, je crois qu'ils ne sont pas de gens.

Étym. Le mot lat. *gens*, signifiant l'ensemble des personnes sortant d'une même souche a pu passer naturellement du sens de *allies* à celui de *amis*.

Georges (saint). || *Prov.* A la Saint-George (23 avril)
Bonhomme seme ton orge
A la Saint-Marc (25 avril)
Il est trop tard

A la *Sainct George*, laisse ton avoine, seme ton orge
LIEBAUT, *Mais rust*, V, chap 18

Germin, ine, *adj.* Germain germaine Cousin germin, cousine germine

Etienne Fleumas, cousin *germin* des deux costez Marie Robert, sa cousine *germine*
25 nov^{bre} 1681 Arch mun de Villebarou, vol 1672

Gervir (se), *v.* Se remuer s'aider de ses membres « I se si las que je n'peux pus me *gervir* »

Ce verbe ne s'emploie guere qu'à l'infinitif

ETYM L'ancienne langue avait *jorvir porvir porvir* suffire qui est probablement le même mot avec une derivation assez naturelle du sens Il faut noter aussi qu'on ne rencontre ces formes anciennes qu'à l'infinitif comme notre *gervir* La forme *jurvir* indique peut-être comme origine le lat *juvare*, aider servir

Geste, *s.* Est resté feminin comme il l'était dans l'ancienne langue En racontant la « chouse », il faisait la geste

Il fist l'umble contenance de corps, mais *sa geste* et parolle estoit aspre
COMMINES, II, 5

Gevrais (saint), *spr* Saint-Gervais bourg voisin de Blois

Gille (saint). *s/ Prov* Il y a de tout comme a la Saint-Gille la Saint-Gille est le nom donne anciennement à la foire de Blois qui dure du 25 aout au 6 septembre et meme plus tard

Les vrais jours de foire sont les 29, 30, 31 aout et premier septembre (Saint-Gille)
FOURRI, *Cout de Blois*, p 456

Gimberter, *vn* Sautiller être en gaîté. se dit surtout des animaux, des bestiaux Ce mot est plutôt beauceron

ÉTYM. Pour *gimbetter* (*jambetter*), agiter les jambes, fréquent. du simple, fictif ou disparu, *gimber* (qui a formé aussi *regimber*), de jambe ; ital. *gambettare*, *sgambettare*, même signification. Pour le changement de *am* en *im*, comparez *ramper* et *grimper* (qui ont une même origine : Brachet, *Diction. étym.*).

Gironnée et **Gisonnée,** *sf.* Le contenu du giron, ou mieux du tablier d'une femme : Une gironnée d'herbe.

Icellui Roussel qui avoit une *gironnée* de cailloux en suiant le suppliant.

1405. DUCANGE, gyro.

Git, *sm.* Jet, action de « gitter ». ‖ Espace couvert par le semeur jetant la semence. « Ce gouliau est si étret qu'il n'a seulement pas le git ».

Giton, *sm.* Jeton.

Deux bourses, une de cuir et l'autre d'escarlatte rouge auecq cent treize *gittons* estant dedans.

1655. Invent. de Passac, p. 11. Arch. L.-et-Ch. E. 660.

Gître, *sm.* Gîte.

Gîtrer, *vn.* **Se Gîtrer,** *vr.* Avoir son « gître », en parlant d'un lièvre.

Gitter, *va.* Jeter : Gitter des pierres.

Et cil asegia Andrenoble et i dreça trente perrières qui *gitoient* en la cité et as murs et as tors.

VILLEHARDOUIN, CLXIX. (Littré, jeter).

ÉTYM. Ital. *gittare,* lat. *jactare,* même signif.

Glaude, *spr.* Claude. ‖ Saint-Glaude, Saint-Claude-de-Diray, bourg à 8 kilomètres de Blois.

Le suppliant dist à icellui Glaude.....
1179. DUCANGE, vinagium 6.

Gléne, *sf.* Glane : Une gléne de blé. Anciennement *gléne* se disait plus que *glane.*

Ruth. ... retournant avec sa glaine à Noëmi.
La Saincte Bible, p. 236. Lyon. Thibaud Ancelin, 1605.

ÉTYM. Ducange donne *gelina, glana* et *glena.*

Gléner, *va* et *n* Glaner On ne doit pas glener tant que les gerbes sont dans le champ

> Il fera aussi mal *glener* ceste année
>
> Rab, II, 12

Étym *Voyez* Glêne

Gléneux, Gléneuse, *sm* et *f* Glaneur glaneuse

Glu, *sm* Botte de paille de seigle triée et peignée qui sert a faire des « hans » et à « accoler » les vignes Samedi la paille de seigle se vendait jusqu'à 15 sous le glu

Un cent *de glus* pour couvrir la loge en laquelle ovroient les maçons

> 1399 Cte de Nevers Bibl com Nevers, ap Godefroy

Étym Flamand *gluye*, paille (Littré *glui*)

Gnâs, *sm* Grand garçon qui a encore les manières et la simplicité d'esprit d'un petit enfant Un grand gnâs

Étym *Naïs ?* avec la prononciation locale

Go, *sm* et *f* Faire le ou la go regarder de travers. prendre un air menaçant, en parlant d'un taureau ou d'une vache expression beauceronne

Étym Origine inconnue. *comp* cependant Visàgo

Godelan, *sm*. Scie à lame large et à une seule poignée qui sert à scier la pierre

Étym. Origine inconnue

Godet, *sm* ‖ Sorte de gamelle de bois munie latéralement d'un long manche percé dans sa longueur ce qui fait une sorte d'énorme pipe en bois En buvant par l'extrémité du manche l'eau fraîche contenue dans la gamelle on se désaltère plus sûrement et avec moins de danger qu'en buvant à même Cet ustensile devient de plus en plus rare

> Chascun vouloit recueillir de ceste rosee, et en boyre à plein *quodet*
>
> Rab, II, 3
>
> Plus paye unze solz pour une seille et un *godet* à Mr le Vicaire
>
> 1672 Cpte de la Marelle Egl de la Chaussee-St-Victor

Gonfle, *adj des deux genres* Gonfle gonflée Il a tant mangé qu'il en est tout gonfle

> Déjà sur le figuier la figue s'engrossit
> Pleine et *gonfle* de lait.
>
> Rémy BELLEAU (Paris, 1578).

Ménage donne *gonfle* et *gonflé*.

Gorge-rouge, *sf.* Rouge-gorge. oiseau, motacilla rubecula.

> On y voit aussi des linottes et des *gorges-rouges*.
>
> M. COCCAIE, I. XIV.

Gosse, *sf.* Bélier. mouton. brebis ; ce mot ne s'emploie que dans la conversation badine.

ÉTYM. « *Gosser* ».

Gosser, *va.* et *n*. Cosser. frapper de la tête. en parlant des moutons.

Gouâbiě, ée, *adj.* Qui a un pied ou les deux pieds mal tournés : Un chercheux de pain tout gouâbiě.

ÉTYM. Ne serait-ce pas une forme altérée de *gambillé? Voyez* ce mot.

Gouape, *sf.* Vie de débauches. d'excès, de ribote : Il n'aime que la gouape. ‖ Celui qui se livre habituellement à ces excès : Les gouapes ne sont pas rares dans les scieurs de long.

ÉTYM. Lat. *rappa*, vaurien. Cette étym. est peut-être un peu savante. et pourtant si *gouape* était de la langue littéraire. il traduirait bien ce passage d'Horace :

> Non ego. avarum
> Quum veto te fieri, *rappam* jubeo aut nebulonem.
>
> HORACE, *Sat.*, I.

Gouaper, *vn.* Mener une vie de « gouape ».

Gouapeur, *sm.* Celui qui mène une vie de débauches. de ribote. de « gouape ».

Gouas, *sm.* Sorte de raisin blanc à grosses grappes. qui donne du vin de qualité inférieure.

> Il ne doit mettre ès lieux humides le complant qui a les grains tendres et gros comme savoureux, *gouest*.
>
> LIÉBAULT, *Maison rust.*, VI, chap. 2.

ÉTYM. Origine inconnue.

Gouin, *s m* Coureur de filles débauché se dit surtout d'un homme d'un certain âge Un vieux gouin

ÉTYM *Gouine*

Gouine, *s f* Fille femme de mœurs dissolues

ÉTYM Celt *gaduin* anglais *quean*, même signif

Goulard, arde, *adj* Bavard, à qui on ne peut rien confier Non, je ne veux pas te le dire tu es trop goulard

ÉTYM « *Goule* »

Goularderie, *s f* Bavardage, commérage

Jacotin Poulet le print à moquer et dire plusieurs *goulardises* auquel le suppliant dist que se il ne cessoit de ainsi bagouler que on lui respondroit autrement

1447 DUCANGE, *bagori*

ÉTYM. *Goulard* ci-dessus

Goule, *s f* Bouche Une grand goule

Voila comment les belles paroles nous croissent en la *goule*

Moy de parvenir 1, 116

‖ Figure tête Bien sûr, il va se faire casser la goule ‖ Ouverture Galette cuite à la goule du four c'est-à-dire à l'ouverture du four pendant qu'on est en train de le chauffer

En da, vous avez mieux dit qu'un four, et vous n'avez pas la *goule* si grande

Ibid, 1, 273

‖ Bavardage Il vous « abage » avec sa goule ‖ Gourmandise Pour la goule il se ferait pendre

ÉTYM Vieux mot français du lat *gula*, bouche, gueule

Gouler, *v a* Parler bavarder Il n'avance point à ouvrage il ne fait que gouler

ÉTYM « *Goule* »

Goulet, *s m* Petite rigole

Les eaux entroient par certains *goulets* qui estoient sous le Chapitre et le Tresor de Saint Jacques

1517 BERNIER, p 16

Une maison assise en ceste ville de Blois pres les Trois *Goulets*

1621 Arch L -et-Ch. G St-Laumer Coulanges

ÉTYM. Dim de « *Goule* », ou peut-être mieux *couler*

Gouliau, *sm*. Morceau de terre de peu d'étendue : Il n'y a qu'un quart de boisselée, ce n'est qu'un gouliau.

ÉTYM. Pour « *Couliau* ».

Goumas, *sm*. Sorte de table sur laquelle on manipulait la pâte. Mot disparu.

Deux *goumas*, autrement des tables servant à tourner la paste.

19 janvier 1766. Vente, f° 38, verso. Arch. H. Johannet.

27° Une mauvaise met à paitrire pain, un *goumas* de bois, ses tréteaux.

30 nov. 1782. Règlement. *Ibid.*

ÉTYM. Origine inconnue.

Gourgaud, *sm*. Celui qui s'empiffre de nourriture, goulu, goinfre.

ÉTYM. *Gourge* pour *gorge* ? L'ancienne langue avait *gourgonceau* qui semble être un augm. de *gourgaud* :

Lequel tenoit grand rigueur aux gens d'église, les appelant grimauds *gourgonceaux*.

J. VAULTIER, ap. Godefroy.

Gourgousser, *vn*. Se dit de l'effet produit par l'introduction violente de l'air dans un liquide ou par son refoulement. Une bouteille gourgousse quand, étant vide, on la plonge dans un vase plein d'eau, ou quand, étant pleine, on la vide en la renversant brusquement. Un liquide épais qui bout sur le feu gourgousse quand à sa surface se forment des bulles qui éclatent ; se dit aussi en Picardie.

ÉTYM. Probablement, comme *glouglou*, onomatopée tirée du bruit que produit l'air dans ces conditions.

Gourme, *sf*. Boursouflure sur un tronc ou une branche d'arbre, occasionnée soit par un nœud, soit par une galle.

ÉTYM. Radical inconnu, le même que celui de *grume*, écorce.

Goùsier, *sm*. Gosier : *Grandgousier*, le père de Gargantua, dans Rabelais.

ÉTYM. Origine inconnue.

Goùssier, *sm*. Petite botte faite par le « batteux » des débris de la paille et des épis quand il relève son « aisée », et qu'on donne aux bestiaux comme fourrage.

ÉTYM. Origine inconnue. Est-ce un dérivé de *gousse* qui

aurait été employé pour balle débris des grains résidus produits
par le battage que l'on enferme dans le *goussier* ? Il y a bien
l'ancien verbe *gousser*

Gousser, c'est manger

G. BOUCHET. *Serees*, III, 180 (Roybet)

mais alors le mot dérivé serait *goussaille* et non *goussier*

Goy (goué) *sm* Forte serpe sans « massonnier »

J'empoignay d'allegresse un *goy* dedans la main

RONS, *Eclog*. I

Tranche, pelle de bois et *goues* pour arracher et couper des
arbustes dans le parc de Menars

27 pluv. an III Reg des délib de la mun de Villebarou

ETYM Celt *goy*, recourbé

Grâces, *sf. pl* Noël qui se chante aux mariages, au moment
ou les invités vont prendre congé après deux ou trois jours de
noce   A mon banquet c'est Jean-Pierre qui a entonné les
grâces

ETYM *Graces* est le premier mot de ce noël dont voici le
premier couplet

> Graces soient rendues
> Au Dieu de lassus
> De la bienvenue
> De son fils Jésus,
> Qui naquit de Vierge
> Sans corruption
> Pour notre décharge
> Souffrit Passion
> Alleluia
> Kyrie Christe, Kyrie eleison

Le violon accompagne les chanteurs, tout le monde est
debout et les hommes sont découverts Cette coutume se perd
mais, il n'y a pas longtemps encore les grâces étaient le Te
Deum obligé de tous les mariages de nos campagnes

Graissage, *sm.* Ce qui rend un mets gras. graisse ou
beurre Avec du graissage ce n'est pas malin de faire du bon
fricot

Graisseux, euse. *sm* et *f* ‖ *Fig* Patelin qui par de belles
paroles et des flatteries cherche à capter la confiance   Elle me

disait comme ça : Je n'en vois point qui ait une aussi belle maison que vous. Ah ! la vieille graisseuse !

Étym. *Graisse*, par anal. avec un outil bien graissé qui pénètre mieux dans le bois.

Gràler. *va*. Rôtir, faire passer par la flamme ou par le feu : Gràler des marrons.

> *Graister* les chataignes.
>
> RAB., I, 28.

On dit aussi Faire gràler. ‖ *Vn*. Recevoir la chaleur d'un foyer, des rayons du soleil, se hâler, se dessécher : Je viens de faire un bon guéret, à présent ça va gràler.

Étym. Anc. franç. *graille*, gril. C'est une autre forme de griller.

Grangetiau, *sm*. **Grangetelle,** *sf*. Habitant des Granges, faubourg de Blois.

I. **Grappe,** *sf*. Outil de tonnelier, sorte de crampon qui sert à maintenir le dernier cercle d'une futaille, pendant qu'on le met en place.

> Ung asse, deux meschantes dolloueres, ung paltraict, une *grappe*.
> 1617. Invent. Rahart, p. 11. Arch. L.-et-Ch. B. Baill. de Blois.

Étym. Anc. h¹-alld^d *chrapfo*, all^d moderne *krappen*, crochet.

II. **Grappe,** *sf*. Petit raisin. ‖ Au *pl*. se dit absolument et spécialement des raisins, gros ou petits, laissés par les vendangeurs et récoltés par les grappeurs : Une hottée de grappes. Une *grappe* de raisin, comme l'entend l'Académie, se dit : un raisin.

Grapper, *vn*. Cueillir dans les vignes les raisins laissés par les vendangeurs.

> Ces paoures ignorans icy qui *grappent*..... et vendangent les clos.
> RAB., V, 18.

Parce que plusieurs particuliers soit de la ville ou ailleurs ne cherchent que le moment de *graper* et d'aller dans les vignes d'autruy pour y prendre le raisin.

> 22 sept. 1793. Reg. des délib. mun. de Villebarou.

‖ *Fig*. Faire de petits gains : Un petit épicier qui grappe par-ci, par-là. L'Académie dit *grapiller*.

Grapperie, s/ Action de « grapper ». La grapperie sera
bien difficile cette année ‖ Temps permis pour grapper. La
grapperie n'est pas encore donnée, c'est-à-dire le maire n'a pas
encore fait publier l'autorisation de grapper.

Et quand à la *graperie*, il est deffendu à tous citoyens quelconques
de se transporter dans les vignes que trois jours après la fin de la
vendange

22 sept 1793 Reg des delib de la mun de Villebarou

Grappeur, euse, sm et f Celui celle qui « grappe »

Gravotter, vn Se remuer « Sitoût qu ses gâs pouvent
gravotter i yeux met cune marre enter les mains » c'est-à-dire
sitôt que ses enfants sont un peu forts

> Monsieur l'Cure, cirez vos bottes,
> Si vous voulez vous marier,
> Car dans mon cœur ça me *gravotte*
> Comme des rats dans n un guernier
> *Refrain populaire*

ÉTYM Autre forme de « *gravouiller* ».

Gravouiller, vn Remuer confusement, grouiller. Les
vers qui gravouillent dans le fromage ‖ *Vr* Se gravouiller,
se remuer difficilement. Il est si ancien, si usé, qu'il ne peut
quasiment plus se gravouiller

ÉTYM H‑all^d *crewelon.* grouiller.

Grec, eque, adj Qui a l'air rebarbatif, revêche rude

Grégades, s/ pl Manières pretentieuses, affectées soit
dans la parole, soit dans le geste C'est Frederic qui fait ses
gregades. il me scie le « dous »

Ce mot est usité surtout à Saint-Denis et à la Chaussée-Saint-
Victor.

ÉTYM Orig inconnue Peut-être *grèque.* culotte haut-de-
chausse on aurait dit faire des gregades comme on dit encore
faire la belle jambe ?

Grêle, s/. Instrument de « nettisage » qui consistait en une
grille de fer inclinée sur laquelle on faisait couler lentement
les grains et graines Il a été remplacé partout par le « tarât »

Plus deux minots, une *grelle* une autre *grelle* en forme de moulin
23 déc 1788 Invent , p 14 Arch H Johannet

‖ Grille en fer qui sert a nettoyer le caillou cassé. a séparer le sable du jard etc

ÉTYM Anc français *grail grecl* grille

Gremir (on prononce souvent guer-mi) *va* Reduire en morceaux tres menus pulveriser Gremir du pain pour faire un « miot »

ÉTYM Probablement dérive irregulier de *gram* reduire en morceaux gros comme des graines.

Grenage, *sm* Mauvaises graines ou graines etrangéres qui se trouvent mêlees aux grains des cereales

Un autre septier de bled mesteil noir et plain de *grenage*
      10 nov 1608 Invent Seigneuret, p 50 Arch L.-et-Ch
      B Baill de Blois

Grenette, *sf Voyez* GUERNETTE.

I **Grève,** *sf* Banc de sable dans le lit de la Loire L'eau baisse on commence a apercevoir les grèves ‖ Terrain « cailloteux » La vigne se plaît ici ce n'est qu une grève

Le meilleur climat a vignes de la Chaussee-Saint-Victor s appelle *les Grèves*

ÉTYM D un rad celt *grav* qui a formé aussi les mot *graver grauelle gravois*

II **Grève,** *sf* Raie qui partage les cheveux sur le sommet de la tête

      La *greve* de moun cheef
      Fetes la *greve* au lever
    XIVᵉ ˢ GAUTER DE BIBLESWORTH, *Le Treytié,* etc

ÉTYM Orig inconu Le vieil italien avait *grava,* creux fosse.

Gribousi, *sm* Eumolpe insecte qui decoupe les feuilles de la vigne et l epiderme des grains du raisin Le français dit *gribouri*
ÉTYM Orig inconnue

Gricher, *vn.* Grincer Gricher des dents

Griffon, *sm* Crochet de fer fait en forme de solide hameçon a deux trois ou quatre pointes grapin.

Une tranche, deux *griffons* de fer, ung marteau
    1616 Invent Prieur p 12 Arch L-et-Ch B Baill. de Blois.

Étym Augm de *griffe*.

Grigne (Le paysan prononce encore greigne) sf Morceau de pain benit taille dans la bordure : La grigne des enfants de chœur est moins grosse que celle des chantres

Étym Orig inconnue

Grille, sf Gril Faire cuire une andouille sur la grille

Comme un cheval se polit a l'estrille
Et comme on voit un harang sur la *grille*

St Gelais, ap Godefroy

Plus une mauvaise *grille* de fer, une lanterne de fer blancq

7 dec 1765 Invent , p 16 Arch H Iohannet

Étym Anciennement *grail, graille,* bas-lat *gratucula* pour *craticula.* même signif

Grippe-jésus, sm Nom plaisant qu'on donne un peu par denigrement, au gendarme, par allusion aux soldats de Caiphe qui se saisirent de J -C.

Grissaud, de, adj Qui « grisse » en parlant d'un enfant ǁ Hargneux, revêche, en parlant d'une grande personne On ne peut rien lui dire, elle est si grissaude

Grisse, sf. Pleurnicherie . Vas-tu finir ta grisse, a la fin !
Étym « Grisser »

Grisser, in. Pleurnicher, en s'efforcant de pleurer pour de bon, se dit d un enfant Il ne fait que grisser du matin au soir

Étym Frequent irregulier de *crier* En ital *gridio* et *gridatoire, gridatrice,* qui viennent de *gridare,* crier ont exactement le sens de *grisse* et de *grissaud, aude*

Gros-noir, sm Variete de raisin qui donne un vin teinturier, cépage cultivé surtout a Saint-Lubin Marolles et Villebarou

Le 21e (Janvier 1697) envoié par Denis le loup six poinçons un quart de *gros noir* chez M le Comte Curé de Fosse, qui nous a promis de les vendre comme du vin du pais

Journ des Ch remarq , St-Laumer, fo 1

Grouiller, va et n Ramasser le bois mort dans les forêts « brouilleter ».

Étym. Peut-être le même que *brouiller*, *brouilleter*. (*Voyez* ce mot).

Grouilleux, euse, *sm.* et *f.* Celui, celle qui va « grouiller » dans les bois.

Groûler, *va.* Remuer : Groûler une grosse pierre. ‖ Se groûler, *vr.* Se remuer : Je suis si las que je ne peux plus me groûler.

Étym. Pour *crouler*.

> Comment sa teste s'est..... *croustée* et esbranlée.
>   RAB., III, 45.

Grous, Grousse, *adj.* Gros, grosse : Un grous homme, une grousse femme.

Grouselle, *sf.* Groseille : Des grouselles rouges.

> Leur presentant prunes vertes et *grozelles*.
>   CRÉTIN, *Déb. de deux dames*, p. 89.
> Un petit pot de verre dans lequel y a des *groselles* rouges confittes.
>   1617. Invent. Présid. de Metz, p. 77. Arch. L.-et-Ch.
>   B. Baill. de Blois.

Grousellier, *sm.* Groseillier.

> *RAPINUS*. Gallice *Grousetier*.
>   DUCANGE.

Grousiller, *vn.* Grouiller : Des « queues-de-poêle » qui grousillent dans la « mase ».

Étym. Fréquent. de *grouiller*.

Grous-noir, *sm.* Le même que GROS-NOIR.

Groussier, ière, *adj.* Grossier, grossière.

Grucher, *vn.* Grimper : Un drôle qui est tout le temps à grucher sur le « javellier ».

Étym. Origine inconnue.

Grucheux, euse, *sm.* et *f.* Enfant qui aime à « grucher ».

Guche, *sm.* Juchoir : Un petit guche au-dessus du « tet ».
Étym. *Voyez* JUC.

Gucher, *vn.*, ou **Se Gucher,** *vr.* Jucher, percher : C'est là que les poules guchent, ou se guchent.

Étym « *Guche* »

Guèbe, s/ Hieble

Guené, ée, *adj* Qui a ses vêtements mouillés tripés Il est entré tout guené

Étym Ce mot dont l'origine est inconnue est peut-être le radical de *guenille* D'autres disent *quede,* qui vient lui, du verbe *queder* rassasier soûler et signifie alors saturé d'eau

Guéneux, euse, *adj* Comme Guéné

Gueniau, s/ Gosier Il a reçu un coup sur le gueniau ne se dit que par plaisanterie
Étym Origine inconnue

Guenillon, s/ Chiffon ‖ Marchand de chiffons et de peaux de lapins ‖ Homme dont les vêtements sont en loques en guenilles

Guerdiller, *in* Frétiller ‖ Grelotter de froid
Étym Origine inconnue On pourrait rapprocher *guerdiller* de « *fertiller* » (frétiller) comme « *guernouiller* » de « *fer- nouiller* »

Guerdin, s/ ‖ Morceau de viande volaille etc pendus par une ficelle devant le feu pour rôtir ‖ Tourne-broche rôtissoire mue par un appareil mécanique
Étym Si la filiation des sens est telle, *guerdin* a été dit ainsi par analogie avec un *gredin,* gibier de potence Si au contraire c'est le sens de rôtissoire qui doit précéder il s'agirait alors du petit chien qu'on appelait autrefois *gredin*

> Le grand et le petit épagneul sont devenus grand et petit *gredins*
> BUFFON, *Quadrup Le chien*

Le chien aurait encore donné son nom à cet ustensile comme au *chenet* et au « *cagnard* », deux autres accessoires du foyer

Guerland, ande (gher-lan) *adj* Meuble friable Une terre guerlande
Étym *Guerle,* forme locale de grêle lat *gracilis ?*

Guerlaud, aude (gher-lò), *adj* Menu, chétif Un raisin guerlaud ‖ *S/* Guerlaud de Saint-Marc sorte de cépage qui donne un vin rouge de qualité supérieure

Étym. Dim. de *grêle*, lat. *gracilis*.

Guerle (gher-l'). *sf*. Grille qui sert au nettoyage de différentes matières, « grêle ». *Voyez* ce mot.

Guerlincer (gher-lin). *vn*. Produire un bruit aigre comme
une porte ou une roue mal graissée en tournant.

Étym. Probablement forme locale de *grincer*.

Guerloter (gher-lo). *va*. Secouer, agiter (un objet qui
produit du bruit) : Guerloter une porte. ‖ *Vn*. Produire un
bruit analogue à celui d'un grelot : Je ne sais pas ce qui
guerlotte dans c'te boîte-là : la porte guerlotte.

Guernàzelle (gher-nâ), *sf*. Rainette, sorte de petite grenouille, dite aussi grenouille de Saint-Martin.

Étym. Dim. local de « *guernouille* », sous l'influence du radical
lat. *rana*, grenouille. L'ancienne langue avait *reneisselle* :

> Quant leisardes et *reneiselles*
> Et sorz lor pendent aus mamelles,
> Ne sunt pas illors demeiselles,
> Ainz se claiment sovent misselles.
>   Est. DE FOUGIÈRES, ap. Godefroy.

Guernètier (gher-nè), *sm*. Grainetier, marchand de grains
et de graines.

> *Guernetier* sur tous approuvé
> Du sel.
>   COQUILLART, *Enqueste*, p. 101.

Guernette (gher-net), *sf*. Feuille de sapin desséchée : mot
venu de Sologne.

Étym. Probablement dim. de *graine*, quoiqu'il soit difficile
de saisir un rapport entre ces longues aiguilles et une graine
quelconque. Ducange donne, comme mot auvergnat. GARNA,
rami pinorum, quibus furni calefiunt; c'est bien la même
chose. *Comp.* GUERNIPI.

Guernetter (gher-nèt-tè), *vn*. Semer dans le sillon, devant
le laboureur : On guernette dans les blés en planche; dans les
blés à plat on sème à la volée.

Étym. Pour *greneter, graineter*, de *grain, graine*.

Guernipi (gher-ni). *sm*. Comme GUERNETTE : Brûler des
guernipis.

ÉTYM. *Graine* et *pi.* qui vient peut-être de *pinus*, pin sapin ?

Guernouiller (gher-nou) *va.* Remuer agiter un liquide || *Vn.* Être remué agité, en parlant d'un liquide « Y a encore queuque chouse dans ce poinçon-la je sens bein que ça guernouille » || Se remuer s'agiter dans l'eau Quand je me baigne. je ne nage pas. je ne fais que guernouiller *Comp* FERNOUILLER

ÉTYM. *Guernouille*, grenouille

Guerouée, *sf* Famille nombreuse de petits animaux Une guerouee de petits canets On dit même, par plaisanterie une guerouee d'enfants

Oncques on ne vit *grouee* d'oisillons eux parquer sur un buisson
Docum. de 1129 ap Wallon *J. d'Arc*, p 87

ÉTYM. Pour *grouee grouillee* qui grouille qui remue

Guéseter, *va* et *n* Mettre en gueret Guéseter un champ il est trop tard pour guéseter

ÉTYM. *Guésel* anc prononciation de guéret

Guesite, Guesiton, *spr* Marguerite. Les paysans des villages voisins de Francillon appellent, par plaisanterie les femmes de cet endroit des *guesites* parce que à Francillon. l'usage de transformer le *r* en *s* s est conservé plus vivant que partout ailleurs *Voyez* chap prélim § *PRONONCIATION* R

Guêtron, *sm* Bas dont le pied est enlevé et remplacé par un sous-pied que mettent les femmes de la campagne pendant l'ete

ÉTYM. *Guêtre*

Gueule-bée, *sf* Fût défoncé par un bout
ÉTYM. *Gueule* ouverture. *bée,* béante
Panurge ayant la *gueulle* (bouche) *bée*

RAB., V, 15

Guîche, *sf* Bâtonnet. petit morceau de bois appointi par les deux bouts qui sert a un jeu d'enfants Ce jeu lui-même On frappe avec un petit bâton, ou une palette en bois, la guîche à terre pour la faire sauter en l'air puis on l'attrape à la volée en criant Guîche — droite — a l'alouette! Pour gagner l'adversaire doit ou l' « arrigoter ». ou la lancer dans un cercle etroit trace par terre d'ou l'autre joueur s'efforce de la repousser à l'aide de son bâton avant qu'elle n'ait touche terre

Étym En Berry. un *guichet* c est un verrou. la *guiche* en ayant à peu près la figure ces deux mots ont evidemment la même origine qui est inconnue Il est à remarquer que le même mot sert a designer le même jeu dans les Vosges (Haillant. *Patois Vosgien*) En Beauce *guinet* en Picardie *guise*

Guignanleu, *sf Voyez* GUILANNEUF

Guigne, *sf* || *Prov* Payer des guignes a la Foire. se dit ironiquement pour promettre une récompense extraordinaire. une recompense comme on n en voit pas Si tu peux me prouver ca je te paierai des guignes à la Foire

Étym C est de la grande foire de Blois qu il est ici question; comme elle tombe le 25 août il est bien impossible d'y trouver des guignes

Guignolet, *sm Voyez* LIGNOLET.

Guilanneuf (gui-lan-neu), *sf* Aumône, ou plutôt petit cadeau qu on fait aux enfants le 31 decembre, comme on leur donne. le lendemain la bonne année, et, le Lundi de Pâques, les œufs de Pâques Si vous plaît ma guilanneuf !

Pour aller a l'*aguillanneuf*

RAB , II, 4

Souvent dans la prononciation on fait permuter le *l* avec un *n* et l on dit *guinanleu,* et même *guignanleu*

Étym. *Au gui l on neuf !* La tradition prétend que la veille de l année nouvelle. les druidesses poussaient ce cri en coupant le gui des chênes avec une faucille d or

Gyries, *sf pl* Plaintes lamentations exagérées, ridicules Malgre toutes ses gyries je ne la plains point

Étym Lat. *gyrus* tour et détour ?

H

Habiller, *va.* ‖ Habiller le chanvre, le peigner, le préparer pour en faire de la filasse.

Soixante livres de chanvre non *habillé* estimé à raison de sept sols la livre.

23 déc. 1788. Invent. Arch. H. Johannet.

Hachet, *sm.* Ridelle de charrette.

Une autre charette de roulage, deux *hachets* et une mauvaise roue.

7 déc. 1765. Invent., p. 29. Arch. H. Johannet.

Étym. Origine inconnue.

Hachotter, *va.* Hacher menu, coupasser : Il ne sait pas faire le « charnier », il ne fait que le hachotter.

Haïsson, *sm.* Enfant qu'on déteste; enfant moins aimé que ses frères et sœurs : Elle aime bien ses enfants, mais celui-là, c'est son haïsson.

Étym. *Haïr.*

Halequiner, *vn.* Haleter, être à bout de souffle : Je l'entendais qui halequinait dans la montée.

Étym. Pour *haletiner,* fréq. de *haleter.*

Hâler, *va.* Hisser, élever, enlever avec peine, avec effort : « Il'té si tellement soûl que j'avons été obligés de le hâler dans sa charrette ».

Hâleux, euse, *adj.* De hâle, sec : Temps hâleux, matinée hâleuse.

Hallefessier, *sm.* Gueux, vagabond efflanqué et de haute taille.

Étym. Origine inconnue. Qu'est-ce que ce *halle*, qui se trouve aussi dans les vieux mots *hallepiguaille*, voleur, pillard, et *halefertier*, galefretier ? Le sens de ces trois mots offre une grande analogie. *Voyez* GALFERTE.

Hana, *sm.* Tout vaisseau destiné à contenir des liquides :

En mettant tous les hanas à l' « agout », ça sera autant de tiré pour la « buée ».

Quiconques veut estre escueliers à Paris, c'est a savoir venderes d'escueles, de *hanas* de fust et de madre...

XIII° s. *Lir. des mestiers,* ap. Littré, hanap.

ÉTYM. Anc. h¹-all⁴ *hnapf,* vase.

ʹHanon, *sm.* Au S.-O. de Blois, la jacée, centaurea jacea.
ÉTYM. Origine inconnue.

Haret, *sm.* Instrument de cuisine, sorte de grande fourchette de fer. Mot disparu.

Deux chodrons, deux poestons d'arain, une ecumoire, deux cuillers de cuivre jaune estimé avec un *haret* ou grande fourchette de fer sept livres.

30 nov. 1782. Règlement, p. 2. Arch. Hip. Johannet.

ÉTYM. Orig. inconnue. Peut-être pour *haret.*

Havet, croc, crochet, fuscina.

DUCANGE, *Havetus.*

ʹHargne, *sf.* Averse passagére avec vent et grésil.
ÉTYM. Origine inconnue.

ʹHargner, *vn.* Ètre hargneux, grincheux, quinteux : On ne sait par quel bout le prendre, il ne fait que hargner.

Ung enfant aagié de deux ans ou environ, qui plouroit et *hergnoit* par force de maladie.

1426. DUCANGE, *harnascha.*

‖ Hennir, en parlant d'un cheval. C'est dans ce sens qu'il est le plus employé.
ÉTYM. Ancien français *hargne,* mauvaise humeur.

ʹHas (hâ). *sf.* Haie : Une has d' « aucpin ».
ÉTYM. Anc. h¹-all⁴ *haga,* même signif.

Haubergeon, *sm.* Piéce de l'habillement de dessous des femmes de la campagne, consistant en un bourrelet qui sert à soutenir les jupons à la taille.
ÉTYM. Dim. de *haubert,* chemisette de mailles trés-fines descendant jusqu'à mi-cuisse (Demay. *Le cost. d'après les sceaux.* p. 119). Les femmes auront probablement fait usage d'une sorte de tournure qu'elles auront nommée *haubergeon* par anal. de forme avec cette chemise de mailles, laquelle tournure s'est

trouvee reduite de par le caprice de la mode au simple bourrelet d'aujourd'hui

' **Haut,** *adj m* || Du Nord en parlant du vent Le vent est
haut

' **Haute-galerne,** *sf* Le Nord-Ouest Le vent est dans la
haute-galerne

' **Haute-solaire,** *sf.* Le Nord-Est Le vent ne tient pas
quand il est dans la solaire ou la haute-solaire

' **Hêlà,** *interj* Hélas Hêlà non ' Hêlà oui '

Eh ' dit-elle la, la — Mais, comment ' es-tu fachee d'etre mariee '
                                        T DES RIAUX, t IX, p 12

Herber, *in* Se dit de la façon dont une faux coupe l'herbe
Elle *herbe* trop ou pas assez selon que par suite d'un vice de
monture sa pointe est trop ou pas assez relevée. On dit aussi
par analogie, d un soc qu'il *herbe* trop ou pas assez selon que
par suite d'un vice de monture ou de forge sa pointe s ecarte.
soit en dehors. soit en dedans de la ligne droite indiquee par le
« frayon »

Hirondelle, *sf* || Rondelle Un essieu avec son hirondelle
et son esse

Deux lances a poulces pareilles, ferrees et armees chascune de son
arondelle pour couvrir la main devant
                        Jehan de Saintré, ap Ducange. *hirundo.*

' **Hognasser,** *in* « Hogner » fréquemment A la façon dont
ton enfant hognasse c est les dents

' **Hogner,** *in* Gronder murmurer

                        Hongne qui vouria '
                        Devise de la maison de Mailly

|| Faire entendre. par intermittence de petits cris plaintifs
en parlant d un enfant au berceau
ÉTYM Peut-être onomatopee '

Honneur, *s* Est feminin C est une grande honneur que
vous me faites

L'honneur fut si *profonde,*
Et de si haultain faict,
Que jusqu'au bout du monde
La mémoire s'en fait.
G. CHASTELLAIN, dans Bourdigné, *Faifeu.* p. 157.

Horsein, *sm.* et *f.* Personne étrangère au pays, au village :
C'est un horsein, il ne trouvera pas de danseuse : se dit de même
en Picardie. On dit aussi *Forsein.*

Celui qui jugera les *horsains* et les estrangers.
LA BODERIE, *Harm.* ap. Godefroy.

ÉTYM. Qui est de *hors* le *sein* du pays.

Hors-l'homme, *loc. adv.* Le côté opposé à celui où se
place l'homme pour conduire un cheval ou une voiture, c'est-à-
dire le côté droit : Il ne faut jamais se placer hors-l'homme,
crainte des accidents.

Hôtel de Saint-François, *prov.* A Blois, avant la Révo-
lution, le couvent des Cordeliers, dont le patron est saint
François d'Assise, était contigu à la prison et les portes de ces
deux maisons se trouvaient sur le même plan, celle-ci à gauche,
celle-là à droite. Dans les disputes et les querelles on entendait
souvent l'un des adversaires envoyer l'autre *à l'hôtel de Saint-
François, la porte à gauche.* Ce dicton, tombé en désuétude,
n'aurait plus de sens aujourd'hui que le couvent a disparu et
que la prison occupe ses bâtiments.

Houis (ouî). *sf.* Houis de cave, ou simplement Houis, ouverture qui sert à aérer une cave. *Voyez* OUIS.

ÉTYM. Ital. *uscia,* lat. *ostium,* porte.

Hoûle, *sf.* Grande crevasse remplie de terre mêlée de pierres
roulantes qu'on rencontre dans les bancs de pierre, large faille ;
terme de carrier.

ÉTYM. Hollandais *holl,* danois *hual,* creux.

Houpanne, *sf.* Vêtement grossier : Vêtu d'une méchante
houpanne. ‖ Au *pl.* Hardes aux trois quarts usées : Débar-
rassez-moi donc de toutes ces houpannes.

ÉTYM. Orig. inconnue. Le mot lat. *pannus,* drap et chiffon,
semble n'y être pas étranger.

Hourder, *vn.* Se dit de la boue, de la terre détrempée qui s'attache aux roues des voitures. Ça hourde « en decontre » des roues

Par la morbieu, dit il, j'en suis si *hourdé* (bourré) que plus n'en puis

Louis XI, *Nouv.*, X

ETYM. H^t-all^d *horden*, entasser, accumuler *hort* amas provision

Housser, *va.* Chasser « courser » en malmenant quelque peu, houspiller ‖ Exciter pousser à faire quelque action

ETYM. *Houx* frapper avec une branche de houx comme un vêtement qu'on bat avec un *houssou*, une *houssine*

Huitive, *sf.* Huitaine

Les *Huitieves* de la chandeleur

1271 DUCANGE, *octava*

Ne s'emploie plus aujourd'hui que dans Service de huitive service religieux célèbre pour un defunt huit jours après sa mort

Veult qu'il soit donné aux pauures une mine de ble en pain cuit et à chascun pauure une chopine de vin à *huitive* de son obit

1er janv. 1601 Arch. mun. Villebarou, vol. 1672, f° 101

Sera celebre trois grandes messes et neuf messes basses, pareil nombre de messes hautes et basses à sa *huitive* et pareil nombre à son anniversaire

9 oct. 1665 Arch. L.-et-Ch. Invent. tabr. d'Avaray, f° 7

ETYM. C'est la forme populaire du lat. *octava* dont *octave* est la forme savante

Hulbec, Hurbec, *Voyez* URBEC

Hussier, *sm.* Huissier

Item assavoir que les *Hussiers* de salle. . feront vuider la salle de toutes gens

1317 DUCANGE, *ribaldi*

I

I, *pron.* Désigne la 3ᵉ personne masculine au singulier et la 3ᵉ personne des deux genres au pluriel, devant une consonne : « I se sa leçon, i savent leux leçons ».

Ici, *adv. de temps.* Du temps présent : Il doit partir ces jours-ici. C'est l'ancien langage jusqu'au XVIIᵉ siècle : aujourd'hui on dit : Ces jours-ci.

> A veoir la trongne de ce faulx villain Revisit, il est encores plus ignorant et meschant que ces paouvres ignorans *icy.*
>
> RAB., V, 18.

Icit (i-si-te), *adv.* Forme patoise de *ici* qu'on entend assez souvent dans le pays blaisois, mais ordinairement dans la bouche de gens qui n'en sont pas originaires.

> Les marguilliers de Sainte-Marguerite
> Ont fait bouter cette verriere *icyte.*
>
> T. DES RÉAUX, t. X, p. 181.

Ignau, *sm.* Agneau. L'ancienne langue disait aigneau ; la diphtongue *ai* s'est changée en *i*, ici comme dans beaucoup d'autres cas : Naine, *nine,* germaine, *germine.*

Ignolet, *sm.* *Voyez* LIGNOLET.

Il, *pron.* Désigne la 3ᵉ personne masculine au singulier et la 3ᵉ personne des deux genres au pluriel, devant une voyelle :

> *Il* atendirent jusqu'au quart jour et *il* revindrent au palais.
>
> VILLEHARDOUIN, XII, ap. Littré.

Image, *s.* Est masculin malgré son origine lat. *imago,* qui est féminin : Un bel image.

> Les beaulx pilliers..... soustenoyent
> *Ung bel ymage* en lieu de chasse.
>
> Rose, 21711.
>
> Ils m'ont bien vu prendre *ce petit image..*
>
> Bon. DES PÉRIERS, *Cymbal.,* I, p. 38.

Imbranlable, *adj.* Qu'on ne peut remuer, inébranlable.

Mais les Français, *inbramlables* dans les principes qu'ils ont adoptés

5 mai 1793 Reg des delib de la mun de Villebarou

‖ Qui ne peut se remuer Il est soul imbranlable

Immanquable (m-man-ka-ble) *adj* ‖ Infaillible Un remède immanquable

Imparfait, aite, *adj* Malin taquin d'un gouvernement difficile, en parlant d'un enfant

Impotent, ente, *adj* Imbécile, mais Un grand impotent ETYM Lat *impotens*, qui ne peut pas C'est le sens figuré comme dans le mot *imbecile*

Incarnat, *sm* Trèfle incarnat Une charretée d'incarnat

Indique, *sf* Action d'indiquer ‖ Indice On m'a donné une indique pour trouver son adresse il y a deux « boutrous » a sa porte

Ingrat, ate, *adj*. Égoïste, avare Il ne fait pas bon travailler pour lui il est trop ingrat

Intéressé, ée, *adj* Qui regarde de très près a la depense interesse est cependant moins que avare

Intérêt, *sm* Amour de l'epargne pousse un peu trop loin Il ne connaît que l'intérêt ce bonhomme-là

Itou, *adv* Aussi Tu vas par la? moi itou — « Pourquoi don. itou qu'i s y prend de c te façon-là? »

Le gros Lucas aime a batifoler, et moi, par fouas, je batifole *itou*
                MOLIÈRE, *Fest de Pierre*, act II, sc 1

ETYM Anc franç *itel*, du lat *hic. ce talis. tel*

Ivrer (s'), *vr* S'enivrer Ce mot, peu employé ne l'est ordinairement que par ceux qui ne veulent pas dire *se soûler*

            Ceux ont l'âme plus divine
            Qui boivent l'eau crystaline
            Que Pegase fit sortir,
            Et qui bouillants de jeunesse
            S'*ivrent* au cours du Permesse.
                    Am JAMYN, *Œur poet*

J

Jàle, *sf.* Vaisseau de bois de la forme d'un grand baquet destiné principalement à recevoir la vendange.

> Fais que n'entre en la *jaille*
> Vin verd nesung.
>
> CRÉTIN, *à Hon. de la Jaille,* I, p. 215.

Elle donne audit Arnoul Racault les deux cuves, toutes les *jalles,* cnaulx.

> 1er déc. 1596. Arch. mun. Villebarou, vol. 1672, fo 65, rect.

ÉTYM. Orig. inconnue. Bas-lat. *jalo,* baquet.

Jàlée, *sf.* Le contenu d'une jàle : Trois jàlées de vendange font une pièce de vin.

Les pauvres de l'Hôtel-Dieu avoient un droit sur luy (le comte de Blois, Hugues de Chastillon), qui estoit de prendre en sa cuisine, toutes les fois qu'il couchoit à Blois, vingt pains, demi *jalaie* de vin, six pièces de chandelles, et autant de foin et d'avoine qu'il en faloit pour deux chevaux. (Vers 1295).

> BERNIER, p. 315.

Jàlette, *sf.* Petite jàle. ‖ « Bàrosse ».

Jalir, *vn.* Jaillir : L'eau de la pompe lui jalissait à la figure.

Un grand feu et une flamme claire qui *ialit* vers le ciel.

> AMYOT, *Sylla,* t. I, p. 920, éd. 1609.

Jàlot, *sm.* Grande « jàle » sans oreilles. Dans les villages qui n'ont pas de cours d'eau, et pas de lavoirs, les jàlots servent à contenir l'eau nécessaire à la « buée ».

Deux poinssons à sable, ung meschant *jallot.*

> 1617. Invent. Rahart, p. 14. Arch. L.-et-C. B. Baill. de Blois.

‖ Petit baquet, auge, dans lequel on donne la pâtée aux petits cochons, aux petits chiens, etc. Dans ce sens, il n'est pas employé dans la banlieue de Blois.

Ung *jallot* à faire manger des porcs.

> 1619. Invent. Perrot, p. 22. Arch. L.-et-C. B. Baill. de Blois.

‖ Sorte de baquet plat dans lequel les « mesureux » de la halle posent leur mesure pour ne point perdre de grain.

Jambe, sf || *Loc.* A jambes rigaudes à la renverse cul par sus tête. On dit plus souvent : A la jambe rigaude.

Étym. Origine inconnue. Rabelais disait : *A jambes rebindaines.*

Jambionner, vn. Marcher d'un bon pas sans se fatiguer : se dit sur la rive gauche de la Loire notamment à Chailles.

Jarbe, sf. Gerbe. « Une grousse jarbe de blé »

Et quand Booz eut mangé... et qu'il fut allé dormir auprès d'un tas de *jarbes*
La Sainte Bible, p. 237. Lyon, Thib. Ancelin, 1605

Étym. Anc. haut-all. *garba* gerbe.

Jard, sm. Gros cailloux qu'on trouve avec le sable dans le lit de la Loire d'une rivière. Passer le sable a la « grêle » pour en oter le jard.

Ils (des murs) ont tous 18 pieds de profondeur, ils sont posez sur le *jard*
1701. Journ. des ch. remarq. St Laumer, f° 31

Étym. Cf. Ital. *ghiara* même signif.

Jarderie, sf. Sorte de vesce sauvage. Viscia tenuifolia
Étym. Origine inconnue. Ducange a *Jergerie.* « une mauvaise herbe qui croist entre les bleds zizania i lolium »

Jardeux, euse, adj. Qui contient du jard. Sable jardeux.

Jàrousse, sf. Pois cornu, sorte de fourrage. Lathirus sativa

Item les terrages de Venouis en... pois, feves, *jarroces* et veces
1826. Ducangl, *Jarrossia*

Jarreteler, va. Mettre les jarretieres a || Se jarreteler vr. Mettre ses jarretieres. Elle se jarretelle trop bas.

Jarretiau, sm. Jarret de porc cuit morceau de charcuterie

Jarretier, sm. Jarretiere
Je perdy mon *gartier* en la rue
Les Evang. des quenouilles, p. 27, ap. Littre
Une paire de *jartiers* de soye incarnadine garnie de dentelles de soye
Aout 1618. Invent. Bothereau. Arch. L.-et-C. B. Baill. de Blois

13

Jauge. *sf.* ‖ Pièce de fer qui, dans une charrue, unit la chaîne de l'avant-train à la perche et qui, par sa position variable, règle le degré de pénétration du soc dans la terre.

Desquelles charues le suppliant print et emporta les ceps, *la jauge,* deux chevilles de fer et la tune.

1386. DUCANGE, *jaugia.*

Deux charrues et une charuette garnyes de rouelles, chesnon et deux coustres, deux *jauges* et autres ustancilles à labourer.

1617. Invent. Rahart, p. 16. Arch. L.-et-C. B. Baill. de Blois.

Javelle, *sf.* Petit fagot de sarments provenant de la taille de la vigne : Un cent de javelles. ‖ Ce bois lui-même : Un brin de javelle, un feu de javelle.

Le même jour trente Anglois partirent de leur fort, qu'ils avoient à S. Loup, estans habillez en femmes, faisant semblant de venir querir du bois, et des fagots de sarment qu'on nomme *javelles.*

Symph. GUYON, *Hist. d'Orl.,* II, 210.

Item ung tast tant de bourées que *jarelles.*

8 nov. 1616. Inv. Rotté. Arch. L.-et-C. B. Baill. de Blois.

ÉTYM. Bas-lat. *capulus,* branchage.

Javellier, *sm.* Tas de « javelles » : Un « bourrichon » a fait son nid dans le javellier.

I. **Jeu,** *sm.* Juchoir : Mettre les poules à jeu.

ÉTYM. Le sanscrit *ucca,* haut, semble, au premier abord, être le radical des mots français *jucher, hucher* et patois, *guche, gucher* ; mais, outre que les intermédiaires manquent du sanscrit jusqu'à nous, on peut croire que les formes *jeu, juc* et *jouc,* qui sont anciennes, indiquent simplement le lat. *jugum,* joug, et, par extension, morceau de bois posé horizontalement sur deux autres debout. Cf. JOUAU.

II. **Jeu,** *sm.* ‖ Jeu d'eau, jet d'eau.

Jeudi, *sm.* La femelle de la sauterelle verte : Avoir le ventre comme un jeudi, c'est-à-dire rond, très plein.

ÉTYM. Origine inconnue ; peut-être onomatopée, du bruit que fait cet insecte. En Poitou, c'est le grillon qu'on appelle Jeudi.

Jolivettes, *sf. pl.* Sorte de danse : Danser les jolivettes. On place sur une même ligne trois chaises, en laissant entr'elles un intervalle suffisant pour le passage des danseurs. Ceux-ci, au nombre de trois, à la suite l'un de l'autre, parcourent en dansant la ligne sinueuse formée par les intervalles en contournant la chaise placée à chaque extrémité, pour refaire le même trajet en sens inverse, de sorte qu'on pourrait dire que leur parcours figure un 8 à trois panses. Le dernier danseur de la file, au lieu de faire comme les deux qui le précèdent le tour de la dernière chaise, tourne devant cette chaise et se trouve ainsi être à la tête de la file. Ce manège se répétant à chaque extrémité et la danse étant menée grand train, il en résulte une confusion qui n'est qu'apparente, et un méli-mélo qui ne laisse pas de réjouir les yeux des spectateurs, surtout si les danseurs sont vêtus de couleurs différentes. En dansant ils chantent, ou plutôt les spectateurs chantent pour eux :

> Eh ! lon lon la, laissez-les passer
> Les un, les deux, les trois, les belles jolivettes
> Eh ! lon lon la, laissez-les passer
> Les jolivett' après souper

ÉTYM. Quelques-uns disent *olivettes*. Il s'agit en effet probablement de la danse de ce nom pratiquée en Provence. Et cependant, on se demande comment elle a pu émigrer dans un pays où l'on ne sait même pas ce que c'est qu'une olive. Il est vrai que, à première vue, on ne s'explique pas davantage comment un bourg voisin d'Orléans porte le nom d'Olivet.

Jôsè, *spr.* Joseph.

Jotte, s/. La moutarde sauvage, brassica arvensis. Un champ d'avoine plein de jotte.

ÉTYM. Origine inconnue.

Jouànée, s/. Feu clair et abondant, flambée.

ÉTYM. *Jouan* pour Jean (*Voyez* JOUANNET), par comparaison avec le grand feu qu'on bénissait autrefois le jour de Saint-Jean (24 juin), coutume qui subsiste encore dans la paroisse de La Chaussée.

Jouannet, ette, *adj.* Précoce, hâtif, en parlant de certains fruits, légumes, plantes fourragères, etc. Des poires jouannettes, des pommes de terre jouannettes, du trèfle jouannet, du mêlier jouannet.

Cinq boisseaux de gros pois blancs *jouanets*.

> 1617. Invent. présid. de Metz, p. 70. Arch. L.-et-Ch.
> B. Baill. de Blois.
>
> ..... *Johannets :* ibid., p. 78 ..... *joanets :* ibid.. p. 83.

Étym. *Jouan*, Jean. parce que les plantes les plus précoces mûrisent vers la Saint-Jean. 24 juin.

Jouasser, *vn.* Jouer mal à un jeu. ou jouer petit jeu.

Étym. Péjor. de *jouer*.

Jouasson, *sm.* Celui qui joue mal à quelque jeu. ou qui joue petit jeu : Un méchant jouasson.

Étym. « *Jouasser* ».

Jouau, *sm.* Brin de bois placé en travers sur deux autres branches fourchues : cet appareil formait à la vigne une espèce de berceau.

Et sera tenu led. p^r de metre es dites vignes chescun an tant comme il uiura demi millier de fourches et deus cenz et cinquante de *jouaus*, et y fera cinq garez en deux ans et y proignera chescun an de quinze proigneurs.

> 1301. Bail par le chap. St-Sauveur de Blois a Etienne Maci
> de la Chaucée. Arch. L.-et-Ch. G. 87.

Aussi est elle bonne (cette vigne) a mettre en appuy ou *jouelle* que les Latins appellent jugum. C'est quand apres auoir fiché en terre des perches debout on en met d'autres de trauers, ausquelles on lie la vigne.

> 1551. Cl. Cotterfau. *Colum..* III, 2.

‖ *Par ext.* La planche de vigne elle-même sur laquelle s'étendait ce berceau :

Sept *jouaulx* de vigne faisant partie d'une minée de terre (f° 26, r°) ..... Douze *jouaulx* de vigne prins en lad. minée (ibid.) ..... Six *jouaulx* de vigne faisant partie de lad. mynée (f° 26, v°) ..... Cinq *jouaulx* de vigne prins à la rive d'amont de lad. mynée (ibid.).

> 1511. Terrier du Monceau (Mer). Arch. L.-et-Ch. G.

Étym. Lat. *jugum*, joug, si l'on en croit Cl. Cottereau dans sa traduction de Columelle. La culture de la vigne en berceau semble avoir duré, dans notre contrée, jusqu'au XVe siècle, époque à laquelle le « charnier » fait son apparition. Cependant le terme *jouau* continua à être appliqué à la planche de la vigne jusqu'au milieu du XVIe siècle, où il est remplacé par *orne*, et, plus tard par *planche* Dans l'une et l'autre acception *jouan* a disparu ici depuis longtemps *Comp* JEU 1

Juste, *s m* Sorte de corsage de paysanne tres ajuste Un juste d indienne

Le premier porte une *juste*

Perceforest, V, 97 ap Littre.

Plus un *juste* et un jupon de drap cramoisy

Nov 1789 Vente volont., p 12 Arch. H. Johannet

K

Kornprobst, *sf.* Sorte de pavé destiné à maintenir les bordures des bernes sur les routes : Dix mètres de kornprobst.

ÉTYM. *Kornprobst,* ingénieur en chef à Blois. Mais les carriers et les cantonniers qui ne savent plus cette origine, disent *corne prope,* parce que, en effet, ces bordures contribuent à la propreté de la berne et de la route.

L

La, art fem Place devant un nom de famille, s'emploie pour désigner souvent la fille aînée, et quelquefois la femme de La Flumas la fille aînée ou la femme de Flumas Quelquefois quand ce nom en est susceptible on le féminise La Poulne la fille aînée ou la femme de Poulin ou Poulain

Je legue a *la Drouelle* un couvre-chef et une chemise
12 déc 1571 Arch mun Villebarou, vol 1564

Martina vero *la Pathaude*
16 juin 1582 *ibid*, *ibid*

Autrefois c'était d'un usage général Jouanneau Jouannelle Chabaud Chabaude Marchais Marchaise etc

Le treiz*me* jour de septembre 1626, a été baptisée Magdelene *Gatinelle* fille de Jehan Gatineau sa maraine Magdaleine *Daudine* fille de Jehan Dodin
3 janvier 1632, *ibid*, vol 1607

Marie *Comtesse* fille de André Le Comte
27 février 1636, *ibid*, *ibid*

(Les fils aînés ne s'appellent pas par leur prénoms, Etienne Denis etc mais par leur nom de famille Flumas Poulain)

Labbé, sm Clerc qui n'est pas encore prêtre « J'ai rencontré tous les labbés du grand séminaire » || Vicaire Le curé n'était point là c'est le labbé qui est venu

ETYM *Le abbé* par agglutination de l'article

Lâche, sf Le même que Lâcher 1 sur la rive gauche de la Loire

1 **Lâchée,** sf Sorte de petit ver de terre Chercher des lâchées pour pêcher

ETYM Anc franc *achée* *ache* avec agglutination de l'article

Soit pour apporter la béchée
A tes petits ou d'une *achée*
Ou d'une chenille ou d'un ver
ROSS, *Od retrun*

Du lat. *esca*, nourriture : ce ver sert d'appât pour la pêche à la ligne. *Lâche*, *tâchée* ou *âchée* ne sont usités dans le Blaisois que sur le territoire des communes qui ont de l'eau et où la pêche est pratiquée.

II. **Lâchée**, *sf*. Le même que ÂCHÉE, renouée.

Là-de-long, *adv*. Le long de cet endroit-là, de cela : Prends-garde de « péter » là-de-long, il y a de la salade de semée.

Laïde, *npr*. Adélaïde.

Laing, *sm*. Bande, liteau : mot disparu.

Une couverture de layne blanche barrée par les deux bouts de *laings* de rouge, vert et bleu

Nov. 1616. Invent. Gendrier, p. 3. Arch. L.-et-C. B. Baill. de Blois.

ÉTYM. Lat. *linea*, ligne.

Lait, *sm*. ‖ *Prov*. On mange bien du pain avec du lait, dicton qui repose sur un jeu de mot et qu'on applique à celui ou à celle qui, en se mariant, prend un conjoint dépourvu de beauté, mais riche.

Laiton, *sm*. Jeune poulain d'un an environ. ‖ Cochon de lait.

Là-le-long (lal'lon), *adv*. Le même que LÀ-DE-LONG.

Lambourde, *sf*. Long fouet dont se sert le laboureur pour toucher ses chevaux.

ÉTYM. Anc. franç. *behourde*, lance, perche.

Lampichon, *sm*. Bec qui porte la mèche d'une lampe ; mot disparu.

Plus payé pour auoir fait acommoder un chandelier et la lampe de l'Eglise et y auoir fait un *lampichon* neuf.

1669. C^tes de la marelle. Egl. Chaussée-St-Victor.

Landas (lan-dà), *sm*. Terre forte exempte de pierres, de cailloux, humus : Enlever une tomberée de landas.

ÉTYM. All^d *land*, champ, terre.

Languir, *vn*. ‖ Être le vaincu, au jeu de la « languisse » : Il languit depuis un quart d'heure.

Languisse, *sf.* Jeu de « canettes » : Jouer à la languisse. Le vainqueur s'efforce de chasser avec sa canette celle de son adversaire, jusqu'à ce qu'enfin celui-ci soit parvenu à la faire entrer dans le « poquet » central.

Étym. *Languir.* Cependant, il faut observer que l'ancienne langue avait le mot *anguisse*, chemin resserré, défilé, du lat. *angustus*, étroit. Languisse peut avoir été formé par agglutination de l'article, comme lierre pour l'ierre.

Lanterne, *sf.* Jeu de marelle : Jouer à la lanterne.

Étym. Origine inconnue. Peut-être à l'origine, la figure qu'on trace sur la terre se rapprochait-elle de la silhouette d'une lanterne ; mais aujourd'hui c'est celle bien connue du jeu de marelle, c'est-à-dire un carré long, ordinairement arrondi au sommet et partagé en un certain nombre de compartiments dont l'un est coupé par deux diagonales qui se croisent.

Lanverne, *sf.* Sorte de danse ancienne exécutée par deux danseurs placés face à face et qui font certains pas entre les bras d'une croix formée par deux bâtons placés à terre.

Étym. Origine inconnue.

Lapiner, *vn.* Mettre bas, en parlant d'une lapine.

Larron, *sm.* Siphon de fer-blanc ou de cuivre dont on se sert pour soutirer le vin.

Un *laron* de fer blanc.

Il niv. an Il. Arch. mun. de St-Denis-sur-Loire.

Étym. Lat. *latro, latronem*, voleur.

Làssée, *sf.* Lassitude : J'ai attrapé là une fameuse làssée. ‖ Prendre à la làssée, poursuivre un gibier jusqu'à ce que la lassitude et la fatigue le fassent tomber entre vos mains ; et *fig.* : Poursuivre quelqu'un de sollicitations réitérées, jusqu'à ce que l'on en ait obtenu ce que l'on désire.

Lattis (la-ti), *sm.* ‖ *Spéciall.* Sorte d'étagère faite de lattes ou de tringles de bois mince, sur laquelle la ménagère dépose ses fromages.

Laurion, *sm.* Laurier rose, nerium oleander : Un beau laurion blanc.

Cinq caisses d'orangers et quatre de mirtes, dix *lorions* en pot.
>21 déc. 1784. Arch. L.-et-Ch. H. Justice St-Laumer.

ÉTYM. Sorte d'augm. de *laurier*.

Lautemps. *adv.* Longtemps.

Lazare (Saint). *sf.* Assemblée qui se tient le Dimanche des Rameaux. en Bourg-Neuf. et qui se tenait autrefois en dehors de ce faubourg. près de *Saint-Lazare*, anciennement prieuré et maladrerie où l'on soignait les lépreux : La Saint-Lazare est la première assemblée.

Louis, son fils (du comté Thibault V, en 1190), y donna (au prieuré de St-Lazare) un droit de foire au vendredi qui precede le Dimanche des Rameaux avec tous les revenus du Comté de Blois au jour de cette foire et aux deux jours qui la precedent et qui la suivent.
>BERNIER. p. 65.

Lectique, *sf.* Cercueil : mot disparu. et qui n'était vraisemblablement employé que par l'Église.

Le lendemain a 9 heures du matin on chanta l'office des morts et apres la grande messe et l'absolution a la *lectique* qui etoit au milieu du chœur, M. l'Évêque officia.
>Avril 1716. *Journ. des ch. remarq.* St-Laumer, fº 50, rº.

ÉTYM. Bas-lat. *lectica*. même signif.

Légume, *s.* Est féminin : il est masculin en français.

Il croit dans son jardin de *bonnes légumes*.
>LABRUYÈRE, *Caract.*, p. 57. Paris, 1690.

Des *légumes assaisonnées* sans beurre.
>1710. *Journ. des ch. remarq.* St-Laumer, fº 38.

Leigne, *sf.* Ligne. Cette prononciation devient rare.

Et du milieu de celuy quarrefour par droite *leigne*..... jusque à la dicte maison.
>1296. Charte de H. DE CHATILLON, Cᵗᵉ de Blois,
>ap. N. Mars, p. 192.

Lende, *sf.* Lente. œuf de pou.

Auec nitrum ou sel rosty, les bulbes (de l'oignon sauuaige) ostent la tigne et les *lendes*.
>Comment., chap. 59.

ÉTYM. Lat. *tens, lendis*. même signif.

Léssu (lée-su). *sm.* Eau qui a servi à faire couler la « buée ». et qui se trouve colorée par la potasse de la cendre qu'elle a prise pendant cette opération *lessive*

Ordre du citoyen Risse agent des salpêtres, de mettre en réquisition les eaux des lessives appelées communément *lessues*

9 germ , an II Délib du Cons mun de Villebarou

Léssuée, *sf* La première eau dans laquelle on lave le linge au sortir du « tenou »
ÉTYM « *Lessu* »

Leu, *pl* **Leux,** *adj poss* Leur leurs J'ai vu leu maison et leux biens || *Pron cest de la 3ᵉ pers pluriel* Se « V'la les moiniaux qui leux raveillent »

De ma chair propre (les chiens) osent bien *leur* repaître
ROÑS , *Cass* 119

Lèxandre, *spr.* Alexandre

Lèxis, *spr* Alexis

Li, *pron pers* Lui Il peut bein y aller li

Mais point de fer ne d'achier ne puet seur *li* avoir et s'autre cose avoit seur *li* il perdroit se querelle
DUCANGE *Campiones*

Lian (on prononce souvent yan) *sm* Lien de paille pour lier une gerbe une botte

On la (le genest) nomme Sparton pour ce qu'il sert de chorde ou *lyan* pour lier les vignes
Comment , chap 290

ÉTYM C'est le même mot que *lien* avec la prononciation qui a subsisté jusqu'au XVIᵉ siècle

Lice, *sf* Petite ficelle Une pelote de lice pour un sou
ÉTYM Lat *licium*. même signification

Liche, *sf* Bombance Il n'aime que la liche
ÉTYM « *Licher* »

Lichée, *sf* Ce qu'on peut prendre avec sa langue en « lichant » || *Par extens* et le plus souvent Portion mince et légère d'une substance ductile quelconque ou de toute autre chose Une lichée de fromage sur son pain le maçon n'a mis qu'une lichée de mortier

Liche-fripe, *sf.* Lèche-frite. Ménage dit *lichefrite.*

Un laron de fer blanc, une *liche-fripe.*

   H niv. an H. Arch. mun. de Saint-Denis-sur-Loire.

Licher, *ra.* Lécher, friper : On n'est pas gros et gras de licher les murs.

  ..... Alors le flot qui voit
  Que le bord luy fait place, en glissant le reçoit.
  Au giron de la terre, appaise son courage
  Et, la *lichant,* se joue à l'entour du rivage.

     RONSARD, *Franc,* I.

‖ *Vn.* Faire bombance : Tu ne songes qu'à licher.

Licherie, *sf.* Vice du « licheur ».

  Et tout alloit en ribauldie,
  En *lecherie* et gourmandie.

     Rose, 15309.

‖ Au *pl.* Bonbons, sucreries.

Licheur, Licheux, *sm.* Qui aime les bons repas, noceur.

  Ainsi que fait le bon *lecheur*
  Qui des morceaulx est cognoisseur
  Et de plusieurs viandes taste
  En pot, en rost, en saulce, en paste

     Rose, 22477.

ÉTYM. « *Licher* ».

Lichon, onne, *adj.* Gourmand : Un chat bien lichon. ‖ *Sm.* et *f.* Qui aime les sucreries, les mets raffinés : Un vieux lichon.

ÉTYM. « *Licher* ».

Lichonnerie, *sf.* Défaut du « lichon ». ‖ Au *pl.* Mets recherchés, sucreries : Le dessert, ce n'est que des lichonneries.

Licoche, *sf.* Sorte de petite *loche.* (*Voyez* ce mot).
ÉTYM. Orig. inconnue.

Licouâner, *vn.* Lécher d'une manière dégoûtante : Les « lumas licouánent les cossons ».
ÉTYM. Augm. et péj. de « *Licher* ».

Liénard, *n. pr.* Léonard : se dit surtout dans *Saint-Liénard,* Saint-Léonard, bourg de la Beauce, à 29 kil. de Blois, on entend même *Saint-Glénard.*

Et saint *Lyenard* qui tous deffer ge
Les pelerins bien repentants
Rose, 9251

Sainct *Lienard*
1506 Arch Hotel-Dieu de Blois Reg E⁵

Liénarde, *n pr* Léonarde

Lienarde Daudin
30 janvier 1581 Arch mun de Villebarou, vol 1561

Liètron (dans la camp ye-tron) *sm* Laiteron plante
sauvage qui se rapproche de la laitue

Liette (dans la camp vette) *sf* Tiroir d un meuble quelconque

Un buffet de bois de noier fermant a deux fenestres a clef avec sa
liette
21 nov 1616 Invent Nic Nicard Arch dep B Baill de Blois
Liette ou layette, cassettina
OUDIN, *Dictionn*

Liger (li-ger), **ère,** *adj* Leger ere « Est-i liger ! Le cu
n'y peuse pas eune once ! »
ÉTYM C'est une ancienne forme de *léger* qui lui-même
s'est prononce de la sorte jusqu'au siecle dernier

La fortune aupres d'eux d'un vol prompt et *leger*
Les lauriers dans les mains, fend les plaines de l'air
VOLTAIRE, *Poeme de Fontenoi*

Liger (li-ger) *adj* Se dit d'un chargement de charrette mal
equilibre, qui porte trop en arriere « C tte charrette est chargee
trop liger », ou encore « Ça peuse liger »
ÉTYM *Voyez* LIGER *adj*

Lignolet, *sm* Chiendent. dans les bonnes terres cultivees
On croit generalement, et a tort que le lignolet est une espece
speciale C'est la nature du sol et la culture qui font que ses
rhizomes sont plus menus et beaucoup plus longs
ÉTYM On dit aussi *ignolet, mignolet* et *guignolet* mais je
crois que c est *lignolet* tel qu on le dit a Francillon qui est la
veritable forme dim de *ligneul* a cause de ses longs fils
rampants

Au *lignolet* je veus caucher
Et robe neuve li bailler
DUCANGE *Coinlises*.

Lignou, *sm.* Ligneul.

Étym. Lat. *lineola,* petite corde.

Ligoche, *sf.* Le même que LIGOCHE.

Ligouàner, *va.* Le même que LICOUÀNER : La vache est tout le temps à ligouàner sa longe.

Limoge, *sf.* Le Limousin, pays : « I kreverait bein tous les maçons de la Limoge que j'n'héritrais pas d'eune tervelle ». (Dicton de la rive gauche de la Loire).

Lindi, *sm.* Lundi.

Linge, *adj. f.* Une terre linge, c'est-à-dire friable, meuble, légère.

Étym. Origine inconnue.

Lingé, ée, *adj.* Se dit du linge qui, ayant subi plusieurs lessives, n'a plus l'apparence du neuf, et commence même à s'user : Des draps lingés, une serviette très lingée, c'est-à-dire presque usée.

Lisflamme (li-fla-me), *sf.* Iris, sauvage ou cultivé : Des lisflammes panachées. On dit aussi *éflamme.*

Étym. *Lis* pour la fleur, *flamme* pour les feuilles.

Lisot, *sm.* Sorte de couteau fait d'un morceau d'acier mince, généralement de lame de faux, fixé à un manche de bois : Je prends mon lisot pour aller « accoler ». ¶ *Fig.* et ironiquement : Un beau lisot, un homme de peu de valeur.

Étym. Nom d'homme, *Louis, Louisot, Lisot.*

Lisotte, *sf.* Sorte de petit couteau à lame recourbée en bec et fixée dans le manche, qui sert à vendanger.

Lisette. Nom, en quelques endroits, d'un petit couteau à lame peu tranchante, que l'on donne aux enfants.

                                              LITTRÉ.

Étym. « *Lisot* ».

Lite, *sf.* Elite :

La taxe du pain se fera dorénavant scavoir : celle du pain blanc sur le froment de *litte,* celle du gros pain sur le bon mesteil.

                    25 avril 1625, Arch. mun. Blois. Délib. des échev.

[Voyez ALITE.

Livrées, sf pl Rubans de soie ordinairement bleus et roses appelés aussi jarretières de la mariée coupés par petits morceaux et distribués à tous les invités d'une noce

Je vous convie à mes nopces, vous aurez de ma *livrée*

RAB , III, 30

‖ *Par extens au sing* Ruban de soie uni de quelque couleur qu'il soit Un bonnet à livrées

ETYM *Livre* chose remise donnée

Loche, sf Limace

Il avoit en la ruelle de son lict un dard, duquel il tuoit des *loches* en son jardin

D'AUBIGNÉ, *Faenest*, III, 21

ETYM Espag *loja*, même signification

Logereau (dans la camp lo-ge-rio sm Le même que LOGERON , se dit surtout en Beauce

Dans un *logereau* estant dans la cour dud logis a este trouve une cuve

1619 Invent Brethon Arch L -et-Ch B Baill de Blois

Logeron, sm Hangar où l'on range les charrettes et les autres instruments de culture

Dans un *logeron* s'est trouve vingt-quatre pots a lait

23 dec 1788 Invent , p 22 Arch H Johannet

ETYM Augm de *loge*

Lombardie, sf Affiloire pierre à aiguiser

ETYM *Lombardie,* province d'Italie ou se trouvent des carrieres de phtanite ou jaspe schisteux d'ou l'on tire ces pierres

Loquence, sf Eloquence et surtout grande facilite pour discourir « Noul l'abbé n'a pas d'loquence »

Aussi vostre fole *loquence*
Qui brait et crie, noise et tense

Rose, 12950

ETYM Lat *loquentia*, loquacite

Loquet, sm Hoquet Avoir le loquet

ETYM. Mot formé par agglutination de l'article *le* avec *hoquet,* en supprimant l'aspiration

Loriou, sm Loriot oiseau

Une forteresse que *l'oriou* avoit faite pour la sauve-garde de ses petits.

B. Palissy, 114, édit. Paris, 1844.

Étym. Pour *le oriou* par agglutin. de l'article ; du lat. *aureolus*, doré, ainsi dit de sa couleur.

Losse, *sf.* Bavardage, bagou : A-t-il une losse, ce mâtin-là !
Étym. « *Losser* » I.

I. **Losser,** *vn.* Bavarder : Quand il aura lossé tout son soûl, il se taira.
Étym. Origine inconnue. *Comp.* le lat. *loqui*, parler.

II. **Losser,** *vn.* Branler, remuer : J'ai une dent qui losse.
Étym. Celt. *lusca*, branler.

Louée, *sf.* Assemblée sur une place publique, où l'on loue des domestiques, des vendangeurs.

Louette, *sf.* Ixode ricin, insecte parasite qui s'attache aux animaux, et spécialement au chien.
Étym. Pour *louvette*, petite louve, à cause de sa voracité.

Loûmer, *vn.* Regarder çà et là avec des yeux inquiets : Un chien qui s'en va loûmant.
Étym. Origine inconnue.

Loup, *sm.* ‖ *Loc.* Pour lui, il n'y a point de petits loups ; se dit de quelqu'un qui est connu pour ses exagérations de langage. ‖ Battre le chien devant le loup : 1° Prendre le parti du plus fort en daubant devant lui son adversaire.

Parquoi nous nous satisfaisons, et vous aussi, en *batant le chien devant le lion.*

Moy. de parvenir, II, 15.

‖ 2° Prendre les devants en faisant une démarche plus ou moins pénible pour éviter un plus grand désagrément : On allait le mettre à la porte, il s'en est bien douté et a battu le chien devant le loup en donnant sa démission.

Loupette, *sf.* Houppette : La loupette d'un bonnet de coton.
Étym. Mot formé par agglutination de l'art. *la* avec *houppette*.

Lourd, *adj.* Mouton lourd, mouton atteint de la maladie qu'on appelle tournis.

Lourdine, *sf* Vertige momentané, étourdissement. Il lui a pris comme une lourdine, et il a tombé de sa charrette.

ÉTYM. *Lourd*, ci-dessus.

Lubre, *adj m* et *f* Lourd, lourde, pesant.

ÉTYM. Origine inconnue.

> Travail mes *lubres* sentemens
> Aguisa
>   VILLON, *G^d Test^t*

Quel est ici le sens de *lubre* ? Pénible, sombre, *lugubre*, du lat. *lugubris* ? De ce sens, par une marche assez naturelle, lubre serait arrivé à celui de pesant d'esprit, et, passant du moral au physique, pesant de corps. Cette interprétation, toute hardie qu'elle paraisse, n'est pas plus extraordinaire que celle des étymologistes qui font venir *lourd* du lat. *luridus*, jaunâtre. Il est vrai que Littré dit que c'est par une singularité très grande (*Voyez* Littré et Brachet).

Luisard, *sm* Lézard. Un petit luisard, un luisard vert. Rabelais (IV, 2) dit *Lizart*.

> Le chaméléon qui est une espèce de *lizart*.

ÉTYM. Ce mot semble tenir au moins autant à *luire*, briller, qu'au lat. *lacertus*, lézard.

Luizarde, *sf* Luzerne.

ÉTYM. Celt. *lus, llys*, herbe (Charles Toubin *Dictionn.*)

Lumas, *sm* Limaçon. Un lumas jaune.

ÉTYM. Ital. *lumaca*, même signification.

Lumero (lu-mé-ro), *sm.* Numéro. « Il a eu un bon lumero »

ÉTYM. Lat. *numero*, nombre. Cette substitution du *l* au *n* est inexplicable.

Lunot, Lunotte, *sm* et *sf* Linot, linotte.

Les lenotes ou *lunotes*, ou linotes, vont en trouppe tout l'automne et hyver

>   P. BELON, *De la nat. des oiseaux*, VII, 16

|| Lunot jaune, verdier, loxia chloris ou, d'après la nouvelle classification, fringilla chloris

(Ici c'est le bruant qu'on appelle verdier)

Étym. Orthographe défectueuse de *linot*, s'il est vrai que ce mot vient de *lin*.

Lurlure (à), *loc. adv.* A tort et à travers : Tailler un vêtement à lurlure.

Étym. Ce mot semble être de la famille de *lurelure*, *turtu-rette*, espèces d'onomatopées qui n'ont pas de sens originel.

Lut (lu), *sm.* Rut, chaleur, en parlant des brebis et des chèvres : Une brebis en lut ; mot venu de la Beauce.

Étym. All^d *lust*, désir ardent.

Luter, *va.* Saillir, en parlant des béliers et des boucs.
Étym. *Lut*, ci-dessus.

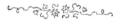

M

Màconner, *va.* Màchonner, mâcher avec difficulté ou avec négligence : Màconner une croûte de pain. On entend aussi *màcouiner.*

Madelénat, *sm.* Sorte de raisin de treille noir très précoce qui est quelquefois à peu près mûr, ou tout au moins tourné, à la Sainte-Magdeleine (22 juillet).

Magnimagno, *sm.* Personnage important, dans n'importe quelle situation sociale : mot de la conversation bouffonne : Tous les grous magnimagnos s'étaient réunis.

ÉTYM. Lat. *magnus,* grand.

Mai, *sm.* Aubépine : Une branche de mai.

ÉTYM. Le mois de *Mai,* parce que c'est l'époque où fleurit cet arbuste.

Maigre (mè-gre), *sm.* Petit-lait : Le maigre est bon pour les gorets.

Il est utile que le *mesgue* s'esgoule et se sépare du laict.
LIÉBAUT, *Mais. rust.,* I, 11.

ÉTYM. Celt. *meag,* petit-lait. On devrait dire *mègue;* le *r* a été introduit par assimilation avec *maigre,* d'autant plus facilement que dans le maigre, toute la graisse du lait est enlevée.

Maillé, ée, *adj.* Emaillé; ne se dit plus.

Plus a baillé a lad. dam^elle une monstre ayant la boueste d'or *maillé* de la valleur de la somme de quatre vingts dix livres.
1618. Invent. Bothereau, p. 11. Arch. L.-et-Ch. B. Baill. de Blois.

Mailleté, ée, *adj.* Maillé, tacheté, en parlant des oiseaux : La « canepétrasse » a des plumes blanches mailletées de gris.
ÉTYM. *Màille,* du lat. *macula,* tache.

Màillon (mà-ion), *sm.* Brin d'osier qui « attache », ou brin de paille qui « accolle », fixés par un nœud.
ÉTYM. Augm. de *maille,* anneau.

Màillonner, *ca.* Attacher au moyen de « màillons » : Tu màillonnes tes « viettes » trop lâche.

Mairerie (mair'ri). *sf.* Mairie. hôtel de ville.

Jean Tizard grenetier de Sully sur Loire, seigneur de la *mairerie* de Goumarville.

> XVIe s. *Coustum. gén.,* t. 1, p. 247, ap. Littré.

Abuttant d'amont sur les terres de la *mairerie*, et d'aual sur des friches.

> 26 août 1737. Partage. Arch. H. Johannet.

Mal, *sm.* ‖ Tomber du mal, être épileptique.

ÉTYM. Pour *haut-mal. Mal.* sans qualificatif, employé pour désigner l'affreuse épilepsie. est peut-être plus expressif que *haut-mal.*

Maladret, ète, *adj.* Maladroit.

Malbrou, *sf.* Grosse charrette de roulier qui a presque disparu depuis le chemin de fer.

Avant 1788, époque où parurent les roues à la *Malborough,* le transport par terre se faisait sur des charrettes attelées de trois chevaux.

> BERGEVIN, *Hist. de Blois,* t. II, p. 66.

ÉTYM. Le *Malbrou* de la chanson (John Churchill, duc de Marlborough. général anglais). Par ironie, le peuple a prétendu que ces lourdes et massives charrettes auraient figuré avec honneur dans le cortège pompeux de ce personnage.

Le prince Eugène de Savoye et le mylord *Malbrou.*

> Journ. de Noël Janvier. Le *Loir-et-Cher hist., archéol.,*
> t. 1, p. 5.

Malenpattes (mal-an-patt). *sm.* et *f.* Qui marche mal. mal jambé.

Maleperte, *sf.* Mettre son argent à maleperte, faire une dépense qui ne rapporte aucun profit.

ÉTYM. *Mal, male,* mauvais. mauvaise, et *perte.*

Malfaicteur (mal-fèk-teur), *sm.* Malfaiteur. homme de sac et de corde.

On ne pugnyt point le *malfaicteur* pour le mal fait, mais pour exemple aux autres.

> *Rozier histor.,* I, 7, ap. Littré.

Malice, *sf.* ‖ Colère, méchanceté : Prends garde au « bernet »,
il est en malice.

> Plus de follye que de *malice.*
>
> *Comm.*, V, 17.

Malin, ine, *adj.* ‖ Méchant, méchante : Une vache maline.

> .... Pour guarir une soif *maline,*
> J'ai recours au bon vin, comme à ma médecine.
>
> Ol. Basselin, IV. *Vire,* 1811.

Mallette, *sf.* Petit sac de toile ou de papier, servant à différents usages.

> Ses follicules ou boursettes ont la semblance d'vne petite *mallette.*
>
> *Comment.*, chap. 233.
>
> Plus..... cinq *malettes* de grosse toille.
>
> 7 décemb. 1765. Invent., p. 22. Arch. H. Johannet.

‖ *Spéciall.* Sac de toile dans lequel le mendiant met son
pain.

> Toutes gens qui portoient *malettes.*
>
> Froiss., *Chroniques,* ap. Littré.

Étym. Dim. de *malle.*

Mallettée (ma-lé-tée). *sf.* Contenu d'une malette.

Mamer, *va.* Manger, dans le langage des enfants. On dit,
par dérision, en parlant d'un individu qui a dévoré tout son
avoir : Il a fait le mignon, il a bien tout mamé.

Manche, *sf.* ‖ La manche du vêtement d'un petit enfant
passe pour avoir la vertu de révéler les méfaits dont il s'est
rendu coupable. Aussi, lorsque la confession qu'il en fait
semble quelque peu suspecte, le papa ne manque pas de lui dire :
« Avances un peu, que je sente ta manche ». Ailleurs, c'est le
petit doigt du papa lui-même qui a ce pouvoir redoutable.

Manette, *sf.* Petite ânesse. *Voyez* Manon.

Mangeâille, *sf.* Tout ce qui sert à la nourriture des bestiaux, et, spécialement, l'herbe des artificiels : Un charretée de
mangeâille. Si c'est du foin, on dira : Une charretée de foin.

> Cette *mangeaille* ne se fauche pas comme les precedentes.
>
> Ol. de Serre, *Théât.*, p. 277.

Mangeasson, *sf.* Celui qui mange son bien, sa fortune, dissipateur.

Étym. Péjor. de *mangeur*.

Manger, *va.* ‖ *Prov.* Quand on chante en mangeant, on ne voit plus clair quand on est mort : se dit à un enfant qui chante à table pour lui faire perdre cette mauvaise habitude en l'effrayant. Mais pour que cette calinotade ultra-naïve fasse son effet, il faut que l'enfant soit très jeune : plus tard elle ne prend plus. Rabelais (II. 12) cite ce dicton, mais légèrement modifié :

> Qui boit en mangeant sa souppe
> Quand il est mort il n'y veoid goutte.

Mâni, *sm.* Pierraille, débris de carrière : Quelques brouettées de mâni pour charger la cour.

Étym. Orig. inconnue. Cell. bas-bret. *men*, pierre?

Manivelle, *sf.* ‖ Poignée placée perpendiculairement sur le manche de la faux.

Manon, *sf.* Anesse.

Étym. *Madelon, Madeleine*, nom de femme.

Manque, *sm.* ou *f.* Oubli, erreur.

Sur laquelle chartre, il est à remarquer qu'il y a de la *manque*.
                              N. Mars, *Saint-Lomer*, p. 80.

Manquette, *sf.* Pièce de merrain ou de « charnier » mal fendue, manquée par le fendeur.

Mansin, *sm.* Chacun des deux bras de la charrue qu'on tient en labourant.

> N'appose la main a la *mansine* après,
> Pour ficher ta charrue au milieu des guerets.
>   Ronsard.

Plus environ vingt pièce de bois propre à faire des *mansains*.
             23 déc. 1788. Invent., p 18 Arch. H. Johannet.

Étym. Ital. *manicchino*, petit manche.

Maras (ma-rà), *sm.* Le même que Masas. (*Voyez* § prélim. *PRONONCIATION.* R.)

Marc (màr). *sm.* Objet, instrument, outil qui sert à marquer.

Treize cailles et un *mare* d'ivoire.

> 1617. Inv. Présid. de Metz, p. 83. Arch. L.-et-C. B. Baill.
> de Blois.

Une petite paire de ballances avecq une lime et un *mare*.

> 1619. Invent. Coudret, *ibid.*

Marchand, *sm.* ‖ *Loc.* Avoir de l'argent comme un marchand de cochons, avoir de l'argent monnayé plein ses poches. — Comme un marchand de chiens, n'avoir pas le sou.

Marché, *sm.* Biens ruraux d'un seul tenant, ne s'emploie que dans la locution : un marché de terre : Ils se sont mis tous les deux pour acheter ce beau marché de terre.

> Un *marché* de terre sis au Huaume, commune de Saint-Lubin.
> 15 juill. 1890. *Petites Affiches Blésoises*, p. 9.

ÉTYM. Bas-lat. *marchia*, du germ. *mark*, borne, frontière.

Marches, *sf. pl.* ‖ Monter les grandes marches, paraître en justice : Je lui ferai monter les grandes marches.

ÉTYM. Pour accéder au tribunal de Blois, on monte un large perron de douze marches.

Marcou, *sm.* Rebouteur avec un pouvoir quelque peu surnaturel. Pour être marcou, il faut être le septième garçon d'une famille où il n'y a pas de filles.

ÉTYM. *Saint Marcou* (Marculfe, né à Bayeux, mort en 558), qui guérit les humeurs froides, et communique aux rois de France le pouvoir de les guérir. *Voyez* VOYAGE.

Mardi-gras, *sm.* ‖ *Prov.* Quand on mange de la soupe le jour de mardi-gras, ça fait pousser des chardons dans les avoines.

(Il est difficile de trouver ce qui a pu donner naissance à cette singulière croyance).

Mârelle, *sf.* Fabrique d'une église.

Nous ont remonstré la pouvreté de la dicte *marrelle* et la charge d'icelle.

> 9 nov. 1472. Déclar. des Marguilliers de Mer. (*Revue de
> L.-et-Cher*, 2e ann., p. 96).

‖ Le banc des marguilliers : Il a été s'asseoir à la mârelle, ou au banc de mârelle.

Que son corps soit innumé en l'eglisse de Villebarou pres le pillier ou non met la chandelle de la *marelle*.

> 8 déc. 1605. Arch. mun. Villebarou. Vol. 1672, f° 113, r°.

‖ Les marguilliers eux-mêmes pris collectivement.

Étym. Origine incertaine. Ce mot est-il formé, comme *mar-guillier*, du lat. *matricula*, registre, ou de *marel*, *mereau*, jeton de présence que l'on distribuait autrefois aux officiers d'église : « Omnes canonici, capellani et clerici..... debent *merellos* suos ibi asportare ». Ducange, *merallus*.

Mârellier, *sm*. Marguillier ; ne se dit plus guère.

Lesdiz *marelliers* nous ont affermé ne tenir, ne posseder autres héritages.
9 nov. 1472. Décl. des Marguill. de Mer. (Revue de L.-et-C., 2e ann., p. 96.)

Étym. *Mârelle*, ci-dessus.

Margain, *sm*. Sorte d'anguille : les mariniers disent que c'est le mâle, et les bonnes gens prétendent que boire son sang et un remède souverain pour guérir de l'ivrognerie. La *Maison rustique* (VI, chap. 16) donne cette recette : Prenez trois ou quatre anguilles toutes vives, mettez les tremper en vin jusqu'à ce qu'elles meurent, puis faire boire de ce vin aux yurongnes.

Étym. Origine inconnue. On entend dire aussi *Mariain* ; on disait autrefois, et en Languedoc on dit encore *margaignon*.

Anguillas in marem et feminam distingunt. Marem vocant *Margai-non* quod breviore, crassiore, latiore est capite.
Ducange, Margainon.

Margoulette, *sf*. Mâchoire inférieure : se dit aussi dans toutes les provinces de l'Est. ‖ Au *pl*. Inflammation des amygdales : Avoir les margoulettes : se dit souvent pour « auripeaux ».

Étym. *Mar*, pour *mal*, malade, laid et *goulette*, dimin. de *goule*, bouche.

Marichal, *sm*. Maréchal-ferrant et même forgeron.

Ung forgeron ou *marichault*.
R. Estienne, Thes.

Étym. Anc. all^d *mariskalk*, de *marah*, cheval, *scalc*, celui qui le soigne.

Mariée, *sf*. ‖ Nom donné par les villageois au mésentère du porc, dont ils se servent pour recouvrir les crépinettes.

ÉTYM Origine incertaine Cette membrane étant sillonnée d'un réseau de filaments graisseux qui lui donnent quelque ressemblance avec une broderie une parure de *mariée*, c'est peut-être de là que vient cette bizarre appellation Les charcutiers l'appellent *crépine* (d'où *crépinette*) et la crépine est une riche passementerie

Mariolet, s m Sorte de prunes violettes Des prunes de mariolet On entend aussi d'*amariolet*

ÉTYM Pour *Damas violet* Cette altération vient sans doute du voisinage de *mariolet mariolet*, ancien mot qui signifiait Homme qui a de l'extérieur, mais nulle valeur morale, cette prune qui a de l'apparence ne valant pas grand'chose (*Mariolet* vient de *mariole* poupée)

Marjou, s m Pierraille qui couvre les terres arides stériles, ramassée en tas Faire un marjou au bout du « ravage »

Une boissellée de vigne assize aux Fosseblanches dite paroisse (St-Denis), joignant d'aval au Seigneur de St-Denis et d'amont a ung *marjou*
14 déc 1687 Arch L-et-Ch G St-Denis-sur-Loire

Abuttant de sollerre sur le Gay a cause de sa femme et d'autre sur des *marjous* et frisches
17 déc 1718 Arch L-et-Ch G F^ds St-Laumer

ÉTYM L'anc français avait *meurgier, meurger*, qui subsiste encore en Lorraine même signif mot traduit en bas-latin par *murgerium* On trouve aussi dans Ducange *mercurius,* qui a la même signification

Marlé, Marlée, s m et s f Sorte de drague faite en forme d'une grande « maire » en tôle à bords relevés et percée de trous

74° Une *marlée* a curer rivière et son manche de bois estime vingt-cinq sols
30 nov 1782 Reglement Arch H Johannet

ÉTYM Très probablement « *maire* »

Marmenteau, s m Pied primitif de chacun des arbustes dont l'ensemble forme une haie vive

Il a été planté une borne distante du *marmenteau* de la haye dudit sieur Talbert de sept pieds six pouces
16 mai 1806 Reg des delib de la mun de Villebarou

Marouche, *sf.* Le même que AMAROUCHE. Anciennement *Maroute.*

La *Maroute*, qui est la fausse camomille
LIÉBAUT, *Mais. rust.*, V. 5.

Marre, *sf.* Outil. le premier du vigneron. Il se compose d'une lame de fer bordée d'acier, pleine, rectangulaire, surmontée d'une douille dans laquelle se fixe le manche qui forme avec la lame un angle plus ou moins ouvert.

ÉTYM. Lat. *marra*. grec μάρρον. même signification.

Marrer, *va.* et *n.* Travailler en se servant de la « marre ».

En ce lieu, les païsans ne *marrent* la terre.
M. COCCAÏE, l. XIV.

Marreux, *sm.* Homme qui « marre ». ‖ Vigneron, se dit un peu par plaisanterie.

Aprez qu'ilz eurent beu, lesdiz *marreux* s'en retournerent besongnier audit courtil.
1163. DUCANGE, *marrare.*

Marrier, *sm.* Vigneron ; mot disparu.

Saichent tuit que, comme le *marrier* ou le vigneron de Blesois.....
7 fév. 1294. *Statut des vignerons blésois*, DUPRÉ, 1890.

Marronner, *vn.* Pester, endêver : Je vais le faire marronner ; se dit aussi en Picardie, en Berry et en Normandie.

ÉTYM. Peut-être forme différente de *marmonner*, quoique le sens ne soit pas absolument le même.

Marsaule, *sf.* ou *m.* Marsault, sorte de saule, salix capræa : Une marsaule toute tortillée.

Ils pincent les boutons des arbres, entre autres ceux du *marsaule.*
BUFFON, *Le Verdier.*

ÉTYM. *Mar* pour *mal*, mauvais, et *saule*. Ducange dit *saule mâle.*

Masas (ma-zâ. *sm.* Marais. ‖ Terres basses, et généralement très fertiles. qui entourent les villages et qui sont souvent plantées en jardin. Ce mot aujourd'hui semble spécial à la paroisse de Villebarou.

ÉTYM. *Marais.* (*Voyez* § prélim. *PRONONCIATION*, R).

Item donne a tousioursmais a la boeste des Trepassez dud. Villebarou deux planches de *marais*.

20 juin 1597. Arch. mun. Villebarou. vol. 1672, fº 68, rº.

Une maison, jardin, *marois*, et toute l'appartenance d'icelle.

28 avril 1610, *ibid.*, vol. 1611.

Mase (ma-zè). *sf.* Mare d'eau : Baigner ses chevaux dans la mase. ‖ La mase du sang : *Nos villageois ont cru longtemps que tout le sang du corps venait d'une sorte de réservoir situé aux environs du cœur* : « I ya kervè la mase du sang ».

Masse, *adj. inv.* Ne s'emploie guère que dans la locution : Du pain masse, du pain dont la pâte est épaisse et sans yeux.

ÉTYM. C'est le subst. *masse* employé adjectivement. Lat. *massa*. grec μᾶζα, pâte.

Massonnier, *sm.* Appendice en forme de ciseau situé sur le dos de la serpe. et qui sert à abattre, en massant, les « sarchants » trop forts ou trop mal placés pour pouvoir être tranchés par la lame.

ÉTYM. Augm. de *masse*.

Mastoc, oque (mass-toc . *adj.* Epais. mal bâti : Un gros mastoc. cette fille n'est pas laide mais elle est trop mastoque. Matériel, grossier, fait sans art : Une table mastoque.

Mais ce que je ne pourrais jamais arriver à rendre..... c'est cet air de candeur, d'ingénuité, d'exquise fraîcheur..... faudrait pas employer de substantifs, pas d'adverbes, rien que des adjectifs, et encore ça serait trop *mastoc !*

Léon GANDILLOT, *Le Chat noir*, 22 août 1891.

ÉTYM. *Masse* et *toc* dont l'origine est difficile à déterminer.

Mâter (se), *vr.* Se dresser sur ses pieds de derrière, en parlant d'un animal. se cabrer. en parlant d'un cheval. ‖ *Fig.* Parler, riposter avec véhémence. et même avec emportement. se rebiffer, se révolter.

Le 13 janvier 1813, l'Europe *mâtée* sort de sa léthargie et se révolte contre César.

22 septembre 1891. Journ. l'*Eclair*, p. 1, col. 5.

ÉTYM. Se dresser comme un *mât*.

Mâtigaud, aude, *sm.* et *sf.* Petit malin. petit « mâtin » : Un petit mâtigaud de drôle. ‖ *Interj.* qui marque l'étonnement avec une pointe d'ironie : Comment, te voilà déjà caporal ? Màtigaud ! tu montes vite en grade.

Étym. Dim. poli de « *màtin*. »

Màtin, ine, *s.* et *adj.* Malin, sujet à caution : Ne le laisses pas fréquenter ta fille, il est si màtin ! Il est à remarquer que Rabelais emploie ce mot dans le sens, absolument opposé, de lourdaud, imbécile :

Accurse, Balde, Bartole..... et ces aultres vieulx *mastins*, qui jamais n'entendirent la moindre loy des Pandectes.

Rab., II, 10.

‖ Espiègle.

Petite vilaine, *mastine*.

N. du Fail, *Cont. d'Eutr.*, II, p. 141.

‖ *Interj.* qui marque l'étonnement : Màtin ! comme te v'là cossu !

Étym. *Màtin*, chien ?

Màtir, *va.* Flétrir, faner : Màtir la salade en la remuant maladroitement. ‖ *Vn.* Devenir màti. ‖ Se màtir, *vr.* Devenir màti, se flétrir : Un bouquet se màtit bien vite. L'ancienne langue avait aussi s'*amatir* :

Les jeunes et tendres fleurettes se seichent et *amatissent* quand aucun accident leur advient.

Louis XI, *Nouv.*, 12.

Étym. *Mat*.

Mau, *sm.* Mal, abcès, furoncle, panaris, ùlcère.

Esclaf ou Esclave.... qui soit mesel ou meselle (lépreux), ou que il chiet mauvais mau.

Le Reclu de Moliens, ap. Duc., *Miselli*.

Maufranc, anche, *adj.* Qui n'est pas franc du collier, qui ne veut pas tirer, en parlant d'un cheval, d'un âne.

Maugrager, *va.* Malmener, rudoyer.

Étym. C'est le même mot que *maugréer*, avec la prononciation locale. *Voyez* Rudager. Anciennement *maugréer* était employé activement :

Maugréer Dieu, *maugréer* sa vie.

Oudin, *Dictionn.*

Mausouffrant, te, *adj.* Qui souffre difficilement la contrariété, peu endurant, hargneux.

Mécredi (dans la camp   me-ker-di) *sm* Mercredi

La plus saine opinion et le meilleur usage est donc non-seulement de prononcer, mais d'écrire *mecredy*, sans *r*, et non pas *mercredy*
VAUGELAS, *Remarques*

Mèdée, *spr* Amédée

Mèdor, *spr* Nom de chien   Donner des confitures à Médor faire plaisir rendre service à quelqu'un qui n'en est pas digne ou qui ne sait pas en être reconnaissant

ÉTYM *Médor* est le nom de l'un des héros du Roland furieux de l'Arioste. dont les aventures avec la belle Angélique ont été popularisées par l'imagerie d'Épinal

Mée, *sf* Mère   Ta mée sa mée (*Voyez* MĒMÈLE)

Mêlarde, *sf* Anciennement mélange de blé surtout de blé de mars et d'orge pour la nourriture du pauvre monde

Vingt trois boesseaulx de bled mesteil et neuf boesseaulx de *mellarde*
22 nov 1578 Arch de Villebarou, vol 1672, f° 2, v°
Un monceau de *meslarde* ou il peult avoir demy-muid
15 sep 1616 Invent Pineau, p 13 Arch L -et-Ch
B Baill de Blois

Aujourd'hui mélange de différents grains et graines pour la nourriture des bestiaux et spécialement mélange d'orge et d'avoine pour l'engrais des cochons

Mêle, *sf* Nefle fruit du « mêlier I »

L'année des grosses *mesles*, car les troys en faisovent le boisseau
RAB II 1

Mêlie, *spr* Amélie et aussi Émilie

I. **Mêlier,** *sm* Nèflier   Les mêliers sont rares chez nous
Un *mesher* nouailleux ombrage le portail
RONS *Eel , 2*
ÉTYM Lat *mespilus* même signif

II. **Mêlier,** *sm* Cépage qui donne un vin blanc de qualité supérieure à peu près disparu de nos contrées aujourd'hui qu'on préfère la quantité à la qualité Il a été remplacé par le mêlier du Gâtinais qui donne un vin très inférieur

L'un se nomme le *mesher* commun, qui est de grand rapport (probablement notre blancheton) l'autre s'appelle le gros *mesher* qui a le bois et le fruict aussi plus gros (mêlier du Gâtinais) , et l'autre s'appelle le franc *meslier* qui rapporte le meilleur fruict de tous, et le grain plus séparé de méfier disparu.

Liébaut, Mais. rust., VI, 9.

Item M. Arnaut nepveu de M. Goufflaut a marqué neuf poinçons de *meslier* dans notre cave a 15 l. prix fait.

7 sept. 1696. Journ. des choses remarq., Saint-Laumer, f° 2.

Étym. Lat. *mel*, miel, à cause de la douceur du raisin.

Memée, *sf.* Ma mère, mot d'enfant dont tout le monde se sert, jeunes et vieux. C'est le *maman* de nos campagnes, avec cette différence que, représentant en réalité les deux mots *ma mère*, il est toujours employé par la 1re personne, sans article et sans adjectif. Il serait impossible en effet de dire : Ta bonne memée, ta bonne ma mère, tandis qu'on dit : Ta bonne maman.

Par ma fé, mon deux amy, mon fiston, c'estoit *memère*.

N. du Fail, Cont. d'Eutrap., I, p. 118.

Menage, *sm.* Façon dont se comporte une voiture en roulant : Son tapecul est d'un mauvais menage. || Train de culture : Il fait valoir cinq arpents de vigne, et au moins deux cents boisselées de terre, c'est un grand menage.

Étym. *Mener*, conduire et diriger.

Mener, *vn.* || Être en tête, être le premier : J'ai le numéro 1, c'est moi qui mène. || Commander : Dans ce ménage-là, c'est la femme qui mène. || *Loc.* N'en mener pas large, être tourmenté, souffrir physiquement ou moralement : On vient de l'opérer d'un cancer, il n'en mène pas large. Quand les gendarmes l'ont arrêté, il n'en menait pas large. En mener large, au sens propre, serait conduire une voiture *largement* et abondamment chargée, attelée de beaux chevaux superbement harnachés, et, au figuré, être riche, puissant, par ext. vaillant, bien portant. *Comp.* Fiscal.

Menerelle, *sf.* Manivelle : La menerelle d'un puits.

Enguerran prist la *menerelle* ou manche de treuille d'un puis.

Ducange (treu),

qui a peut-être pris un *e* pour un *r*; c'est une erreur de lecture assez fréquente.

Étym. Origine inconnue.

Menetout, *sm.* et *f. inv.* Gens sans aveu, nomades qu'on rencontre sur les routes et qui logent dans des voitures. Quand ce sont des montreurs de bêtes, on les appelle *meneur de loups*.

Étym. *Mener tout* ce qu'on possède avec soi.

I. **Méniau,** *sm.* « Beguaud », nigaud, dadais : Un grand « méniau ».

Étym. Origine inconnue. Peut-être est-ce le même que le mot suivant.

II. **Méniau,** *sm.* et *adj.* Nom qu'on donne au goret quand il n'est plus cochon de lait, et pas encore tout à fait adulte : Ce n'est encore qu'un méniau, mais ça fera une jolie bête.

Dans les tets a porcs dud. logis a esté trouvé unze porcs *mesneaux*.

10 avril 1619. Invent. Brethon. Arch. L.-et-Ch. B. Baill. de Blois.

68° Un porc *mesneau* avec son auge ou dalle de pierre estimé trente livres.

30 nov. 1782. Règlement. Arch. H. Johannet.

Étym. Origine incertaine. Peut-être diminutif de *menu*, quoique l'accent très appuyé du *é* rende cette étymologie douteuse. Y aurait-il quelque rapprochement à établir entre ce mot et *menon :*

Ces boucs chastrez en quelques endroits appellés *menons*.

Ol. de Serre, IV, chap. 11.

Ital. *menno*, châtré.

Menite, *sf.* Menotte, petite main, mot d'enfant.

Mennequin, *sm.* Mannequin, sorte de panier d'osier haut et sans anse : Un mennequin de jardinier. ‖ *Fig.* Homme sans caractère, à qui on ne peut se fier : Un vieux mennequin.

Étym. Dim. de *manne*, sorte de corbeille. Quoique le sens figuré tienne assez naturellement au propre, par assimilation d'une tête sans cervelle avec un panier vide, on pourrait cependant admettre que *mennequin*, dans ce second sens, vient de l'allemand *Männchen*, petit homme.

Menoires, *sf. pl.* Les limons avec leurs accessoires, par opposition à « chartil » : Le chartil est usé, mais les menoires sont encore bonnes. ‖ Lisière pour mener les enfants et leur apprendre à marcher. « àtas ».

Menouille, *sf.* Argent, monnaie: ne se dit qu'en plaisantant : Il a de la menouille.

ÉTYM. Probablement de *menu*, menue monnaie.

Menti, *sm.* Mensonge : Il m'a conté des mentis.

Mentonnière, *sf.* Saillie horizontale qui termine chaque rayon de la roue du pressoir, et qui sert à maintenir le câble.

Ménuit, *sm.* Minuit.

> Après *menuit* entre deux sommes.
>
>   Al. CHARTIER, *Déb. du réveille matin.*

Menùserie, *sf.* Menuiserie.

> Plus payé a Denys Chantereau trois liures douze sols pour plusieurs besongnes de *menuserie.*
>
> 1695. Cpte de la màrelle. Eglise de la Chaussée-Saint-Victor.

Menùsier, *sm.* Menuisier.

> A Marcel Frerot, *menusier*, pour ung jeu de bille qu'il a faict en la salle du bal au chasteau de Blois.
>
>   XVIe S. DE LABORDE, *Emaux*, p. 387. Paris, 1853.

Menusserie, *sf.* Vétille, affaire, occupation sans importance : Il ne s'occupe qu'à des menusseries. ‖ Minutie : Il est d'une menusserie qui ne passe sur rien.

Mercelot, *sm.* Petit colporteur : J'ai acheté cette image à un mercelot.

ÉTYM. Dim. de *mercier.* L'ancienne langue avait *mercerot.*

Mère, *sf.* ‖ Jeu d'enfants : Jouer à la mère. Un enfant se place la tête au mur, en courbant l'échine. Chacun des autres joueurs saute dessus, et, quand il est bien à cheval, lève en l'air un certain nombre de doigts qu'il donne à deviner au patient en disant: Combien ? Si celui-ci ne devine pas, l'autre lui dit : Mange du son ; mais s'il devine, il cède sa place au sauteur. Comme la monture se trémousse fortement, le cavalier, ne devant pas se servir de ses mains pour se maintenir, est souvent désarçonné, et alors il est obligé de se mettre à la suite du premier patient et dans la même position. De sorte que les derniers sauteurs ont une quantité de montures à franchir, sans toucher terre, bien entendu, pour arriver au premier sur le dos duquel ils doivent faire leur question en levant les mains.

ÉTYM. Probablement corrupt. de l'ancien français *Mourre*, jeu encore pratiqué en Italie où on l'appelle *morra* avec lequel le jeu de la *mère* a une certaine analogie.

Merleau, *sm*. Petit du merle : *Prov*. Pâques bas ou haut, y a des merleaux de drus.

Merluse, *sf*. Ânesse : Ma grand'mère avait une vieille merluse.

ÉTYM. Abrév. de *Merlusine*, pour *Mélusine*, fée des contes celtiques qui, paraît-il, avait la voix forte, car on dit Cris de mélusine, pour cris violents. Peut-être est-ce le braiment de l'ânesse qui lui a valu, par comparaison, l'honneur de ce surnom. Peut-être est-ce simplement une antiphrase, les ânesses, celles de chez nous du moins, n'ayant précisément rien de féerique.

Met (mé), *sf*. Maie, huche à pétrir et à mettre le pain.

Et la (mon nez) s'esleuoit et croissoit comme la paste dedans la *met*.
RAB., I, 10.

Table a liette fermant a clef, deux banselles, une *met*.
28 avril 1640. Arch. mun. Villebarou, vol. 1611.

‖ *Prov*. Le couvercle est moins grand que la met, les souris mangeront le pain, se dit par plaisanterie, à un mariage, quand le mari est moins grand ou moins gros que sa femme.

‖ Tablier du pressoir.

Ou le gay vendangeur de ses pies crasseux foule
Trepignant sur la *met* la vendange qui coule.
J.-A. DE BAÏF, *Ecl.*, IV.

‖ Huche, grande boîte où tombe la farine en sortant de dessous la meule. Aujourd'hui que tous les moulins blutent, la met ne sert plus qu'à recevoir les « pâtées ».

61ᵉ Une vieille *met*, avec trente fuzeaux et allichous.
30 nov. 1782. Règlement. Arch. H. Johannet.

Mètĕ, *adj. m*. Vin mètĕ, vin nouveau qu'on a empêché de bouillir pour lui conserver sa douceur native.

ÉTYM. Orig. incon. Peut-être pour *maté*, de *mater*, abattre, dompter. Littré dit *muter*, de *mut*, muet, rendre muet, inerte.

15

Métier, *sm*. ‖ Utilité. besoin. dans la loc. faire bon métier : Si j'allais demain « râcler ma plante ? » — Il ferait bon métier : ce serait à propos.

> Mais bon droit a bon *mestier* d'ayde.
>> VILLON, *Ball :* Faulse beaulté.

Meublier (à la camp. meu-bei-yĕ). *sm*. Mobilier.

Meuche, *sf*. Mèche : La meuche d'un fouet.

> Une arquebouze a *meuche* garnye de sa bandolliere et fourchette.
>> 1621. Invent. de Beaune, p. 15. Arch. L.-et-Ch. B. Baill. de Blois.

> Ung couppouer a faire de la *meuche*.
>> 1621. Cnr. et invent. Brethon. p. 10, *ibid*.

‖ *Loc*. Il n'y a pas meuche (ou mèche), il n'y a pas moyen. *Mèche* ici semble être un autre mot et venir de l'ital. *mezzo*, moyen.

Meux, Meuse, *adj*. Mûr. mûre : Un raisin meux, une pomme meuse.

Miâle, *sf*. Ne s'emploie que dans la loc. Taire sa miâle. cesser de faire du bruit en pleurant. en « grissant », ou même en bavardant. en chantant : ne se dit qu'en parlant aux enfants. Ce mot semble usité spécialement dans les faubourgs de Blois.

ÉTYM. Subst. verbal de *miauler ?*

Micmouac, *sm*. Micmac. situation. affaire mêlée. embrouillée.

Michĕ, *spr*. Michel.

Miette, *sf*. ‖ Une miette se dit pour un peu de n'importe quoi : Donnes moi une miette de lait.

Mignolet, *sm*. *Voyez* LIGNOLET.

Mignon, onne, *adj*. ‖ Père. ou grand-père mignon, arrière-grand-père : Mère. ou grand'mère mignonne. arrière-grand'mère. ‖ *Adv*. Faire mignon, donner un baiser : Fais-moi mignon. On dit aussi faire un mignon : Il m'a fait du bout des lèvres un petit mignon.

Mignonne, *sf*. Maîtresse : Il avait une mignonne en ville.

A Pâques, quand il falloit se confesser, le même carosse qui alloit querir le confesseur emmenoit les *mignonnes*, et les reprenoit en ramenant le confesseur.

Tall. DES RÉAUX, *Le Conn. de Luynes.*

Millarde (mi-iar-de). *sf.* Sorte d'herbe sauvage. setaria viridis.

ÉTYM. *Mil.* millet. et le suff. péj. *arde.* mauvais millet. A Saint-Denis et à Villebarou on dit *millarbe.* sans doute par influence du mot *herbe* ; en Beauce on dit *millard*.

Minçon, *sm.* Gesse tubéreuse. lathyrus tuberosus, plante sauvage qui produit des petits tubercules d'aspect brun. à chair blanche qu'on peut manger après les avoir cuit sous la cendre.

ÉTYM. Orig. inconnue. Ne serait-ce pas pour *musson.* du lat. *mus*, rat, souris. ce tubercule étant appelé ailleurs *souris* de terre ? Littré l'appelle *macuson*.

Mine, *sf.* Autrefois la moitié du setier. la mine, par une analogie naturelle. est devenue la moitié de l'hectolitre qui. lui-même. s'appelle aujourd'hui setier. en Beauce.

> Peuple rira
> Bled ceuillera
> Septier pour *mynne.*
> CRÉTIN, *Nativ. de Mgr Francoys*, p. 160.

ÉTYM. Lat. et grec *hemina,* mesure qui contenait la moitié d'une certaine autre.

Minée, *sf.* Ancienne mesure agraire contenant quatre boisselées. comme la mine ancienne contenait quatre boisseaux : ne se dit plus guère.

Receu de Denis Bordier huict livres pour deux années de ferme de deux boisselées de prè..... Receu de Denis Gobillon seize livres pour deux années de ferme d'une *minée* desd. prés.

1679. Cp^{tes} de la màrelle. Égl. de la Chauss.-St-Victor, p. 1.

Minette, *sf.* Lupuline. plante fourragére. medicago lupulina.

ÉTYM. Celt. *min,* petit : on appelle aussi cette plante *petite* luzerne.

Minot, *sm.* La moitié d'une mine. mesure de grains.

La mine se divise en deux *minots* et le *minot* en deux boisseaux.

FOURRÉ, *Cont. de Blois*, p. 667.

Y avons trouvé..... un *minot* et son rouleau dessus.
                    28 avril 1793. Arch. mun. de St-Denis-sur-Loire.

Ce mot n'est plus guère usité en Blaisois : il s'est conservé en Beauce.

Miot, *sm.* Morceau de pain débité menu, émietté dans du vin. ‖ Mettre en miot, mettre en miettes, broyer.
ÉTYM. *Mie* de pain.

Miotée, *sf.* Le même que MIOT, ci-dessus.

Mirger (mir-gĕ), *sm.* Probablement le même que MARJOU ; aujourd'hui inusité.

Abuttant de galler. sur les *mirgers* des Beauvois.
    1673. Arch. dép. L.-et-C. G. Invent. de la fab. St-Denis.
    f° 3, v°.

Mirliton, *sm.* Petit morceau de verre étamé enchassé dans la couronne d'un porteur de châsses, pour imiter le diamant et autres pierres précieuses.

Autrefois, le porteur de châsses de la Chaussée-Saint-Victor ne consultait que son goût et ses ressources pour la confection de sa couronne à laquelle il donnait, par tradition, la forme de la couronne royale surmontée de quatre demi-diadèmes. La carcasse de carton et de fil de laiton était recouverte d'étoffes de soie de couleur voyante ornées de franges et broderies de cannetille, ou plutôt d'oripeau, et semées de perles et de *mirlitons*. Comme cette coiffure ne tardait pas à se faner et à se déformer, on imagina, il y a une trentaine d'années, de la remplacer par une couronne de tôle peinte, d'un modèle uniforme. Celle-ci, du moins, est immarcescible et incassable ; mais elle a perdu en pittoresque ce qu'elle a gagné en solidité.

ÉTYM. Dimin. fantaisiste de *miroir* ? c'est l'opinion générale de tous les anciens porteurs de châsses. En tout cas, il est impossible de trouver la moindre analogie entre ce *mirliton* et le jouet qui porte le même nom.

Mise, *sf.* Terrain en friche qui n'a jamais été cultivé : La mise Daudin, place du bourg de la Chaussée-St-Victor. Ce mot s'emploie le plus souvent au pluriel : Les mises de Macé, les mises de Carcel ; mais il disparaîtra bientôt avec la chose, la charrue et la marre pénétrant aujourd'hui partout.

Toutes les terres, gastines, *meises*, deserz et ajonz.

1310. Arch. Loiret, ap. Godefroy.

Demi-arpent de terre assis en Champloy..... abuttant d'un bout vers amont sur les *mises* du dit lieu.

6 déc. 1651. Arch. L.-et-Ch. G. Fabrique St-Victor.

Joignant de galerne le chemin de St-Bohaire à Champigny, abutant d'aval sur le chemin de Croteaux à Blois, et d'amont sur la *mise*.

7 déc. 1780. Bail Croute Seiche. Arch. H. Johannet.

ÉTYM. Origine inconnue. Le latin *myricæ* a signifié, au moyen-âge : *terræ incultæ, vepribus et dumetis abundantes* (Ducange). C'est bien la définition de notre *mise*.

Miston, *sm.* Amoureux, « bon-ami », fiancé : Je viens de rencontrer ton miston mis comme un préfet.

ÉTYM. Ancien français *miste*, joli, gentil, bien paré.

Mistonne, *sf.* « Bonne-amie », fiancée.
ÉTYM. « *Miston* ».

Mistrance (miss-tran-se), *sf.* Mot employé seulement dans la conversation badine avec une grande variété de sens : Il est venu avec toute sa mistrance, avec toute sa famille. — Tu es de la mistrance qui mène la commune, de la coterie. — Voilà toute la mistrance qui dégringole, un tas de choses quelconques. etc., etc.

ÉTYM. Pour *maistrance*, de *maistre*, maître. Le sens primitif et sérieux a dû être tout ce qui est sous l'autorité d'un maître, la famille, y compris les domestiques.

Mitan, *sm.* Milieu : Il était au mitan de la place. Ce mot était autrefois d'un usage universel. *Voyez* surtout Brantôme.

ÉTYM. *Mi*, all^d *mitt*, milieu. Anciennement *mitan* se disait aussi pour moitié. Encore aujourd'hui en Beauce on dit : *mitan l'un, mitan l'autre,* pour moitié de l'un, moitié de l'autre. Ital. *meta, mita*, moitié.

Mixton, *sm.* ?

Deux brocs d'estain..... douze *mixtons*, dix salières.

1677. Inv. des meubles. St-Laumer, f° 18. r°. Arch. L.-et-Ch.

Moine, *sm.* Toupie, jouet d'enfant : Jouer au moine, un moine en « bouis ».

La (Gargantua) iouoyt..... au *moyne*.

RAB., I, 22.

ÉTYM. Origine inconnue. On disait autrefois : *donner* ou *bailler le moine ;* c'était une malice de gamin qui attachait avec une ficelle le gros orteil d'un homme endormi, comme il eut fait d'un moine, et le tirait de temps en temps. *Bailler le moine par le cou,* c'était pendre.

I. **Moinson,** *sm.* Le même que MINÇON.

II. **Moinson,** *sf.* La quantité de lait fournie par une traite, pour une vache : Je viens de tirer une bonne moinson.

On disait autrefois aussi *moison* et *moisson :*

> Cheureaulx *moissonniers* (chevreaux de lait).
>
> RAB., I, 37.

ÉTYM. Lat. *mulsus* de *mulgere,* traire.

Moiron (les anciens disent encore moi-zon). *sm.* Mouron, nom qu'on donne à deux plantes très communes qui ne sont même pas de la même famille, l'anagallis arvensis (primulacées), et l'alsine media (caryophyllées).

ÉTYM. Orig. inconnue.

Molène, *sf.* ‖ Jambes de molène, jambes molles, qui fléchissent sous le poids du corps.

ÉTYM. Cette expression est-elle forgée de *mol,* en jouant avec le mot *molène,* plante qui pourtant se tient droite, ou vient-elle de l'ital. ancien *molena,* mie de pain ?

Molette, *sf.* Os à tête arrondie : La molette du genou.

ÉTYM. Par comparaison avec une *molette,* pilon.

Molin, *sm.* Moulin : Tous les ânes ne vont pas au molin. C'était la forme la plus usitée anciennement :

> D'une tour ung *molin* à vent.
>
> VILLON, Gᵈ *Testament.*

Proche Sainct-Victor au lieu appellé Champ des *molins.*

> 1665. Inv. de la gᵈᵉ marelle, p. 22. Arch. de l'égl. de la Chaussée-St-Victor.

Molinet, *sm.* Moulinet, sorte de treuil : Un molinet de charrette.

Les cloches..... furent descendues de St-Sauveur..... par 3 *molinets,* l'un sur l'autre, avec 3 gros câbles.

> 1716. Journ. de Noël Janvier, *Le Loir-et-Cher hist.,* 1892, p. 146.

Molivault et Saint-Dyé. *Prov.* C'est, ou ce n'est pas Molivault et Saint-Dyé, c'est-à-dire une merveille de fertilité, de richesse, comme on dit ailleurs : Ce n'est pas le Pérou.

Étym. *Montlivault* et *Saint-Dyé* sont deux communes riches et fertiles, situées sur la rive gauche de la Loire, à 12 et 15 kil. en amont de Blois.

Molleton, *sm.* Grumeau, petite boule produite par la farine dans une opération culinaire mal réussie : Une bouillie pleine de molletons.

Étym. *Mollet,* un peu mou. Littré dit *Mottons* qu'il fait venir de *motte.*

Mônée, *sf.* Pochée de farine ou de blé.

Devons moire no propre *molnée* a tousiours pour nient al molin devant dit.
Charte de 1212. *Mor. 160,* fº 86, vº. Richel. (Godefroy).

‖ *Par ext.* sur la rive gauche de la Loire, le contenu d'un panier, d'une corbeille, etc. Mais ici *mônée* est peut-être dit abusivement pour *mânée,* de manne, corbeille :

Certaines *manées* de sel qu'ilz avoyent a Gueret de rante.
1447. Arch. mun. Guéret. *Soc. archéol. de la Creuse,* 1877, p. 70.

La ville (Blois) fit ses présens de 24 bouteilles de vin, trois *manes* de pêches, de biscuit et maspin et de raisins muscats.
1716. Noël Janvier, *Le Loir-et-Cher hist.,* 1892, p. 118.

Étym. Ancien franç. *molre,* moudre.

Monstreux, euse, *adj.* Monstrueux, euse.

Les Centaures étaient animaux *monstreux.*
J. DE MONTLYARD, p. 695, ap. Talbert, p. 255.

Montée, *sf.* ‖ Escalier : mot disparu. *Voyez* VIF.

Dans la *montée* dudit logis.
21 nov. 1617. Invent. Prés. de Metz, p. 25. Arch. L.-et-Ch.
B. Baill. de Blois.

Montrée, *sf.* ?

Une petite *montrée* de laine non blanche.
19 janv. 1766. Vente, fº 28. Arch. H. Johannet.

Une petite *montrée* de cuir usée employé en billot et autre harnois usage de chevaux.
Ibid., fº 38, vº.

Moque, *sf.* Moquerie :

Mais il leur est advis que c'est *mocque*.
> Bon. DES PÉRIERS, *Contes*, t. I, p. 140 (Amsterd., 1735).

‖ *Prov.* Au moqueux la moque, au bossu la bosse : *Celui qui fait profession de se mocquer est sujet à souffrir la mocquerie.* (Oudin. *Curios.*)

Mordâcher, *va.* Mordre légèrement et fréquemment, mordiller : Un cheval qui mordâche sa longe.

Mortuaille (mor-tu-â-ye), *sf.* Acte de décès; mot aujourd'hui disparu.

Registre des *mortuailles*.
> 1660. Arch. mun. La Chaussée-Saint-Victor, vol. 2.

Mortuel, *adj.* Mortuaire, dans Drap mortuel :

Une chappe de camelot noir et ung *drap mortuel* de velours noir.
> 10 juin 1668. Invent. de la g^{de} boiste de Monteaux.
> Arch. L.-et-Ch. E. 688.

Motte, *sf.* ‖ Motte de four, massif de maçonnerie que fait un four.

A gauche..... est une cuisine servant de fournil, et dont la *motte* du four se trouve en saillie.
> 7 sep. 1785. Arch. L.-et-Ch. A. Justice de St-Laumer.

‖ Être sous la motte, être mort et enterré.
ÉTYM. Germ. *moet*, *mot*, petite élévation (Littré).

Motter, *va.* Ameublir la terre autour des pieds de, butter : Motter des pommes de terre.

Mouceau (ne se dit plus guère qu'à la camp. où on le prononce mou-sio). *sm.* Monceau.

Lesquels grains..... estoient battuz et nestoiez en ung *mouseau* dans ladicte grange.
> 1611. Aff. Guig.-Pilorget. Arch. L.-et-Ch. B. Baill. de Blois.

Ung *mousseau* de bled mesteil que lad. veufve a dit contenir deux muids.
> 1618. Cur. et invent. de Beynes, p. 21, *ibid.*

Mouches, *sf. pl.* ‖ *Absolt.* Abeilles : Il va soigner ses mouches.

Moucheux, *sm.* Mouchoir.

Moufle, *sm.* Mufle : Un moufle de chien.

Etant aproché et les voyant (les Saints) ainsi gras par *le moufle* et les mains.

> *Moy. de parvenir*, II, 161.

Mouillette, *sf.* Sperme.

Mouleau (mou-lio, dans la camp.). *sm.* Merluche.

Pour cent de *mouleau*, dix sols.

> 16 avril 1774. Tarif des droits de subvention de la v. de Blois.
> Arch. départ. Affiches.

ÉTYM. « *Moulue* ».

Moulue, *sf.* Morue.

> *Moulue* au beurre frais.
> RAB., IV, 32.

On a servi 2 fois la semaine au monastère la *moulüe*, dont l'eau a servi à saler la soupe des pauvres.

> 1710. *Journ. des ch. remarq.*, St-Laumer, f° 39, v°.

ÉTYM. Ital. *molua ;* mais il est peu probable que le français ait emprunté ce mot à l'italien. Orig. inconnue.

Moute, *sf.* Chatte : on dit aussi *Moumoute ;* mot d'enfant.

ÉTYM. Probablement *mouton*.

Mouvasser, *vn.* Remuer continuellement et d'une façon désordonnée : Il ne fait que mouvasser.

ÉTYM. Péjor. de « *mouver* ».

Mouver, *va.* Mouvoir, remuer : Mouver un pavé, la salade. || *Vn.* Se mouvoir, se remuer, aller et venir.

Disant cela, il *mouvoit*, et prend un surplis qui était à part.

> *Moy. de parvenir*, II, 160.

Mulon, *sm.* Petit tas : Mettre du sainfoin en mulons.

> Sor le *mullon* s'est endormis.
> *Renart, suppl.*, ap. Godefroy.

ÉTYM. *Meule*, tas de foin, de paille, de fourrage. En Blaisois. *meule* n'est pas usité, on se sert du mot *bauge*, mais *mulon* est d'un usage journalier pour désigner un tas de n'importe quoi.

Muloter, *vn.* Faire « de la petite ouvrage », s'occuper à de petits travaux ; ne se dit pas en mauvaise part : C'est un rentier qui passe son temps à muloter.

ÉTYM. *Mulot*. C'est employer son temps comme un chien qui, dans les champs, s'amuse à déterrer les mulots.

Muser, *vn.* ‖ Tarder : C'est une fille bein adrette qui ne muse guére à faire une « charge ».

Attendez un peu, s'il vous plait, que je sois revenue du four, je ne *muserai* guère.

Moy. de parvenir, II, 325.

Musgraigne (muz-gré-gn'). *sf.* Musaraigne, espéce de souris des champs à museau de taupe.

ÉTYM. C'est l'ancien *museraigne* dont l'*e*, prononcé fortement s'est transformé en *g* :

Beletes, fouines, ratepenades, *museraignes*.

RAB., III, 12.

Musser, *vn.* S'occuper à des vétilles, en se donnant beaucoup de mouvement : Il ne travaille pas, il ne fait que musser. ‖ Fureter.

ÉTYM. Lat. *mus*, souris, rat.

Mussonner, *vn.* Musser, ci-dessus.

Mussonneux, Mussonnier, *sm.* Qui aime à « mussonner ».

N

N, *sm.* Quatorzième lettre de l'alphabet, se place comme lettre euphonique : 1° Devant les verbes commençant par une voyelle (cet usage devient de plus en plus rare). 2° Devant *un, une, en, on, y* (là) et *y* (à lui, à elle) : « Je *n'aime* bien les gâtiaux, je vas *n'aller* en achiter, et après je *n'irai* en porter à ma fillole, dans *n'un* penier. Je *n'en* mangerais bien un petit, si *n'on* ne me voyait pas ; mais mon pée m'a dit : Vas *n'y* donc tout de suite et donnes *n'y* toujou ! »

Pres le pillier ou *non* met la chandelle de la marelle.

8 déc. 1605. Arch. mun. Villebarou, vol. 1672, f° 113, r°.

Et pour luy auoir fourny d'une chemisse lorz que *non* la ensevely la somme de dix souls.

18 sept. 1636. Cpie de la Charité. Eglise de la Chaussée-St-Victor.

N remplace souvent *en* devant un verbe commençant par une voyelle, par ellision du *e* : « V'là des gâtiaux, je *n' n'achiterais* bein ». Le premier *n* est euphonique, comme il est dit ci-dessus, mais le second est pour *en* (*Voyez* EN. Chap. Prélim., § II. *PRONONCIATION*).

Nain, *sm.* Haim, hameçon : On a deux nains pour un sou.

ÉTYM. On a remplacé l'aspiration du *h* de *haim* par un *n* euphonique et au lieu de dire *un haim*, on a dit *un n'ain*.

Nance, *sf.* Nasse, sorte de panier d'osier qui sert à prendre le poisson.

Lesquels alerent de nuit an molin de Courtangis pour lever les gommes ou *nances* qui estoient aus portes ou escluses de la rivière dudit molin s'aucunes en trouvoient.

1390, DUCANGE, *Nanca*.

‖ Claie d'osier, de forme oblongue, à bords relevés, qui sert à différents usages : Cuire des pruneaux dans une nance.

ÉTYM. Forme nasalisée de *nasse*.

Nappin, *sm.* Tablier d'homme à bavette : Mets ton nappin pour vendanger.

ÉTYM. *Nappe*.

Narrées (nà-rée), *sf. pl.* Bavardage, racontage : D'un rien, il fait des narrées à n'en plus finir.

ÉTYM. *Narrer.*

Nàsiller, *vn.* Vétiller, s'amuser à des bagatelles, lambiner.

Nasiller, ninellare. *Ninnellare*, niveler (s'amuser à des riens).

OUDIN, *Dictionn.*

ÉTYM. *Niais.* prononcè *niàs*, a fait *niàser*, et par métathése du *i, nàsier, nàsiller.*

Nàsilleux, *sm.* Qui aime à « nàsiller ». à lambiner.

Naveau. Naviau, *sm.* Navet.

Bounias en Grec, se nomme en Latin Napus. En Francoys Nauet ou *Naueau.*

Comment., ch. 63.

Les *Naueaux* sont plus grands que les Nauets.

Ol. DE SERRE, *Théàt.*, VI, 7.

‖ Naviau fou. la bryone. bryonia dioica. ‖ *Loc.* C'est bein d'autres naviaux ! c'est une tout autre affaire.

ÉTYM. Lat. *napetus,* dim. de *napus,* même signification.

Nàvrer, *va.* Causer un froid trés vif. transir : Ce vent-là vous nàvre.

Nayer, (nè-iĕ), *va.* Noyer.

N'y ay garde de *nayer*
Tant sçay bien le guè essayer.

Rose, 22329.

Mieulx s'arde, ou se pende, ou se *naye.*

Ibid., 13810.

Né, *part. passé* de naître. ‖ *Prov.* Bienheureux qui est bien né. c'est-à-dire, qui a une nature sans défauts ; se dit, par un sentiment de commisération blàmable, pour excuser un coupable, un criminel.

Nentille, *sf.* Lentille.

Il faut dire de la poirée et des *nentilles* avec les Parisiens, et non pas des bettes et des lentilles avec les Angevins.

MÉNAGE, *Curios.*

Netticageot, *sm.* Petit balai ou brosse de chiendent dont on se sert pour nettoyer les « cageots » et les autres ustensiles employés à la confection des fromages.

Nettissage, *sm.* Action de « nettir », de nettoyer les grains et les graines.

Nettir, *va.* Nettoyer, rendre net.

> Enfans bien *nettis.*
>   Rab., III, 13.

> En telle sorte que le tout (tout le bois) soit bien abattu et *netty.*
>   1679. Vente de bois à Bury. *Bull. de la Soc. Amis des Arts*
>   *de L.-et-Ch.*, t. I, p. 65.

‖ *Absolument.* Nettoyer des grains et des graines au van ou au « tarât » : J'ai fini de nettir.

Niau (gno). *sm.* Nichet, œuf naturel ou factice qu'on dépose dans le nid d'une poule pour la faire pondre. ‖ *Fig.* Somme ou pièce d'argent que l'on conserve, comme pour en attirer d'autre : Je ne veux pas changer ce louis-là, c'est mon niau.

Étym. Diminutif irrégulier de *nid* formé comme *niée, nyée* qui se disait autrefois pour *nichée* :

> Lequel suppliant avoit une *nyée* de grans poucins bons a manger.
>   1397. Ducange, *Nidalis.*

Nid, *sm.* ‖ *Prov.* Quand les feuilles sont tombées on voit les nids : se dit de choses qui ne sont connues que lorsqu'elles sont dégagées d'une foule de circonstances avantageuses qui les dissimulaient ; s'applique surtout à une personne qui a vécu dans le luxe : quand la gêne l'oblige à réduire son train, de toutes parts les dettes apparaissent.

Nige, *sf.* Niche : Une nige à chien.

Nigée, *sf.* Nichée, les habitants d'un nid ou d'une « nige » : Une nigée de moineaux, une nigée de « chiaux ».

Niger, *vn.* Nicher, faire son nid. ‖ Se loger, par plaisanterie. ‖ *Va.* Niger de la paille : se dit, lorsque le batteur lève son airée, de la paille trop courte qu'il arrange et masse avec le râteau de façon à pouvoir la lier.

Nijotter, *vn.* Passer son temps à vétiller, à « bernasser ».

Étym. Dimin. de l'ancien verbe *niger*, même signification, du latin *nugari*, même signification.

Nine, *sf.* Naine. || *Adj.* Qui est de très petite taille :
Des « belsamines » nines. || La carotte nine. jeu de garçons dont
voici la description : Chaque enfant prend son mouchoir. le tor-
tille en forme de corde et fait. à l'un de ses bouts. un nœud
solide. Puis chacun. à tour de rôle. se plaçant sur une raie
tracée par terre, se courbe et lance entre ses jambes ce mouchoir par dessus sa tête, le plus loin qu'il peut, celui qui l'a
lancé le moins loin étant le perdant. Ce jeu se joue encore d'une
autre façon. Tous les mouchoirs préparés comme il est dit ci-
dessus sont étendus par terre. parallèlement, en ligne, à l'intervalle d'un pas. Chaque joueur doit franchir chacun de ces
mouchoirs à cloche-pied, sans les toucher, et arrivé au sien qui
est le dernier de la file. il doit le saisir avec les dents. en posant
les mains par terre et en restant toujours à cloche-pied. Puis il
se relève et lance son mouchoir derrière lui par dessus sa tête.
Ceux qui manquent à toutes ces prescriptions ont perdu.

Dans l'une et l'autre manière, les perdants sont condamnés à
passer et repasser une fois au milieu de leurs compagnons formés
en double haie. qui les frappent à tour de bras du nœud de leurs
mouchoirs. en épargnant la tête : c'est aux patients à prendre
l'allure la plus rapide. Ce jeu a du bon, en ce qu'il habitue les
garçons à n'avoir pas peur des coups, mais il est la ruine des
mouchoirs: aussi est-il sévèrement proscrit par les maîtres
d'école. et surtout par les mamans.

Noble, *sm.* || Cochon. porc à l'engrais : « J'allons tuer nout'
noble ».

ÉTYM. Cette expression a. dit-on, pour origine le mépris que
nos laborieux campagnards professent pour les nobles auxquels
ils comparent les pourceaux à l'engrais. parce qu'ils vivent
noblement. c'est-à-dire à ne rien faire *Voyez* Littré, *Gentil-*
homme. || 5°). N'est-ce pas plutôt simplement une antiphrase
bouffonne et plus ou moins inconvenante, employée pour ne
pas se servir du mot cochon? *Voyez* BÈTEAU.

Nochet, ette, *adj.* Qui a le goût difficile. qui n'aime que
les mets de choix.

ÉTYM. Origine inconnue. Comparez *pignocher.* manger
négligemment et par petits morceaux.

Nocial, *sm.* L'habit. la parure des jours de noces ou qu'on portait le jour qu'on s'est marié : Au 14 juillet, il s'est mis dans son nocial.

Nœud, *sm.* || *Prov.* On ne peut pas faire un grous nœud avec une petite corde : Il est impossible de réussir, quand on a des moyens trop restreints. || Faire de grous nœuds : prospérer en fortune, en santé : « L'païsan est trop malheureux. Jean Moreau (le cabaretier) ne f'ra pas d'grous nœuds à présent ». — En parlant d'un malade : « L'mêd'cin l'a r'tapé un p'tit peu : c'est égal, i n'f'ra pas d'grous nœuds ».

Noger (no-jèr), *sm.* Noyer : Un grand noger. On dit aussi *nouger* (nou-ger).

ÉTYM. Il est probable que ce mot est de l'ancienne langue. Ducange a *nojerius*, et une plantation de noyers s'appelait *nojeraie* :

Pour les chasteneraies et *nojeraies* c'est-à-dire pour les lieux complantés universellement de chasteniers et de noiers.

Ol. DE SERRE, Théât. VI, ch. 30.

C'est le même que *noyer*. *Voyez* ABAGÉ.

Nombriller, *va.* Couper le cordon ombilical à un enfant qui vient de naître : Cet enfant a été nombrillé trop court.

Nondain, *sm.* Le même que ONDAIN, formé de « *ondain* », comme « *nain* » de *haim*.

Nonvaloir, *sm.* État d'un bien non cultivé : Un « *proparien* », qui laisse son bien en nonvaloir.

Norě, Norine, *spr.* Honoré. Honorine.

Noretureau, Noritureau, *s.* et *adj. m.* Cochon de lait ; mot disparu.

Deux porcs masles *noretureaux*.

1617. Invent. prés. de Metz, p. 51. Arch. L.-et-Ch. B.
Baill. de Blois.

Dans les tets à porcs dud. logis a èsté trouvé onze porcs mesneaux et une truye estimez à raison de cent sols pièce..... plus six aultres petits porcs *noritureaux* estimez à raison de xl⁵ pièce.

1619. Invent. Brethon, ibid.

ÉTYM. *Nourriture.*

Note, *sf.* Chant, musique : Francis connaît la note.

Feu Pierre de Morvilliers..... fonda trois messes..... l'une de

requiem a *note* au lundi, l'autre du Sainct Esprit a *note* au mercredi,
et la tierce de Nostre Dame sans *note* au vendredi.

> 1383. *Inscript. tumul.* Église St-Nicolas, Blois.

Elle ordone estre dict et celebre le jour de son obiit XXIIII messes
basses et deux a *notte* auecques vigilles et letanies.

> 7 janvier 1554. Arch. mun. Villebarou. Vol. 1672, fº 40, vº.

Nouâilleux, euse, *adj.* Noueux : Un tronc d'ormeau
nouâilleux.

> Un meslier *nouailleux* ombrage le portail.
>
> > Rons., *Ecl.*, 2.

Noue, *sf.* ‖ Petit cours d'eau : La noue des Bas-Louets, à
Saint-Dyé.

> Abuttant d'un bout aux Religieux de Cisteaulx la *noue* des prez
> entre deux.
>
> > 1511. Terrier du Monceau (Mer), fº 15, vº. Arch.
> > L.-et-Ch. G.

Noute, *adj. poss.* Notre, ce qui est à nous : Noute maison.

> Soul comme on *noute* cochon.
>
> > *Noël ancien.*

Noûte (le ou la), *adj. poss.* Le ou la nòtre : Ce n'est pas
voute tour, c'est le noûte.

Nozillat, *sm.* Sorte de marron de qualité supérieure sans
pellicule ni cloison. On dit aussi *nouzillat.*

Étym. Anciennement on disait *noizillat* pour petite noix, et
nozille, pour noisette. Dans le pays d'origine, cette châtaigne
s'appelle *noizillat.*

O

Oblier (dans la camp. o-bei-ié). *ra*. Oublier.

> *Oblier*, las ! il n'entr'*oblie*
> Par ainsi son mal qui se deult.
> Chascun dit bien : *Oblie, oblie,*
> Mais il ne le fait pas qui veult.
>
> Al. CHARTIER, *Déb. du Réveille-matin.*

ÉTYM. Ital. *obbliare*, lat. *oblirisci*, oublier.

Œillot, *sm*. Dent canine de la mâchoire supérieure.

ÉTYM. On appelle aussi cette dent *dent de l'œil*, à cause de sa situation.

Oison, *sm*. Terme rural. Petit tas fait de deux coups de râteau dans un « ondain », pour préparer et faciliter le bottelage : se dit de l'avoine, de l'orge, et de tous les « artificiels » coupés à graine.

ÉTYM. Origine inconnue, à moins que ce ne soit une corruption de l'anc. franç. *houelon*, dimin. de *houel*, petit tas.

Once que, *adv*. Où que : « D'once que tu veins ? » d'où viens-tu ?

> Frère Jean l'apperceut et demandoyt *dond* luy venoyt telle fascherie.
>
> RAB., IV, 18.

ÉTYM. Contract. de *où donc que*, mais dans Rabelais, *dond* semble venir du lat. *de unde*, d'où.

Ondain, *sm*. Terme rural. Rangée de foin abattu par le faucheur. On dit aussi *nondain*.

ÉTYM. Origine inconnue. L'Académie dit *andain*, qui vient peut-être de l'ital. *andare*, marcher.

Ondine, *sf*. Mesure de pré, espace que couvre un « ondain ». Mot disparu.

> Deux *ondines* de pré à l'entrée des prez (de Saint-Victor).
> Item trois *ondines* de pré, joignant d'aval à la métairie de Villebarou.
>
> 12 juill. 1696. Arch. L.-et-Cher. G. Censif Saint-Victor, pièce 7.

16

Ongnon, *sm.* Oignon.

> Advint ung soir, luy et ces compaignons
> Pour leur soupper, n'avoient pas deux *ongnons.*
>
> > BOURDIGNÉ, *Faifeu,* p. 38.

Onque. *sm.* Oncle.

> Son *onque* s'en venit l'autre jour.
>
> > CYRANO DE B., *Péd. joué,* act. II, sc. 2.

‖ Le père du mari de la sœur, ou de la femme du frère.

Orbois (or-boué). *sm.* Cépage qui donne un vin blanc estimé.

ÉTYM. Peut-être pour *Arbois.* chef-lieu de canton du Jura, renommé pour ses vins :

> ..... Toutes espèces de vignes comme Malnoysie, Muscadet.....
> Beaulne..... *Arboys.*
>
> > RAB., V, 34.

D'un autre côté, un vieux registre de la Chambre des Comptes de Paris, cité par Ducange. donne *Orbois* comme localité de la Champagne.

> Coinssi I, S. Maart de Soissons I, Chesy I. *Orbois* I.
>
> > DUCANGE, *gistum.*

Oreille-de-Chat, *sf.* Quartier de pomme séché au four ; mêlés aux « poires-tapées ». ces fruits remplacent les pruneaux.

ÉTYM. Le quartier de pomme, en séchant, se recroqueville et prend un peu l'apparence de l'*oreille* d'un chat.

Oribanier, *sm.* Chandelier pour l' « oribus ».

Oribus (o-ri-bù). *sf.* Chandelle de résine.

> Les sinapizant auecques ung peu de pouldre d'*oribus.*
>
> > RAB., II *prol.*

ÉTYM. Origine inconnue.

Oriller, Orillier, *sm.* Oreiller.

> Un *orillier* de velours dessouz sa teste.
>
> > Al. CHARTIER, *Hist. du roy Ch. VII*, p. 251.

> Deux couestes de lict garnyes de leurs travers.... et cinq *orilliers* de plume.
>
> > 1621. Invent. de Beaune, p. 14. Arch. L.-et-Ch. B. Baill.
> > de Blois.

Oripeaux, *sm. pl. Voyez* AURIPEAUX.

Ormoire, Ormoise, *sf.* Armoire, meuble.

Ormoire et armoire.

COTGR., *Dictionn.* (1650).

La femme, voila la clef de *l'ormoire*, prends ce qui est à toy et t'en va.

20 vend. an IV. Reg. des délib. de la mun. de Villebarou.

Une paire *d'ormoises* a mettre vaisselle ayant six fenestres les unes fermant a clef et les autres sans clef.

1621. Invent. de Beaune, p. 7. Arch. L.-et-Ch. B. Baill.
de Blois.

ÉTYM. Le lat. *armarium*, meuble à mettre des armes. a dû faire primitivement *armarie, armaire*. puis. par changement du *r* en *l* (qui se rencontre fréquemment). *almarie, almaire ;*

Un *almarie* ki esteit el porche.

XIIe s. *Rois*, IV, 16. ap. Hatzfeld, *Dictionn.*

ensuite *aumaire, aumoire :*

Puisqu'il n'a rien n'est qu'une *aumoire*.

VILLON, *Petit Testam.*

et enfin par introduction d'un *r* euphonique : *aurmoire, ormoire*. Cf. aussi *orteil*, du lat. *articulus*.

Orne, *sf.* Terme rural. Rangée de ceps de vigne : deux ornes accouplées forment une planche. Planter en ornes. c'est-à-dire, par rangs isolés, également espacés, se dit par opposition à planter en « planches ».

Une boisselée de vigne ou environ..... contenant sept *ornes* de vigne.

30 mars 1587. Arch. mun. de Villebarou, vol. 1672. f° 12, r°.

On rencontre souvent, dans les mêmes archives. ce mot écrit *orme*.

ÉTYM. Lat. *ordo, ordinem*, rang :

Ordines tres vinearum.

MURATORI, *Ant. italicæ*, 1738, t. 5. col. 629.

Ortou, *sm.* Orteil : « Le grous ortou ».

ÉTYM. Lat. *articulus,* dimin. de *artus,* petit membre.

Ortout, *interj.* A tous les jeux de « canette », dans la campagne. quand le joueur veut enlever un obstacle qui se trouve devant lui, il s'écrie : Ortout !

ÉTYM. Probablement pour *ôte tout.*

Orvale. *sf.* La mercuriale, plante, mercurialis annua. ‖ Orvale noire, ansérine fétide, herbe à la morue, chœnopodium vulvaria.

Ou. *art. masc.* S'emploie encore quelquefois pour *au* : Aller ou lit.

Le cheuestre *ou* coul, et le coustel *ou* poing.
Al. Chartier, l'Espérance.

Oudrir, *vn.* Moisir, se dit surtout des récoltes fauchées, des pailles, etc. : Si la pluie continue, les avoines ne vont pas tarder à oudrir.

Éтум. Ancien franç. *houldrir, heudrir*.

Ouètte (o aspiré), *sf.* Ouate : Une camisole doublée avec de la ouètte.

Éтум. Dim. de l'anc. franç. *oue*, oie.

Ouis, *sf.* Petite ouverture qui sert à l'aération d'une cave.

Par l'*ouye* de la cave je voy ceste servante accroupie.
G. Bouchet, Serees, 1, 48, ap. Godefroy.

Éтум. A en croire l'orthographe de la citation ci-dessus, ce mot viendrait comme *ouir*, du lat. *audire*, entendre ; ce serait alors comme l'oreille de la cave. N'est-ce pas plutôt simplement une autre forme du mot *huis*, porte, ouverture ?

Oujou, *sm.* Sur la rive gauche de la Loire, Excavation, petit fossé fait pour certaines opérations de la culture, pour planter, par exemple. Sur la rive droite, Tas de terre formé par les déblais de cette excavation.

Éтум. Pour *aujou*, qui est lui-même une altération de *augeon* (*Voyez* ce mot), du lat. *alveus*, cavité.

Ous, *sm.* Os.
Verollez jusqu'a l'ous.
Rab., I, 51.

Oûser, *va.* Oser.
Celle qui, bien dire je l'ouse,
Pour ma propre et tres chere épouse
J'aurais volontiers.
Boн. des Periers, Andrie, act. 1, sc. 4.

Oûsier, *sm.* Osier. (*Voyez* Pelox).

C'est ung Cretin, non de jong, d'ousier, ou de festu
                Fr CHARBONNIER, *Pref des œuo* de Cretin

Un demy boisseau avec deux panniers d'ouzier
    1618. Cur et inv de Beynes, p 8 Arch L -et-Ch B Baill
      de Blois

Oussi, *adi* Aussi

      De la roine *oussi* qui tient grande tenour
             Hug Capet, v 1297, ap Lalbert, p 217

Outer, *va* Ôter

      Je t'apprendray, si tu veux m'escouter
      Comment l'ennuy d'un cœur se peut *outer*.
             RONS , *Odes retranch*

Le preneur sera tenu faire *ouster* tout le sable et terre qui est en
la moitié de la dicte piece de pre
             1571 Arch L -et-Ch G 26

Ouvrage, s Est feminin dans le Blaisois De la belle ouvrage, de la petite ouvrage

Moi, Briais, m'oblige faire *l'ouvrage* si-apres *mentionnee*
      1er juin 1792 Convention d'ouvr Arch H Johannet

Attendu que c'etoit *la seule ouvrage* dont il s'est occupe
      30 aout 1792 Reg. des delib de la mun de Villebarou

P

Pace que, *loc. conj.* Parce que, attendu que : Je n'y vas pas pace que je ne veux pas. — Pourquoi que tu ne veux pas ? — Pace que !

Pacoquille, *sf.* Mauvaise marchandise, objets défectueux, camelotte, pacotille.

Étym. C'est la prononciation *qui* pour *ti*, sous l'influence de *coquille*. (*Voyez* chap. prélim. § *PRONONCIATION :* TI).

Pagale (en), *loc. adv.* En désordre, confusément, sens dessus dessous.

Étym. Origine inconnue.

Pâillon, *sm.* Bannette, corbeille d'osier destinée principalement à recevoir la pâte travaillée pour faire le pain.

Plus deux barils, onze *paillons*, deux buttets.

Nov. 1789. Vente volont., p. 49. Arch. H. Johannet.

Une ruche..... qu'un boisseau ou un *paillon* peuvent d'ailleurs remplacer.

Lect. de famille, *Mag. pittor.*, 1872, p. 261.

Étym. On en voit encore qui sont faits de *paille*.

Pâillonnée, *sf.* Le contenu d'un pâillon : Une pâillonnée de « pillon » pour les poules.

Pain-host (pin-hô), *sm.* Sorte de petit pain de boulanger, fendu dans le sens de la longueur et qui coûte un ou deux sous.

On fait encore chez les Boulangers à Blois, un petit pain sans levain, appelé *Pain-host*, lequel se rompt aisement en deux portions égales. J'estime que c'est le vrai pain d'oublie ou d'hostellage.

Fourré, *Cout. de Blois*, p. 96.

Étym. Abrév. de *hostellage*, en admettant l'origine indiquée par Fourré. Cependant on prononce absolument comme si c'était *pain haut*, quoique, aujourd'hui la forme de ce pain n'ait rien d'élevé : il a pu en être autrement jadis.

Pain perdu, *sm.* Vagabond, fainéant, propre-à-rien, qui ne gagne même pas le pain qu'il mange. *Paimperdu* est un des preux cuisiniers qui entrent dans la Truye pour attaquer les andouilles. (Rab. IV, 40.)

Primitivement, c'était probablement un jeu de mots, car le *pain perdu* était un mets fait de pain frit dans le beurre :

Lequel exposant leur répondi que il ne leur avoit que donner fors un pain blanc et du burre, ... et lors entrerent ondit hostel disanz que ilz en feroient du *pain perdu*.

> 1381. Arch. JJ. 126, 8, ap. Godefroy.

L'ital. dit de même *panperdulo*, vagabond.

Paisan, anne (pê-zan), *sm.* et *sf.* Paysan, paysanne, campagnard : Les bourgeois et les paisans. ‖ Cultivateur : « Qu'onc que tu fais de ton gâs, un notaire ? — Moi ! j'en fais un paisan ». Sa fille ne veut pas être paisanne, elle veut être lingére.

> Dieu mit des cœurs de rois aux seins des artisans,
> Et aux cerveaux des rois des esprits de *paisans*.
>> D'AUBIGNÉ, *Tragiques*, p. 175, éd. Lalanne.

Le nommé Jacques Pareau, dit Boutour, estant interrogé par Bardon le jeune : Te voila icy, tu n'as pas peur : — Pourquoi peur ? les bourgeois ne doivent pas se mesler avec le *paisan*.

> 10 juin 1704. Arch. mun. Saint-Dyé-sur-Loire. GG. 12, f° 23.

‖ Parler paisan, le langage des paisans, de la campagne, le patois, par opposition à parler bourgeois, qui est le langage de la ville, le français.

ÉTYM. Pour que *paisan* ne compte que deux syllabes, il faut que *pays* ait été monosyllabe. En effet, il l'est partout dans *la Légende de Faifeu*, de Charles Bourdigné :

> L'amour du *pays* m'a fort entallenté. p. 20.
> Au *pays* d'Anjou, tenant fort bonne table. p. 58.

Palefermier, *sm.* Garçon d'écurie, palefrenier : Les palefermiers du haras.

ÉTYM. Corruption de *palefrenier* qui vient de *palefroi*, cheval de promenade, sous l'influence du mot fermier.

Palle, *sf.* Pelle : La palle qui se moque du « fergon ».

> L'ung une aultre appelloyt sa *palle*, elle le appelloyt son fourgon.
>> RAB., IV, 9.

Plus un moulin à blutter la farine..... onze paillons, deux *palles* à enfourner.

> 23 déc. 1788. Invent., p. 12. Arch. Johannet.

‖ Vanne : Piler la palle. baisser la vanne ;

La nuit dernière..... il baissait la *pale* d'une de ses roues, lorsqu'il fut pris d'un étourdissement et tomba dans la Sarthe.

15 sept. 1890. *Petit Journal*, p. 3, col. 5.

ÉTYM. Ital. *palla*. lat. *pala*. même signification.

Pallette, *sf.* ‖ Chacun des deux pans d'une chemise d'homme : Être en pallettes, être en chemise.

Palletret, *sm.* Couperet. espéce de hachereau à large et lourde lame pour trancher et hacher la viande.

PALTRET : m. A cleaver. Blesien (couperet, blaisois).

1611. COTGRAVE, *Dictionn.*

Plus une cognée, un *paltrait*, un gouay.

Nov. 1789. Vente volont., p. 60. Arch. H. Johannet.

ÉTYM. Littré a *parteret* qu'il fait dériver de *partir*, partager. Mais si cette orthographe et cette étymologie sont vraies, *palletret* est un autre mot : l'exemple de Cotgrave est probant. Ital. *palla*, pelle, *palle*, et *stretta*, étroite, *étrète*, ce couperet ayant sa lame large comme une pelle et mince comme une lame de couteau ? Un autre outil du même genre. à l'usage des bouchers. s'appelle *feuille, feuillet*.

Palonne, *sf.* Palonnier de herse ou de charrue.

Trois rouelles de charue, deux *palonne* aussy de charue.

19 janv. 1766. Vente, fº 30, rº. Arch. H. Johannet.

Lorsqu'on laboure à deux chevaux. on adapte un *palonneau* à chaque extrémité de la palonne et l'on attache le trait gauche du cheval de droite au palonneau de gauche et le trait droit du cheval de gauche au palonneau de droite.

ÉTYM. Augment. de *pal*, pieu, pièce de bois.

Palonneau, *sm.* Petite palonne (*Voyez* PALONNE).

Colin Gauchier..... prist un *palonnel* de charrue.

1383. DUCANGE, *palonus*.

Paltret, *sm.* Comme PALLETRET.

Pamplume, *sf.* Trèfle sauvage qui croit dans les moissons. trifolium arvense. ‖ Apére. autre plante sauvage. apera spica venti.

Étym. Anc. franç. *pampe*, feuille, pétale, et *plume* avec le sens de duvet, la fleur du trèfle sauvage étant un coton.

Panciau, *sm*. Ponceau, coquelicot.

Pânère, *sf*. Le panais sauvage. peucedanum sativum. et plus souvent, par extens., la carotte sauvage. daucus carotta.

Panneau (pa-nio, dans la campagne). *sm*. Sorte de selle sans arçon ni charpente, qui a disparu à peu près complètement de nos contrées.

Ung *panneau* avec ses estriers.
1616. Invent. Roy, p. 12. Arch. L.-et-Ch. B. Baill. de Blois.
35° Deux *panneaux* à chevaucher, une bride à hault mord.
30 nov. 1782. Règlement. Arch. Hippol. Johannet.

Pantomine, *sf*. Pantomime : Un paillasse qui fait la pantomine.

Étym. Forme altérée de *pantomime* venue du voisinage de *mine*, apparence du visage. d'autant plus naturellement que la physionomie joue le plus grand rôle dans la pantomime.

Papifou, *sm*. Jouet. se dit en mauvaise part : « Bourge! les mauvais gâs! qui voulent prendre mon nocial pour yeux servi de papifou! »

Mais au rebours chacun en fait
Son plaisant, s'en rit et s'en moque
Et s'en joue à la nique noque
Ou pour mieux dire au *papifou*.
J.-A. DE BAÏF, *Le Brave*.

Étym. *Papier fou*, nom d'un ancien jeu.

Par, *prép.* ‖ Employée tantôt seule, tantôt précédée de la prép. *en*, Vers. du côté de : Cherche la balle, elle est tombée par toi, ou en par toi.

Pârai (pâ-rĕ). *loc. interr.* N'est-ce pas?
Étym. Pour *pas vrai?* n'est-il pas vrai?

Parapelle, *sf*. Parapet ; ce mot s'emploie surtout au plur. Les parapelles du pont sont hautes.

Les remparts en dedans les murs des villes doivent estre larges de vingt pieds, scavoir les fraises ou *parapels*. de cinq pieds, où il y a des *parapels*, et quinze pieds hors des *parapels*.
Nouv. coust. gen., I, p. 1114, ap. Littré.

Pareil, *adj.* ‖ *Loc.* C'est du pareil au même, c'est-à-dire c'est exactement la même chose.

Parfait-bon, Parfait-bonne, *adj.* Très bon, excellent : Du vin parfait-bon, du parfait-bon monde.

ÉTYM. *Parfaitement bon.*

Pariure, Parieuse, *sf.* Action de parier, gageure.

Parlement, *sm.* Conversation, bavardage, propos : Ils se sont mariés tout de même, mais ça fait bien des parlements.

Pour vostre honneur garder nettement sans blasme et sans *parlement* du monde.

Liv. du Ch. de la Tour, CXXIV, ap. Godefroy.

Parlotter, *vn.* **Se Parlotter,** *vr.* Affecter un langage précieux, s'écouter parler ; se dit d'un homme sans instruction qui veut faire le beau parleur.

ÉTYM. Dimin. de *parler.*

Parrinage, *sm.* Cérémonie, cortège d'un baptême : Un beau parrinage.

Parsille, *sf.* Repas d'apparat que le maître offre à son monde le dernier jour de la moisson, et le dernier jour de la vendange.

Comme le dimenche prouchain avant la feste S. Mahieu, le suppliant demeurant a la chapelle en la chastellenie de Pontoise, eust ordonné avec ses charretiers et varles de faire ce jour au soir leur mengier d'apres aoust, que les laboureurs du pais appellent la *parcye.*

1416, Arch. JJ. 169, ap. Godefroy.

ÉTYM. Lat. *pars,* part ? L'ancienne langue avait aussi *parcier,* qui prend part à, ce qui ferait de la *parcye* une sorte de pique-nique ; ce n'est plus le sens d'aujourd'hui. Il convient d'observer que, ici, le *par* de *parsille* se prononce exactement comme le *per* de *persil.* Peut-être faudrait-il alors écrire *persille,* et penser qu'à ce repas figurait autrefois un plat où le persil jouait un grand rôle comme condiment.

Paser (pa-zè), *va.* et *n.* Donner à la vigne une façon qui consiste à râcler avec la marre la terre du sentier pour la jeter sur la planche. Cette expression est surtout employée à la Chaussée-Saint-Victor, et à Saint-Denis ; ailleurs on dit *râcter.*

ÉTYM. Origine inconnue. *Pas ?* avec le sens ancien de passage, sentier faire le sentier ?

Pas-moins, *loc. adv.* Enfin. à la fin : Pas moins, te voilà ! J'en suis pas moins débarrassé.

ÉTYM. L'exemple qui précède montre l'origine de cette locution : Je *n*'en suis *pas moins que* débarrassé, c'est-à-dire, j'en suis débarrassé tout à fait.

Passager, ère, *adj.* ‖ Où il passe du monde : Un chemin passager, une rue très passagère.

Les Alpes, de plus longtemps, ont esté *passageres* aux armees que les Pirenees.

FAUCHET, *Antiq. Gaul.*, II, l. 1, chap. 4 (1610).

Passée (pà-sèe), *sf.* Passage, espace suffisant pour pouvoir passer : Il y a tout juste la passée d'un lièvre.

S'ils font de nouvelles *passées* audit bois pour l'enlèvement de leurs marchandises, seront tenus les faire relever et boucher.

1679. Vente de bois à Bury, *Bull. de la Soc. Amis des Arts de Loir-et-Cher*, t. I, p. 65.

Pâtée, *sf.* ‖ Mouture destinée aux bestiaux, terme de meunier.

Patoi (patŏuĕ). *sm.* Flaque d'eau, de boue liquide où l'on « patouille ».

Icelle femme tumba le visaige adens en ung petit *patoueil* qui estoit en la rue..... et là en l'eau dudit *patoueil* estouffa.

1473. DUCANGE, *patile.*

Patouiller, *vn.* Patrouiller, marcher dans la boue liquide.
ÉTYM. Péjor. de « *patter* ».

Pattée, *sf.* Fleur des champs, la scabieuse sauvage, scabiosa arvensis.
ÉTYM. Origine inconnue.

Patter, *vn.* Prendre de la terre à ses chaussures en marchant dans un terrain humide et gras : Pour peu qu'il tombe de l'eau, on patte dans les terres fortes.
ÉTYM. *Patte*, pour pied.

Paumelle, *sf.* ‖ Pièce d'assemblage qui traverse le chartil d'une voiture.

Paumon, *sm.* Poumon.

> Ou il a mal de teste, de pis ou de poictrine,
> De *polmon* ou de foye, de costez ou d'eschine.
>
> J. DE MEUNG, *Codic*, 169 (*Rose*, t. III).

ÉTYM. Ital. *polmone*, même signification.

Paumonique, *adj.* Poitrinaire, qui a les poumons malades.

Pavois, *sm.* Cible faite d'un disque de bois peint de différentes couleurs par cercles concentriques : Tirer au pavois. Joseph fait tirer un pavois dimanche, j'ai gagné le pavois.

ÉTYM. Origine inconnue. Ital. *parese*, bouclier.

Pêchard, *adj. inv.* Couleur de fleur de pêcher, se dit d'un cheval rouan clair : Une jument pêchard.

> Ung autre cheval a poil *peschard*.
>
> 1619. Invent. Brethon. Arch. L.-et-Ch. B. Baill. de Blois.

Pêcheux, *sm.* Pêcheur.

> Anne Richard, vᵉ de deffunct Jacques Pichon, vivant *pescheux* demeurant aux Braies, parr. de St-Victor.
>
> 7 avril 1696. Arch. L.-et-Ch. G. Censif St-Victor, pièce 68.

Pecque, *sf.* Bec, et aussi bouche, mot badin. Avoir la pecque au hâle, être fort altéré, un lendemain de noce, par exemple.

> La nuit du 29 au 30 d'aout 1717, le tonnerre est tombé sur le clocher de cette église, a couppé la *pecque* du coq.
>
> Arch. mun. Marolles-les-Blanches, vol. 1743.

ÉTYM. Pour *bec*.

Pecquée, *sf.* Becquée, bouchée qu'on prend en rechignant, du bout des dents : Il a pris une pecquée de soupe, et il est allé se coucher.

ÉTYM. « *Pecque* ».

Pédrix, *sf.* Perdrix : Un nid de pédrix.

ÉTYM. Lat. *perdix*, même signif. *Pedrix*, qui est formé par métathèse du *r*, a autant de raison d'être que *perdrix* dont le second *r* est épenthétique : c'est-à-dire que si nous avons changé le *r* de place, le français, lui, en a ajouté un second.

Pée, *sm.* Père : Mon pée, ton pée.

Peigne, *sm* ‖ Partie de la douelle qui dans un fût dépasse le fond. ‖ Fruit de la bardane

Étym Par anal avec le *peigne* à décrasser

Peignon, *sm*. Pignon, mur

Peine, *sf* ‖ *Loc* Il y en a ou il n'y en a pas pour la peine c'est-à-dire ce qu'il y a vaut ou ne vaut pas la peine qu'on en parle

Peinturer, *va* Peindre Peinturer une image

> Si je ne loge en ces maisons dorees
> Au front superbe, aux voutes *peinturees*
> D'azur, d'esmail et de mille couleurs
>> DESPORTES, *Berger.*

Pêle, *adj* Meuble friable · Une terre « linge » et pêle Non foule J'en avais deux « jâlees » mais deux jâlees pêles.
Étym Origine inconnue

Pêle-et-mêle, *loc adv* Pêle-mêle

> La commune opinion estoit qu'on s'assembloit pour faire un beau banquet et puis paillardei *pesle et mesle* les chandelles estaintes
>> Th DE BEZE, *Hist eccl*, l II, p 120, ed 1580

Pelerie, *sf* Action de peler le chêne pour en tirer l'ecorce destinee aux tanneurs ‖ Taillis de chênes de 15 a 20 ans exploité pour être pele Dans cette vente il n'y a pas de chênes (c'est-à-dire de gros chenes), ce n est que de la pelerie.

Peliau, *sm* Pelouse ‖ *Par ext* Abondance d'herbes quelconques friche « Tailler sus le peliau », c est tailler une vigne en mauvaise façon, devoree d herbe et de friche

Étym Dimin de l'anc franç *pel*, poil

Pelin, *sm* Le même que PELIAU, sur la rive gauche de la Loire *Pelain* signifiait autrefois pelage

> Et or est de si lait *pelains*
> Qu'il sembloit qu'il eust langui
>> *Du Vallet aus XII fames*, ap Godefroy

I. **Pelisse,** *sf* Herbe drue se dit moins que « peliau » Voyez ce mot

II. **Pelisse,** *sf.* Morceau de peau de mouton avec sa laine dont on garnit les sabots couverts, les « esclots ».

Pelle. *sf.* ‖ Vanne. *Voyez* PALLE.

Pelon (plon), *sm.* Brin d'osier naturel. On ne se sert du mot osier, ou plutôt *ousier*, que pour parler du pelon fendu spécialement destiné à la tonnellerie.

Et de les soustenir (les vignes) de tout merrien et *plaons*.

> 1379. Arch. dép. L.-et-Ch. G. 87.

Pour quarante journées d'hommes qui ont tiré les charniers, curé les santiers et cueilly les *plons* desd. vignes (des Grois et des Granges) au pris de quinze deniers tournoys la journée.

> 1508. Arch. Hôtel-Dieu de Blois. Reg. E⁷.

ÉTYM. *Peler,* parce que les brins se pèlent facilement et sont employés pelés par la vannerie. Ronsard disait *pelasse :*

> Adonc le pasteur entrelasse
> Ses paniers de torse *pelasse.*
>> Rons., *De la venue de l'Eté.*

La *Maison rustique* (II, 14), parlant de l'involucre des châtaignes, dit des *pelons* de chastaignes.

Pelonnière (plon-niè-re), *sf.* Oseraie, lieu planté de « pelons ». ‖ Pied de pelons.

On doit laisser la même distance (un pied et demi) pour planter soit vignes, soit *plonnières.*

> FOURRÉ, *Cout. de Blois,* p. 505.

On disait aussi anciennement *plonnaye, plonnoye.*

Mestairie garnie de prez, grange, maison, estables, tectz a bestes, *plonnoye* et touche de bois.

> 3 juin 1496. Vente de Chenonceau, ap. Godefroy.

Voyez PELON.

Pelotte (plott'), *sf.* ‖ Appareil dans lequel vient s'engrener la grande roue d'un moulin pour communiquer le mouvement à la meule. On l'appelle aussi *fusée* et *lanterne.*

64ᵉ Une vieille met avec trente fuzeaux et allichons, une antienne *plotte* de moulin fretté.

> 30 nov. 1782. Règlement. Arch II. Johannet.

Pelou, *sm.* Petit chien, se dit surtout en Beauce. *Comp.* PETOU.

Étym. Lat. *pilosus ?* couvert de poil. comme *villosus* a fait *veloux* (qui est devenu plus tard *velours*).

Pelurer, *va*. Enlever la pelure. la peau, peler : Pelurer une pomme.

Penard, *sm*. Nourrain de carpe. petites carpettes qu'on met dans un étang pour le peupler.
Étym. Origine inconnue.

Pencou (pan-cou). *adj*. Qui porte la tête penchée. soit naturellement. soit surtout par suite d'accident : Il a été mal remis de sa chute. et il est toujours resté un peu pencou.
Étym. Pour *penche-cou*.

Pendiller, *va*. Suspendre. pendre : Pendiller une andouille dans la cheminée. ‖ *Vn*. Etre suspendu. pendu.

J'ay veu des penduz plus de cinq cens ; mais je n'en veis oncques qui eust meilleure grace en *pendillant*.
RAB., I, 12.

Pendilloche, *sf*. Quelque chose qui « pendille » : « J'avons un poirier qui a de la poire une rage. ça fait des pendilloches que les branches en cassent ».

Ma terière, ma *pendilloche*.
RAB., I, 11.

Ce qui fut executé au détriment des *pendiloches* qui furent levés.
Moy. de parvenir, II, 60.

Pendiment, *prép*. Pendant : Pendiment ce temps-là.
Étym. *Pendant* n'est pas autre chose qu'un adjectif dérivé de *pendre* ; *pendiment* est une forme adverbiale dérivée du même verbe.

Pendoreille, *sm*. Pendant. boucle d'oreille. ne se dit plus guère.

Deux *pandoreilles* d'or emaillé ayant chascun dix petits diamants fins.
Août 1618. Invent. Bothereau. Arch. L.-et-Ch. B. Baill. de Blois.

Penelle, *sf*. Vétille. objet sans valeur.
Étym. Lat. *pannulus*, haillon. guenille.

Penellier, *sm*. Vétilleur. « aricandier », « proparien ».
Étym. « *Penelle* ».

Penerée, *sf.* Le contenu d'un « penier » : Une penerée de pommes.

Penier (les paysans prononcent pegn-gñe), *sm.* Panier.

Apres avoir a poinct desieuné alloyt à l'ecclise, et luy portoyt on, dedans un grand *penier*, un gros breuiere.

RAB., I, 21.

Pennette, *sf.* Sorte de grossier couteau de bois dont le vigneron se sert pour dépatter, dècrotter son outil.

Oings la char de cel oysel du fiel avec une *pennette*.

Modus, f⁰ 86, r⁰, ap. Godefroy.

ÉTYM. Dimin. de *penne*, du lat. *penna*, grosse plume d'oiseau. On appelle encore *couteaux* les plumes des oiseaux de proie.

Pentecoûte, *sf.* Pentecôte : *Prov.* A la Pentecoûte, aux grouselles on y goûte.

Chappel de fleurs que moult peu couste
Ou de roses de *penthecouste*.

Rose, 2190.

‖ Plante sauvage qui pousse communément dans les fossès et sur le bord des chemins et qui fleurit vers la Pentecôte. orchis hircina.

Pentoir (pan-toi), *sm.* Instrument de tueur de porcs, consistant en une piéce de bois solide et légérement arquée qui lui sert à suspendre la bête pour la dépecer.

Un *pentouer* a pendre draps.

1359. Arch. JJ. 87, ap. Godefroy.

Un pendouer a pendre bestes.

1419. Arch. JJ. 172.

Pepette, *sf.* Soupe, bouillie, mot d'enfant.

Une maniere de grux bien cler, a mode de potage, qui est fait de grus d'avoyne et de pain nommé des *papettes*.

Off. claust. de S. Oyan, ap. Godefroy.

ÉTYM. Dimin. du lat. *pappa*, bouillie, mot conservé dans plusieurs provinces, et voisin de *papin*, bouillie, dans l'ancien français.

Pepitre, *sm.* Pupitre.

Ung autre petit coffre de bois de chesne faict en *pepistre*.

1617. Invent. Delagrange, p. 5. Arch. L.-et-Ch. B. Baill.
de Blois.

Deux cassettes, ung *pepittre*, le tout de fousteau.

1617. Invent. présid. de Metz, p. 10, *ibid.*

Pequiot, ote, *adj.* Tout petit : Il est trop pequiot pour faire un soldat ; mot badin.

ÉTYM. Dimin. de *petit*, qui se prononce ici souvent *pequi*.

Perceux, *sm.* Sorte de gros foret qui sert à percer les bondes des futailles.

3 *perceux* à bondes de poinçons.

11 nivôse an II. Arch. mun. de St-Denis-sur-Loire.

Perche (parche). *sf.* ‖ Longue pièce de bois qui est un des principaux organes de la charrue.

Perpignan, *sm.* Sorte de verge de fouet : J'ai acheté un bon perpignan.

ÉTYM. *Perpignan*, chef-lieu des Pyrénées-Orientales, où l'on trouve, sans doute, le micocoulier de Provence, celtis australis, d'où l'on tire ces manches de fouet.

Perré, *sm.* Partie d'un chemin ou d'une route qui est garnie de pierres ou de pavés : Marcher sur le perré. ‖ Revêtement en pierre, dans un endroit quelconque : Faire un perré.

Six mil neuf centz soixante et dix huict tomberees de moysons (*sic*), non comprins en ce les quartiers de pierre dure, pour faire les *perres* dudit jardin.

1553. Cp^{te} de Diane de Poitiers, ap. Godefroy.

Perrette, *sf.* Oie : Mener les perrettes au champ.

ÉTYM. Pour *Pierrette*, nom de femme, comme on appelle la pie *Margot*, Marguerite.

Perreyer, *va.* Faire un perré à : Perreyer un fossé.

Perreyeur, *sm.* Ouvrier qui fait les perrés.

Les *perrayeurs*.

1410. Arch. mun. d'Angers. CC. 3.

Perrière, *sf.* Carrière, lieu où l'on tire de la pierre.

Paris est environné de toutes parts de *perrieres* souterraines, que le peuple appelle par corruption carrieres.

Est. PASQUIER, *Recher.*, IX, 2 (1665).

Le marc qui est déposé dans la *perrière*.

15 vent. an III. Reg. des délib. de la munic. de Villebarou.

Perron, *sm.* Roc de peu d'étendue qu'on rencontre dans les champs : Mon « soi » s'est cassé contre un perron.

> Dreche l'amont, sus un *peron* le fiert.
> (Lève son épée, la frappe sur une grosse pierre).
>> RAIMBERT, *Ogier*, v. 8546, ap. Godefroy.

ÉTYM. Augm. de *pierre*.

Persenne (par-se-ne'. *sf.* Personne : Je ne connais per-senne ; il y a des persennes qui.....

> Et pensez vous don que set un *parsenage* comme les autres ?
>> CYRANO DE B., *Pédant joué*, Act. V, sc. 8.

ÉTYM. Lat. *persona*, masque. La mutation de *o* en *e* est très ancienne : *en* remplace *on* dans tout le Roman de la Rose.

Persille, *sf.* Comme PARSILLE.

Persillet, *sm.* Sorte d'herbe des champs, le carvi des moissons, carum segetum, et plus souvent, par extens., la ca-rotte sauvage, daucus carotta.

Persuser, *va.* Pressurer.

ÉTYM. *Voyez* chap. prélimin., § II, *PRONONCIATION* : R.

Persusage, *sm.* Action de « persuser ». ‖ Vin qui coule du marc pressuré, par opposition à mère-goutte.

Pertintàilles, *sf. pl.* Garniture de grelots attachée aux harnais d'un cheval : C'est un méchant « bouchâillon » qui passe avec ses pertintàilles.

ÉTYM. *Per, ber* préf. péjor. et *tinter* avec le suffixe *aille* qui accentue le sens péjoratif.

Pesard, *sm.* Fourrage de pois, lorsque le fruit en est enlevé. ‖ Par extens. fourrage de haricots qu'on appelle aussi pois.

> Le suppliant..... se muça..... et se bouta dedens un tas de *pesaz*.
>> 1375. DUCANGE, *pesait*.

> (Six pelerins) s'estoyent mussez au iardin dessus les *poyzards*, entre les choux et lectues.
>> RAB., I, 38.

Peser, *va.* et *n.* La syllabe *pe* se prononce toujours *peu*, même quand la syllabe qui suit est muette : Je peuse, tu peuses, etc. ‖ *Prov.* La culotte pese plus (ou moins) que le cotillon, se dit d'un homme qui épouse une femme plus pauvre (ou plus riche) que lui.

Pessé, *sm*. Terre préparée pour servir de mortier ; pisé. Mot disparu.

Plus paye à Jean Lefort trente trois sols pour avoir fourni un cent de brique et trois asnées de *pesses*, pour le fourneau de la cloche de la chapelle.
1707. Cp^te de la marelle. Fabr. de la Chaussée-St-Victor.

Pestillon, *sm*. Petite pustule.

Petard, *sm*. ‖ Jouet fait d'un bout de sureau dont on a enlevé la moelle, et qui lance, par compression et avec explosion, un petit bouchon de filasse. On appelle aussi ce jouet *canon*.

Pêtée, *sf*. Danse, quelle qu'elle soit : « Veins donc danser eune pêtée » ; se dit en badinant, surtout sur le territoire de Villebarou.
Étym. « *Pêter* ».

Pêter, *vn*. Mettre le pied : « Il m'a pêté sur le pied ; j'ai pêté dans la boue ». L'ancienne langue avait *petier*, dans le sens de marcher, aller et venir.

S'en vint *petier* en la place devant le chastel..... tant alla et vint en *petiant*, que le chastelain..... ouvrit la porte.
Froissard, *Chron.*, I, p. 201 (1824).

Étym. Lat. *pes, pedem*, pied.

Peteux, euse, *sm*. et *sf*. ‖ *Fig*. Poltron, couard : Il s'est sauvé comme un peteux.
Étym. C'est une extension du sens figuré de *peteux* qui, en français, signifie celui qui a fait une saleté, une malpropreté :

On le chassa comme un *peteux*.
Tall. des Réaux, V, p. 101.

Dans le sens blaisois, on dit ailleurs *foireux* ; peteux est peut-être moins bas.

Petit, *sm*. Un petit : un peu, une petite quantité.
De l'aneth on faict huylle laquelle est *ung petit* plus chaulde.
Comment., chap. IX.

Attendons *un petit*.
Bon. des Periers, *Cymb.*, I, p. 33.

Pêtonner, *vn*. Faire beaucoup de petits pas dans un petit espace ; pêtonner est à peu près *piétiner*, sans le sens actif.

> Et moy tantost de *pietonner*.
>> VILLON, *Franc archier*.
>
> L'asne portoit d'ung sainct la chasse,
> Et voiant chascun prosterner,
> Cuyde que ce pour lui se face :
> Si pense ja tout gouverner.
> Mais sur ce on le vint bastonner,
> En luy disant motz de telle sorte :
> Sus, baudet, il fault *pietonner* :
> Tu n'es pas sainct, mais tu le porte.
>> J. LEFEVRE, *Embl. d'Alciat,* ap. Godefroy.

Il n'y a qu'à la Comédie-Française et au Conservatoire que les hommes bafouillent à la soixantaine, en branlant la tête, et *petonnent*, le dos rond, les jambes molles, avec des accidents séniles.
>> Alp. DAUDET, *Sapho*, p. 225.

ÉTYM. Fréquent. de « *péter* ».

Petou, *sm*. Chien, toutou, mot d'enfant.

A quinze ou vingt jours de là, revint le notaire aussi gai *petou* résolu, comme une brebis tondüe.
>> *Moy. de parvenir,* I, 116.

ÉTYM. Origine inconnue.

Peu, *adv*. ‖ Pour si peu ! *loc. adv.* exprimant l'affirmation par ironie : Tu dis du mal de cet homme-là, et tu ne le connais seulement pas ! — Pour si peu ! (sˢ-ent. que je le connais), c'est-à-dire je le connais très-bien.

Physicien, *sm*. dans la campagne, Prestidigitateur, escamoteur, quelque peu sorcier. Pour nos paysans, le blaisois Robert-Houdin est le plus grand des physiciens.

Physique, *sf*. dans la campagne, Prestidigitation avec une nuance de sorcellerie.

Quoniam autem et phisicas (*phisica* vocantur illa in quibus causæ occultæ sunt) et ligaturas circa se habere multi volunt.
>> XIIIᵉ siècle, DUCANGE, *physica*.

Piâiller, *va. et n.* Gronder, réprimander avec vigueur : Polisson, ta mère va te piâiller, ou va piâiller après toi.

ÉTYM. *Pie ?* crier comme une pie ?

Piau, *sf*. Fille débauchée, femme perdue.

ÉTYM. Lat. *pellex*, même signification ?

Piaule, *sf*. Terme bas et injurieux, le même que Piau. En Beauce, outre ce sens, *piaule* signifie : Brebis chétive, maladive, de mauvaise venue. Est-ce le même mot ?

Piaulou, *sm*. et *f*. Quémandeur, quémandeuse, qui mendie en geignant.

Étym. *Piauler*, pleurnicher, en parlant des enfants.

Piauter, *vn*. Piauler, en parlant des petits poulets.

Étym. Onomatopée.

Piautre (piô-te), *sf*. Gouvernail d'une embarcation et surtout d'un bateau de la Loire.

> Fuyons. Tourne visaige. Vire la *peautre*, fils de putain.
>
> Rab., IV, 55.

> Qui est le souverain reméde, la clef de la besongne, la *peautre* du navire, le manche de la charrue.
>
> N. du Fail, *Propos. rust.*, p. 56.

Étym. Origine inconnue. Dans l'ancien français *peautre*, comme poultrain, signifiait jeune cheval ; la jeune jument s'appelait *poultre*, d'où notre mot *poutre*, pièce de bois. Par une semblable dérivation *peautre* ne serait-il pas l'origine de notre *peautre* ou *piautre* ?

Picassé, ée, *adj*. Tacheté, moucheté et surtout marqué de petite vérole.

Étym. Fréquent. de *piqué*.

Pichet (pichĕ), *sm*. Pot à vin. ‖ Le contenu de ce pot : Un pichet de vin blanc.

> Dementres me faites livrer
> Deux beax *pichers* de beau vin cler.
>
> Rom. de Partonopex, ap. Duc., *picarium*.

Étym. Ital. *bicchiere*, verre à boire. *pecchio, pecchero*, grande tasse à boire, bas-lat. *bicarium, picarium*, même signification.

Pichetée, *sf*. Le contenu d'un « pichet ».

Picot, *sm*. ‖ Pointe de fer qui se trouve au bout du manche de la faux.

Picrevelle (pi-ker-vel), *sf*. Pie-grièche. Picrevelle « margottée », la pie-grièche grise.

Étym. *Pie cruelle*.

Piéce, *sf.* ‖ Palet du jeu de bouchon fait ordinairement d'une vieille piéce de monnaie.

Piécot, *sm.* Plante sauvage. renoncule rampante, ranunculus repens.

ÉTYM. Pour *pied de coq.*

Pied-droit, *sm.* « Orne » de vigne. dans la longueur du « rayage ». qui sert de clôture à une vigne, et même à un champ.

Pierre, *sf.* ‖ *Prov.* Faire battre les pierres contre les cailloux. se dit d'une personne qui par son extrême médisance arrive à faire fâcher les uns contre les autres les gens les plus paisibles : C'est une langue de vipére, elle ferait battre les pierres contre les cailloux.

Pierri, Pierrot, *spr.* Pierre. nom d'homme.

Pifolet, *sm.* Duvet. poil follet : Un petit moiniau qui n'a encore que du pifolet.

Pigras, *sm.* « Patoi » de boue grasse et liquide : Enfants. je ne veux pas que vous « faisiez » du pigras à ma porte.

ÉTYM. Orig. inconnue.

Pigrasser, *vn.* Faire du « pigras ».

Piler, *va.* ‖ Piler la pelle, abaisser la vanne d'un cours d'eau. d'un étang.

Pilette, *sf.* Pilon de bois à long manche qui sert à piler les raisins dans la « jâle ».

Pilez d'une *pilette* de bois.

XVe s. *Ménagier*, II. 5, ap. Littré.

Pillon pi-ion. *sm.* Épis. grains incomplètement battus qui restent après le « nettissage » du blé.

Des pailles, *pillons*, feurres et estraings neant pour ladite année pour ce que le dit capitaine les a pris pour ses chevaux.

1429. Cpte de la grange d'Yenville. Arch. Loiret.
t. II. fo 112.

8o Seront tenus les preneurs de laisser le dit lieu et métairie bien et duement engratté de tous agrats, comme paille, fourage, balle, poux, *pillons* et foins.

30 juillet 1787. Bail de la Ferlanterie. Arch. H. Johannet.

Étym. Ducange donne *spilo, pilo, pillo, pilumen, piletum, pillonium* et enfin *pilio : Purgamentum frumenti, seu spicæ remanentes post ventilationem ;* c'est la définition exacte de l'objet. Ces formes diverses ne sont que des traductions plus ou moins heureuses du français *pillon,* mot qui est bien de nos contrées, car tous ses équivalents latins (sauf *pilumen* et *piletum,* qui traduisent sans doute des vocables analogues) proviennent des cartulaires de l'abbaye de Fleury-sur-Loire et de l'église de Chartres de laquelle dépendait le Blaisois : ce qui explique comment Ducange, qui était d'Amiens, et D. Carpentier, qui était de Charleville, ne l'ont pas connu. Aussi, malgré Ducange et les vieux glossaires cités par lui, qui font dériver ce mot de *pila, pilare,* piler, battre de blé), on peut croire que *pillon* est le même mot que *épillon,* petit épi, ou plutôt mauvais épi ; c'est *épillet (piletum ?)* qui signifie petit épi :

Que de tout cest grain c'on menoit en se grange ke li paille et li estrains (paille de blé) et li gruins (balles), et li *espeillon* en éstoient sien.

Juillet 1211. Arch. Nord.

. Dans cette citation, tirée du dict. de F. Godefroy, *espeillon* n'est pas expliqué, mais il semble bien être notre *pillon.*

Pineau, *sm.* Sorte de cépage : Pineau blanc, pineau rouge, pineau d'Aunis.

Des *pineaulx,* des fiers, des muscadeaulx.

Rab., I, 25.

Étym. *Pin,* le raisin a la forme d'une pomme de pin.

Piôte, *sf.* Trou fait à un « moine » par la pointe d'un autre moine. *Voyez* Moine.

Étym. Orig. inconnue. Peut-être altération de *pointe ?*

Piper, *vn.* Il ne pipe pas, il n'a pas pipé : il ne desserre pas les lèvres, il n'a pas répété, il est resté muet.

Étym. *Piper* se dit du petit cri que font entendre les poulets ; il est ici inusité en ce sens.

Pique, *sf.* ‖ Pièce de pique, « pièce » à bords refoulés et dentelés qui reste comme piquée à l'endroit où le joueur l'a lancée.

Piquer, *vn.* ‖ Enfoncer les « charniers » dans les vignes :

Pique, Denis, la terre est molle. ‖ Au jeu de bouchon, jouer avec la piéce de « pique ».

Piqueron, *sm*. et *f*. Enfant taquin, se dit surtout d'une petite fille : « Laïde est bein piqueron ».

Érym. Dans l'ancien français, *piqueron* était synonyme de *piquant* :

Les hayes..... défendant par leurs *piquerons* le passage à gens et à bestes.

Ol. de Serre, *Théât.*, VI, chap. 30.

Piquette, *sf*. Petit piquet : Une piquette en bois.

Piquon (pi-kion), *sm*. Piquant, dent.

Plus trois herses à *piquons* de bois.

23 déc. 1788. Invent., p. 17. Arch. H. Johannet.

Pis (pi), *adv. de temps*. Puis : Et pis aprés ? (è-pi-a-prée).

Pisque (piss-ke), *conj*. Puisque.

Pisseux, *sm*. Petit coussin fait de balle d'avoine qu'on met sous un petit enfant dans son « bers ».

Pissotière, *sf*. Morceau de chair découpée dans une certaine partie du corps d'un porc et que l'on conserve pour graisser les outils, surtout les scies.

Elle ne te servira que de *pissotiere*.

Rab., III, 27.

Pitois (pi-toâ), *adj. m*. Chat pitois, putois.

Nous faisons chercher partout, si c'estoit point la foüine, ou le *pitois*, qui mangeast nosdites poules.

Des Accords, *Bigarr*. 1ᵉ l. des Escraig., fᵒ 41 b. Paris, 1615.

Pitranche, *sm*. Outil de cultivateur dont le fer se termine d'un bout par un pic, de l'autre par une tranche.

Il luy sera fourni un *py-tranche* et une mauvaise pelle de bois.

11 vent. an III. Reg. des délib. de la mun. de Villebaron.

‖ Chapeau pitranche, ou simplement pitranche, ancien chapeau de nos grands-péres, dont le bord, par derrière, était légèrement relevé en pointe, et par devant, étalé et rabattu.

Pitrouillage, *sm*. Action de « pitrouiller ». ‖ Mélange dé-goûtant de choses disparates : Faire des pitrouillages dans son assiette.

Pitrouiller, *vn.* Patauger dans l'eau bourbeuse.

ÉTYM. Autre forme de *patrouiller*.

Placard, *sm.* ‖ Surface disposée le long d'un mur, sur un passage public, pour recevoir les publications administratives et les affiches.

ÉTYM. *Plaquer*.

I. **Place,** *sf.* ‖ Aire d'une chambre : Elle lave sa vaisselle dans le mitan de sa place.

Il faut refaire la *place* de la cuisine six pieds en carré, renduire les murailles d'icelle.

15 avril 1668. Devis pr le prieuré de Mesland. Arch. L.-et-Ch.

E. 688.

II. **Place (en) de,** *loc. adv.* Au lieu de.

Ces diables *en place* (de Proserpine) bientoust sortiront.

RAB., III, 20.

Un concert a eu lieu dans la maison du Préfet, et le citoyen Pellizzarri a obtenu un fusil pour prix du concours de musique, *en place* de la lutte, qui n'a pu avoir lieu faute de concurrents.

25 mess. an VIII. Proc.-verb. du Préf. de L.-et-C.

Arch. L.-et-Ch.

Plaine, *sf.* ‖ Plane, outil qui sert à planer, à aplanir le bois.

Une hachette, une gouge quarrée, *une plaine*.

1391. DUCANGE, *plana*.

Plamus (plà-mus). *sm.* Coup donné avec la main, gourmade, soufflet.

Il lui a baillé une belle *plamuse*, ou un beau soufflet, et quelque semblable coup sur le visage.

LA NOUE. *Dict. des rimes*, p. 148, édit. 1596.

Elle faisoit dépouiller ses dames et filles et les battoit du plat de la main avec de grandes claquades et *plamussades* assez rudes.

BRANTÔME, VII, 255 (Foucault, 1822).

ÉTYM. Lat. *palmus, palma,* paume de la main, par transposition fréquente du *l* :

Le suppliant ayans tousjours ses mains *plamées* soubz son mantel.

1370. DUCANGE, *palmaria*.

On trouve aussi *palmée* avec le sens de soufflet :

Icellui Jaques donna une *palmée* audit Michault senz plus faire.

1368. *Ibid., palmata*.

Plan, *sm.* ‖ Il n'y a pas plan, cela est impossible.

ÉTYM. Lat. *planus*, uni, qui n'a pas d'aspérités et, par extens., de difficultés.

Planche, *sf.* ‖ Planche de vigne, deux « ornes » accouplées ; planche de blé, un certain nombre de raies de charrue séparé par une « refendure » : Faire du blé à planches, par opposition à Faire du blé à plat.

Plancher, *vn.* Montrer de l'indécision, de la faiblesse, de la lâcheté : Si tu planches, je serai là pour te redresser. Montrer peu d'ardeur pour le travail, et beaucoup pour la noce et l'insubordination : Avec ce patron-là, les ouvriers ne planchent pas.

ÉTYM. Probablement par analogie avec une *planche* qui ploie sous un fardeau trop lourd.

Plante, *sf.* Jeune vigne jusqu'à l'âge de 5 ou 6 ans.

> La *plante* du grand cormier.
> RAB., III, 32.

Proche l'église de St-Victor, un petit morceau d'héritage planté en gros noir de jeune *plante*.
> 9 nov. 1698. Arch. L.-et-Ch. G. liasse I. Fabr. de St-Victor.

Planter, *vn.* ‖ Se dit absolument pour Planter de la vigne : Planter en « ornes ».

Plat (à), *loc. adv.* Se dit d'une façon de labourer où toutes les raies sont uniformes sans « refendures », ce qui donne au guéret une surface plane : Labourer à plat, des blés à plat, par oppos. à des blés en planches.

Plateau (on dit, le plus souvent, pla-tio). *sm.* ‖ Nénuphar, nymphæa alba, réputé longtemps comme anaphrodisiaque : Eau de plateau, infusion que, d'après la croyance populaire, on fait prendre encore à ceux et à celles qui se vouent à la pratique de la chasteté :

> Nenuphar beu une fois en quarante iours, oste du tout l'enuie de faire le ieu d'amours.
> Comment., chap. 203.

Le Nenuphar et nymphea heraclia (sont contraires et ennemys) aux ribaulx moynes.
> RAB., III, 51.

ÉTYM. *Plat*, à cause de la forme de ses feuilles.

Platrée, *sf.* Le contenu d'un plat.

Player (plè-yĕ), *va.* Ployer et plier : Playĕ comme un contrat.

> Puisque tant de fléaux qui te *playent* l'eschine.
> N'arrachent un soupir de ta dure poitrine.
>
> Du Bartas, 1º Sem.

Item une petite table de boys de noyer neufve *playante.*

> 3 août 1618. Invent. de Lormois. Arch. L.-et-Ch. B. Baill.
> de Blois.

Plénu, ue, *adj.* Qui est nu-pieds : se dit surtout à Villebarou et à Francillon.

Étym. Corrupt. de *pieds-nus.*

Pleue, *sf.* Pluie : « La pleue tombe à siaux ».

Étym. Lat. *pluo,* dont la traduction française *pleuvoir* a pris aussi le son *eu.*

Pleumards, *sm. pl.* Nuages formés de bandes légères, déchiquetées et transparentes, et qui sont regardés comme signe certain de vent.

Étym. *Pleume* pour *plume,* par comparaison avec un amas confus de plumes blanches.

Pleumer, *va.* Plumer et Peler : Pleumer une pomme.

Pleumevoie, *sf.* Le narcisse des bois, fleur du printemps, narcissus pseudo-narcissus.

Étym. Lat. *primula veris,* primevère.

Pleumiauter (pleu-mio-tĕ), *va.* Epousseter à l'aide d'un pleumiau (plumeau). Mot paysan, qui ne se dit guère qu'en riant. Quand il tombe de l'eau dans la semaine qui suit la Saint-Pierre, les gens des villages voisins de la Chaussée-Saint-Victor, surtout ceux de Francillon, ne manquent pas de dire : « V'là la pleue, c'est les Chausserioux qui pleumiautent ! » c'est-à-dire, qui époussettent leurs châsses. *Voyez* Émouver.

Pleuvasser, *v. imp.* Pleuvoir fréquemment, mais par petites ondées : Il ne fait que pleuvasser.

Plèyer, *va.* Comme Player.

Pli, *sm.* ‖ Levée, au jeu de cartes.

Plon, *sm*. Le même que PELON.

Plonnière, *sf*. Le même que PELONNIÈRE.

Plumeau (en patois, pleumiau), *sm*. ‖ *Prov*. Traîner ses pleumiaux. se dit d'un pauvre diable miné par une longue maladie, par comparaison avec un canard, ou une oie malade qui traîne tristement ses ailes à moitié déplumées.

Pocasse, *sf*. Petite « poque » ; se dit surtout sur la rive gauche de la Loire.

Poche, *sf*. ‖ Sac qui contient généralement un hectolitre : Se dit par opposition à *sac* qui est plus grand et dont la contenance est indéterminée.

> Car combien que l'eschine d'un asne se plaigne pour la charge ordinaire des *poches*.
>
> M. COCCAÏE, l. XIV.

‖ *Prov*. Au plus fort la poche : c'est le plus vigoureux. le plus hardi ou le plus malin qui l'emporte, par exemple, à une vente aux enchères.

Pochetée, *sf*. Le contenu d'une poche.

Pochu, ue, *adj*. Lourdaud, empoté : hardi, pochu !
ÉTYM. L'ancien français avait *pocher*, mettre en sac. *Pochu* signifie proprement, qui a les mouvements gênés comme s'il était dans un sac ; *comparez* EMPOTÉ.

Pognasser, *va*. Manier d'une façon malpropre : Ne pognasse donc pas la viande.
ÉTYM. Péjor. du vieux verbe français *poigner*, manier.

Pogne, *sf*. Poignet. ‖ La force du poignet : Il a une rude pogne ; se dit aussi en Picardie et en Rouchi.

Pogner, *vn*. Jouer aux « canettes » d'une façon fautive, en avançant le poignet : Si tu pognes. ça n'en est plus.
ÉTYM. « *Pogne* ».

Poinçon, *sm*. Fût qui contient 228 litres.

> Sur le prix des vins saisis, et cependant après le loyer, vient d'abord le tonnelier pour les *poinçons*.
>
> FOURRÉ, *Cout. de Blois*, p. 560.

‖ Le contenu d'un poinçon : Acheter un poinçon de vin.

Étym. Origine inconnue.

Pointu, *adv.* ‖ *Loc.* Parler pointu, parler avec une ridicule affectation de beau langage.

Poire-tapée, *sf.* Poire qu'on conserve après l'avoir séchée au four et aplatie. (*Voyez* OREILLE DE CHAT.)

Pois, *sm.* Haricot : Tu me regardes de travers, est-ce que je t'ai vendu des pois qui ne « voulaint » pas cuire ? ‖ Pois ronds, ou pois verts, les véritables pois, les petits pois, pisum sativum.

> Recevez quatre francs avec ces quatre vers,
> Pour ce boisseau de *pois* dont vos greniers sont riches.
> Mais comblez la mesure, afin que des *pois verts*,
> O libéral ami ! ne soient point des *pois chiches*.
>> COLLETET, *Epigrammes*, p. 221, édit. 1653.

‖ Pois cornu, plante fourragère, gesse chiche, lathyrus cicera.

Poiser, *va.* Puiser : Poiser de l'eau. ‖ *Vn.* Prendre de l'eau dans ses chaussures en marchant dans un endroit humide : Prends-garde de poiser !

Poison, *s.,* est féminin et non masculin, conformément à son étymologie, lat. *potio.*

> La contre poison doit estre plus forte que la poison.
>> Amb. PARÉ, XXIII, 14. Paris, 1840.

‖ *Absolt.* Morelle, plante vénéneuse : Il pousse de la poison tout le long du mur.

Poissier (poà-siě), *sm.* Maraîcher qui, au printemps, cultive et vend des pois.

Poissiére (poà-siè-re), *sf.* Champ ensemencé de pois.

Poitral, *sm.* Poitrail; c'est l'orthog. de Ménage.

> Moult fu riches li frains qu'il li a el chief mis ;
> Son *poitral* li laça, qui fu de cuir bolis.
>> *Chans. d'Ant.*, IV, 189, ap. Littré.

Poitrasser, *va.* Pétrir ou manier salement. ‖ *Vn. Fig.* Agir d'une façon louche, équivoque, en traitant les affaires.

Étym. Péjor. de « *poitrir* ».

Poitrassier, ère, *sm.* et *sf.* Celui, celle qui « poitrasse » dans les deux sens.

Poitrir, *va.* Pétrir.

Loire *poitrissoit* sa pate, sa femme belutoit la farine.

RAB., IV, 14.

Polisse, *sf.* Faire la polisse, faire le polisson.

ÉTYM. Ce mot qui est le primitif de *polisson*, n'est peut-être autre chose que le français *police* détourné de son sens normal par plaisanterie : faire la *police* (des rues), c'est-à-dire être toujours dans les rues.

Poltrait, *sm.* Portrait.

Poque, *sf.* Jeune fille, fille.

ÉTYM. Orig. inconnue. Le poitevin dit *boque* dans le même sens.

Poquet, *sm.* Petit trou fait dans la terre pour certains jeux, surtout pour les jeux de « canettes ».

ÉTYM. Dim. de *poque*, autre forme de *poche*.

Portal, *sm.* Portail : Un portal en pierre de taille.

Un gros marteau carré
Frappe tel coup contre un <i>portal</i> barré.</div>

Cl. MAROT, Enfer.

Monter par la vifz d'icelle maison, sur les dictes murailles, en la guette estant sur le *portal* de ladicte porte du Foix.

1529. Contr. d'hypoth. Arch. L.-et-Ch. E. 745.

Portements, *sm. pl.* État de santé : Tu lui demanderas ses portements.

Je sois acertainé de ton *portement*.

RAB., IV., 3.

Porte-poches, *sm.* Garçon de moulin, farinier.

Aujourd'hui, semblable à tes *porte-poches*, tu te roules dans la farine.

GENTIL, Dinde truffée, dédic., II (Blois 1877).

Porte, *sf.* ‖ *Loc.* Aller de porte en maison, aller de maison en maison, de porte en porte : C'est Pierre qui prie de l'enterrement et il va de porte en maison.

Pot, *sm.* Poteau, pieu, pilier.

I cellui Roullant se muça et tapy derriere un pillier ou *post* en bois.

1387. Arch. JJ. 131, ap. Godefroy.

Pour clore ledit jardin, ledit preneur s'oblige à mettre trente gros morceaux de bois ou *pots* et une botte et demie de charniers.

> 20 germ. an II. Reg. des délib. de la mun. Villebarou.

Ce mot est presque totalement disparu.

ÉTYM. Lat. *postis*, même signification.

Pot-à-pouâsse, *sm*. Pot de terre, percé d'un trou au fond, qui s'applique contre un mur et dans lequel les « pouâsses » font leur nid. On entend souvent *pot-à-pouás*.

Potbouille, *sf*. Préparation des aliments : C'est lui qui fait sa potbouille, il n'a recours aux services de personne pour préparer ce qui est nécessaire à sa nourriture et à son entretien.

Pot-de-chambre, *sm*. ‖ Au jeu des Quatre-coins, celui des cinq joueurs qui se trouve au milieu.

Pote, *sf*. Grand pot de grès à deux ou plusieurs anses : Saler du cochon dans une pote.

> 46° Quatorze pot a lait, deux *potte*, huit plats de terre estimé trois livres.
>
> 30 nov. 1782. Règlement. Arch. H. Johannet.

Potiron, *sm*. Champignon, en général.

> Ou celuy qui s'engendre ainsi qu'un *potiron*.
>
> RONSARD, *Boc. royal*, 2ᵉ partie.

Pou, *sm*. Ne s'emploie que dans : Pou d'orge, résidus provenant du « nettissage » de l'orge.

De la vendition des pailles, *poux* et fourrages appartenants à la dite granche.

> 1422. Cpᵗᵉ du prod. de la gr. d'Yenville. Arch. Loiret.

Tous agrats comme paille, fourage, balle, *poux*, pillons et foins.

> 30 juill. 1787. Bail de la Ferlanterie. Arch. H. Johannet.

ÉTYM. Lat. *pulverem*, poussière ? ou *pulsus*, de *pellere, pulsare*, vanner :

> Minæ avenæ *pulsatæ*.
>
> 1260. DUCANGE, *pulsare*.

Pouâsse, *sf*. Moineau : Une pouâsse privée; ce mot se perd.

ÉTYM. Pour *passe*, du lat. *passa*, moineau.

Pinsons, Pivers, *Passe s* et Passerons.

> Cl. MAROT, *Élég.*, I.

Pouça, *loc. expl.* qui ne sert qu'à accentuer le sens d'une phrase exclamative ou interrogative : « Hêlà, hêlà, c'est-i pouça malheureux ! Tu ne vourais pouça pas faire un pareil coup ? »

ÉTYM. *Pour* et *ça*, cela ; l'ancienne langue employait *pourtant*, à peu près dans le même sens.

Pouceau, *sm.* Morceau de linge dont on enveloppe un doigt malade.

ÉTYM. *Pouce.*

Pouchette, *sf.* Petite poche de vêtement, et spécialement poche de pantalon.

> Un petit *pouchet* ou sachet où il y avoit xxvj pièces d'or.
>> 1396 DUCANGE, *poucha*, 2.

> Une *pouchette* de thoille dans laq[lle] s'est trouvé plus[rs] frezes et colletz de thoille.
>> 1621. Invent. Le Fuzelier, p. 12. Arch. L.-et-Ch. B. Baill. de Blois.

ÉTYM. Dimin. de *poche* qui s'est prononcé et écrit *pouche :*

> Pour le happer et mettre en sa *pouche.*
>> Bon. DES PERRIERS, *Cymb* , I, p. 34.

Poucier, *s.* et *adj. m.* Loquet poucier, loquet qu'on ouvre en appuyant le pouce dessus.

> A la porte dud. jardin sur la cour y sera mis un *loquet poussier* avec son batant.
>> Mars 1754. Devis pour Clénord., p. 22. Arch. L.-et-Ch. E. 293.

> Il sera mis un *poussier.*
>> *Ibid.*, p. 24, *ibid.*

Pouée, *sf.* Sur la rive gauche de la Loire. Rampe qui permet à un chemin d'accéder à la levée ; sur la rive droite, on dit *tercie.*

> Les .II. costes sont garniz de *puyées* et de solles fermees entre les postiaux.
>> 1346. Arch. K. 44, ap. Godefroy.

‖ Autrefois, planche de vigne :

> Item trois *pouëes* de vigne assis au cloux de Garrelleries. Item cinq *pouées* de vigne assis audit cloux.
>> 1644. Aveu du lieu de Vert, paroisse de Tavers, ap. Leclerc de Douy. Arch. Loiret.

Étym. *Pouée* est le féminin de l'inusité *pou*, puy, tertre, du lat. *podium,* tertre. C'est de là que viennent les noms de famille *Pou, Dupou,* communs dans le blaisois, et qui sont l'équivalent de *Puy, Puis, Dupuy, Dupuis.*

Pouffiasse, *sf.* Courtisane du plus bas étage.
Étym. Origine inconnue.

Pougnasser, *va.* Comme Pognasser.

Pouiller, *va.* Vêtir, mettre sur soi : Pouiller sa blouse, pouiller ses sabots.
Étym. *Peau,* le vêtement étant comparé à la peau.

Poulette, *sf.* Ampoule : J'ai des poulettes aux mains.
Étym. Pour *ampoulette.*

Poulin, *sm.* Appareil composé de deux fortes pièces de bois réunies par deux ou trois traverses, qui sert à monter certaines charges, notamment des fûts sur une voiture, et à les en descendre.

Par le *poulain* on descend le vin en cave.
RAB., I, 5.
Plus deux *poulins* à charger du vin.
15 niv. an II. Arch. mun. de St-Denis-sur-Loire.

Étym. Germ. angl. *to pull,* guinder, hisser.

Poulinier, *adj. m.* Marchand de chevaux ? Mot disparu.
Anthoine Goislart marchant *poullinier.*
23 août 1597. Arch. mun. de Villebarou.

Poupiller, *vn.* Clignoter des yeux : L'enfant va s'endormir, voilà qu'il poupille. Oh ! oh ! mon bonhomme, vous poupillez : vos yeux papillotent, vous avez bu. ‖ *Fig.* Ne pas poupiller, conserver un grand sérieux : Quand il apprend sa leçon, il ne poupille pas.
Étym. Lat. *pupilla,* prunelle de l'œil ; ou, peut-être mieux, *paupière.*

Pourreau (le plus souvent prononcé poù-rio), *sm.* Poireau, légume.

Les *pourreaux* se sement en mesme terroir que les oignons.
OL. DE SERRE, *Théât.,* VI, 4.

18

Pourrée, *sf.* Poireau, légume. ‖ *Loc.* Planter la pourrée, *voyez* CHÊNE-DRET.

Poursuivre, *va.,* fait au part. passé *poursuit* au lieu de *poursuivi* :

Ils sont a present *poursuis* par les officiers.

1368. Ducange, dedicatio.

Poussible, *adj.* Possible.

Poy (pouĕ), *sm.* Pou : Les poys le dévorent.

Pras (prà). *sf.* Personne indolente, peu courageuse : Une grande pras.

ÉTYM. Ancien français *praye*, proie, avec la prononciation locale.

> Mais bien sachiez que tel la (Venus) paye,
> Qui puis se repent de la *praye.*

Rose, 11395.

Une loge de branche de chesne pour prendre les oyseaulx de *praye.*

1446. Ducange, branca.

Du lat. *preda,* qui, au moyen-âge, se disait pour *pecus*, bétail ; de sorte que grande *pràs* vaut un autre qualificatif également usité : grand *bestiau.*

Preme, *adj.* Premier, dans le langage des enfants, quand ils se comptent à certains jeux.

Olivier de Rohan.... dit qu'il estoit *presme* que ledit Guillaume à chose dessus dite retenir.

1312. Ducange, primariolus.

Premier (en), *loc. adv.* D'abord, primitivement, en premier lieu : C'est à moi qu'il s'est adressé en premier.

Que n'ennoyas-tu la mort a moy *premier* qu'a elle.

RAB., II, 13.

Prend-main, *sm.* Grateron, herbe sauvage, galium aparine.

Prendre, *va.,* fait au futur : Je *prenrai,* tu *prenras,* il *prenra,* etc.

Prenez, vous dis-je, vous ne savez pas qui vous *pranra.*

CYRANO DE B., Péd. joué, act. V, sc. 9.

Pressimi, *adv* A la hâte C est trop pressimi je n arrive-rai pas

Preut, eute, *adj* Prêt, prête

Prévenir, *va* fait au part passe *prevent, prevente* cette forme tend à disparaître

Le maire de Marolles a *previent* ceux qui sont nouvellement en fonctions

1ᵉʳ vend an XII Arch mun de Marolles-les-Blanches

Prévilège, *sm.* Privilège

Renonçant par sa foy   a tous les *previlleges,* graces et benefices
26 juin 1492 Arch de la fabr de l'egl de Mer

Prime, *adj* Precoce hâtif, hâtive Ce pommer est tout à fait prime

Etym Lat *primus,* premier

Proigner, Proingner, Prongner, Provigner,
va et *n* Provigner, faire des provins Mots disparus

Et y fera cinq garez (guerets, façons) en deux ans et y *proignera* chescun an de quinze proigneurs
1301 Bail St-Sauveur Arch L -et-Ch G 87

Et fera faire les vignes de quatre façons et les *proingnera* partout ou besoing sera et ou proings se trouueront estre à faire et iceulx proings terrassera et rasera selon le pais
10 juil 1568 Bail de la Pitancerie Arch H Johannet

Faire et fassonner, *prongner* et encharneller lesdictes vignes bien et deuement *prongnees* et encharnelees
17 dec 1619 Fabr St-Lub Villebarou Arch L -et-C G

Cultiver, faire et fassonner, *provingner* et encharneller ladicte piece de vigne
21 sept 1623 *Ibid , ibid*

Proigneur, *sm* Provin, mot disparu (*Voyez* PROIGNER)

Proing, *sm.* Provin, mot disparu (*Voyez* PROIGNER)

Promier, ère, *adj* Premier ‖ En promier *loc adv* D'abord, en premier lieu

Prongner, *va Voyez* PROIGNER

Proparien, *sm.* et *f* Propre-à-rien, paresseux, flâneur

Propet, ette, *adj.* Qui est d'une propreté pimpante. se dit un peu par ironie.

> Certaine nièce assez *propette*.
> Et sa chambrière Paquette
> Devaient avoir des cotillons.
>
> La Fontaine, *Le Curé et le Mort*.

Proufit. *sm.* Profit.

> Quanque Dieu nous a fait c'est pour nostre *prouffit*.
>
> J. de Meung, *Codic*, 221, *Rose*, t. III.

> Tous et chacuns les fruitz, *prouffitz*, revenuz et emolumens qui en viendront et ystront et pourront venir et yssir.
>
> 18 avril 1548. Bail du Mesnil. Arch. H. Johannet.

Proufitable, *adj.* Profitable.

> Si l'apothicaire..... luy en apporte un autre (remède) qui luy sera peut-estre autant pernicieux comme cestuy-là luy eust esté *proufitable*.
>
> H. Estienne, *Apol. p. Hérodote*, t. I, p. 297 (Paris, 1879).

Proufiter, *vn.* Profiter. ‖ Grandir. prendre de la force : Ce goret-là ne proufite point.

> S'ilz pechent ilz se damnent, s'ilz font bien ilz sont quiete ;
> Mais à Dieu riens qu'ilz facent, ne nuyst, ne ne *prouffite*.
>
> J. de Meung, *Codic*, 211 (*Rose*, t. III).

Provendier, *sm.* Coffre où l'on serre la provende des chevaux.

> Une antienne met servant de *provandier* aux chevaux.
>
> 19 janv. 1766. Vente, f° 30. Arch. H. Johannet.

Provingner, *va. Voyez* PROINGNER.

Pruneaux (en patois. peur-niò). *sm. pl.* ‖ *Prov.* Aller chercher. ou manger des pruneaux. aller à confesse. Les pruneaux sont pour nos paysans le plat sucré par excellence ; c'est donc par antiphrase qu'on applique cette expression à celui qui va confesser ses péchés à un prêtre lequel, généralement. ne lui débite pas des douceurs.

Puette, *sf.* Petit fausset qui sert à boucher un trou de gibelet fait à une pièce de vin ; abusivement, ce trou lui-même.

> *PUETE*. f. A peg in a hogshead etc... of wine ; also the peg hole. (cheville à un tonneau etc... de vin ; trou de cette cheville.)
>
> 1611. Cotgrave.

|| Petit sifflet fait avec un brin de blé ou de seigle encore vert dans lequel on taille une languette vibrante, ou encore avec un bout de branche d'un arbre en seve dont on accommode l'écorce d'une certaine façon. Le son rappelle celui de la cornemuse

Étym Dim de l'anc franç *puc*, cheville de *puer*, tailler. lat *putare* tailler

Puraisie, *sf* Pleuresie

Vous vous echauffez trop, et vous pourriez gagner la *puresie*
MOLIÈRE. *Fest de Pierre*, act II, sc 3

Pus, *sm* et *adi* Plus J en ai pus que toi je n en peux pus

Putin, *sf* La viorne lantane. viburnum lantana et la viorne aubier, viburnum opulus

Étym *Puer* cet arbuste a une mauvaise odeur

Putôut, *adi* Plutôt.

Plustoust auriez-vous les chatz et les ratz. ensemble reconcilie
RAB, IV, 35

Q

Quadrain, *sm.* Faisceau de quatre cercles de cuve de 9 mètres à peu près. Le quadrain s'appelait aussi *Grand sixain.* *Voyez* Sixain. Ce mot a disparu, comme l'objet, les cuves aujourd'hui étant reliées en fer.

Quand, *conj.* ‖ A quand et, *loc. adv.* Avec, en même temps que : J'irai vous voir à quand et lui.

Il vint des pelerins..... lesquelz... amenoyent *quant* et eulx du vin par charroy.

RAB., *Append.*, p. 567.

On dit aussi *en quand et.*

ÉTYM. *Quand et* est de l'ancienne langue, mais je n'ai trouvé nulle part *à quand et.* N'y aurait-il pas là un vague souvenir de l'ital. *accanto, a canto : a canto a lui,* à côté de lui ?

Quarantaine, *sf.* ‖ Sorte de pomme de terre hâtive, qu'on peut récolter quarante jours après qu'elle a été plantée.

Quart, *sm.* ‖ Fût qui contient la moitié du poinçon, soit 114 litres. ‖ Le contenu de ce fût : Ils ont bu un quart de vin.

Le 3ᵉ (novembre 1697) envoié à Mʳ du Ressort de Mamers..... deux *carres* d'herbois, desquels il y en a un qu'on lui donne, et l'autre que l'on vend vingt livres.

1697. *Journ. des choses remarq.* S. Launer, fᵒ 13, vᵒ.

ÉTYM. C'était autrefois le *quart,* la quatrième partie de la tonne ou tonneau, le poinçon en étant la moitié. (*Voyez* TONNE).

Quarte, *sf.* Mesure qui contient le quart d'un boisseau. ‖ Le contenu de cette mesure : Une quarte de pois verts.

Quarte se dit le plus souvent, mais improprement, pour *Cinquième* (*Voyez* ce mot). aujourd'hui que l'ancien boisseau a disparu pour faire place au décalitre.

I. Quartier, *sm.* Mesure agraire contenant le quart de l'arpent, c'est-à-dire 3 boisselées ou 15 ares 18 centiares :

Postulans..... ut alterum *quadrantem* ..... beato Launomaro tribueret.

1091. Noel MARS, *St Lomer,* p. 373.

Le *quartier* en vaut l'arpent
VILLON, *Raillerie et Mallep*

II. **Quartier,** *sm* Écart dans la loc Prendre à quartier c'est-à-dire sortir une voiture du « brai » pour se ranger d'une autre voiture ou pour éviter des ornières trop profondes

Les cinq navires qui suivoient celui du comte, voulant *prendre à quartier* du combat, s'eschouent.
D'AUBIGNÉ, *Hist*, II 210 (ed 1616)

Quasimado, *sf* Quasimodo Le dimanche de la Quasimado. ‖ *Absoll* Assemblée de Saint-Claude qui se tient ce dimanche. Un Saint Claudain n'invite pas un ami à la Quasimado pour le rendre victime (c'est-à-dire pour lui faire dépenser son argent ou le lui gagner au jeu)

Quator (ka-tôr *adj num* Quatorze Quator gas et quator filles

Vingt livres de chandelle de plusieurs grosseurs estimée *quator* sols la livre
Aout 1618 Invent Bothereau Arch de L.-et-C B Baill de Blois

Paiey pour avoir acheptey un beluteau   la somme de *quatore* souls
1636 Cp^te de la marelle Egl de la Chaussee-Saint-Victor

Quatre-à-quatre, *loc adj* En très grande hâte très rapidement Marie-Louise s'est habillée quatre-à-quatre, elle a déjeûne quatre-à-quatre

ÉTYM. Monter ou descendre un escalier *quatre-à-quatre*, c'est franchir quatre marches à la fois pour arriver plus vite De là probablement, une extension du sens d'action rapide du particulier au général

I **Que,** *conj* ‖ Remplace *dont* qui n'est pas usité dans le patois blaisois Les outils que j'ai besoin, c'est ce bourgeois que ses chevaux ont des « pertintàilles » Cette construction constitue un blaisisme qui échappe à toute analyse

II **Que,** *conj* Quoi « Que que c set » quoi que ce soit

Quecas (k ca, *pl* k'cà). *sm* Noix, fruit du noyer
Et leur donnerent ung cent de quecas
RAB, I, 25.

ÉTYM. Onomatopée tirée du bruit que fait ce fruit quand on le casse.

Quecâsier (k'câ-ziĕ), *sm*. Noyer. *Voyez* QUECAS.

Quenillère, *sf*. Forme corrompue de CANILLÉE.

Quenne, Quennot, *spr*. Etienne.

Quenoille, *sf*. Quenouille.

Cannes qui servent..... à faire des *quenoilhes* à nos femmes.
Bon. DES PÉRIERS, *Disc. non pl. melanc.*, p. 200.

Gentienne Masson... . estant chez le Vacher complingnant où elle filloit sa *quenoille*.
20 Déc. 1601. Aff. Le Vacher, de Chitenay. Arch. L.-et-Ch.
B. Baill. de Blois.

‖ Sorte de bâton dont on fixe les extrémités aux mors ou aux colliers de deux chevaux attelés à une charrue pour les maintenir écartés l'un de l'autre.

Queroi (ke-rouĕ), *sm*. Le même que CROI.

Querou, *sm*. Le même que COURROU, sur la rive gauche de la Loire.

Querouiller, *va*. Le même que COURROUILLER, sur la rive gauche de la Loire.

Queu, Queul, Queulle, Queux (kieu), *adj*. Quel, quelle, quels et quelles : Queu guerdin! queul homme! queulle femme! queux enfants!

Item vous visiterez, tout autour de la ville, selon les places, quantes personnes convient de nécessité à fère le guet de nuez, et en *queux* lieux ils seront mieux assis pour veoir et ouïr.
Vers 1360. Arch. Joursanv. LVII. Bibl. Blois.

En la forest de Bloys, deux arpens de bois assis au lieu de Bellenoe les *queulx* mondit seigneur le duc avoit donnez.....
11 avril 1414, *ibid.* 1901, *ibid.*

Queue-de-poèle, *sf*. Têtard, larve de la grenouille et du crapaud.

ÉTYM. Par comparaison de forme.

Queuque, *adj*. Quelque.

Monseigneur (d'Espernon) dit toujours *queuque* gentillesse.
T. DES RÉAUX, t. I, 201.

Queuquefois, *adv.* Quelquefois. || Par hasard, d'aventure :
Je ne sors pas, si Jacques allait queuquefois venir.

Queuquepart, *adv.* Probablement : « Qu'onc » que j'entends ? c'est queuquepart un coup de fusil. || Fortuitement :
Tu n'y aurais point queuquepart parlé de cette affaire-là ?

Queuqu'un, une (kieu-kiun), *sm.* et *sf.* Quelqu'un, quelqu'une ; fait au pluriel queuqu'uns, queuqu'unes.

Possible est que a *queleuns* ne semblera.....
                                                Comment., chap. VII.

Quiaule, *sf.* Vilaine chienne. || Terme injurieux pour
désigner une fille de mauvaise vie.
    ÉTYM. Fém. d'une autre forme de « *chiau* ».

Quifoire, *sf.* Clifoire, petite seringue faite d'un brin de
sureau, jouet d'enfant.
    ÉTYM. Ce mot n'est pas une corruption de *clifoire* ; il est d'une
formation élémentaire qui se devine toute seule.

Quincher, *va.* et *n.* Pencher, incliner, ne s'emploie que
dans la loc. Quincher l'oreille, ou quincher de l'oreille : Il s'en
va toujours quinchant de l'oreille comme un chien fouetté.
    On disait autrefois *quincher :*

Le beau pignon..... *quinchant* un peu sur le midi d'un costé.
                                    N. DU FAIL, *Balic. d'Eutrap.*, II.

    ÉTYM. Ital. *chinare*, lat. *clinare*, pencher.

Quinquenaud, *sm.* Cousin, moucheron : Je suis dévoré
des quinquenauds.

Cincenelle, *cincenaud*, petite mouche ainsi appellee zinzala.
                                    Gloss. lat.-fr., Richel., 7674, Godefroy.

Lors vinrent des *cincenelles* es hommes et es bestes : car tout le
poucier de la terre fut conuerty en *cincenelles*.
                        La Saincte Bible, p. 57. Lyon, Thib. Ancelin, 1605.

    ÉTYM. Origine inconnue.

Qui'onc, *loc. interr.* Qui est-ce : Qui'onc que t'as vu : Qui
est-ce que tu as vu ? Qui'onc qui t'a dit ça ? Qui est-ce qui t'a dit
cela ?
    ÉTYM. Contract. de *qui donc*.

Quoi faire, *loc. adv.* Pourquoi ? Quoi faire que tu n'es pas venu ?

> A *quoi faire* demandez vous ?
>> Bon. DES PERIERS, *Cymb.*, II, p. 46.

Souvienne-vous de celuy à qui comme on demanda à *quoy faire* il se peinoit si fort en un art.....

>> MONTAIGNE.

Qu'onc, *loc. interr.* Qu'est-ce ? Qu'onc qui dit ? qu'est-ce qu'il dit ? Qu'onc qu'est arrivé ? qu'est-ce qui est arrivé ?

ÉTYM. Contract. de *quoi donc*

R

Ra..... Préfixe qui exprime l idee de répétition ou d action retroactive C est le *re* ou *re* du français

Rabat, *sm* Grand bruit fracas

Il se levoit tard pour nous faire enrager faisoit le *rabat* toute la nuit pour faire miracle
Moy de parvenu, I, 125

Erym Subst verbal de « *rabâter* »

Rabâtée, *sf* Grand fracas ‖ Grande quantité, foule Il y avait une rabâtee de monde a l'assemblee

Etym « *Rabater* »

Rabâter, *vn* Faire du bruit du vacarme Je ne sais pas ce qui rabâte comme ça dans l'ecurie

O esprit donc, bon seroit, ce me semble,
Avecques toi *rebaster* toute nuict
Cl Marot, *Epig a Tallart*
Vous ouites *rabaster* a la porte de votre pavillon
Sully, *Mém*, t V, p 218 (ed 1725)

‖ *Prov* La goule lui rabâte se dit d'un gourmand qui attend avec impatience le moment de se mettre à table ‖ *Va* Battre Attends seulement que je t attrape et je te rabâterai !

Etym *Rabat,* se disait autrefois pour esprit follet esprit tapageur témoin Rabelais

La Mommerie des *rabats* et lutins
Rab II, 7

et l exemple ci-dessus de Marot du radical *bat,* qui se trouve aussi dans *baton*

Rabondi, ie, *adj* Qui a de l embonpoint gros joufflu

Raboustin, *sm* Homme de petite taille. mais trapu

Etym Origine inconnue Peut-être *raboustin* est-il parent de *râble* bien râble ?

Raboutichage, *sm* Action de « rabouticher »

Rabouticher, *va* Rafistoler rapetasser Rabouticher une vieille salopette

Éтум. *Re* et *aboulicher*, dimin. du verbe fictif *abouler*, de *boul*, mettre une chose au bout d'une autre.

Râcler, *va.* et *n.* ‖ Donner à la vigne une façon qui consiste à râcler avec la marre la terre du sentier pour la jeter sur la planche.

Râclette, *sf.* Outil de cantonnier qui sert à râcler la boue des chemins.

Racoin, *sm.* Recoin : Tous les coins et racoins.

Racoquiller, *va.* Ragaillardir : J'ai pris un verre de vin, ça m'a un peu racoquillé. ‖ Se racoquiller, se pomponner, se requinquer.

Râdin, *sm.* Gratin, partie de certains mets qui s'attache au fond du vase, en cuisant, par suite d'un excès de feu et qui répand une odeur sui generis. ‖ *Prov.* Sa bouillie sent le râdin, il est dans une situation critique, il n'est pas éloigné d'une catastrophe.

Éтум. *Rader,* du lat. *radere,* râcler, comme *gratin* de *gratter.*

Râdis, *sm.* Radis. ‖ *Prov.* Voir pousser les râdis par la racine, être mort et enterré.

Râfler, *va.* Passer tout auprès de, au ras de, raser : Il n'a pas été blessé, mais la balle lui a râflé la joue.

Éтум. *Ras.*

Rafouer, *va.* Repousser avec rudesse, rabrouer : Je l'ai joliment rafoué.

Éтум. *Ra* pour *re,* et *fouer,* du lat. *fugare,* repousser.

Rage, *sf.* ‖ Grande quantité : Ce poirier m'a donné du fruit une rage.

Éтум. La *rage,* maladie, éveille dans l'esprit l'idée d'excès dans le mal ; ici c'est l'excès dans le nombre.

Ragouillage, *sm.* Mets préparé d'une façon peu ragoûtante, et même dégoûtante.

Éтум. Péjor. de *ragoût.*

Ragouillat, *sm.* Comme RAGOUILLAGE.

Ragouillot, *sm.* Comme RAVOUILLAUD.

Ragrayer (ra-grè-iè), *va*. Ragréer.

Les pierres d'icelle tour seront *ragrayées* et retaillées, si le cas y échet.
> 1743. Devis de const., p. 14. Arch. de l'égl. Chaussée-
> St-Victor.

Rahu, *sm*. Tapage, vacarme : Les conscrits ont fait toute la nuit un rahu du diable.

Simon je vous ferai un tel *hahu* qu'il en sera perpétuelle mémoire.
> 1429. Lettre de Jeanne d'Arc aux Anglais avant la prise des
> Tourelles, ap. Wallon, *J. d'Arc*, 1877, p. 80.

ÉTYM. *Ra*, pour *re*, et *huer*.

Raide, *sm*. Face d'un morceau, d'un brin, d'une pièce de bois qui présente une convexité : Mettre une pièce de bois sur son raide, la disposer de façon que cette convexité supporte la charge ou l'effort.

Raigeon, *sm*. Rayon.
ÉTYM. « *Raiger* », ital. *raggio*, rayon.

Raiger, *vn*. Rayonner, briller, luire : Le soleil raige ; quand je fais du feu, faut que ça raige.

> Dessus les heaumes de lor brans
> S'entredonent colps si grans.....
> Que par les chiefs li sanc *rage*.
> > XIVᵉ s. *Guerre de Troie*, ap. Duc., *rigare*.

ÉTYM. Ital. *raggiare*, lat. *radiare*, rayonner. C'est le même mot que l'anc. franç. *rayer*, rayonner. Pour la mutation du *y* en *g*, *voyez* ABAGE.

Rain, *sm*. Lisière d'un bois : Le rain de la forêt.

Es termes et ou *rain* des forez.
> 1376. DUCANGE, *raina*.

Joingnant..... d'autre part vers gallerne au *rain* de lad. forest.
> 1617. Part. Présid. de Metz, p. 66. Arch. L.-et-Ch.
> B. Baill. de Blois.

Ralu, *adj*. employé surtout au masc. Un bois ralu : un morceau de bois, une branche, un tronc mal tournés, tors, de mauvais aspect.
ÉTYM. Orig. inconnue.

Ramage, *sm.* ‖ Goût, saveur : Ce vin a bien un petit ramage mais qui n'est pas déplaisant.

Étym. Orig. incertaine. Y aurait-il analogie avec le *ramage* des oiseaux, celui-ci flattant l'oreille comme celui-là le palais ? on dit bien, dans le même sens, *bouquet*.

Ramendeau, *sm.* Petit reste, petit revenez-y : Qui est-ce qui veut du café ? il y a encore un petit ramendeau.

Étym. Anc. français. *ramener, remener*, du lat. *remanere*, rester, être de reste.

> Qui riens n'a plus que sa cornette
> Gueres ne vault le *remenant*.
> > *Pathelin*, p. 109. Coustelier, 1723.

Ramonat, *sm.* Ramoneur ; de même en Picardie.

Ranche, *sf.* Etai qui supporte la ridelle d'une charrette.

Le suppliant frappa icellui Perrinot d'un baston ou *ranche* de charrette.

> > 1408. Ducange, *ranchonum*.

Étym. Lat. *ramex, ramicem*, branche d'arbre.

Ranchet, *sm.* Douille en fer dans laquelle s'emboîte la « ranche ». ‖ Synon. de « hachet ».

Plus une charette garnie de son essieu ses roues et son charretil et ses *ranchets*.

> > 23 déc. 1788. Invent. p. 17. Arch. H. Johannet

Rancuneux, euse, *adj.* Rancunier, rancunière.

Rang (tout-de-), *loc. adv.* L'un après l'autre, d'affilée : La grippe régne dans le bourg et elle va tout-de-rang, c'est-à-dire elle attaque tout le monde l'un aprés l'autre. On dit des groseilles :

> A la Pentecoûte
> On y goûte ;
> A la Saint Jean
> On les mange *tout-de-rang*.
> > *Dicton populaire.*

> ..... Le destin me défend
> De vous prophetiser vos fortunes *de rang*.
> > Rons., *Hym.*, 2ᵉ liv., 1.

Rangar, *sm.* Hangar, remise ouverte, où l'on met à l'abri, où l'on range les voitures, outils, etc.

ÉTYM. *Hangar,* avec prosthese euphonique d'un *r* ou peut-être mieux, *ranger.*

Rangeot, sm Vieille seille qui a perdu son anse et une partie de sa « sarche »

Rapasser, vn Repasser, passer de nouveau Il ne fait que passer et rapasser

> Amours compasse
> Ses faiz comme la dance basse,
> Puis va auant et puis *rapasse,*
> Puis retourne
>> Al CHARTIER, *Liv des quatre Dames*

Et seront tenus de laisser passer et *rapasser* chevaux et charrettes chargées

> Mars 1618 Part G Charrou Arch L-et-Ch B Baill de Blois

Rapiat, adj des 2 genres Qui pousse l avarice jusqu a la ladrerie Il est si rapiat qu'il a regret au pain qu'il mange.

ÉTYM Origine inconnue C'est peut-être une sorte d'augment de *rat Voyez* ce mot

Rapouâner, va Rhabiller raccommoder des vêtements vieux et sans valeur Je rapouâne mon devantiau. d aucuns disent *rabouâner,* c'est une faute

ÉTYM *Ra,* pref. et *point,* faire de nouveaux points

Rapport que, loc conj Parce que, à cause que Ce n'est pas rapport qu on est riche qu'on ne doit pas regarder le pauvre monde

Rare, adj. || C'est bien rare que locution tres usitee dans la campagne pour dire Il serait etonnant que C est bien rare qu'il soit arrivé à l'heure.

Ras (râ). sf Raie sillon · Il ne possede pas une ras de bien. c'est-à-dire pas le moindre bien-fonds

Rat, rate, adj. Avare en parlant d une personne connue pour être riche

> Avoec les seignours et les dames
> M'esbatoie tres volentiers
> De ce n'estoie pas *ratiers*
>> FROISS , *Poes* , I 162 (Scheler).

Étym. Le rongeur de ce nom fait, dit-on, des magasins de provisions pour lui et ses petits :

Il y (à son nid) fait même quelquefois magasin, surtout lorsqu'il a des petits.

BUFFON, *Le Rat.*

mais ce ne serait pas là de l'avarice.

Ratage, *sm.* Les rats et les souris, pris collectivement : Le ratage me dévore mon blé.

Rate, *sf.* ‖ *Loc.* Ne pas se fouler la rate, n'être pas ardent à l'ouvrage.

Râteleuse, *sf.* ‖ *Abs.* Femme qui va, après l'enlèvement des foins, des « artificiels », ramasser ce qu'il en reste ; c'est le glanage des prés.

Râtelle, *sf.* Grand râteau dont se sert la « râteleuse ».

Ratouâner, *vn.* Répéter souvent et inutilement la même chose, « digoter ».

Étym. Prononciation locale de *ratoiner, ratonner,* qui se disent ailleurs dans le même sens ; probablement de *raton :* on est aussi agacé d'entendre ratouâner que d'entendre trottiner un rat. Comp. *rogatonner.*

Ravauder, *va.* et *n.* Raccommoder de vieilles futailles.

Ravaudeux, *sm.* Tonnelier qui fait le métier de « ravauder ». ‖ *Fig.* Homme qui montre peu de talent dans le métier qu'il exerce.

Ravenelle, *sf.* Le radis sauvage, raphanus raphanistrum, plante très commune qui pousse spontanément dans les terres cultivées.

Étym. Dimin. de *rave.*

Raverdir, *vn.* Reverdir.

L'espine vinette *rauerdit* et bourgeonne sur le printemps.

Comment., chap. 206.

Ravestoui, ie, *adj.* Éveillé, déluré, gaillard : Un petit gas bein ravestoui.

Étym. Orig. inconnue.

Ravis (ra-vi) *sm.* Action de se raviser Un ravis le prend et il part.

Ravisée, *sf* Action de se raviser Il lui prend une ravisée et il s'en retourne ‖ Petite « attelee » Je n'ai qu'une heure je vais faire une ravisee.

Ravouillaud, *sm* Petit entonnoir ordinairement en boissellerie dont on se sert pour le vin.

ÉTYM *Ra* et *ouiller*, emplir un tonneau jusqu'à la bonde

Rayâge, Réage, Riâge, *sm* L'ensemble des raies faites par la charrue ‖ L'étendue d'une pièce de terre considérée dans le sens des raies Un long riâge, je suis au bout de mon riâge les Reages-tords les Tortereages climats de la campagne blaisoise

Une pièce de terre labourable estant en plus^{rs} *reaayes* et tourneuses

1621 Invent de Beaune, p 57 Arch L-et-Ch B Bail de Blois

Reblemer, *vn* Se dit du vent qui, se heurtant contre un obstacle, tourbillonne et frappe en retour Le vent rebleme au coin de ce bâtiment.

ÉTYM Grec βλημα, coup, de βαλλειν, frapper Cette étymologie est un peu savante et il faudrait au moins un intermédiaire du grec au français, mais elle paraît suffisamment raisonnable pour qu'on n'hésite pas à la donner

Rebouler, *vn* ne s'emploie que dans l'expression Reboulei des yeux, faire des yeux furibonds

ÉTYM *Re* et *bouler*, c'est-à-dire rouler l'œil comme une boule.

Recevoir, *va*, fait au près. du subj : que je *receie* que tu *receies* etc (*Voyez* chap. prélim. § *OBS GRAMMAT*. art. 6)

La matière en est bonne et neuve.
Or doint Dieu qu'en gré la *receuve*
Celle pour qui je l'ai empris

Rose, notes, p. 103, t II.

Rechafauder, *vn* Dresser un nouveau « châfaud »

Rechaffauder, Ponteggiar di nuovo

A. OUDIN, *Dictionn.*

19

Recheigneux, euse, *adj.* Rechigné.

Recoude, *sm.* Angle rentrant, mot employé surtout dans la désignation des pièces de terre.

Borné..... d'amont par le chemin de la Chaussée-à-Francillon, et en *recoude* par le sentier des Clos-petits.

7 juin 1770. Arch. de l'égl. Chaussée-St-Victor.

Recru, *sm.* Jeune soldat nouvellement arrivé au régiment, recrue : Maladroit comme un recru.

Recurlement, *sm.* Action de « recurler ». ‖ Etat d'un mur, d'une maison qui avancent sur l'alignement d'une rue : Mon fournil est au recurlement de deux pieds.

Recurler, *va.* et *n.* Reculer.
Étym. *Re* et *cul;* exemple rare de l'épenthèse du *r* qui n'ajoute rien à l'euphonie du mot, au contraire.

Refendre, *va.* et *n.* ‖ Séparer les « condous » par un large sillon pour faire les planches, la charrue étant garnie d'un « carreau ».

Refendure, *sf.* Le quartier que le laboureur laisse entre deux « condous » pour être refendu.

Referdir, *va.* et *n.* Refroidir.

Refuger (se), *v. réfl.* Se réfugier.
Étym. *Refuger* de *refuge* n'est pas plus anomal que *juger* de *juge.*

Regiter, *va.* Rejeter.

Reglisser (r'gue-lis-sé). *va.* Faire le contraire de lisser, hérisser, rebrousser : Le coq va se mettre en colère, voilà qu'il reglisse ses plumes. ‖ Se reglisser, *v. réfl.,* se hérisser, dresser son poil, ses plumes : Le chat se reglisse.
Étym. *Re* qui exprime une action rétroactive, et *lisser ;* l'épenthèse du *g* vient probablement du voisinage de *re glisser.* D'Aubigné disait *regrisser :*

Ses cheveux regrissés par la colere en rond.
D'Aubigné, Trag., p. 258. Paris, 1857.

L'annotateur L. Lalanne donne comme origine probable le lat. *regressus,* retourné.

Règne, *sm* ‖ Epidemie Tous les enfants ont la coqueluche c'est un regne ‖ Opinion, habitudes qui ont cours Un cure se plaint à ses paroissiens de ce que son église n'est guere frequentee — « Quoique vous v'lez monsieur le Curé, repond l'un d'eux c'est le regne ! »

Regorg (re-gôr) *sm* Regorgement d'un cours d'eau se dit specialement du bief d'un moulin La roue fatigue, elle est gênee par le regorg

Regouâssé, ée, *adj.* Rassasié jusqu'au degoût . « Toujou des choux et des teuffes. on en est regouâssé ! »
ETYM Pejor de « *regougé* »

Regougé, ée, *adj* Rassasie jusqu au degout
ETYM *Re* et *goué* d'ou vient aussi *engoué*

I **Rein,** *sm* Rien « J'en sais rem » ‖ *Fig.* Un mechant rein un homme de rien un enfant desagréable

II **Rein,** *sm.* Le même que RAIN

Rejalir, *vn.* Rejaillir . Son « crachard » lui a rejali sur le nez

Une fontaine d'eau *rejalissante* jusqu'a la vie eternelle
GODEAU, *Nouv. Testament*, t I, p 560 (ed 1668)

Relas, Relasse (r'là, r'là-se) *adj.*, ne s'emploie que dans la locution Soûl et relas. rassasié jusqu'au dégoût

Relentir (se), *v réfl* Prendre de l'humidite Pour peu qu'il tombe de l'eau, le fourrage d'avoine se relentit
ETYM Ancien français *relent*, humide.

Relève, *sf* Planche de rebut provenant des flancs imparfaitement equarris d'une bille de bois on dit aussi *croûle*
ETYM *Relever* ou plutôt *lever*

Religionnaire, *adj.* Qui pratique la religion devot

Rembonir, *va* Rendre meilleur Rembonir un fricot en y mettant du beurre. ‖ *Vn* Devenir meilleur ce vin rembonit.

Rembu, *sm.* Tige de bas ou de chaussette « a rembuer »

Rembuer, *va.* Rembuer des bas. des chaussettes. les raccommoder en y faisant des pieds neufs.

Des bas bleus, *rembués* au bas, et au haut blancs.

25 avril 1793. Arch. mun. de St-Denis-sur-Loire.

ÉTYM. Ital. *buca.* trou. boucher les trous. ou *rimpedulare,* ressemeler.

Remmancher (ran-man-ché). *va.* Munir d'un nouveau manche. ‖ *Fig.* Remettre d'accord.

Il y a dissension
Telle que je crois que jamais
Ne se *ramancheront* ensemble.

Boh. DES PÉRIERS, *Andrie*, act. III, sc. 3.

Remouver, *va.* Mouver de nouveau. remuer.

Jettez dans le tonneau six ou sept blancs d'œufs et les *remouuez* diligemment auec un baston.

LIÉBAUT, *Maison rust.*, VI, chap. 16.

Remparer (se), *v. réfl.* S'emparer.

Remplayer (ran-plé-iĕ). *va.* Remployer. employer de nouveau.

Remploi, *sm.* Pli fait à une étoffe, à un vêtement, pour l'accoursir. rempli.

Remployer, *va.* Faire un « remploi », un rempli.

Rencherdir, *va.* Renchérir. ‖ *Vn.* Devenir plus cher : Le blé est rencherdi.

Renettir, *va.* « Nettir » de nouveau.

Ces os sont si bien *renettis* que les chiens ne font point la presse.

Merlin COCCAÏE, *Hist. mac.*, VIII.

Renfromer, *va.* Renfermer.

Nous voyons que tout ce qui peut faire un grand prélat estoit *renfromé* en votre illustre personne.

1698. Noel JANVIER, *Le Loir-et-Cher hist.*, 1892, p. 68.

Renvoyer, *va.*, fait au futur : je *renvoirai*; au conditionnel : je *renvoirais.*

Je lui *renvoierai* bientost.

RAB., *Lettre à Mr le Bailliuf*, Not. XLVI.

Replayer (re-plé-iĕ). *va.* Replier. reployer.

Repous, *sm* Repos

Le sommeil et *repous* est don et benefice special des dieux
RAB., III, 11

Repouser, *va* et *n* Reposer

L'on enuoye ces nouueaulx mariez veoir leur oncle, pour les absenter de leurs femmes, et ce pendent soy *repouser*
RAB., III, 6

Repusser, *vn* Être repoussé chasse en arriere par ex en parlant d'une arme à feu qu'on tire Ce fusil repusse fortement quand on enfonce un pieu qui rencontre un roc le maillet repusse.

ÉTYM Lat *repulsare* repousser

Requérir, *va*, fait au participe passe *requeri* J'ai ete requeri par les Prussiens avec mon cheval et ma charrette

Comme Jean Anode *requerist* que un jugement fet contre lui fust mis au neint
1302 DUCANGr, *salvamentum*

De plus nous avons *requeri* six buteliers pour transporter les terres
29 flor an II Reg des delib mun de Villebarou

Requet, *sm* Plat d'abatis de volaille Un requet de poulet
ÉTYM Lat *reliquæ*, restes ?

Item les copeux, les branches et tout le *resques* et remeignant, qui demoureront empres abatre ou faire le merrain
1301 DUCANGr, *remasencia*, 2

Rèsous, oute, ou **oude,** *adj*. Bien portant Depuis quelque temps ma femme n'est pas resoude

ÉTYM Part passe de l'anc verbe *résoudre* qui entre autres acceptions. a signifie *se rétablir, guérir*

Le duc de Bourgongne, estant encore malade, a tres grand dur *se* pouvoit *ressourdre* parce que ja estoit devenu ancien
G CHASTELL.. *Chron*, IV, 203

Quant Amors ainsi ordene,
Ot luy et ses gens, et donne
M'ot tel conseil, pas ne fu sours
Mon doulz espoir, car bien *resours*
En fu et dist qu'il se sentoit
En meileur estat qu'il n'estoit

FROISS., *Poés*, III, 201. *Scheler.*

Ici, il est employé simplement pour *bien portant*, sans idée de *retour* à la santé. De plus le *è* est nettement accentué.

Respir, *sm*. Respiration, souffle : J'ai tant couru que j'en ai perdu le respir.

> Ainsi froideur et mortifere glace
> Print peu a peu en sa poictrine place,
> Quy estouppant les conduits de la vie,
> Et le *respir* sans lequel on desvie.
>
> Cl. MAROT, *Met. d'Ov.*, l. II.

Le trot en descendant coupait le *respire* à la grosse Sévère et l'empêchait de causer.

> G. SAND, *Fr. le Champi*.

ÉTYM. Ital. *spiro*, même signification.

Retint, te, part. passé de *retenir* : J'ai retint ce domestique-là pour toute la semaine.

ÉTYM. Lat. *retentus*, part. passé de *retinere*, même signif. *Voyez* TINT.

Retinton, *sm*. Mets, liqueur dont on reprend : Allons, encore un petit retinton.

ÉTYM. « *Retint* » ?

Retirance, *sf*. Refuge, retraite, lieu où l'on se retire : Menars, c'est la retirance de tout ce monde-là.

Revenge, *sf*. Revanche :

Revenger, *va*. Revancher, défendre.

> L'autre qui veit sa compagne outrager
> Laissa la danse et la vint *revenger*.
>
> Cl. MAROT, *Epist.* « *D'un cueur entier* ».

Revirer, *vn*. Retourner sur ses pas.

ÉTYM. *Re* et *virer*. *Voyez* VIRER.

Revôuger, *vn*. Chercher partout, fureter.

ÉTYM. Ital. *volgere*, tourner, remuer.

Rez, *adv*. Ras : J'ai empli le pot tout rez, jusqu'au bord.

> J'ay veu despescher au sceau
> L'aultre jour des lettres patentes
> Pour couper au *rez* de la peau
> Telles qui ne sont suffisantes.
>
> COQUILLART, *Droits nouveaulx*, p. 8.

Rheumer, *vn* Se dit du bruit spécial que cause à la respiration un embarras des bronches ou de la poitrine Ça lui rheume sur l'estomac

Étym. *Rhume* qui se prononce *reume*.

Riâge, *sm* Voyez RÉAGE

Ribouillé, Ribouillo, *loc inv* que les enfants répètent pour faire enrager un camarade en tournant l index de la main droite dans la paume de la main gauche ou ils ont préalablement craché, ou fait semblant de cracher

> Mais la cour au latin a toujours fait la moue ,
> Elle fait *ribouillés* aux hommes studieux
> Du LORENS, *Sat* XX, ap. Talbert, p 261

Étym Probablement la même qu'à *gribouille,* mais celle qu en donne Littre paraît bien insuffisante

Ricasser, *vn* Ricaner rire avec affectation et en se moquant

Les filles commencèarent a *ricasser* entre elles   RAB , IV, 52

Étym Péjor. de *rire*

Ricassier, ère, *sm* et *sf* Qui « ricasse », narquois Que je t'attrape méchant ricassier !

Ridelé, ée, *adj.* Ridé, ridée

Rien, *sm* ‖ *Prov* Un petit rien borde de jaune rien du tout. C est une plaisanterie qui date de loin

> Un *rien* entre deux plats
> N DU FAIL, *Contes d'Eutr* , I, p. 301

Rifler, *va* Enlever tout sans rien laisser En deux tours de cartes. il lui a riflé ses quatre sous.

Étym Germ angl. *rifle,* piller ?

Rigoter, *va* Attraper. saisir à la volee Dans la vallée du Cher, on dit *ricoper* Voyez ARRIGOTER

Rille, *sf* Tranche mince de porc. frite dans la poêle ou dans la lechefrite Faire des rilles pour souper

Rilles et oreilles de pourceau   1480 DUCANGE, *rielle.*

Étym. *Voyez* RILLÉE.

Rillée (ri-ié-e). *sf.* « Rille ». ‖ Plat de rilles.

Un riche faquin..... qui bruloit ses pourceaux en sa cheminée de peur d'en bailler des *rillées*.

Bouchet, Serees, ap. Littré.

‖ Omelette au lard : Pour faire une bonne rillée, il faut autant d'œufs que de rilles.

Étym. Ne serait-ce pas le part. passé d'un verbe disparu *riller*, synonyme de frire, et qui aurait la même origine que rissoler ?

Ie vous enuoyray du *rillé* en votre chambre.

Rab., III, 30.

Rillette (ri-iét'), *sf.* Quand les « rillons » sont cuits, on retire la graisse avec précaution pour la mettre à part. Lorsque cette graisse n'est plus pure, se trouvant chargée de débris de rillons, on l'appelle *rillette* : c'est la rillette du paysan ; celle du charcutier est un mets composé exprès, fait de viande de porc hachée très menu, et cuite avec de la graisse et différents ingrédients.

‖ Par extens., au *pl.*, couche de gravier qui se trouve sous la croûte de terre végétale, et dont la couleur rappelle celle des rillettes.

Étym. Dimin. de « *rille* ».

Rillon (ri-ion), *sm.* Viande coupée par morceaux de 150, 200 grammes et au-dessous, cuite avec la panne et un assaisonnement spécial : Un rillon, avec un bout de fromage, et un verre de vin blanc, c'est le meilleur des déjeuners.

Étym. Augm. de « *rille* ».

Riolle, *sf.,* ne s'emploie que dans la locution Être en riolle, être en gaîté, avec une pointe de vin.

Étym. *Rire.*

Riper, *va.* Enlever, saisir très promptement, « riller ».

Les créanciers me font saisir, mais de quel dret? Ce sont eux qui me dèvent. Ils me *ripent* tout et faut pas que je me plaigne !

Rev. de Loir-et-Cher, 19 avril 1891. p. 2.

Étym. Probablement forme abrégée de *gripper, agripper*.

Rippe, *sf.* Petit poisson qui vit dans les ruisseaux, épinoche.

Dieu ne créa oncques le karesme, ou bien les salades
carpes, brochets, dars ablettes *rippes*

RAB., *Lettre a M. le Bailluf*, Notice, XLVI

ÉTYM Origine inconnue

Rique, *sf* Mauvais petit cheval rosse

ÉTYM Origine inconnue serait-ce par antiphrase une autre
forme de *riche* ital *ricca*, qui vient du germ *riks*. vaillant
puissant ? C'est à peu près dans le même esprit que *rosse* est
venu du germ *ross* cheval

River, *va* ‖ River un lit enfoncer les bords de la couverture sous le matelas On dit aussi River une personne dans son
lit

Robée, *sf* Plat de pommes de terre cuites en robe de
chambre

Rocmane, *sf* Redingotte et surtout soutane ne se dit
jamais sérieusement

ÉTYM Allᵈ *rock* habit *mann*, homme

Rodingotte, *sf* Redingotte

Rogâtonner, *vn* Grommeler murmurer entre ses dents
‖ « Digoter »

ÉTYM. *Rogaton* dans le sens de requête supplication

Cafars, cagots papelardz pates-pelues, porteurs de *roga-
tons*

RAB., *Anc prol* du l IV

Rognon, *sm* ‖ Au jeu de saute-mouton coup de talon
donné par le sauteur sur le derrière du patient

ÉTYM Origine inconnue d'aucuns disent *ognon*

Roincer, *vn* Faire entendre par mécontentement certains
sons inarticulés entre les dents grommeler

ÉTYM Pour *roncer* ital *roncare* gronder

Roingeon, *sm* Trognon reste d'une chose mangée
« roingée » « Tu crois que je vas manger tes roingeons ? »

Roinger, *va* Ronger « Roinger son ferouin » ronger son
frein

Rois, *sm. pl.* Nom donné par les charcutiers de village à l'épiploon du porc.

Étym. Autre forme de *rets*, lat. *retia*, filets, à cause des filaments graisseux de cette membrane qui forment une sorte de réseau.

> Jouste la mer de Galilée
> Trouva trois freres pescheours ;
> Illuec faisoient lor labours,
> Sour le rivage *rois* lavoient
> Et as poissons lor *rois* tendaient.

> 1323. Ducange, *resellus*, 2.

Rollé, ée, Roulé, ée, *adj.* Se dit d'un tronc d'arbre débité dont les cernes ou cercles concentriques ne sont plus parfaitement adhérents : Le sapin est souvent rollé.

Tous les bois seront de bonne qualité d'un an de façon, sans rouge, vergé, *roulé*, tranché, poury ni nœuds en iceux.

1713. Devis de constr., p. 9. Arch. de l'égl. Chaussée-St-Victor.

Étym. Lat. *rotula*, roue, cercle : les différentes couches, en se détachant, formant autant de cercles.

Rollon, *sm.* Barreau de bois arrondi : Un rollon de chaise, un rollon d'échelle.

Similiter quoque retortas et *rollones*, stimulos quoque et cavillas, etc.
xie siècle. Ch. de Lavardin. Arch. Loir-et-Cher.

Plus payé à Thomas le Beau quatre sols pour avoir fait faire un *rollon* au ballustre de la chapelle.

1707. Cpte de la màrelle. Egl. de la Chaussée-St-Victor.

Étym. Augment. de *rôle*, du lat. *rotulus*, rouleau.

Romorantin, *sm.* Cépage qui donne un vin blanc de qualité inférieure.

Étym. Sans doute la ville de ce nom.

Rond, *sm.* ‖ Petit disque fait généralement d'osier plat, de viorne, sur lequel on dépose le fromage pour le façonner pendant qu'il finit de s'égoutter.

Ronde, *sf.* ‖ Tas de mangeaille arrondi et allongé qu'on fait avec le râteau dans un champ d' « artificiel » : Mettre du sainfoin en rondes.

Rondeau (ron-dio), *sm.* Petit gâteau rond, ou d'autre forme, qu'on fait dans les ménages, le dimanche des brandons.

I. **Rotte,** *sf* Menue branche de bois flexible, lien de bois pour les bourrées || *Prov* Il n'y a pas de fagot si « chetit » qui ne trouve sa rotte c'est-à-dire Il n'y a pas de fille si disgraciée soit-elle de la nature ou de la fortune qui ne trouve un mari

ÉTYM A Nantes on dit *rorte,* dans le Morvan *rouette.* dans l'Aunis *riorte.* du lat *retorta (virga)* branche retordue.

II. **Rotte,** *sf* Sentier, sente.

Si tost que ces pasteurs, du milieu de la *rotte*
RONSARD, *Ecl* III

ÉTYM Celt. *rod, roto,* gué, passage, chemin

Rottée, *sf* Ancien synonyme de bourrée, fagot lie avec une rotte

Ce fut luy qui nous donna deux mille *rottees* de bois par an pour nostre chauffage
Noel MARS, *St-Lomer,* p 115

|| Ancienne mesure de bois de chauffage qui valait 40 centistères

200 buches de *rothee,* estimes les vingt buches 7 1 formant une *rothée,* faisant au total dix *rothées*
15 niv an II. Invent Arch mun St-Denis-sur-Loire

Rotter, *va* Lier au moyen d'une « rotte ». || *Vn* Être propre à faire une « rotte », en parlant d'une branche Le chêne rotte bien.

Rouâble, *sm* Râble pour remuer la braise dans le four

Lesquels allerent a un four et pristrent l'un *rouable* et l'autre furgon
1387 DUCANGE, *rotabulum*

27° Une mauvaise met a paistire pain, un goumas de bois Un *rouable* de fer
30 nov 1782 Reglement Arch H Johannet

|| Râble de maçon pour remuer la chaux qu'on eteint
|| Instrument qui sert à ramasser les grains battus ou « nettis »

Ung *ruable* dont on amasse le ble, quand il est batu
1462 DUCANGE, *ruere*

Rouâger, *va* Endommager un champ en passant avec une voiture, une charrue. || *Vn* Par analogie, se dit d'une femme qui, « étant aux herbes », cueille de ci de là, furtivement, quelques poignées de « mangeâille », sur les champs voisins.

ÉTYM. *Roue*, de la voiture.

Rouâiller, *vn*. Se dit d'un moulin à vent, lorsque, par une faible brise, ses ailes tournent très lentement.

ÉTYM. Péj. de l'inusité *rouer*, tourner, en parlant d'une *roue*.

Rouanne, *sf*. Sorte de tique, insecte parasite qui se loge sous la peau des animaux.

ÉTYM. Origine inconnue.

Roûche, *sf*. Laîche, carex à feuilles coupantes, sorte de roseau qui pousse dans les foins, dans les marais.

Elle s'estoit iettée dans vn bocage, où il y auoit force *rouches* et force asperges sauuages.
> AMYOT, *Homm. illus.*, t. I, p. 8. Paris, 1609.

Auront droit de faucher les *rouches* et herbes de chacun leur pré, jusqu'au fil de l'eau de la Cisse.
> XVIII° s. *Cart. blésois Marmoutiers*, p. 288.

ÉTYM. Gothique *raus*, jonc.

Roué, *adj*. ‖ *Prov.* Roué comme les fesses d'un postillon, très rusé, très malin, frisant la filouterie.

ÉTYM. On joue ici sur le mot *roué* qui signifie dépravé, corrompu, et aussi écrasé par une roue de voiture :

Il prit prétexte, en un passage si sujet à embarras, de quereller le cocher, en lui disant qu'il l'avoit pensé *rouer*.
> T. DES RÉAUX, t. VII, p. 222.

et, par extension, meurtri, comme doivent l'être les fesses d'un postillon après une longue chevauchée. On trouve dans Cotgrave :

Corrompu comme la fesse d'un postillon.

Cette locution est moins vraie et moins pittoresque que la nôtre.

Roue-cassée, *sf*. Sorte de mouvement gymnastique où le corps tournoie en l'air en posant alternativement les deux mains et les deux pieds par terre, pour imiter le mouvement d'une roue : Faire la roue-cassée.

I. **Rouelle,** *sf*. Petite roue, roue de charrue.

Lors est tournée la *rouelle*.
> *Rose*, 9928.

Plus une paire de *rouelles* de chariis.

> 7 dec 1765 Invent , p 26 Arch H Johannet

|| Faisceau de 24 cercles de tonnellerie bruts

Deux milhers quatorze *rouelles* de sercles de saulle estime a raison de huit liv le milher

> 1621 Invent Le Fuzelier, p 33 Arch L -et-Ch B Bailli
> de Blois

II **Rouelle,** s/ Ruelle, petite rue

I **Roulé, ée,** *adj* *Voyez* ROLLE

II **Roulé, ée,** part passe de *rouler* Se dit des cereales des plantes fourrageres abattues. versees emmêlees par le vent la pluie De l'avoine roulee du foin roule

Rouseau (en pat rou-sio) *sm* Roseau

> Ung certain usaige, lequel plus leur (aux larrons) est contraire et ennemi que n'est   le *rouseau* a la fougere
> > RAB , III, 51

Rousée, s/ Rosee

> Les bestelettes la se mussent
> Qui les doulces *rousees* sussent
> Que le doulx ruisseau fait estendre
> Par les fleurs et par l'herbe tendre
> > *Rose,* 21431

Rousière, s/. Lieu où poussent abondamment les roseaux.

Le fié de Galeel, tant en resseantises, comme en terres gaingnables   *rosieres* et pasturages et ou manoir de Paluel, es hommes et es rentes. es *rosieres* et tourbieres

> > 1306 DUCANGL, *roseria*

Noble homme Gaultier des *Rouzieres*

> > 13 janv 1530 Bail Arch H Johannet

Roussiau, *sm* Ruisseau

Roussière, s/ Petite rigole dans un champ produite par les eaux de pluie || *Adj. f* Terre roussiere, terre « eveuse », humide

ÉTYM C'est le femmin de *roussiau* ci-dessus

Roustée (rouss'tee) s/ Volee de coups.
ÉTYM Autre forme de *rossée* ?

Routir, *va* et *n* Rôtir.

Au feu feirent *roustir* leur venaison.

RAB., II, 26.

Ruau, *sm.* dit abusivement pour îlot : le ruau est le ruisseau qui entoure l'îlot ; mot disparu.

Ung *ruau* ou isleau deppandant et estant proche de la rivière du Cousson.

1617. Part. Prés. de Metz. p. 15. Arch. L.-et-C. B. Baill. de Blois.

Touchant au grant *ruau* qui vient de Briou descendre en la rivière du Cher.

1470. Arch. Loir-et-Cher. E. 478.

Rudâger, *va.* Rudoyer, traiter rudement.

ÉTYM. *Rude :* c'est la même formation que *rudoyer* avec la prononciation locale et le changement du *y* en *g.* (*Voyez* ABAGĔ).

Ruine-fer, *sm.* et *f.* Qui use rapidement les vêtements les plus solides : se dit surtout d'un enfant.

Rustique, *adj.* Robuste, d'une santé vigoureuse, gaillard.
ÉTYM. Lat. *rusticus,* qui est de la campagne.

S

Sabane, *sf* Chandelle de resine, oribus

Étym Pour *Sonabane, sonabaine*, femin de *sonabain* de *Sonabe*, province de l'ancienne Allemagne qui produit beaucoup de resine

Sabourin, *sm* Cordonnier, savetier terme de plaisanterie
Étym Origine inconnue

Sac, *sm* ‖ *Abs* Poche qui contient une mesure indéterminee, mais toujours plus que l hectolitre. On met le ble dans des poches, et la farine dans des sacs ‖ Ancienne mesure de capacite pour les grains qui valait le quart du muid, ou trois septiers

ⁱ⁰ Cinq *sacqs* de bleds fromens estime vu sa qualite mediocre quatre vingt dix livres le muid, cent douze livres dix sols
30 nov 1732 Règlement Arch H Johannet

Sac-à-diable, *sm* Enfant petulant, malicieux
Étym Un *sac* ou loge le *diable*, c'est l'equivalent de *qui a le diable au corps*

Sacotter, *va.* Remuer, ebranler par de petits coups. Sacotter une dent qui branle
Étym Frequent de « *sacquer* »

Sacquer, *va* Agiter par saccades, par « sacquets »
> Charlot se peine et travaille
> D avoir la botte, il *sacque* il tire
> Coquillart *Mon de la botte de foing*, p 119

Étym Germ *scôcan* secouer.

Sacquet, *sm* Mouvement brusque et irregulier fait pour secouer une chose.
> Lors tenant le panier en sa main asseuree.
> Descouvre de l'aspic la tete colorée
> Qui sifloit a *sacquets*
> Olenix du Montsacre, *Cleopâtre* (Paris, 1595).

Étym « *Sacquer* ».

Sagouàner, *va.* Faire salement un ouvrage quelconque et, spécialement, laver salement.

ÉTYM. *Sagouin.*

Saime (sè-me). *sf.* Sorte de grand filet de pêche, seine.

> Je mains avec les orguilleus
> Qui mondaines honors convoitent,
> Et la povreté vont preschant,
> Et les grans richesces peschant
> As *saymes* et as trainians.
>
> *Rose,* 11085.

Saimer (sè-mé). *va.* Pêcher avec la « saime ». ‖ *Fig.* Saimer quelqu'un, employer l'adresse et même la ruse pour le surprendre, pour l'attraper.

Sainbois, *sm.* Vésicatoire, quelqu'en soit la composition : On lui a posé deux sainbois.

ÉTYM. *Bois sain,* nom donné à l'écorce du Daphne mezereum et du Daphne gnidium, qui peut servir de vésicatoire.

Saince, *sf.* Chiffon, ordinairement de laine, dont on se sert pour « saincer ».

ÉTYM. L'ancienne langue avait aussi *cainse, chainse,* toile de lin ou de chanvre. Origine inconnue.

Saincer, *va.* et *n.* Nettoyer un meuble en le frottant avec une « saince ».

Saindin, ine, *adj.* Câlin, caressant avec affectation. ‖ *Sm.* et *sf.* Méchant saindin, petite saindine.

ÉTYM. Origine incertaine. Peut-être pour *sadin.* anc. franç. dim. de *sade,* gracieux, agréable, gentil :

> C'est une petite noirette,
> Non pas noirette, mais brunette,
> Une mignonne tant *sadine,*
>
> COQUILLART, *Le Monolog.,* p. 150.

Le changement du *a* en *ain, in* n'est pas sans exemple dans la campagne blaisoise : on entend souvent dire *Mainrolles* pour *Marolles.*

Sainte-Croix, *npr.* ‖ *Loc.* Le travail de Sainte-Croix, un travail qui n'en finit pas.

Il ne falloit plus que cela pour *achever Sainte-Croix* d'Orleans
Moy de parvenir, II, 46

Saint-Glaudin, *sm* Habitant de la commune de Saint-Glaude (Claude).

Saint-Martin (grenouille de), *sf* Raînette, « guernâselle »
Étym Origine inconnue.

Saisier, *sm* Le même que CHAISIER, II.

I **Salaud,** *adj m* Malpropre, qui est habituellement sale en parlant d'une personne ‖ *Fig Sm* Homme lascif, débauché Un vieux salaud. Le féminin de ce mot, au propre et au figuré est *salope*

II **Salaud,** *sm* Sarreau, tablier montant et à manches qu'on met aux enfants pour garantir leurs vêtements des taches Cf SALOPETTE

Saleuse, *sf* Saloire, vaisseau de bois dans laquelle on met la viande de porc salée

Saloper, *va.* Salir, tacher ‖ *Fig* Faire sans soin. sans talent, gâter Un ouvrage salope ‖ *Vr.* Se saloper se salir

Salopette, *sf* Large pantalon de toile qu'on met par dessus l'autre pour le garantir des taches Cf SALAUD, II
Étym « *Saloper* »

Salut, *sm* Priére récitée par un prêtre pour obtenir l intercession speciale d'un saint M le Curé m'a dit un salut et « une » évangile à sainte Cornille.

Manasses prit un des Quinze-Vingts, et le pria de dire un *salut* à son intention
Moy de parvenir, II, 55

Sambin, *spr* Bourg à 19 kil de Blois *Prov* Aller à Sambin pour se faire débêter et à Conan pour se faire affiner ou Aller à Conan pour se faire débêter et à Sambin pour se faire affiner. *voyez* DÉBÈTER

Sang (bon) ! *interj* Juron familier qui serait un blaspheme, si l on prononçait la phrase complète Bon sang de Dieu !

Sangle, *sm* Rangée simple de gerbes « béchevetées » par laquelle on termine le chargement d'une charretée de blé, d'avoine, etc.; les autres sont doubles ou triples et s'appellent lits ; une charretée complète se compose ordinairement de quatre lits et d'un sangle. ‖ *Fig.* Il a quatre lits et le sangle, il est ivre, complétement soul. — Il lui en a f.... quatre lits et le sangle, il l'a battu à plates coutures. ‖ Rangée d'avoine ou d'orge abattue par le faucheur.

Étym. Lat. *cingulum,* ceinture.

Sangler, *va.* ‖ Sangler de l'orge, de l'avoine, les disposer en « sangles », en les fauchant, et non les mettre en javelles.

Sarchant, *sm.* Vieille « viette » : Abattre un vieux sarchant pour faire de la place au jeune bois.

Étym. Origine inconnue.

Sarche, *sf.* Ceinture de bois qui entoure une seille, un boisseau.

Item une baratte avecq plusieurs *serches.*
> 9 nov. 1616. Invent. Gendrier, p. 13. Arch. L.-et-Ch. B. Baill.
> de Blois.

Une sarche mobile se place sur les bords du « tenou » pour en augmenter la capacité. ‖ Cercle cloué au sommet et à l'intérieur d'une cuve pour en consolider les douves.

On les a toutes (les cuves) enfoncées d'ais de sapin a double joint..... On a mis de l'argile ou terre grasse au tour de la *serche* et on a couvert le tout de sable ; le vin s'y est bien conservé.
> 1707. *Journ. des ch. remarq.* St-Laumer, f° 36.

Étym. Prononc. locale de *serche,* forme ancienne de *cercle.*

Sarpe, *sf.* Serpe, instrument qui sert à tailler la vigne. La sarpe est remplacée à peu près partout maintenant par le sécateur.

Ou pieux, ou faulcilles, ou *sarpes.*
> *Rose,* 19189.

Étym. Lat. *sarpere,* émonder.

Sarrasine, *sf.* Plante sauvage, commune sur les territoires de Blois, la Chaussée-Saint-Victor et Saint-Denis, aristolochia clematitis.

Aristolochia en Grec... . en Françoys *Sarrasine.*
> *Comment.,* chap. 31.

On dit aussi *sarrasène* et *salarène* a la Chaussée-Saint-Victor

ÉTYM. Cette plante a un peu l'aspect et le port du *sarrazin*

Satisfaire, *vn* ‖ *Abs* Tirer au sort pour la conscription Il s'est marié aussitôt après avoir satisfait

ÉTYM C'est une ellipse hardie pour Satisfaire a la loi du recrutement.

Saulas (sô-là). *sf* Petit bouquet de bois, en général Un hameau de Blois et plusieurs climats des communes environnantes portent le nom de la *Saulas*

ÉTYM Primitivement. lieu planté de *saules*

Saumaise, Saumése, *sf* Saumure « I faut que le salé trempe toujou dans la saumese »

Saumurage, *sm* Refection d un mur en sous-œuvre , peu employé aujourd hui

Faire au pourtour tous les *somurages* ou besoin sera et les rand'huire a chaux et sable, et la maçonnerie en terre
1er juin 1792 Convention Briais Arch II Johannet

‖ Au *pl* Petits murs sur lesquels on établit un plancher

ÉTYM Probablement pour *soumurage*, de l ancien français *sousmurer*

22 journées de maçons a *soubsmurer*, arrocher et chauflauder la muraille de la court de la maison de la ville
1459 Arch mun Nevers. GG 55.

Sauterelle, *sf* ‖ Sarment tenant à une vieille souche qu'on couche en terre pour remplacer un cep disparu, provin

ÉTYM. Pour *sautelle,* dont l'origine est inconnue .

Marquotte ou *sautelle* chevelue
LIEBAUT, *Mais rust* , VI. chap 6

Saute-sus-rein, *sm* Celui qui n est bon à rien et qui cependant se donne des airs de capacité ‖ Celui qui se donne beaucoup de mal pour arriver à ne rien faire de bon cogne-fetu

Savate, Savatée, *sf* Plante sauvage pas-d âne tussilago farfara D'après le dire des bonnes femmes. pour en depoisonner un champ il faut aller l'arracher le jour de la Fête-Dieu, avant le soleil levé

Savatier, *sm.* Savetier.

Les ames des empereurs et des *savatiers* sont jectées à même moule.

MONTAIGNE, II, 191 (Didot, an X).

Jean fils de Mathieu Regnier, *savatier*.

25 juin 1678. Arch. la Ch.-Saint-Victor, vol. 3.

Savoir, *va.,* fait au futur : *je sarai,* etc., et au condit. : *je sarais.*

Vous garderez son secret et son droit par tout là où vous le *sarez*.

DUCANGE, *baillivi.*

Tel sait bien faire une maison
Qui ne *saroit* faire un moulin.

Pathelin, av. au lecteur (Coustelier, 1723).

Savoir s'emploie souvent au condit. pour *Pouvoir* à l'indicatif. Cette locution de l'ancienne langue, qui tombe en désuétude, est journellement employée par le paysan. Quand il dit : Je ne saurais, qu'il prononce : Je n'sarée, c'est absolument comme s'il disait : Je ne peux pas.

L'un dit : je n'y vas point, je ne suis pas si sot ;
L'autre : *Je ne saurais.*

LA FONTAINE, *Fables*, II, 2.

Schlof, *Loc.* Aller à schlof, aller se coucher.

ÉTYM. Allemand *schlaffen,* dormir ; souvenir de l'invasion de 1815. ou, peut-être, du séjour des lansquenets et des reîtres allemands à Blois. à la cour des Valois, au XVIe siècle.

Sec, Secque, *adj.* Sec. sèche : Attends que ta chemise soit secque.

Ségner, *va.* et *n.* Tracer sur la terre. au moyen d'un cordeau, des lignes pour planter : Ségner un champ ; il fait trop mou pour ségner.

Deux hommes de villaige pour *seigner* le boys que mons. de Bourgogne a donné à la ville.

1394. Cpte de Nevers. GG. 2. Arch. mun. Nevers.

ÉTYM. Lat. *signare*, marquer.

Segondin (Saint-), *spr.* Saint-Secondin, bourg à 9 kilomètres de Blois.

Gabriel Ferrant de la parr. de Sainct *Segondin.*

25 oct. 1616. Arch. la Ch.-St-Victor, vol. I.

En l'église de Saint *Segondin* des vignes, proche de Buri

> BERNIER, *Hist de Blois*, p 195

Segret, ète, *adj* Secret, secrete ‖ Segret *sm* Secret

La mal conseillee femelle ne dormit point si profond qu'elle oubliât ce mot de *segret.*

> Bon DES PERIERS, *Disc non pl mel* chap VIII, p 182

ÉTYM Ital *segreto* même signification

Seillau, *sm* Mauvaise seille aux trois quarts usee.

Si d'icelluy vous mettez dedans ung *seilleau* d'eaue

> RAB, III, 51

Item troys meschants butetz et deux *seillois*

> 1617 Invent Rahart, p 9 Arch L-et-Ch B Baill de Blois

Semeux, *sm* Semoir, sorte de grand tablier de toile dans lequel on porte le grain à semer.

Le signifiant, ainsi comme il venoit de son labour et encore avoit-il le *semeur* pendu a son col

> 1375 DUCANGE, *semeurus*

Sentier, *sm.* ‖ Allee comprise entre deux planches de vignes

Sentinelle, *s* . est masculin : Le sentinelle est gelé dans sa guerite

Plusieurs soldats de la garnison entrerent dans le camp des Anglois, ayans tué *quelques-ons* de leurs *sentinelles*

> Symph. GUYON, *Hist d'Orl*, II, 217.

Sepeau, *sm* *Voyez* CEPIAU

Septembrier, *sm.* Ravaudeur qui ne fait le métier de tonnelier qu'au mois de septembre pour la vendange

Septier (se-tié. s'tié), *sm* Hectolitre en parlant des grains. ne se dit guere qu'en Beauce Autrefois mesure de huit boisseaux et douzieme partie du muid

Plus dix *septiers* moings ung boisseau de Jacques Lecour ix^s vij^b

> 1639 Cp^{te} de la Charite Eglise de la Chaussée-St-Victor

79° Huit muid, cinq *septiers*, deux b^{ux} d'avoine, mezure de Blois, estime a trois livres le *septier* fait trois cent trois livres quinze sols

> 30 nov 1782 Reglement Arch H Johannet

Voyez SAC.

Septrée (se-trée), *sf*. Mesure agraire qui valait huit boisselées de même que le septier valait huit boisseaux.

Pour la ferme d'une *septrée* de vigne et terre.
         1663. Cp^te de la mârelle. Egl. de la Chaussée-St-Victor.

Ser, Seur, *sm*. Cep de vigne : Une orne de douze sers.

ÉTYM. Ce mot est un de ceux qui se trouvent le plus souvent sur les lèvres de nos vignerons, et, quoiqu'on en dise, il n'est guère possible de le prendre pour une corruption du mot *cep*, car *cep* se prononce *ce* : La croix du Ce, la has du Ce (climats de Villebarou). Il est plutôt dérivé d'un radical *sar* qui se trouve dans le lat. *sarpere*, émonder, d'où est venu aussi *sarmentum*, pour *sarpmentum*, sarment.

Seran (s'ran), *sm*. Outil qui sert à diviser la filasse du chanvre pour la rendre propre à être filée, à « habiller le chambre », comme on dit ici.

       Conscience le foule, conscience le froisse,
       Conscience le point plus que *serans* ne broisse (brosse)
            J. DE MEUNG, *Test.*, 1576 (*Rose*).

ÉTYM. Ancien h^t-all^d *schranz*, déchirer, duquel seran, sans accent, presque sans *e*, se rapproche davantage que séran, qui est de la langue officielle.

Serfet, *sm*. Petit ver aquatique qui se construit avec des menus brins de bois, des petits grains de sable un étui dans lequel il demeure, larve de la phrygane striée.

ÉTYM. Origine inconnue. En Sologne, on dit *Serfolet*, à Orléans *Chênefer*.

Sergent, *sm*. ǁ Carabe doré, insecte appelé aussi *Ville-mâlard*.

ÉTYM. On a trouvé, sans doute, quelque ressemblance entre les élytres de ce coléoptère et les galons d'un sous-officier d'infanterie.

Serqueur, *sm*. Cercueil.

Et fut apporté son corps en un *serqueur* couvert de noir.
            AL. CHARTIER, *Hist. du R. Ch. VII*, p. 9.

Serre, *sf*. ǁ Sorte de coin de fer qui fixe le couard de la faux dans la « botte ».

Serreux, *sm* Coquetier marchand d'œufs de beurre de volaille et de gibier. Ce mot ne se dit que d'un coquetier opérant sur un marché. J'avais dix livres de beurre, j'en ai vendu deux à des bourgeoises, le reste aux serreux.

ÉTYM Les coquetiers *serrent*, c'est-à-dire amassent la marchandise.

Sert (ser) *sm* Loc. N'en faire que le sert *voyez* CERT

Servir, *va* ‖ Couvrir, saillir, en parlant des animaux.

I **Seue,** *sm* Sureau

Une sarbatane de seue

NE DU FAIL *Prop rust*, p 76

‖ *Prov* « Franc comme une rotte de seue » c'est-à-dire, pas franc du tout, qui dit le contraire de ce qu'il pense et fait le contraire de ce qu'il dit, une branche de seue, ne pouvant se tordre, c'est le bois le moins propre à faire une « rotte ». Les garçons qui, dans la nuit du premier de Mai, vont planter des bouquets symboliques à la porte de leurs belles, ne manquent pas de gratifier d'une branche de *seue* celles qu'ils accusent de manquer de franchise. Chez nos ancêtres, les amoureux en usaient de même, mais pour eux le sureau était un autre emblème.

Lorsque l'une des filles dudit exposant, nommée Jehannette, vit ledit Caronchel, elle li dit que la nuit S Nicolay il l'avoit esmayée et mis sur leur maison une branche de *seur*, en disant qu'il n'avoit mie bien fait de ce faire, et qu'elle n'estoit mie femme a qui l'en deust faire tels esmayemens ne telz derisions, et qu'elle n'estoit mie puante, ainsi que ledit *seur* le signifioit

1375 DUCANGE *Marum*

ÉTYM Lat *sambucus sabucus* sureau

II **Seue,** *sf* Suie

Seuf (seu), *sf* Soif Endurer la faim et la seuf

Si un bœuf
Passe par là, mourant de *seuf*

RONS, *La Grenouille*

Seur, *sm*. *Voyez* SER

Sèyer, *va*. et *n* Couper les céréales avec la faucille.

Lors commença le laboureur auecques ses gens *seyer* le bled.

Rab., IV, 46.

Étym. Ital. *siegare,* lat. *secare,* couper.

Sèyeur (en patois : sé-ieû), *sm.* Celui qui « sèye ».

En 1706 les châleurs furent si grandes que les hommes et les bestes mouroient dans les campagnes et sur les chemins. Plusieurs *saieurs* coupans les bleds, la faucille à la main, moururent sur place.

1706. Jour. des ch. remarq. St-Laumer, f° 32, v°.

Sicler, Sigler, *va.* Cingler : « J'y ai siclĕ un coup d'foué pa' la goule ». *Voyez* Cicler.

Sicot, *sm.* Chicot : En place de dents. je n'ai plus que des sicots.

Étym. Lat. *ciccum,* très petite chose.

Sicotter, *va* et *n.* Se servir maladroitement d'une scie, d'un couteau, d'un outil tranchant. de façon à gâter l'ouvrage.

Étym. Fréquentatif péjor. de *scier.*

Siésant, *sm.* Posture d'un homme assis, séant : Se mettre sur son siésant.

Étym. « *Siéser* ».

Siéser, *va.* Asseoir. ‖ *Vr.* Se siéser, s'asseoir : Siéses-toi là.

Étym. Pour *siéger.*

Sieux, *prép.* Chez : Il n'est pas sieux nous.

Et sept ou huit, chieulx le drappier.

Coquillart, Plaidoyer, p. 71.

Étym. *Voyez* Cheux, dont c'est une forme adoucie.

Sigler, *va. Voyez* Sicler.

Siller, *va.* Frapper en fouettant : La pluie vous sille la figure.

Étym. Germ. *sila,* couper. inciser. C'est peut-être aussi une autre forme de « *sigler* ».

Siminaire, *sm.* Séminaire.

Sitoût, *adv.* Sitôt, aussitôt.

Et sachiez compaings que sitoust
Que Fortune m'eust ainsi mys.

Rose, 8404.

Sive, *sf* Séve La sive de mars et la sive d'août

Étym. Lat *sapa,* comme « nine » de *nana*

Sixain (si-zin), *sm*. Faisceau de six cercles de cuve. de 7 metres à peu près ‖ Un de ces cercles

Un *sisain* de cercles de cuve

> 1621 Invent de Beanne, p 8 Arch L -et-Ch B Baill de Blois

Le 22e (septembre 1696) j'ai achepté chez Made Girard de Bourgneuf deux *cisains* et demi de cercles de trois toises et demie, et deux cercles de quatre toises et demie pour dix livres dix sols, le *cisain* a raison de 3 l le grand a 6 l le quadiain

> 1696 *Journ des ch remarq* St-Laumer, fo 2

Ce mot a a peu près disparu, comme l objet lui-même. les cuves aujourd hui etant presque toutes reliees en fer

Soi, *sm* Un soi de charrue

Lequel suppliant a emble un *soich,* un chasgnon à la charrue

> 1388 Ducange, *casnus*

Ung ayreau fourni de coustre et de *souef*

> 1157 *Ibid , Arar*

Une charrue avec ses rouelles garnye d'un *soue*

> 1616 Invent Roy, p 10 Arch L -et-Ch B Baill de Blois

Plus deux charues garnies de leurs ruelles, essieux, deux coudres et deux *souhaits* chacun dans leurs chaussons

> 23 déc 1788 Invent , p 17 Arch H Johannet

Étym Autre forme de *soc* Cf Croi

Solaire, *sf* Le côte du soleil levant. l'est

Ouvrant sur le devant sur la rue qui dessend du carroy St Michel a la fontaine du poix du vent de *sollere*

> Fev 1618 Part Debeynes Arch L -et-Ch B. Baill de Blois

Abutant sur la rivière de Loire en *soullaire*

> 8 juill. 1600 Arch mun Villebarou, vol 1671, fo 85 recto

‖ Haute-solaire, le nord-est, Basse-solaire, le sud-est.

Sole, *sf* La couche superieure de la terre cultivable : La sole est trop « secque »

Solognot, ote, *sm* et *sf* Habitant de la Sologne

Les *Solongnaux* sont gens frugaux, mesnagers et actifs

> Fr Lemaire, *Ant d'Orleans,* p 36, ed 1645

En la maison de Monsieur Bourlabé seruoit un *Sologneau*

> Id., *ibid.*, p. 458.

|| *Adj.* La race solognotte, en parlant des moutons.

Somme, *sf.* Sac de farine : « Vas voir au molin si ma somme est preute ». || *Prov.* Une puce de meunier qui a la somme sus le « dous », un pou. Rabelais disait une pulce meunière.

ÉTYM. *Somme,* dont le sens primitif est charge d'âne, de mulet, de cheval.

Sonneux, euse, *adj.* Taché de son, de taches de rousseur: Une petite rouge, toute sonneuse.

Soreille, *sf.* Ustensile formé de l'os de la mâchoire inférieure d'un porc que l'on place dans un « tenou » à l'orifice du trou de canelle pour empêcher que le linge ne l'obstrue. Planchette de bois évidée servant au même usage.

ÉTYM. Origine inconnue.

Soret, *sm.* Comme SOREILLE.

Sorette, *sf.* Comme SOREILLE.

Sornette, *sf.* Comme CERNETTE.

Soteau (so-tio), *sm.* Petit sot, sot, imbécile ; ce mot est plus solognot que blaisois.

> Et puis le povre cocquardeau
> Sera requis de la bonne dame,
> Et au partir : allez, *soteau,*
> Remerciez-en vostre femme.
> 1510. *Poés. franç. des* XVᵉ *et* XVIᵉ *s.* Godefroy, *soteau.*

Sottiseux, euse, *adj.* Qui dit des sottises, des injures.

Souanne, *sf.* Chandelle de résine, oribus.
ÉTYM. Pour *souabanne. Voyez* SABANE.

Souâter, *vn.* Se prêter réciproquement son cheval pour les travaux des champs.

Souater. To partake whith, or be a partner in ; also, to joyne with, or together, after the manner of countrey peasants, who bring every one a horse or two for the making of a team, which no one of himselfe can furnish.
COTGR., 1611, ap. Godefroy, *souater.*

(Participer, s'associer, s'unir, à la manière des paysans qui amenent chacun un cheval ou deux pour composer un attelage qu'un seul, par lui-meme, ne peut fourni)

‖ *Fig* Faire commerce d'amitie Ces deux freres ne souâtent point

Étym Par les anciennes formes franc *souaste soiste* etc

> Mais d'une chose a mult son cuer ne.
> De conpaingnie n'ot point ne *souaste*
>
> *Les Loh*, Ars 3113, 1'9' Godefroy, *souater*

Donnons .   toutes les choses ke nos avons et aviemnes euut nos et no ancisseur en teriage. en *soiste*, en tierce garbe

> 1266 Ch d'Enguerr de Couci Ducange, *soistura*

l'ital *socida*

> *Soceita*, consignation de betail a moitie de profit
>
> Oudin, *Dictionn*

le bas-lat *socida socceda*, *socila* (même sens , ou arrive au lat *societas* société Quant a la difference notable d'orthographe, elle ne provient que de la prononciation de nos contrees

> . De tout temps ils ont veu que en la ville d'Orleans on a point acoustume de *sohaster* excepte depuis x ans en ça   en tous les autres bonnes villes du royaume toute *sohasterie* est deffendue, et que ce on ne *sohastoit* point, les draps n'en cousteroient gueres plus a faire Et avec ce que se deux mestres *sohastent* ensemble, ils peuvent trop plus faire de malefaçons, etc
>
> 1406 Enquete, ap Le Clerc de Douy, II, fo 237, vo Arch Loiret

Souâton, *sm* Celui avec lequel on « souâte » pour les travaux des champs, et par extens son cheval J'attends mon souâton pour aller en charrue

Soubastement (sou-bass-te-man) *sm*   Le même que Subastement

Soubaud, de, *adj* Taciturne sombre, en dessous Je ne sais ce qu'il a il est tout soubaud

Étym Mot forme sans doute sur l'ancienne prepos *soub, soubs,* sous, lat *subter* Dans le Perche et dans la Beauce, *soubaud* signifie gourmand

Soubriquet, *sm* Surnom bouffon ou injurieux sobriquet

Il faut tousiours forger un *soubriquet* a la povre verite

N du Fail, *Contes d'Eut* . t I, p 42

Il est nécessaire de..... rechercher une descente à laquelle tous les *soubriquets* puissent conuenir.

MÉNAGE, *Les orig. de la langue fr.*, cagot.

ÉTYM. Origine inconnue.

Soucil (sou-si), *sm*. Sourcil.

Sougé, *spr*. Bourg de Loir-et-Cher, à 30 kil. de Vendôme. || *Loc.* Un âne de Sougé, un imbécile.

Les gens de Sougé, virent un jour flotter sur les eaux du Loir une masse noirâtre qui leur sembla fort suspecte ; d'aucuns allèrent jusqu'à dire que c'était la baleine! Grand émoi dans tout le pays ; les autorités se rendent sur le bord de la rivière, le clergé de même, croix et bannière en tête, pour éloigner le monstre. Le monstre, c'était un âne crevé. D'où le nom d'âne appliqué aux gens de Sougé qui, n'entendant pas la plaisanterie, sont toujours disposés à faire un mauvais parti à celui qui risque la moindre allusion à cette aventure.

Souhâmée, *sf*. Raclée soignée, volée de coups.

ÉTYM. Probablement *souhâmer*, avec une déviation du sens. Cependant il faut noter l'ancien français *hâmée*, bataille, mêlée.

Alexandre qui tant fist de *hâmée*.

VILLON, *G*ᵈ *Test*ᵗ.

Souhâmer, *va*. Flairer, se dit surtout des animaux : Une vieille « manon » qui s'arrête à tout bout de champ pour souhâmer les crottes.

ÉTYM. *Sous* et l'ancien français *asmer, osmer*, flairer.

Souille, *sf*. Étoffe d'une couette, d'un matelas, d'une paillasse, d'un oreiller, d'un traversin.

Serviettes, mouchouers, couvre-chefs, ceintures blanches, *souilles* d'orilliers.

BELON, *Singul.*, III, 15, ap. Littré.

Plus six serviettes de toile commune, une nappe et une *souille* de drap verd.

Nov. 1789. Vent. volont., p. 23. Arch. H. Johannet.

ÉTYM. *Souiller*, salir, d'après le comte Jaubert.

Soûlaud, aude, *sm*. et *sf*. Qui se soûle, s'enivre habituellement, ivrogne, ivrognesse.

Soulé (sou-lĕ), *sm*. Soleil : Je partirai au soulĕ levĕ, au lever du soleil, se dit aussi en Lorraine.

Et le beau temps se monstrera...
Quand le doux *souleil* gracieux
De vostre beaulté entrera
Par les fenestres de mes yeux.

Ch D'ORLEANS, Ball. 44 (Paris, 1842)

ÉTYM Dimin de l'ancien français *soul*, du lat *sol* soleil, qui a existé conjointement avec la forme soleil

Soupiquet, *sm* Saupiquet, sorte de ragoût composé de viande et d'oignon avec une pointe de vinaigre ou de vin blanc Mettre du bouilli en soupiquet

Un *soupiquet* cy dessouz ne seroit pas mauvais

N DU FAIL, Prop. rust, 136

ÉTYM *Sel* et *piquet*, pointe de sel.

Sour, *prep* Sous
ÉTYM Lat. *Subter,* même signification

Sournette, *sf* Le même que SORNETTE.

Sourvirer, *va* Mettre sens dessus dessous Il a tout sourvire dans l'ormoire
ÉTYM. « *Sour* », sous et *virer*

Sous-cosson, *sm*. Petit œil qui pousse sous le cosson, se dit de la vigne.

Les bourgeons ont été grillés, le *sous-cosson*, a pait quelques vignes taillées tard, est perdu aussi

Avenir de L -et-Ch, 22 avril 1892, p. 2

Subastement (su-bass-te-man) *sm* Bande d'étoffe attachée au ciel d un lit et tombant sur les rideaux. lambrequin

22º Un tour de lit de thoeles blanches et ses *subastements* composé de sept pieces

30 nov 1782 Reglement Arch H Johannet

ÉTYM Madame de Sévigné (21 août 1675) dit *soubassement.*

Si vous trouviez dans Avignon ou dans Lyon de quoi faire des rideaux, un fond, un dossier, des *soubassements*, des pentes

Or, soubassement, terme d'architecture qui designe la base d'une construction, n'a rien à voir ici Dans l'ancien français *haste* a signifié à la fois morceau de bois long et broche de fer, et *enhaster*, traverser d'une broche. Une garniture de ciel de lit avec ses broches et anneaux a pu s'appeler *hastement ;* d'où le nom de *subhastement, subastement* donné à la pente d'étoffe qui la recouvrait. *Soubassement,* dans ce cas, ne serait qu'une corruption de *soubastement,* qui se dit ici autant que *subastement.* Au surplus, on trouve anciennement *subaste,* avec le sens probable de notre subastement :

> Mettre des petites *subastes* soubz les verrieres des alees du cueur.
>> 1489. Arch. Aube, reg. 3, G. 354, ap. Godefroy.

Subler, *vn.* Siffler.

> On y voit..... des perroquets lesquels *sublent* merveilleusement haut.
>> M. Coccaïe, l. XIV.

> *Sublant* ou sifflant (lequel que l'on voudra, ou tous deux) une chanson du pays.
>> N. Du Fail, *Contes d'Eutr.*, I, p. 117.

Étym. Lat. *sibilare,* siffler.

Sublet, *sm.* Sifflet.

> ..... L'oyseleur des champs,
> Qui doucement fait chanter son *sublet,*
> Pour prendre au bric l'oiseau nyce et foiblet.
>> Cl. Marot, I, 254.

Suffit que, *loc. conj.* Précisèment parce que : Suffit que c'est mon frère qui a fait le coup, on va dire que je suis son complice. Cette locution a un sens beaucoup plus affirmatif que la tournure française : il suffit que ce soit mon frère..... pour qu'on dise.

Sui, *sm.* Suif : Du sui de chandelle.

> Autant couste li *suis* que la meche.
>> XIIIe s. Leroux de Lincy, *Prov.*, ap. Littré, *suif.*

Suintis (suin-ti), *sm.* Ecoulement presque imperceptible, suintement, infiltration : Dans ce puits, ce n'est pas une source, ce n'est qu'une quantité de petits suintis.

Suivre, *va.,* dans la campagne, fait au part. passé *sui, ie :* Je l'ai sui pendant deux heures ; ou plutôt c'est le part. de *suir,* forme ancienne de *suivre :*

> Trop de perilz sont a *suir* la court.
>> E. Deschamps, *Poés.*, II, 95, A. T.

Suplice, *spr* Sulpice

Suplitius de Monte Calvo (Suplice de Chaumont)
1091 N Mars, Ch de St-Lomer, p 371

Sainct *Suplice*
1503 Arch Hotel-Dieu de Blois Reg 14

Surcouer, *va* Couper la queue à Surcouer un cheval

Étym *Couer*, de l ancien français *coue* queue couper la queue, *sur*, au-dessus

Surpelis (sur-pe-li' *sm* Surplis, vêtement d'eglise

Regardons-les partir en leurs blancs *surpelis*
Rons, Hymne à St-Roch

Plus payé a Jehanne Garnier pour avoir acommode quatre *cerpelits* et une nappe vuj s
1633 Cpte de la marelle Egl de la Chaussee-St-Victor

Plus six huies quinze sols paie pour de la thoille pour faire un *surpelis* a l'Eglise
1672 Ibid, ibid

Étym Lat *super*, sur *pellis*, peau, vêtement de dessus, bas-lat *superpellicium*

Sus (su), *prep* Sur

Le *sus* l'herbe drue, dançaient au son des iojeulx flageolletz
Rab, I, I

Suzon, *sf.* Fille evaporee.

Étym *Suzanne*, nom de femme

Syrugien, *sm* Chirurgien ‖ Médecin en general On dit aussi *Sorugien*

Étym Corruption de *chirurgien* L italien a, comme nous supprime le r *Cirugia, cirugicale, cerugico.*

T

Taconner, *va.* Taconner un fruit, le meutrir en le frappant de petits coups : Une pomme toute taconnée.

ÉTYM. Fréquent. de *taquer* pour *tacher.*

Taille-marc (ta-ye-már ; le *a* de *tailler* et de ses composés a le son du *a* de taper), *sm.* Sorte de doloire qui sert à tailler le marc sur la met du pressoir.

Dans le pressoir autour de la roue d'iceluy un cable, un *taille-marc.*
21 déc. 1784. H. Justice St-Laumer. Arch. L.-et-C.

Un pressoir garni de ses ustensiles dont il y a un câble, un *tail-marc.*
11 niv. an II. Arch. mun. de St-Denis-sur-Loire.

Taillerie, *sf.* Action de tailler la vigne. ‖ Le temps où l'on taille la vigne.

Tallope, *sf.* Touffe d'herbe sortant d'une même racine : Une tallope de gâzon.

Le soleil estant couché, et puis les *talopes* de la forest d'Orleans qui commençoient a se trouver, separerent l'affaire.
D'AUBIGNÉ, *Hist. Unio.,* II, 19, 1re éd.

ÉTYM. Ital. *tallo,* jeune pousse de l'herbe, lat. *thallus,* branche, grec Θάλλω, germer.

Talonnette, *sf.* Sorte de demi-chaussure de cuir qui ne couvre que le talon et le cou-de-pied en laissant libre la partie antérieure du pied et qui ne se porte qu'avec des sabots.

Tante, *sf.* ‖ La mère du mari de la sœur, ou de la femme du frère.

Tant-seulement, *adv.* Seulement : Quand il a tant-seulement quarante sous dans sa poche, le roi n'est pas son cousin.

> Qui ne fait nul autre mestier
> Que d'espier *tant seulement*
> Qu'il ne se maine folement.
Rose, 4013.

Cette locution etait anciennement d'un usage général

Taper, *va.* Taper un poinçon. le boucher, y mettre le « tapon »

> A la Saint-Martin,
> Bonhomme, *tape* ton vin
>
> *Dicton populaire.*

ÉTYM All[d] *zapfen,* boucher . espag *taparc* boucher sanc *dá,* placer *api,* sur

Tapereau (ta-pe-rio. dans la camp), *sm* Petit « tapon »
ÉTYM. Dim. de *tape,* subst verbal de « *taper* »

Tapette, *sf* Jeu de « canette ». on tape sa canette le long d'un mur et si en retour elle touche une de celles qui sont déjà jouees. le joueur les ramasse toutes ‖ Chasse qu'on fait aux petits oiseaux, surtout aux moineaux, dans les haies. les buissons pendant les nuits d'hiver en les tapant avec une sorte de battoir.

Tapinette (en), *loc adv* En tapinois, en cachette

Tapon, *sm* Bondon Un cent de tapons

> Fais apres a ma bouteille
> Des feuilles de quelque treille
> Un *tapon* pour la boucher
>
> RONSARD, *Od.* 18, liv II

ÉTYM Augment de *tape,* subst verbal de « *taper* »

Tarât (ta-rà), *sm* Van mecanique. mû par une manivelle
ÉTYM Onomatopee. tiree du bruit que fait cet instrument[?] L'orthographe *tarare.* qu'on rencontre partout, ne saurait être justifiée. surtout par la prononciation. par celle de Blois du moins.

Tarater, *vn.* « Nettir » au « tarât »

Tartre, *sm* Tertre. petite colline

Vous la pourrez veoir en Angiers, sus le *tartre* Sainct Laurent
> RAB , anc prol du l IV

On dit aussi *Tarte*
ÉTYM Origine inconnue

Tà-tà, *sm* Mot de petit enfant . Faire tà-tà marcher. se promener

Étym. Onomatopée marquant la cadence du pas du bébé qu'on promène en chantant :

> Tâ tà, belle belle,
> Mon p'tit chien n'a point d'oreilles,
> Il est coquart (châtré), il est boiteux,
> Mon p'tit chien n'a point de queue.

On peut se demander pourquoi l'on a choisi, pour le chanter aux bébés, un héros auquel il manque tant de choses pour être parfait ; c'est apparemment que la démarche d'un petit chien dans cette triste situation doit être à peu près celle d'un bébé qui fait tà-tâ.

Taupin, ine, *adj.* Qui est de couleur de taupe, brun, basané : Un petit taupin.

Taupinage (en), *loc. adv.* Sourdement, en cachette, en tapinois : L'incendie a éclaté tout d'un coup, mais il y avait longtemps que ça brûlait en taupinage.

> Si ont par accord advisé
> Qu'ils s'en yront en *tapinage*
> Ainsi comme en pelerinage.
>
> *Rose,* 12765.

Étym. Se *tapir*, sous l'influence du mot *taupe*.

Tauyon, *sm.* Petit logement sale et minable.
Étym. Pour *taudion* (de *taudis*), qui se dit en Picardie.

Tavelle, *sf.* Levier ordinairement en fer qui sert à manœuvrer le moulinet de devant d'une charrette.

On a recueilli une *tavelle* sur la route de Lonzac. Elle devait servir à assommer le député.
> Journ. *la Bataille,* 22 oct. 1889.

Étym. Origine incertaine : Ducange a *Tavella,* tavelle, bâton long d'une demi-brassée. On peut supposer que ce mot est le même que *taravelle,* comme *tabuster* est le même que *tarabuster.* La Taravelle est ainsi dépeinte par Ol. de Serre (*Théât.,* III, chap. 4).

Cest instrument..... est composé d'une barre de fer longue de trois pieds, et grosse comme le manche du hoyau, le bout entrant en terre (pour planter la vigne) estant arrondi en pointe, bien forgé et aceré, etc.

Taravelle semble tenir au lat *trabecula.* dimin de *trabes*, bois de pique

Teint-main, *sm.* Anse, poignee. saillie quelconque par laquelle on peut prendre et tenir un objet

Icellui Jaquemin cheut par entre l'eschelle et le *tien-main* de laditte eschelle jusqu'a terre

1457. DUCANGE, *teneria*

Tenir, *va* , dans le langage de la campagne fait au pres de l'ind je *teins.* tu *teins,* etc

Il tint la tere Dathan et Abirum
Roland v 1215 (Gautier)

et au fut. et cond. je *tenrai,* je *tenrais*

Il venra et amenra sen tesmoing, et le *tenra* li avocas par le pan du sercot

DUCANGE, *campiones*

au part passé *tint, tinte voyez* ce mot

Tenou, *sm.* Cuvier, vaisseau de bois pour la « buée »

Un *tenou* a faire lessive avec sa selle
15 sept 1616 Invent Pineau, p 45 Arch L -et-Ch B Baill de Blois
Plus un *tenou* et son troispied
23 déc. 1788 Invent , p 18 Arch H. Johannet

ÉTYM Ital *tinello,* dimin de *tino,* lat. *tina,* cuvier

Tenue, *sf.* ‖ Pied de tenue, forte corde ou chaîne qui sert à assujettir le chargement d'une charrette.

Une prolonge, un *pied de tenue* avec ses crochets.
19 janv 1766, vente, f⁰ 30, r⁰ Arch. H Johannet
Harnais, traits en fer, *pieds de tenue,* ferrures cabans, tavelles en fer, prolonges
Indépendant de L -et-Ch , 8 oct 1890, p 4.

Tercie, *sf.* Sur la rive droite de la Loire, rampe par laquelle un chemin accède à la levee de la Loire ; sur la rive gauche on dit *pouée. voyez* ce mot.

ÉTYM Autre forme de *turcie*

Terfou, *sm* Bûche qu'on met dans le foyer et qu'on allume la nuit de Noèl

ÉTYM Origine inconnue. Il est possible que ce soit une sorte d'augment. de l'ancien franç. *bref*. poutre, ou un composé de *fou*, *fouteau*, lat. *fagus*, hêtre.

Terion, *sm*. Trayon, bout du pis de la vache. ‖ Turion : Je ne sais pas ce que c'est que ce mal-là, il lui pousse un tas de petits terions de chair.

Teriou, *sm*. Treuil. et spécialement treuil de puits.

ÉTYM. Pour *triou*, *triout*. l'ancienne langue avait *trieule*; autres formes de *treuil*.

Termue, *sf*. Trémie de moulin.

ÉTYM. Pour *tremue*, bas-lat. *tremula*. du lat. *tremere*, trembler.

Terre, *sf*. ‖ Terme rural. *Absolt*. Champ destiné à être ensemencé : se dit par opposition à vigne. pré. etc. : Dans mon demi-arpent. je n'ai que quatre boisselées de vigne, le reste est en terre.

Tertous, outes, *adj*. Tous, toutes.

Vous vous portez bien *trestous ?*

                                   RAB., IV, 21.

Le Roman de la *Rose* emploie partout *trestous* pour *tous*. On entend aussi *tourtous*.

ÉTYM. Pour *Tretous* de *très* et *tous;* c'est une sorte de superlatif de *tous*.

Tervelle, *sf*. Truelle. « I kerverait bein tous les maçons de la Limoge que j'n'hériterais pas d'une tervelle ».

Tervellée, *sf*. Truellée.

Tet (té), *sm*. Petit bâtiment pour loger un animal domestique : Un tet à porc.

          Sus, grans toreaux, et vous, brebis petites,
          Allez au *tect*.
                    Cl. MAROT, *Compl. à Mme Loyse de Savoie*.
Dans un *tet* à porc.
              25 déc. 1788. Invent., p. 19. Arch. H. Johannet.

ÉTYM. Ital. *tetto*, lat. *tectum*, de *tegere*, couvrir.

Têtot, *sm*. Arbre étêté, qui produit des branches basses qu'on coupe comme bois de feu; *voyez* ETÈTOT.

Teuffe, *sf* Pomme de terre

ÉTYM Origine inconnue

Tharèse, Thérèse, *sf* Sorte de capuchon de femme de la campagne dont la pelerine couvre les epaules et le buste.

ÉTYM *Thérèse*, nom de femme?

Tiau, *sm* Sorte de baquet qui se met sous l' « anche » du pressoir pour recevoir le vin (*Voyez* CUAU)

ÉTYM. Pour « *Cuau* » Tiau est un exemple typique des alte-rations qu'une prononciation vicieuse fait subir a l'orthographe *Cuau* s est prononcé *quvau* Quand le paysan plus instruit voulut rendre son langage plus conforme au bon français, il corrigea l habitude qu il avait d'employer *qui* pour *ti amiquie* pour *amitie* Mais n ayant plus connaissance de la forme primitive *cuau* il crut bien faire en traitant *quvau* comme les autres mots où il prononçait *qui* pour *ti* et dit tiau (*Voyez* chap prelim § II. *PRONONCIATION* TI)

Tiaûtre (ho-tre) *sm* Tieteau . se dit surtout des tréteaux qui servent à la « buee »

Huit ratteliers et deux echelle, un *theautre*, le tout de bois
                19 janv 1766 Vente, fº 35. vº Arch H Johannet

ÉTYM Origine inconnue Ne serait-ce pas une corruption du mot *théâtre* dans le sens d échafaud ?

Tibi, *sm.* Bouton de chemise orne qu on met les jours de grande toilette Des tibis en or

ÉTYM Origine inconnue

Tiercier, *sm* Mesure agraire qui etait le tiers de l arpent. c'est-à-dire 4 boisselées mot disparu et qui semble avoir été usité surtout à Mer

Ung *tiercier* ou environ de pre
        1511 Terrier du Monceau (Mer), fº 23, vº Arch L -et-Ch G
Ung *tiercier* de vigne assis a Cloustoucault parr de Mer estant en brejons
            1533 Aveu et dénomb Chap St Eustache. fº 1, rº, *ibid*

Le tiercier se divisait en 2 demi-tierciers

Demy tiercier de vigne assis a Pont Raout.
                        Ibid , fº 6, rº *ibid*

Tillol (ti-iol), *sm*. Tilleul : Un grand tillol. ‖ *Sf*. Fleur de tilleul desséchée pour infusions : On prend de la tillol pour les indigestions.

ÉTYM. Lat. *tiliola*, dimin. de *tilia*, tilleul.

Tineau, *sm*. Bâton solide qu'on passe dans l'anse d'un seau, dans les oreilles d'une « jâle » pour les transporter.

Tynau ou baston de plain poing, dequoy on porte les ances ou temps de vendenges.

                                        1441. DUCANGE, *tinellus*.

L'orthographe la plus fréquente était *tinel;* on trouve aussi *tinet.*

ÉTYM. Origine inconnue.

Tiniou, *sm*. Le même que TINEAU, sur la rive gauche de la Loire.

Tint, Tinte, part. passé de *tenir :* Une fois qu'il la « évu tint », il ne l'a pas lâché.

Si le manche du fouët n'eust *tint* coup.

                         N. DU FAIL, *Prop. rust.*, p. 115.

ÉTYM. Lat. *tentus*, part. passé de *teneo*, même signification.

Tirâille, *sf*. Fibres tendineuses qui se trouvent dans la viande. (*Voyez* TIRE.)

Tirant, *sm*. Celui avec qui il est difficile de traiter parce qu'il veut trop tirer à soi.

Tire, *sf*. Tirage : Cheval de tire. ‖ Difficulté à avancer : Ne traverse pas ce guéret. il y a trop de tire. ‖ Outil de tonnelier.

Quatre doloueres, une plane..... la selle a rongner, une *tire*, le jablouer.

            1619. Invent. Coudret. Arch. L.-et-Ch. B. Baill. de Blois.

‖ Fibres tendineuses qui se trouvent dans la viande.

Tirepane, *s?* — ? Outil de cultivateur, probablement « croi ».

Deux faucilles, ung faucillon, troys mares, une tranche et deux *tirepanes.*

        Nov. 1616. Invent. Gendrier. p. 12. Arch. L.-et-Ch. B. Baill.
          de Blois.

Tirer, *va* ‖ Traire Tirer une vache ‖ *Un* Tirer au cœur faire effort pour rejeter ou pour vomir ce qu'on a pris

Tireux, *sm* « Jâle » percée latéralement pour recevoir la cannelle de la cuve quand on la tire

Un *tireur* a tirer vin, deux petits boisseaux a anthonner
1617 Invent Rahart, p. 20 Arch. L -et-Ch B Baill de Blois

Tiroir (ti-rouĕ), *sm* ‖ Seau dans lequel on « tire » une vache.

Il tiroit les bestes dedans les *tirouers*
AMYOT, *Daphnis* p 246 (Blois, 1825)
Deux meschantes seilles, ung *tirouer* et une meschante courge
1617 Invent Rahart, p 9 Arch L -et-Ch B Baill de Blois
Plus une selle (seille) et un *tiroir* estime ensemble la somme de douze sols
7 décembre 1765 Invent , p 7 Arch H Johannet

Tirplace, *sf* Comme TRIPLACE

Tomber, *va*. Tomber de l'eau, uriner.

Tumber de l'eau
MONTAIGNE, I, 16

Ton (t'ton) *sm* Hanneton
ÉTYM. Abreviation hardie de *hanneton,* mot dont l'origine est peu connue

Tonne, *sf*. **Tonneau,** *sm*. Fût qui contient deux « poinçons » ou 456 litres environ. Anciennement le *tonneau* etait surtout une mesure de compte

Le 10 10bre (1701) j'ai livré a M Edme, marchand commissionaire a Mer 28 poinçons d'Auvergnat de notre closerie de St Marc a 58 liv le *tonneau* franc de tout pour huit cent douze livres
1701 *Journ des ch remarq* , fo 25, vo

‖ Fût quelconque plus grand qu'un poinçon

Tonneau, *sm* *Voyez* TONNE

Toquir (to-kir). *va* Donner à un fruit un coup qui amène sa corruption : Toquir une pomme , est plus usité sous la forme passive · Ce guignier a tant de fruit que ça se toquit au moindre vent ‖ *Part passé* Toqui, ie, *fig* en parlant d'une personne. Toqué. qui a un grain de folie

Tortillon, *va* Chacun des deux petits leviers qui servent à manœuvrer le moulinet de derrière d'une charrette. On trouve dans l'ancienne langue *tortoir*, avec le même sens :

Un autre..... fery ledit Rousselet par la teste d'un *tortoer* de charrette ou d'un gros baston.

1377. DUCANGE, *tortor*.

ÉTYM. *Tordre*, *tortiller*, parce que ces leviers servent à entortiller la corde autour du moulinet.

Tou, *sm*. Le manche du fléau à battre le grain.

ÉTYM. Par les formes poitevines *toulé, toulot, télot,* on arrive au rad. lat. *telum,* trait, flèche.

Toucher, *v..* est toujours neutre : C'est un gas dégoûtant à qui je ne voudrais seulement pas toucher : ma « canette » a touché à la tienne.

En prenant se tu es amain
Porras bien *touchier à* sa main.
Clef d'amour, p. 33. Godefroy, *amain*.

Toucheux, *sm*. Celui qui touche les chevaux en charrue.

Toujou, *adv*. Toujours : C'est toujou comme ça.

Je te dis *toujou* la même chose, parce que c'est *toujou* la même chose, et si ce n'étoit pas *toujou* la même chose, je ne te dirois pas *toujou* la même chose. MOLIÉRE, *Fest. de Pierre*, act. II, sc. 1.

‖ *Loc.* explétive et affirmative : « Prends-garde de casser c'tt'essiette-là, toujou ! »

Toulipe, *sf*. Tulipe.

ÉTYM. Ital. *tulipano* (prononc. tou), espagnol, *tulipa,* tulipe.

Tournure, *sf*. ‖ Mal blanc qui vient au doigt. ‖ Présure : Eau de tournure, présure préparée. On dit aussi quelquefois *tournette*.

ÉTYM. *Tourner*.

Tourte, *sf*. Tourterelle.

La *tourte* aussi de chasteté louée.
Cl. MAROT, *1re écl. de Vergile*.

ÉTYM. Lat. *turtur*, même signif.

Toussâiller, *vn*. Avoir de faibles et fréquents accès de toux.

Toussoter, *in* Comme Tou-sâiller

Tout, *sm* ‖ Tout et le reste *loc prov* qui est une sorte de superlatif de tout Il était en si grand' colère qu'il lui a dit tout et le reste. c'est-à-dire tout ce qu'il a pu imaginer de plus injurieux ‖ En tout *loc adv* précédée de *rien, point, pas*. Nullement en aucune façon absolument rien « Je n'en sais rien en tout »

Toût, *adi* Tôt « Veins pus toùt que pus tard »

Il départit si rouddement que ung guarrot d'arbaleste ne va plus *toust*

RAB , II, 28

Tout-fou, *sm* Homme brusque violent qui agit comme s'il avait le cerveau détraqué

Tout-laid, *sm* Homme à visage déplaisant C'est ce petit tout-laid-là.

Tout-plein, *adv* Beaucoup J'ai tout plein mal à la tête Cette loc très usitée l'est surtout par les enfants

Lorsqu'une façon de parler est usitée à la cour et des bons auteurs comme est *tout plein*, il ne faut pas s'amuser à en faire l'anatomie, ni à pointiller dessus comme font une infinité de gens , mais il faut se laisser emporter au torrent et parler comme les autres, sans daigner écouter ces éplucheurs de phrases

VAUGELAS, Nouv remarques p 129 Paris, 1738

Trac (tra) *sm.* Trace traces laissées dans l'herbe par le passage d'un homme. d'un animal etc.

Le trac de ses pas
RONSARD, Voy de Tours

Traîner, *in* ‖ Se promener au hasard. pour tuer le temps par paresse ‖ Se débaucher

Traîneux, *sm* Petit traîneau qu'on adapte à la charrue pour la mener par les chemins

Traînier, ière, *sm* et *sf* Vagabond, vagabonde, qui traîne ‖ Traînière. femme, fille de mœurs relâchées

Traînou, *sf* Salope. coureuse de soldats
ÉTYM *Traîner,* ci-dessus

Trains, *sm. pl.* Enfants tapageurs. ‖ Enfants : J'ai laissé les trains à la maison.

Étym. *Train.* embarras, tapage ?

Traite, *sf.* Sur la rive gauche de la Loire, petit chemin non entretenu qui traverse les terres ; sur la rive droite on dit *chemin vert.*

Traite, Tratta, camino.

Oudin, Dictionn.

Tenant..... de solerre a une *traite,* d'amont à la *traite* qui descend a la fontaine.

23 juin 1566. Arch. L.-et-Ch. Invent. fab. Avaray, f° 186.

Étym. Le rad. lat. *tra* qui exprime l'idée de passage d'un lieu à un autre.

Tranche, *sf.* ‖ Sorte de pioche, dont le fer est moins large et plus long.

Depuys que Vichot l'avoit abatu de coups de *trenche* par les fesses.

N. du Fail, Prop. rust., p. 52.

Tranche, pelle de bois et goués pour arracher et couper des arbustes dans le parc de Menars.

27 pluv. an III. Reg. des délib. de la mun. de Villebarou.

Trançon, *sm.* Tronçon, morceau coupé de divers objets.

Ung transon de coste bouine.

Rab., II, 19.

‖ Partie d'un tout quelconque : Il a vendu sa closerie par trançons.

Étym. Augment. de *tranche.*

Trançonner, *va.* Couper par « trançons ».

Bruslez, tenaillez..... grislez, *transonnez,* crucifiez..... ces meschans hereticques.

Rab., IV, 53.

‖ *Vn.* Faire des trançons, se diviser en parties distinctes. On dit d'une cueilleuse d'herbe qu'elle *trançonne,* quand elle entame son champ par plusieurs endroits. Actuellement les vignes *trançonnent* parce qu'elles sont semées, par places, de taches phylloxériques.

Trasse, *sf.* Tresse : Une grousse trasse de cheveux.

Étym. Origine inconnue.

Trasser, *va.* Tresser Trasser en trois ou en quatre, c est-a-dire tresser à trois ou à quatre brins.

Travers, *sm* Ancien syn de traversin

Un lict garny de son *travers*

> 28 avril 1640 Arch mun Villebarou, vol 1611

Plus un autre bois de lit sur lequel il y a une paillasse, deux lits de plume, un *travers*.

> 15 nivôse an II Arch mun. St-Denis-sur-Loire.

Travoi, *sm.* Instrument qui sert à mettre en écheveaux le fil des fuseaux.

Un devidet et deux *travoils*

> 15 sept. 1616 Invent. Pineau, p 27 Arch L -et-Ch B Baill de Blois

25ᵉ Un rouet a filler garnye de sa roue et un *travoy* estime cent sols.

> 30 nov 1782 Reglement Arch H Johannet

ÉTYM La forme bas-bret *traouil* semble rapprocher ce mot du franç. *treuil*.

Travoyer, Travouiller, *va* Travoyer du fil, le dévider au « travoi », vieux.

Ung travouer a *travouiller* fil

> 1617 Invent présid de Metz, p 66 Arch L -et-Ch B Baill de Blois

Ung travoil a *travoiller* fil

> *Ibid* , p 74

Trempe, *sf.* Volée de coups · Il a reçu une bonne trempe

ÉTYM. *Tremper* . on dit aussi. dans le même sens, *tremper une soupe*

Trempoi, *sm* Mot de la conversation badine De quelqu'un qui est tombé dans une mare, dans une rivière ou dans n'importe quelle eau ou quel liquide on dit   Il est tombé dans le trempoi ‖ *Fig* Être dans le trempoi être dans l'embarras, dans une situation difficile. comme on dit ailleurs Être dans le pétrin.

ÉTYM C'est un mot forgé à plaisir, comme *rendouer* dans cette phrase de Rabelais (V 36)

Dieu vous le rendra en son grand *rendouer*

Treue, *sf* Truie ‖ *Fig* Salope, femme de mauvaise vie.

Trevaucher (on prononce souvent ter-vô-ché), **Trivaucher,** *va*. Placer deux personnes ou deux choses tête-bêche, « becheveter ». ‖ *Vn*. Aller bout-ci, bout-là, marcher en zigzag, de corne en coin : Ce cheval, dans les montées, a l'habitude de trevaucher.

Étym. Ital. *Travalcare, travalicare*, passer à travers.

Triche, *sf*. Tricherie. *Pror*. La triche en revient au jeu, c'est-à-dire, le tricheur devient la victime de ses tricheries.

Triplace, Tirplace, *sf*. Traquet, oiseau, saxicola rubicola.
Étym. Orig. inconnue.

Troche, *sf*. Assemblage de fruits, de légumes liés au-dessous l'un de l'autre sur un même brin : Une troche d'oignons.

Une branche ou *troche* de marjolaine qui estoit moult belle, et estoit bien de deux piez de largeur pardessus.

> 1409. Ducange, *trocha*.

‖ Petite botte d'osier : dans ce sens on dit aussi *torche*.

De chacun cent de *torches* d'ouzier, quarante *torches*.
> *Arrêt du Parlement*, 16 sept. 1577, ap. Littré.

Trente *torches* d'ouzier, estim. ensemble I solz.
> 1621. Invent. Le Fuzelier, p. 32. Arch. L.-et-Ch. B. Baill.
> de Blois.

Étym. C'est le même mot que *torche*, par métathèse du *r*.

Trois-pieds (troâ-piè), *sm*. Trépied, quels que soient sa taille et son usage.

Un pot de fert auecq son anse et *troispieds*.
> 9 nov. 1616. Invent. Gendrier, p. 9. Arch. L.-et-Ch. B. Baill.
> de Blois.

Plus un cuvier et son *trois pieds*.
> Nov. 1789. Vente volont., p. 69. Arch. H. Johannet.

Trompe-souris, *sm*. Moulin de trompe-souris, moulin sans clientèle, où les souris ne trouvent pas de quoi manger.

Trongne, *sf*. Reste d'un vieux tronc d'arbre : Une vieille trongne de saule.

Ne couperons et esmonderons les preneurs qu'une fois durant leur dit bail les ormeaux et *trognes* qui sont sur led. lieu.
> 15 sept. 1785. Bail Lasneau. Arch. H. Johannet.

Tropaise, *sf.* Situation de celui que la fortune rend trop heureux : « I s'enneuge à kerver, c'est la tropaise qui l'teint ».

Trop-fond, *sm.,* se dit d'un fût dont le fond a trop de circonférence : Ce poinçon a un peu de trop-fond.

Trop-se-mêle, *sm.* et *f.* Personne qui se mêle habituellement de ce qui ne la regarde pas, importun, importune.

Troquate, *adj. num.* Une petite quantité non déterminée : Nous avons mangé troquate marrons, avec un verre de vin blanc.

ÉTYM. *Trois ou quatre.* Le mot français *trocart,* instrument de chirurgie qui a *trois carres* ou pans, est formé de la même façon.

Trottin, *sm.* Jeune porc de 5 à 6 mois.

ÉTYM. *Trotter.*

Trouillé, ée, *adj.* Souillé, couvert de boue : Les vendangeurs arrivent trouillés, « guenés ».

ÉTYM. Origine incertaine. Est-ce l'ancien français *louiller,* salir, barbotter, avec épenthèse du *r* ?

Troupet, *sm.* Troupeau : Un troupet de moutons.

Trouver, *va.,* fait au futur je *trouvèrai,* au cond. je *trouvèrais.*

Ce qu'il (led. preneur) *trouverra* à propos de planter.
12 mars 1656. Arch. de L.-et-C. G. Fabr. de St-Victor.

Truisse, *sf.* Arbre dont on coupe la tête à certaines époques pour faire du bois de feu ; se dit aujourd'hui surtout des ormes, « étêtot ».

Auront les preneurs les emondes et attestaux des *truisses* qui se trouveront sur les dépendances de la dite métairie qu'ils couperont en tems, âge et saison convenable.
30 juillet 1787. Bail. de la Ferlanterie. Arch. H. Johannet.

ÉTYM. Origine incertaine ; peut-être autre forme de *trousse.* Godefroy donne *estroussures,* ce qui provient d'un arbre émondé.

Turet, *sm*. Petit bâton fiché en terre pour servir de but:
mot disparu.

Turet Blesis nuncupatur, Scopus, quod terræ aggestæ infigi
soleat.

Lesquelz compaignons avoient emprins que la partie, qui frapperoit
premièrement de sa bille contre une verge de bois fichée en terre, et
que l'en appelle ou païs le *turet*, gaigneroit le jeu.

1416 Ducange, turella.

Étym. Origine inconnue. Pour *touret*, dim. de *tour?* la définition lat. ci-dessus semble l'indiquer.

U

Ulbec (ul-be), **Ulbet,** *sm* *Voyez* URBEC.

Ulbèter, *va* et *n.* Enlever dans les vignes les feuilles attaquees par les « ulbets »

Urbec (ur-be), *sm* Rhynchite. rhynchites bacchus, insecte dont la larve vit dans les feuilles roulees de la vigne. et finit quelquefois par l en depouiller entierement On dit au moins autant *ulbec* (ul-bé)

Pour dépense faite a la procession faite a St Martin de Cravant pour garentir les vignes des *ulbecs*

1622 Arch L -et-C. Invent de la fab d'Avaray, f° 56

L'an 1516, dit la Cronique de Langres, ce mesme Evesque (Michel Boudet de Blois) decerna commission contre les rattes, souris et *urebeques* qui mangeoient les bleds emplantez Le 27 avril monitoire, et increpation le 13 juin en suivant.

BERNIER, *Hist de Blois*, p 395

ETYM Au passage ci-dessus. Bernier indique comme étymologie à *urebeques Quasi urentia becco*, qui dessechent avec leur bec , je ne la cite que comme curiosité *Bec* ne fait pas difficulté; le même insecte est appele ailleurs *bêche* qui est une autre forme de *bec* son nom scientifique Rhynchite signifie *bec* en grec Mais la premiere syllabe, *ur* ou *ul*, reste inexpliquée . les anciennes formes *hurbec, urebeque,* et celle de Littre *urebec* ne nous éclairent pas davantage Beaucoup, surtout des anciens disent *hulbec* avec h aspire

Urisson, *sm* Hérisson.

Une autre pièce de terre .. assize et scituee aud. lieu de Coudas (Cour-Cheverny) au lieu appelle la fosse *hurisson*

1617 Part Présid de Metz, p 19 Arch. L -et-C.
B Baill de Blois

Urseline, *sf.* Ursuline. D'après Menage , on peut dire aussi bien *Urseline* que *Ursuline*

Le monastère des *Urselines*

Noel MARS, *St-Lomer*, p 408

Usurfruit, *sm.* Usufruit, terme de droit
ÉTYM. Lat. *usura* usage, et *fructüs* du fruit.

V

Vacabond, de, *s.* et *adj.* Vagabond.

Un coquin ou cayment et homme *vacabond.*

1466. Ducange, *questa.*

Valanteur, *sf.* Valeur, prix : Il y en a pour la valanteur de quatre sous.

Étym. Ce mot est formé du part. présent *valant,* comme pesanteur de pesant.

Valet, *sm.* ‖ Sorte de taquet, petit morceau de bois taillé pour maintenir une porte fermée.

Sera mis une croisée neuve de menuiserie composée d'un chassis dormant avec jet d'eau et de quatre chassis a verre ; faire reservir les quatre *vallets* et toute la ferrure.

Mars 1754. Devis pour Clénord, p. 20. Arch. L.-et-Ch. E. 293.

Valoir, *sm.* La valeur des biens exploités par un cultivateur et, plus souvent, ces biens eux-mêmes : Jacques a un trop grand valoir et pas assez de monde pour que ses terres soient faites á heure et à temps.

Vanner, *vn.* Partir, s'en aller quand on y est forcé : Y a pas, faut vanner ; mot badin.

Étym. Orig. inconnue.

Varenne (va-rann', *sf.* Nom donné au val de la rive droite de la Loire depuis Chouzy jusqu'à Tours. Autrefois ce mot était employé par toute la contrée.

Trois pièces de pré..... assises as *varennes* (paroisse de St-Victor).

1309. Arch. dép. L.-et-Ch. G. 87.

Toutes les *varennes* (furent) inondées et ruinées.

1709. Noel Janvier, *Le Loir-et-Cher histor.*, 1890, p. 4.

Varennier, *sm.* Cultivateur habitant la « varenne ».

Vaurein (vô-rin). *sm.* Vaurien, polisson.

Veau (vio. dans la camp.), *sm.* ‖ *Prov.* Chercher la corde avant d'avoir le veau, s'inquiéter de l'accessoire avant d'avoir le principal ; proprement. chercher une corde pour attacher un veau avant qu'il ne soit né. avant même de savoir s'il viendra en vie.

Veigne, *sf.* Vigne.

Plus une petite closerie.. .. avec quelques *veignes*.
Noel Mars. *St Lomer*, p. 392.

Ils furent merueilleusement encouragez à trauailler en la *veigne* du Seigneur selon l'esprit de leur vocation.
1650. Symph. Guyon, *Hist. d'Orléans*, 2ᵉ part., p. 500.

Veigneron, *sm.* Vigneron.

Vallantin Gastignon et Charles Prest *veigneron*, demeurᵗ a Ville-neufve paroisse Sᵗ Denis sur Loire.
9 nov. 1679. Arch. L.-et-Ch. G. 10, pièce 17.

Veilloche, *sf.* Tas fait dans un champ d' « artificiel » nouvellement fauché. en attendant qu'on le serre : Mettre la luzerne en veilloches: ailleurs. *veillotte* et *villotte*. Pour le foin, on dit *muton*.

Étym. Augment. de l'ancien franç. *vielle, vieille :*

En icelle prée, au pié d'une *vielle* de foing, ledit escuier se coucha.
1300. Ducange, *viellare*.

Veilloi (vé-iouĕ), *sm.* Logement. ordinairement cave. où les femmes de la campagne se réunissent pour veiller ensemble.

Il se faisoit des fileries, qu'ils appellent *veillois*.
N. du Fail, *Cont. d'Eutr.*, 1, p. 151.

Velimeux, euse (v'li-meû), *adj.* Venimeux. euse.
Étym. « *Velin* ».

Velin (v'lin), *sm.* Venin. ‖ Grosse chenille. serpent quel-conque.

Dragons, serpens, crapaus tous *velins* et ordures.
Deb. du corps et de l'âme, p. 62, ap. Talbert, p. 249.

Étym. Ital. *veleno*. venin.

Vendange, *sf.* ‖ *Prov.* Vendange tôt, vendange tard: vendange tard. vendange tôt. c'est-à-dire si la récolte est mûre de bonne heure, tu donneras de la qualité à ton vin en vendangeant tard ; si. au contraire. la maturité est tardive, hâte-toi de vendanger, l'abaissement de la température ne pouvant t'amener que des mécomptes.

22

Vendition, *sf.* Vente.

Et doit le sergent en toutes executions avant que procéder à aucune *rendition,* signifier la vente desdits biens au debteur.

> FOURRÉ, *Cout. de Blois*, p. 682.

ÉTYM. Lat. *venditionem,* même signification.

Venier, *sm.* ? Mot disparu.

Ung grand chauldron d'arin, ung autre moyen et ung petit chaudron aussi d'arin..... Ung petit *Venier* de boys de chesne..... une poille, une passouere.

> 1617. Invent. Rabart, p. 7. Arch. de L.-et-C. B. Baill.
> de Blois.

Venir, *vn.,* fait au futur, je *veinrai,* etc.

La terre..... qui ausdiz enfanz est venue par le décès de leur mère, et celle qui leur *venra* par la descendue doudit Oudart leur père.

> 1302. DUCANGE, *descendua.*

Sitost comme il seront forfamilié de leurs peres et il *venront* à tenir mariage.

> 1322. *Ibid., forifamiliare.*

et au conditionnel je *veinrais,* etc.

Kant je morrai, li terre *revenrait*..... à la maison de S. Pierre.

> 1280. *Ibid., solus,* 2.

‖ *Loc.* L'année, ou l'an qui vient, la semaine qui vient : l'année, la semaine la plus prochaine.

Estre payé à *l'année qui vient.*

> N. DU FAIL, *Prop. rust.,* p. 83,

Ventouse, *sf.* Coup de vent violent, bourrasque, ouragan.

Ventvole (van-vol), *sf.* Petite averse de pluie, surtout de neige, de peu de durée.

Il s'était marié à la *venvolle* (à la légère).

> CHATEAUBRIANT, ap. Littré.

ÉTYM. Que le *vent envole.*

Ver, *sm.* ‖ Ver coquin, ver-luisant ; ver creux, grand lézard vert.

Verdeler, *vn.* Commencer à tourner, à mûrir, en parlant des fruits, et surtout du raisin : « V'là qu'ça c'mence à verdeler dans l'clous ».

Soubs coulleur d'aller cueillyr des herbes dans les vignes, depuis
que le verjus commance a grossyr et les raisins a *verdeler*

Sept 1608 Requête des hab de St-Dye Arch L et-C
B Bail de Blois

Étym Proprement devenir *verdelet*, dimin de *verdet*, dimin
de *verd*, vert.

Verdillon, *sm* Raisin tard venu, qui n a pu mûrir ‖ *Fig*
Enfant né longtemps apres ses frercs et sœurs

Étym Dimin. de *verdet*, dimin de *verd*, vert

Verdrier, *sm*. Verdier nom donne au bruant, à cause
de la couleur verdâtre de son plumage

Véreux, *adj m* ‖ Bois vereux, bois piqué, avarie qui
commence à pourrir en parlant du bois de feu

Culées, arrachis, souches de vigne, *bois verreux*
1892 Tarif de l'Octroi de Blois

Verge, *sf* ‖ Piéce du « fleau » qui frappe le grain Une verge
de fleau en frène Dans Littré, c'est le manche du fleau ; ici ce
manche s'appelle Tou (*voyez* ce mot) ‖ Anneau de mariage
‖ De à coudre ouvert par le haut.

Verménier (var-megn-gně) *sm* Nom qu'on donne géne-
ralement aux reptiles et aux petits rongeurs et spécialement
au rat et a la souris En traversant la forêt, il a eté piqué par
un vermenier (serpent) — Mon grenier est plein de vermenier
(les souris et les rats pris collectivement)

O povre *verminiere* '
Cl Marot Epis a Lyon

En quoy toute son intention estoit que le monde ne fust pas infecte
de ces meschants et maudits *Vermeniers*

Bon des Periers, *Contes et Nouv* , I, p 119
(Amsterd , 1735)

‖ *Fig* Petit polisson · Que je t'attrape mechant vermenier '

Vernille, *sf* Broutilles, menu bois ‖ *Fig* et le plus souvent. objet de nulle valeur . Tout ça ce n est que de la vernille
Étym Ancien franç *verne*, du celt *guern*, aune. arbre.

Vérole, *sf*. Variole.

Je ne m'étonne pas si, avec de telles précautions (se farder), on ne voit pas qu'elle a eu la *vérole*.

SÉVIGNÉ, 2 oct. 1689 (Paris, 1862).

Verre, *sm.* ‖ *Loc.* Boire dans le même verre, en parlant de deux ou plusieurs personnes, être parfaitement d'accord, être de connivence.

Verrine, *sf.* Verre de montre.

Verrure (la campagne prononce va-reu-se), *sf.* Verrue.

Verseux, *sm.* Versoir de charrue.

Une charrue à labourer garnie de son *verseux.*

1621. Invent. Le Fuzelier, p. 43. Arch. L.-et-Ch. B. Baill. de Blois.

Plus deux *verseux* de charus.

7 déc. 1765. Invent., p. 29. Arch. H. Johanuet.

Vert, *sm.* ‖ *Loc.* Le temps se met au vert, c'est-à-dire à l'humidité, à la pluie.

Vert, *adj. m.* ‖ Chemin vert, petit chemin non entretenu qui traverse les terres.

Vesceriau, *sm.* Sorte de vesce sauvage qui pousse spontanément, vicia hirsuta.

Hiebles, *vesseron,* pauot rouge.

LIÉBAUT, *Mais. rust.*, v. ch. 5.

Vesi, Vesin, *sm.* Courbature affectant spécialement les muscles fessiers : J'ai le vesi d'avoir « seyé » toute la journée. ‖ *Fig.* Avoir le vesi, ou le vesin, être énervé, sans vigueur, et, par ext., sans courage. ‖ Un vesin, un lambin, indolent : C'est un vrai vesin que ce grand gas-là.

ÉTYM. Origine inconnue.

Vesine, *sf.* Vessie ; ne s'emploie que dans la loc. Sourd comme une vesine, très sourd.

ÉTYM. Dimin. de *cese,* ancien franç. qui signifiait *vessie* et cornemuse. On dit aussi : Sourd comme une *basane ;* mais vu l'espèce d'assonance des deux mots vesine et basane et la parenté des deux labiales *b* et *v* (*brebis* vient de *vervecem*), il est croyable que c'est la même locution. La confusion des deux termes se sera produite d'autant plus facilement que, dans les deux cas, il s'agit d'une peau mince tendue.

Veson, sm. Bourdon insecte de la famille des abeilles

ÉTYM *Vese,* cornemuse. a cause du bruit qu'il fait en volant.

Vesonner, vn Bourdonner faire entendre un bourdonnement, comme un « veson ».

Vessier, Fessier, sm Homme a bonnes fortunes, debauche

> On m'a conte que notre Sire
> Henry-le-Grand etant a Blois
> Se promenait souventes fois,
> Seul aux champs je vous vois sourire
> Un jour il trouve en son chemin
> Bissac au dos, marre a la main,
> Certain vigneron qui l'arrete
> — « Monsieur, lui dit ce villageois
> Qui le prend pour un bon blaisois,
> Hier a Blois, c'etait donc fete ?
> Les cloches n'ont fait que sonner,
> Tinter, copter, carillonner,
> J'en avais la tete rompue »
> — « C'est que, repond le faux bourgeois,
> Le Roi vient d'arriver a Blois,
> Et l'on fete sa bienvenue
> Par force carillons joyeux,
> Car tout bon chretien fait des vœux
> Pour le Prince et pour sa famille »
> — « Grand merci, dit le besacier,
> Il est ici, ce vieux *vessier* ?
> En c cas, j'm'en vas serrer ma fille ! »
>
> *Contes blaisois*

ÉTYM *Fesses ?* si *fessier* est la forme primitive

Vessiole, sf Ampoule produite par une brûlure, une échaudure, etc

ÉTYM. Dimin de *vessie*

Vessiolé, ée, adj Couvert de « vessioles » · Il a la main toute vessiolée

Vestanquenarde, sf. Comme ESTANQUENARDE

Vetille, sf ‖ Petit balai sans manche qui sert à nettoyer la met du pressoir

ÉTYM Lat *vitilia,* brins d osier

Viauler, *vn.* Vêler, mettre bas, en parlant d'une vache.
Étym. *Viau* pour *veau*.

Viberquin, *sm.* Vilbrequin.

Serpes, scies..... tenailles... et *vibrequins.*
Rab., V, 9.

Ung *viberquin*, deux carreaux d'assier, ung compas et une lime.
1619. Invent. Perrot, p. 19. Arch. L.-et-Ch. B. Baill.
de Blois.

Étym. Littré donne comme origine à Vilbrequin les mots fla-
mands *winden*, tourner, et *bohren*, percer. Cette étymologie est
bien séduisante ; mais, outre qu'elle implique l'origine flamande
de l'outil lui-même, ce qu'il faudrait voir, on ne peut s'empêcher
de remarquer qu'il y a loin de *windenbohren* à *vilbrequin*, et à
notre *viberquin*. On pourrait y voir une forme altérée de
virebroquin, de *virer* et *broquin*, dim. de l'anc. franç. *broc,*
broke, broque, broche, pointe, c'est-à-dire, outil qui fait virer,
tourner une pointe : d'autant mieux qu'on dit aussi *virbrequin.*
Comp. Berquin, le conteur des enfants.

Viette, *sf.* Drageon de vigne qui a déjà été taillé au moins
une fois : Voilà un brin qui fera une bonne viette l'année qui
vient.

Étym. Peut-être contract. de *vignette*, petite vigne. On trouve
dans Ducange *vietum*, incurvum, flexum, courbé : cet adj.
qualifie assez justement l'état ordinaire d'une *viette.*

Vif, *sf.* Vis : mot disparu.

Ung charlit faict à quenoilles..... fermant à *vifs.*
1617. Invent. Delagrange, p. 2. Arch. L.-et-C. B. Baill. de
Blois.

|| Escalier en spirale : mot disparu.

Et pour monter tant en lad. chambre haulte que greniers, y a une
vif de bois.
1618. Part. de Beynes. *Ibid., ibid.*

Grenier dessus accomodé d'une *vif* de montée pour monter ou
descendre aud. grenier.
1621. Invent. de Beaune, p. 91. *Ibid., ibid.*

Vignerie, *sf.* Toute façon faite à la vigne qui n'est pas
façon de « marre », telle que l'accolage, l'attachage, etc. Terme
de vigneron, aujourd'hui à peu près inusité.

Faire la vigne et la fassonner de toutes fassons de marre et *vigneries* en temps et saison

18 fev 1658 Arch L -et C G Fabr St-Victor, liasse I.

Villemâlard, *sm* Carabe doré insecte coléoptère

ÉTYM *Villemâlard* village de la commune de Marolles à 8 kil de Blois ?

Villerbou (vi-lar-bou) *spr* Villerbon bourg à 8 k de Blois.

Léonard, fils de Antoine Thibault de *Villerbou*

30 juill 1605 Arch mun Villebarou, vol 1564

Victor Gobillon de la paroisse de *Villarbou*

31 oct 1589 Arch mun la Ch -St-Victor, vol 1

Cette orthographe se retrouve dans la plupart des titres jusqu'au XVIIIe siècle

Vin, *sm* ‖ *Prov* Vin vert vin cher Quand le vin est vert c'est ordinairement que la récolte a été mauvaise non seulement comme qualité, mais aussi comme quantité ce qui fait qu il se vend cher quand même

Vinette, *sf* Oseille

Ayant eu l'argent qu'elle prétendoit c'estoit autant de *vinette* cueillie.

Moy de parvenir, II, 85

‖ Vinette aux crapauds, sorte de plantain

ÉTYM Littré dit que *vinette* est un dimin de *vigne* cependant il est impossible de saisir aucun rapport entre ces deux plantes Orig inconnue

Vingt, *sm* Terme de compte qui se dit de 20 livres aujourd hui 10 kilogrammes employé surtout pour évaluer le poids des porcs Mon cochon pese huit vingts

L emploi de *vingt* comme substantif n'a subsisté que dans *quatre-vingts* Mais autrefois il était général et encore d'un usage courant au XVIIe siècle dans le peuple, au moins·

Par ma foi, je disois cent ans mais vous passerez les six *vingts*

MOLIÈRE, *Avare*, act II sc 6

Vingtaine, *sf* Période comprise entre le 20 avril et le 10 mai Dans la Vingtaine le temps est toujours « catereux ».

Vinoteau (vi-no-tio), *sm.* **Vinotelle,** *sf.* Habitant du bourg de Vineuil.

Étym. Mot franchement patois et très irrégulier ; la forme française serait *vinotien.*

Violé, *adj. m.,* ne s'emploie que dans Bœuf violé, bœuf gras, le héros du Carnaval.

Gargantua jouoit..... au bœuf *violé.*

RAB., I, 22

Étym. *Viole,* violon, parce qu'autrefois on le promenait au son du violon.

Virer, *va.* ‖ Retourner sur ses pas : Vire donc, on t'attend chez toi. Il est moins usité que son composé *Revirer.*

Vireux (on prononce le plus souvent vi-seù), *sm.* Ustensile fait d'une poignée de paille triée, peignée et disposée en éventail, sur lequel le fromage, égoutté, est placé et viré, c'est-à-dire retourné, jusqu'à ce qu'il soit complètement fait.

Visàgo, *adj. inv.* Louche : « È n'seret pas laide, si è n'tet pas tant set peu visàgo ». Ce mot est particulier aux faubourgs de Blois.

Étym. *Viser,* regarder, *à go,* à gauche, ou plutôt de travers (Cf. Go). On ne peut s'empêcher d'observer le voisinage du français *virago* qui, avec la prononciation locale, ferait *visago ;* mais la différence des sens est si grande qu'il n'y a pas lieu de s'arrêter à cette étymologie.

Vissetour, *sm.* Tour en sens opposé : Faire des tours et vissetours, tourner, virer.

Étym. *Visse* pour *vire* de *virer,* et *tour* de *tourner.*

Vitrau, *sm.* Vitrail.

La nuit du 29 au 30 d'août 1717 le tonnerre est tombé sur le cloché de cette église .... est venu passer par le haut du *vitrau.*

Arch. mun. Marolles-les-Blanches, vol. 1713.

Vivature, *sf.* Nourriture, vivres.

Étym. Mot barbare venant de *vivre.*

Voir, *va.,* fait au futur : Je *voirai,* etc., et au conditionnel : Je *voirais,* etc.

Quiconques *voirra* son prochain en dangier

RAB , I, 52

En ung moment vous la *voyries* en cendres

Ibid , IV, 21

Veult qu'il soit donné a Jehan Sollemeau une de ses chemises, celle que *voyront* ses executeurs estre a luy la plus commode

1er janvier 1601 Arch mun Villebarou, vol 1672, f° 101, v°

Voire, *adv* ou plutôt *loc explétive* qu'on peut traduire par Vraiment, s'emploie toujours avec un verbe a l'impératif Voyons voire . écoutez voire ce qu'il raconte repéte-le voire un peu.

Voliche, *sf* Volige planche mince
ETYM Origine inconnue

Volier, *sm* Troupe d'oiseaux volant de concert Un volier de canards sauvages

Vouloir, *va* fait au present de l'indicatif Vous *velez*, ils *voulent*

Que *velez*-vous que je vous dise

CYRANO DE B , *Péd joué*, Act V, sc 9

Lesquels *voulent* les cieulx estre aux humains pour prognostic certain que

RAB , IV, 27

Si les enfants dudit testateur *voulent* bailler deux escuz aux dictes boestes

30 mai 1581 Arch mun Villebarou, vol 1672, f° 8, r°

au present du subjonctif Que je *voule* que tu *voules* etc

Ce n'est pas que je *voule* dire que nos mœurs

1613 Fr LEMAIRE, Intrig d'Orleans, p 75

En cas que son prochain heritier ne *voulle* pas accepter led don et legs

23 mai 1666 Arch L -et-C, G fabr St-Victor

au futur . Je *vourrai* tu *vourras*, etc

Des autres pour quoy ne *vourra*
Quelle rayson l'en destourra

Rose, 20526

et au conditionnel Je *vourrais*, tu *vourrais*, etc

Car qui devant sçavoir pourroit
Quelz faitz le Ciel faire *vourroit*
Bien les pourroit-il empecher

Ibid , 18454

Voyez Chap preliminaire. § I art 6

Voute, *au pluriel* **vos,** *adj. poss.* Votre : « Voute pée et voute mée » : Votre père et votre mère.

Voûte (le ou **la),** *adj. poss.* Le, ou la vôtre : Ce n'est pas à noute tour, c'est au voûte.

Voyàge, *sm.* Pèlerinage fait au sanctuaire d'un saint : Faire un voyàge à St Sylvain.

Nous allasmes en *voyage* à sainct Jean d'Amiens.
                              N. DU FAIL, *Cont. d'Eutr.*, II. p. 32.

| Prières récitées par le prêtre pour obtenir l'intercession d'un saint : Monsieur le Curé m'a dit un voyàge à St Victor, et un autre à Ste Cornille.

Voici les principaux voyages de la contrée : A l'église Saint-Nicolas, de Blois, voyàge à *St Marcou*, pour les écrouelles (*marque au cou*).

A Saint-Louis, de Blois, voyàge à *St Gilles*, pour les enfants qui font leurs dents.

A la Chaussée-Saint-Victor, voyàge à *St Victor*, pour les fièvres, et à *Ste Cornille* (Corneille ou Cornélie), pour les convulsions appelées *Mal de Ste Cornille*, parce que les cris des enfants qui en sont malades ressemblent aux croassements d'une « cornille ».

A Saint-Denis, voyàge à *Ste Néomoise*, la vierge aux pieds d'oie, pour la peur.

Pour la peur aussi, voyàge à Coulanges : mais là, c'est à *St Denis* lui-même, patron de l'église, qu'on s'adresse. On lit dans l'évangile de sa fête : Nolite timere, *n'ayez pas peur* (St Math., ch. 10).

A Cour-sur-Loire, voyàge à *Ste Radegonde*, pour les douleurs, les rhumatismes.

A Villebarou, voyàge à *St Sylvain* pour les varices (*lic de rhô*).

A l'église de Vienne, à Blois, voyàge à *St Saturnin* (*Voyez* CONAN), pour *aller ou pour venir*, c'est-à-dire pour mourir ou guérir promptement, pour en finir tout de suite. C'est quand on a épuisé tous les remèdes et tous les voyàges, qu'on se décide à aller invoquer St Saturnin que nos paysans, chose remarquable, appellent le *Père de tous les saints*, comme les anciens païens appelaient Saturne le *Père de tous les Dieux*.

On disait aussi autrefois, et on entend encore quelquefois :

Faire un voyage a *Ste Soulame* pour guerir de la mauvaise habitude de boire plus que sa soif mais ce n'a jamais été probablement qu'une plaisanterie St Solenne (qu'on a toujours prononce *soulaine*) était avant Louis XIV le patron d'une eglise de Blois aujourd'hui cathedrale Trompé par la desinence féminine de ce nom on en avait fait une sainte

Jehanne Rabier, de la paroisse de *saincte Soulaynne*
25 dec 1590 Arch la Chaussée-St-Victor, vol 1

L'origine de beaucoup de ces pelerinages comme il est facile de le voir ne repose que sur un calembour (*St Vincent* patron des vignerons *vin couleur du sang*) et quelquefois sur un bien mauvais calembour les teigneux et les galeux vont demander leur guerison à *St Tignan* qu'ils prononcent *St Teignant*

Sainct *Eutrope* faisoit les *hydropicques* Sainct *Genou* les *gouttes*
RAB, I, 15

Il y a à Montmartre un tableau de Notre-Seigneur et de la Madeleine de la bouche de laquelle sort un ecriteau ou il y a Raboni (en hebreu Maitre, parole adressée par Magdeleine à Jesus qu'elle rencontre apres sa resurrection (St Jean, XX 10) Les bonnes femmes en ont fait un saint Rabonix qui *rabonnit* les maris et on y fait des neuvaines pour cela.
F DES RIAUX, t X, p 168

Voyez Les origines etc de Ménage *Acarnastre* et *Apologie pour Hérodote* de H Estienne Chap XXXVIII

Vrament, *adv* Vraiment Oui vrament

Ha ! mon mignon, lui dit-elle, vous sifflez, vous aurez *crament* une flute
Moy de parvenu, I, 154

Vrillon, *su* Copeau mince comme un ruban et se contournant en spirale produit par l'action de la varlope
ÉTYM *Vrille* production filamenteuse de certaines plantes

Y

Y, *pron. pers. sing. des 2 genres.* A lui, à elle, lui : Si tu la rencontres, t'y parleras, parle-y-en, c'est-à-dire tu lui parleras, parle-lui de cela. Cependant *y* ne remplace pas toujours à lui, à elle, lui : Si j'ai à faire à li, j'y dirai, et non pas si j'y ai à faire. C'est l'usage, basé sur l'euphonie, qui décide.

Étym. Contract. de *à li* pour *à lui.*

Yeux, *pron. pers. pl. des 2 genres.* A eux, à elles, leur : Montre-yeux donc ta page. Cependant *yeux* ne remplace pas toujours à eux, à elles, leur : Si j'ai à faire à eux, j'yeux dirai et non pas si j'yeux ai à faire. C'est l'usage, basé sur l'euphonie, qui décide.

Étym. Contract. de *y* employé ici par euphonie **au lieu de** *à,* et *eux.*

Z

Ze, *particule*. Parler ze, prononcer les *j, g* doux et *ch* comme *z*, zézayer.

Zing, *sm*. Zinc : Un seau en zing.

APPENDICE

Noël

EN PATOIS BLAISOIS

Dans l'équeurie où qui v'né d'naîte
On dit qu'l'âne et l'beu qui yétaint
D'vant Jèsus-Christ s'agenoillaint,
En adorant ce nouviau maîte.
J'en e bein conneu, en taut temps,
Dés beus, dés àn' d'eune aute ancète.
J'en e bein conneu, en taut temps,
Qui n'en araint pas fé autant.

De parents gn'avé pas la presse
A l'entaur de ce ch'ti grabas ;
In pauver chien voit l'petit gas.
Li liche lès mains et le càresse.
J'en e bein conneu, en taut temps,
Dés grous chiens qui vont (1) à la messe,
J'en e bein conneu, en taut temps,
Qui n'en araint pas fé autant.

Comme i faisé in temps de breume.
Sus leu gueuche eune poule, in dindon
De leus ail' couvraint le poupon
Pour pas qu'il attrapit du rheume.
J'en e bein conneu, en taut temps,
Dés poul' et dés dindons sans pleume,
J'en e bein conneu, en taut temps,
Qui n'en araint pas fé autant.

(1) On ne fait sentir aucune liaison : *vont ha la messe.*

Mé, c'que vous n'vaurez p'tèt' pas creise,
C'est que cés cinq pauvr' animaux (1)
Ont passé, le nez sus lés siaux,
Taut' la nuit sans manger ni boise.
J'en e bein conneu, en taut temps,
Dés besquiaux d'ailleurs qu'à la foise,
J'en e bein conneu, en taut temps,
Qui n'en araint pas fé autant.

————

Voici une autre pièce que je crois originaire du pays blaisois. Elle date des premières années de ce siècle et donne une idée assez exacte du parler patois actuel et des concessions faites par lui, surtout pour la prononciation, à la langue littéraire.

Au temps des guerres de l'Empire et des pontons de l'Anglais, nos grand'mères ont été trop souvent témoins d'aventures semblables à celle qui est ici mise en action. Aussi, quand dans un banquet deux acteurs improvisés jouent et chantent les rôles de Simon et de sa mère, c'est toujours avec un véritable attendrissement que les convives écoutent ces couplets dont la naïveté n'exclut pas une certaine pointe d'esprit et même de malice.

Le Gas Simon

—————

LA MÈRE SIMON,

entrant toute effarée et fermant vivement la porte :

A mon s'cours, mes enfants,
Rentrons, il n'est qu'temps,
D'frayeur me v'là morte.
C'est Simon nout'grand gas
Qui r'veint du trépas
Que j'veins d'voir là-bas (*bis*).

(1) Prononcez *an ni maux.*

C'est bein lui voyez-vous
  Rentrons donc cheux nous
  Fermons bein la porte (1)
Et pour le renvoyer
  Donn moi mon psautier
  Et prends l'benitier (bis)

SIMON

dehors

Pan ! pan ! Ouvrez-moi donc.
  C'est vout' gas Simon
  Qui r'vient d'Angleterre
J'etais si mal la-bas
  Qu'j'accours a grand pas
  Et vous tends les bras (bis

LA MÈRE

Hèla ! mon pauvre enfant.
  Pour toi dans l'instant
  J'somm' tout en priere
Pour t'ouvri l'paradis
  Ecoute bein j te dis
  Un De profundis (bis)

SIMON

Pour un De profundis
  C'est toujou ça d'pris
  Pa l'trou de la serrure
Mais et vous fous tertous.
  Ou bein voulez-vous
  M'renvoyer d'cheux nous ? (bis)

LA MÈRE

Oui va-t'en mon enfant
  D'nous tu s'ras content,
  Car demain j te l'jure

(1) Les strophes n'ayant qu'une seule rime feminine qui a sa correspondante
dans la strophe suivante, cette construction singuliere les force a marcher
accouplees On peut dire d'elles que ce sont veritablement des *couplets*

Pour adouci ton sort
  J'te f'rons dir' d'abord
  Un servic' de mort (*bis*).

SIMON.

Un servic'!... vous rêvez.
  J'vois bein qu'vous m'pernez
  Pour un aut', ma mère.
Je n'suis point un r'venant.
  J'suis vraiment vivant,
  Simon, voute enfant (*bis*).

LA MÈRE.

C'n'est point la vérité,
  L'on m'a rapporté
  Ton extrait mortuaire (1).
C'qu'est écrit est écrit,
  Mets-toi dans l'esprit
  Qu't'es mort, c'est fini (*bis*).

SIMON.

Je n'suis point mort un brin
  Et je n'suis enfin
  Ni r'venant ni diable.
Avec vous, sans tarder,
  Pour vous rassurer,
  J'vas boire et manger (*bis*).

LA MÈRE.

Si c'est vrai qu't'es vivant,
  Veins, mon pauvre enfant,
  Veins te mettre à table.

Elle ouvre la porte.

Mang', tu nous rassur'ras,
  Car j'creis bein qu'là-bas
  Les morts ne mang' pas (*bis*).

(1) *Uai* ne compte que pour une syllabe.

SIMON.

en trant

C'est bein moi qui suis moi
Calmez vout' effroi
Pisque (1) j'cass' la croute
Embrassons-nous tertous
Bon Dieu ! qu'il est doux
D me r'voir avec vous ! *(bis)*

LA MÈRI

J'ai l'ecrit bein signé
Comm' quoi qu'tu fus tué
Dans n'eun' grand' déroute
Je n'creirai pus l'papier
Pisqu en nout' quartier
Te v'là tout entier *(bis)*

SIMON

M'voyant si mal reçu
Tout bonn'ment j'ai cru
Qu'vous pardiez la tête .
Je n savais pas pourquoi
Vous pouviez, d'bonn' foi
Prier Dieu pour moi *(bis)*

LA MI RE

C'tour-la, mon pauv' garçon
Me donne eun' leçon
Je n's'rai pus si bête
Je n'creirai pus maint'nant
Oui mon cher enfant

Elle l'embrasse

Qu aux r'venants vivants *(bis)*

(1) *Pisque* (pron piss que) Puisque

ERRATA

(Les fautes typographiques étant à peu près inévitables dans la composition d'un ouvrage de cette nature, l'auteur ne croit pas devoir signaler celles d'accentuation et de ponctuation, fautes relativement légères, qui ne déroutent pas le lecteur).

Cagou — ÉTYM. Après *cagot* ajoutez : Les cagots étaient des... etc.

Ciboter — *sm.*, lisez *vn.*

Couton — ÉTYM. Ajoutez à la fin : Cf. « *couteau* ».

Cressir — cressis, lisez : cressi.

Empêcher (s') — Lisez : VOITURE. *Œuv.*, t. I.

Évière — ÉTYM. Au lieu de toute la phrase, lisez : « *Évier* ».

Grêle — « nettisage », lisez : « nettissage ».

Ici — paouvres, lisez : paoures.

Malice — *Comm.*, lisez : COMINES, V, 17 (Paris, 1649).

Mouleau — Arch. départ., lisez : Arch. L.-et-Ch.

Poursuivre — poursuit, lisez : poursui; ajoutez : *Voy.* SUIVRE.

Rois — tendaient, lisez : tendoient.

BLOIS IMP. C. MIGAULT ET Cⁱᵉ, RUE PIERRE-DE-BLOIS, 14

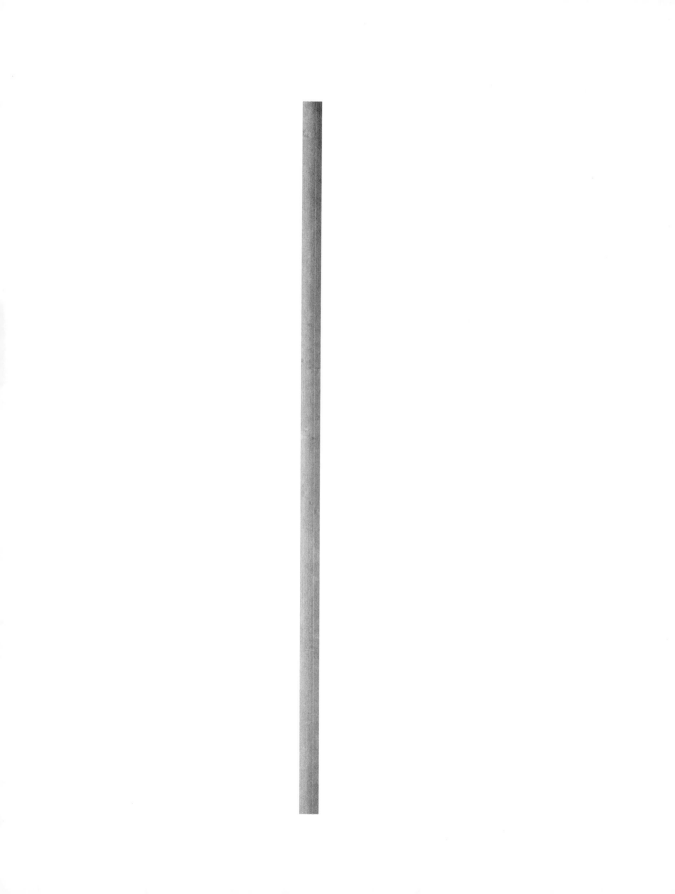

Lightning Source UK Ltd.
Milton Keynes UK
UKOW06f1916260115

245159UK00007B/365/P